TRAUMZIELE MIT DEM WOHNMOBIL

TRAUMZIELE MIT DEM WOHNMOBIL

in Deutschland, Österreich und der Schweiz

MICHAEL HENNEMANN

Stiftung Warentest

INHALT

AB IN DEN URLAUB! 8

DEUTSCHLAND

01 **NORD-OSTSEE-KANAL**
Die zahlreichen Stellplätze mit freiem Blick auf Containerriesen und Luxusliner sind nicht nur für passionierte Shipspotter ein Traum. 14

02 **LÜNEBURGER HEIDE**
Weitläufige Heideflächen und actiongeladene Freizeitparks versprechen einen unvergesslichen Urlaub voller eindrucksvoller Erlebnisse für die ganze Familie. 20

03 **MECKLENBURGISCHE SEENPLATTE**
Ob zu Fuß, mit dem Rad oder im Kanu: Das Wohnmobil ist das ideale Basislager, um das Land der Tausend Seen zu erkunden. 26

04 **WESTHAVELLAND**
Vor den Toren Berlins und doch weit weg vom Trubel der Stadt. In der Nacht funkelt ein Sternenhimmel der Extraklasse und tagsüber locken unzählige Outdoor-Abenteuer. 32

05 **EMSLAND**
Wenn maritimes Flair und moderner Schiffbau auf eine einzigartige Naturlandschaft mit Mooren, Flüssen und weiten Feldern treffen, ist ein authentisches Erlebnis garantiert. 38

06 **NIEDERRHEIN**
An der Grenze zu den Niederlanden warten zwischen Rhein und Maas eine ruhige, weite Landschaft, historische Städte und kulinarische Genüsse. 44

07 **RUHRGEBIET**
Neben jeder Menge Industriekultur begeistert die vielseitige Metropolregion mit Museen, Kunst, Musik und grünen Oasen. 50

08 **TEUTOBURGER WALD**
Natur, Geschichte und Ruhe: Das Mittelgebirge an der Grenze zwischen Niedersachsen und Nordrhein-Westfalen hat alles, was es braucht, um dem Alltagsstress zu entfliehen. 56

09 **WERRATAL**
Wer gerne aktiv in der Natur unterwegs ist und historische Städte liebt, ist im Werratal mit seiner malerischen Auenlandschaft und dem reichen kulturellen Erbe goldrichtig. 62

10

HARZ
Deutschlands nördlichstes Mittelgebirge lockt mit idyllischen Wanderwegen, reicher Bergbaugeschichte und charmanten Fachwerkstädten.

68

11

RHÖN
Die weitläufigen Panoramablicke machen den Roadtrip durch das „Land der offenen Fernen" zu einer ganz besonderen Erfahrung.

74

12

THÜRINGER WALD
Rennsteig, Wartburg und malerische Bergketten sind nur drei der vielen Gründe für eine Reise in das grüne Herz Deutschlands.

80

13

VOGTLAND
Das grüne Mittelgebirge an der Grenze zu Tschechien begeistert Naturliebhaber wie Kulturfans gleichermaßen und verbindet idyllische Landschaft mit musikalischer Tradition.

86

14

LAUSITZER SEENLAND
Vom Tagebau zur Seenlandschaft: Die junge Urlaubsregion lädt zum Baden, Segeln und Surfen ein und hat Wohnmobiltouristen einiges zu bieten.

92

15

ZITTAUER GEBIRGE
Deutschlands kleinstes Mittelgebirge fasziniert mit bizarren Sandsteinformationen und einer urwüchsigen Landschaft.

98

16

MOSELTAL
Weingenuss und traumhafte Stellplätze direkt am Fluss machen die Mosel zum Traumziel für das Wohnmobilabenteuer.

104

17

FRÄNKISCHES WEINLAND
Das Maindreieck zwischen Spessart, Rhön und Steigerwald empfängt seine Gäste mit einer romantischen Flusslandschaft und idyllischen Winzerdörfern.

110

18

BAYERISCHER WALD
Wo Natur noch Natur sein darf: Das grüne Dach Europas ist eine Oase der Erholung und ein Paradies für Naturliebhaber.

116

19

SCHWÄBISCHE ALB
Hinfahren und staunen: Die Schwäbische Alb beeindruckt mit seltsam anmutenden Felsformationen und tiefen Karsthöhlen.

122

20

ALLGÄU
Majestätische Berge am Horizont, saftige Wiesen und klare Seen: Das Voralpenland zwischen Bodensee und Lech weiß, wie man Reisemobilisten begeistert.

128

21

CHIEMGAU
Eine Wohnmobilreise ans Bayerische Meer verspricht eine tolle Mischung aus Entspannung, Naturerlebnis und kulturellen Highlights.

134

ÖSTERREICH

22

ALPENREGION BLUDENZ

Bezaubernde Täler wie das Große Walsertal und Montafon bieten im Sommer wie im Winter einzigartige Urlaubserlebnisse für die ganze Familie.

142

23

HOHE TAUERN

Die Fahrt über Österreichs höchste Berge ermöglicht atemberaubende Ausblicke auf spektakuläre Gipfel, glitzernde Gletscher und unberührte alpine Landschaften.

148

24

VILLACH UND SEINE SEEN

Kristallklare Seen und ein Mix aus alpiner und mediterraner Kultur versprechen gemütliches Camping ohne Hektik.

154

25

GRAZ UND THERMENLAND

Die liebliche Hügellandschaft im Süden der Steiermark wird vom Weinbau geprägt und erfreut Wanderfreunde wie Genussmenschen.

160

26

NEUSIEDLER SEE

300 Sonnentage im Jahr machen das UNESCO-Welterbe im Burgenland zum perfekten Urlaubsziel für Groß und Klein.

166

SCHWEIZ

27

JURA UND DREI-SEEN-LAND

Die Region an der französisch-schweizerischen Grenze mit sanften Hügeln, malerischen Seen und Weinbergen ist ideal für Entdeckungen mit dem Wohnmobil geeignet.

174

28

OBERES RHONETAL

Das landschaftlich reizvolle Rhonetal wird von den imposanten Gipfeln der Walliser und Berner Alpen flankiert und führt einmal quer durch den Kanton Wallis.

180

29

TESSIN

Inmitten mediterraner Vegetation am Ufer des Lago Maggiore entspannen oder ursprüngliche Bergdörfer in einsamen Tälern erkunden – so geht la Dolce Vita in der Schweiz.

186

30

BÜNDNER ALPEN

Im Osten präsentiert sich die Schweiz wie aus dem Bilderbuch und die beeindruckenden Bergpanoramen begeistern jeden Besucher.

192

DIE PLANUNG

ZWÖLF BIS SECHS MONATE VOR DER ABREISE
Reiseroute festlegen und begehrte Campingplätze buchen. Funktionscheck für das Wohnmobil.
200

SECHS MONATE BIS EINEN MONAT VOR DER ABREISE
Wichtige Papiere und Dokumente prüfen und aktualisieren.
214

EIN MONAT BIS ZWEI WOCHEN VOR DER ABREISE
Detaillierte Routenplanung, Aktualisierung der wichtigsten digitalen Helfer. Füllstände prüfen.
218

ZWEI WOCHEN BIS EINEN TAG VOR DER ABREISE
Alles Wichtige mit an Board: Umfangreiche Packliste. Wohnmobil platzsparend einräumen.
228

ENDLICH UNTERWEGS!
Ankunft und Check-in auf dem Campingplatz. Einmaleins der Ver- und Entsorgung.
238

TROUBLESHOOTING
Die häufigsten technischen Probleme beim Wohnmobil schnell gelöst.
252

SERVICE

DIE TOP 10 DER KOSTENLOSEN STELLPLÄTZE
Eine kleine Auswahl an kostenfreien Plätzen in Deutschland.
258

VORSCHRIFTEN UND MEHR
Die wichtigsten Verkehrsregeln in Deutschland, Österreich und der Schweiz.
264

REGISTER
Wichtige Begriffe für den schnellen Zugriff auf alle Informationen in diesem Buch.
267

BILDNACHWEIS
271

IMPRESSUM
272

LOS GEHT'S!

AB IN DEN URLAUB!

Wir präsentieren 30 Regionen in Deutschland, Österreich und der Schweiz, die Wohnmobilisten mit offenen Armen empfangen. Die zahlreichen, in der Praxis erprobten Tipps und umfangreiche Checklisten machen den Trip zu einem stressfreien, unvergesslichen Abenteuer.

Die Sonne lacht vom blauen Himmel, durch das offene Seitenfenster streicht ein sanfter Wind und draußen ziehen saftig grüne Wiesen und majestätische Berggipfel vorüber. Aus den Boxen klingt der perfekte Soundtrack für den Roadtrip und die Straße vor der Windschutzscheibe wartet nur darauf, erkundet zu werden. Das Wohnmobil ist ein treuer Begleiter, um die Magie des Unterwegsseins zu erleben und malerische Landschaften, verträumte Dörfer und pulsierende Städte zu entdecken.

GETRÜBTE FREIHEIT?

Aber machen wir uns nichts vor: Auch wenn ein Wohnmobil die optimalen Voraussetzungen für einen individuellen und unabhängigen Urlaub mitbringt, die ganz große Freiheit, so wie sie uns von der Campingindustrie in ihren schönen Werbebotschaften gerne vollmundig versprochen wird, findet sich leider nur noch äußerst selten. Die Infrastruktur hinkt dem rasanten Wohnmobil-Boom der letzten Jahre, der die Hersteller und Händler so freut, meilenweit hinterher und angesichts ausgebuchter Campingplätze und übervoller Stellplätze kann die Wohnmobillust schnell in Wohnmobilfrust umschlagen.

MIT PLAN UNTER DEM RADAR

Was also tun? Dorthin fahren, wo nicht jeder hin will! Mit dem Wohnmobil können Sie sich Ihre Reiseziele selbst aussuchen und während sich der Run im Wesentlichen auf die besonders beliebten Urlaubsziele beschränkt, finden sich im Hinterland zahlreiche reizvolle Regionen, in denen es selbst in der Hauptsaison noch immer recht beschaulich zugeht und wo sich der Urlaub mindestens genauso gut wie an Ostseeküste, Bodensee und Co verbringen lässt.

Als Anregung und Inspiration für Ihre Reisen stellen wir Ihnen in diesem Buch insgesamt 30 Regionen in Deutschland, Österreich und der Schweiz vor, die völlig zu Unrecht häufig unter dem touristischen Radar laufen, die aber Wohnmobilreisende mit offenen Armen und einem respektablen Angebot an Übernachtungsplätzen empfangen. Dabei ist für jeden Geschmack etwas dabei, egal ob Sie auf der Suche nach historischen Burgen und Schlössern sind, den Nervenkitzel suchen oder einfach nur die Seele baumeln lassen und die Natur genießen möchten.

WEITE, HÖHE UND VIEL KULTUR

Lassen Sie sich von den gigantischen Containerriesen auf dem Nord-Ostsee-Kanal in ihren Bann ziehen oder tauchen Sie bei einer Wanderung oder Radtour tief in die einzigartige Kulturlandschaft der Lüneburger Heide ein. Während die Mecklenburgische Seenplatte ihre Gäste mit einem Labyrinth aus sprichwörtlich 1 000 Seen empfängt, kombiniert das Westhavelland Natur und Kultur zu einer besonders reizvollen Mischung. Auch das Emsland mit seinen einzigartigen Mooren und Flüssen und die stille Landschaft des Niederrheins sind eine Reise wert, wohingegen im Ruhrgebiet Zechen, Gasometer, Kokereien und Hochöfen die Erinnerung an die einmalige Industriegeschichte lebendig halten.

Während die beschauliche Landschaft im Werratal zum Wandern, Radfahren und Paddeln einlädt, sind Main und Mosel, wo die steilen Flusshänge den edlen Trauben eine besonders intensive Sonnenbestrahlung bescheren, Top-Ziele für Wein- und Kulinarikliebhaber. Nicht unbedingt für ihren Weinbau bekannt sind der Thüringer Wald und die Schwäbische Alb, zwei Regionen, die aufgrund ihrer besonderen Lebensräume für seltene

Bereit, die Reiselust zu entfachen? Mit dem Wohnmobil können Sie neue Orte erkunden, ohne auf den Komfort des eigenen Zuhauses verzichten zu müssen.

Tiere und Pflanzen aber von der UNESCO als Biosphärenreservate ausgezeichnet wurden und versuchen, Naturschutz und Tourismus unter einen Hut zu bringen.

Ob im Teutoburger Wald, in der Rhön, im Harz mit seinem sagenumwobenen Brocken, im Zittauer Gebirge oder Bayerischen Wald: In den deutschen Mittelgebirgen erwarten Sie idyllische Naturlandschaften, viel Ruhe und reine Luft zum Durchatmen und die vielfältigen Freizeitangebote und Wander- und Radtourenmöglichkeiten lassen garantiert keine Langeweile aufkommen. Optimale Bedingungen zum Abschalten und Hintersichlassens des Alltags hinter sich lassen eröffnet auch das Vogtland am südwestlichen Ausläufer des Erzgebirges und gut zwei Autostunden in nordöstliche Richtung lässt sich im Lausitzer Seenland, einem Neueinsteiger unter den deutschen Reisezielen, der Wandel von der Bergbaulandschaft zum Urlaubs- und Naturparadies hautnah miterleben.

ÜBER DIE GRENZEN HINAUS

Hoch hinaus geht es am Alpenrand ganz im Süden der Republik. Während das Allgäu mit seinen grünen Wiesen und glitzernden Seen das perfekte Reiseziel für Naturfreunde darstellt, werden Sie im Chiemgau Zeuge eines postkartenreifen Panoramas mit majestätischen Gipfeln und lieblichen Tälern.

Bergfreuden und Panoramastraßen der Extraklasse erwarten Sie in Österreich. Die Alpenregion Bludenz im Westen des Landes lockt mit malerischen Tälern und Gipfeln, während im Nationalpark Hohe Tauern im Norden majestätische Berge und atemberaubende Naturerlebnisse auf Sie warten. In Kärnten, im Herzen Österreichs, können Sie die perfekte Kombination aus Bergen, Seen und Stadt in der Region um Villach entdecken. Im Südosten der Steiermark erwartet Sie das Thermen- und Vulkanland mit seinen heißen Quellen, sanften Hügellandschaften und kulinarischen Genüssen. Und wenn Sie sich nach entspannten Stunden am Wasser sehnen, dann sollten Sie unbedingt den Neusiedler See im Osten des Landes besuchen.

Last but not least hält auch die Schweiz vom sanften Jura und Drei-Seen-Land über das majestätische obere Rhonetal bis hin zum mediterranen Tessin und den imposanten Bündner Alpen eine unglaubliche Vielfalt an Naturschönheiten und einmaligen Erlebnissen parat. Ganz gleich, ob Sie gerne wandern, baden, klettern oder einfach nur die Schönheit der schroffen Bergpanoramen mit schneebedeckten Gipfeln genießen möchten, hier finden Sie alles, was das Herz begehrt.

VORBEREITUNG IST ALLER ANFANG

Wenn die Reiselust bei Ihnen geweckt ist, geben wir einige Stellplatztipps für Ihr Wohnmobil. Nutzen Sie auch die digitalen Stellplatzführer oder fragen Sie bei den Tourismusinfos nach guten Plätzen. Der zweite Teil des Buches verrät zudem alles, was Sie wissen müssen, um gut vorbereitet in den Wohnmobilurlaub starten zu können – egal, ob für ein Wochenende oder die große Rundreise im Sommerurlaub. Von der Tourenplanung über die Stellplatzsuche bis hin zu den Tücken der Entsorgung – die zahlreichen, praxiserprobten Tipps und viele Checklisten helfen Ihnen dabei, die mannigfachen Herausforderungen, die ein Roadtrip nun einmal mit sich bringt, sowie den Campingalltag ohne Komplikationen zu meistern. So bleibt der Alltagsstress zu Hause und es bleibt mehr Zeit, um das Abenteuer zu genießen.

UNSER WEGWEISER

In dem gesamten Buch erhalten Sie hilfreiche Hinweise zur Planung Ihres Urlaubs.

AKTIVITÄTEN / SEHENSWÜRDIGKEITEN / NATUR

Eine höhere Sternezahl weist auf eine zunehmende Vielfalt und Anzahl an Möglichkeiten in der jeweiligen Kategorie hin.

★★★ = hervorragend
★★ = sehr gut
★ = gut

Sportliche Aktivitäten wie Wandern, Rad- und Kanufahren, Stand-up-Paddling oder Klettern

Kulturelle Sehenswürdigkeiten wie Kirchen, Burgen, Schlösser, Denkmäler und Museen

Beeindruckende Landschaften wie Berge, Seen, Wasserfälle, Schluchten, Höhlen und Nationalparks

CAMPING- UND STELLPLÄTZE

Die Auswahl der Camping- und Stellplätze erfolgte unter Berücksichtigung von Lage, Ausstattung, der Nähe zu den Attraktionen und Aktivitäten.

AUSSTATTUNG

Stromanschluss

Ver-/Entsorgung

WC

Dusche

Waschmaschine/Trockner

a/ b/ c/ d/ e/ f/

Auf den Karten finden Sie die Campingplätze mit dem Buchstaben schnell wieder.

KOSTEN

Kategorie 1: unter 15 Euro
Kategorie 2: unter 30 Euro
Kategorie 3: über 30 Euro

Preise können saisonabhängig variieren. Die meisten Anbieter haben Webseiten, auf denen Sie näher recherchieren können. Beachten Sie: In vielen Regionen und Orten ist eine Kurtaxe fällig, die häufig bereits beim Stellplatz zu bezahlen ist.

BEZAHLUNG

Bar: Bei manchen Anbietern wird über einen Automaten bezahlt, manchmal auch nur mit Münzen. Sie sollten ausreichend Bargeld mitführen.
EC-Kreditkarte: Bezahlung per Kartenzahlung (EC-Karte/Kreditkarte) möglich.
Sonstiges: Bei einigen Anbietern können Sie online oder einfach per App bezahlen. Apps sind u. a.: PayPal, Park-App Mobilet, EasyPark, ParknSleep.

HAUSTIERE ERLAUBT

Oft sind Haustiere erlaubt. Wenn diese kostenpflichtig sind, haben wir das mit einem €-Symbol ausgezeichnet.

BETRIEBSZEIT

Wenn Betreiber von Stell- und Campingplätzen eingeschränkte Betriebszeiten haben, haben wir die Monate angegeben. Die genauen Termine sollten Sie dann den Webseiten entnehmen.

LÄNDERVORWAHLEN

Deutschland + 49/ 00 49
Österreich + 43/ 00 43
Schweiz +41/ 00 41

REISEN IN

DEUTSCHLAND

REISE

01

NORD-OSTSEE-KANAL

Camping am Wasser geht immer. Noch besser, wenn Sie die meistbefahrene Wasserstraße der Welt vor der Windschutzscheibe haben und von Ihrem Logenplatz aus ganz bequem „Große Pötte kieken“ können.

★★	★★	★★	Schleswig-Holstein

Für Schiffe ist der Nord-Ostsee-Kanal (NOK) eine Abkürzung und spart den langen Weg um die Nordspitze Dänemarks. Kapitäne von Landyachten dagegen erfreut er mit Stellplätzen direkt am Wasser, an denen sich die mächtigen Containerschiffe und luxuriösen Traumschiffe zum Greifen nah vorbeischieben.

KANAL AUF WIKINGERART

Schon die Wikinger suchten für den Weg von der Nord- in die Ostsee nach Alternativen zum langwierigen und gefährlichen Seeweg durch Skagerrak und Kattegat. So wurden die Waren von Haithabu an der Schlei über Land nach Hollingstedt an der Treene transportiert, die über die Eider in die Nordsee mündet. Als erste künstliche Wasserstraße zwischen den Meeren wurde dann von 1777 und 1784 der Eiderkanal zwischen Kiel und Rendsburg auf Geheiß des dänischen Königs Christian VII. errichtet. Der Grundstein für den heutigen Nord-Ostsee-Kanal wurde am 3. Juni 1887 durch Kaiser Wilhelm I. in Kiel-Holtenau gelegt und nach nur acht Jahren Bauzeit konnte sein Enkel Kaiser Wilhelm II. die Einweihung feiern.

Der Nord-Ostsee-Kanal, international als Kiel Canal bekannt, führt auf einer Länge von etwa 100 km von der Elbmündung bei Brunsbüttel einmal quer durch Schleswig-Holstein bis zur Kieler Förde. Im Laufe seiner Geschichte wurde der Kanal kontinuierlich erweitert und an die geänderten Ansprüche gerade der Schifffahrt angepasst. Heute zählt er zu den wichtigsten künstlichen Wasserstraßen der Welt und Jahr für Jahr passieren zwischen 25 000 und 30 000 Schiffe mit bis zu 80 000 Tonnen Ladung den Kanal.

SCHIFFE GUCKEN

Zu gucken gibt es also entlang des Nord-Ostsee-Kanals immer etwas. Eindrucksvoll schieben sich die Ozeanriesen durch die Wiesen der flachen Landschaft und von den Ufern winken die Schaulustigen den Matrosen zu und träumen ein bisschen von der großen weiten Welt. Die besten Chancen, neben den gigantischen Containerfrachtern auch ein majestätisches Traumschiff vor die Kamera zu bekommen, bietet sich für Sie vor allem während der Kreuzfahrtsaison von April bis Oktober.

TIPP
Erfahrene „Seh-Leute" schwören auf Smartphone-Apps wie Schiffsradar, MarineTraffic oder VesselFinder, um die Schiffe auf dem Kanal in Echtzeit zu verfolgen.

Ein großer Spaß ist es, die Dampfer zu einem Wettrennen herauszufordern, denn der Kanal wird links und rechts von gut unterhaltenen Betriebswegen begleitet, die beste Voraussetzungen für das (Rad-)Wandern bieten. In den zahlreichen kleineren Ortschaften laden oft gemütliche Cafés oder Lokale zur Einkehr mit Blick auf das muntere Treiben auf dem Wasser ein.

Möglichkeiten, an das gegenüberliegende Ufer zu wechseln, gibt es an insgesamt 14 Fähren, die Wanderer, Radfahrer und Kraftfahrzeuge kostenlos mitnehmen. Die kaiserliche Verordnung, mit der Wilhelm I. die dem Kanalbauprojekt kritisch gegenüberstehende Bevölkerung besänftigen wollte und die jedermann eine kostenfreie Kanalquerung zusagt, ist bis heute gültig.

MUSEUMSVIELFALT GENIESSEN

Zusätzlich zu den eindrucksvollen Begegnungen auf dem Wasser und großartigen Radrouten in der topfebenen Landschaft punktet die Region mit einem vielfältigen Museumsangebot. Neben mehreren Museen, die sich mit dem Kanal selbst und der maritimen Geschichte befassen, spannt sich das kulturelle Angebot vom Steinzeitdorf mit Hügelgräbern in Albersdorf über die NordArt auf dem Gelände einer ehemaligen Eisengießerei in Büdelsdorf, die zu den größten jährlichen Ausstellungen zeitgenössischer Kunst in Europa zählt, bis hin zum Freilichtmuseum Molfsee, das mit alten Mühlen, Bauernhöfen und weiteren historischen Gebäuden aus allen Landesteilen die Alltagsgeschichte des Lebens in Schleswig-Holstein zu Uromas Zeiten lebendig hält.

Oben: Die Windjammerparade ist das Highlight auf der Kieler Woche.

1 HAFEN- UND SCHLEUSENSTADT BRUNSBÜTTEL

Brunsbüttel liegt am südlichen Ausgang des Nord-Ostsee-Kanals in die Unterelbe und es ist immer wieder spannend, von einer der beiden Aussichtsplattformen, die sich jeweils am Ende der Schleusenanlage befinden, zu beobachten, wie die riesigen Containerschiffe und gigantischen Luxusliner mit zentimetergenauer Präzision durch die Schleusenanlage manövriert werden. Zusätzlich erklärt ein Rundweg alles Wissenswerte rund um Funktion und Aufgabe der Schleusen. Wer mehr wissen will, kann sich auch einer fachkundigen Führung des Besucherzentrums anschließen.

www.schleusenstadt-brunsbuettel.de

2 STEINZEITPARK DITHMARSCHEN

Wie haben die ersten Ackerbauern und Viehzüchter Norddeutschlands in der Jungsteinzeit gelebt? Wie sahen die Häuser vor rund 5 000 Jahren aus, als Werkzeuge aus Bronze und Eisen noch unbekannt waren? Anschauliche Einblicke in den Alltag unserer Urahnen erhalten Sie im Steinzeitpark in Albersdorf mit zahlreichen originalgetreuen Nachbauten und Originalfunden. Verschiedene Mitmachstationen, ein fantasievoll gestalteter Spielplatz und vor allem der begehbare Grabhügel mit Kinderspielhöhle machen den Besuch zum Erlebnis für die ganze Familie. Steinzeitdorf und Museum sind von März bis Oktober geöffnet, das angrenzende Außengelände ist ganzjährig frei zugänglich.

www.steinzeitpark-dithmarschen.de

3 RENDSBURG UND SEINE EISERNE LADY

Ziemlich genau auf halber Strecke zwischen Brunsbüttel am südwestlichen Ende des Kanals und Kiel am nordöstlichen Ausgang hat sich Rendsburg von einer dänischen Festung zum wichtigsten Seehafen im Binnenland entwickelt. Wahrzeichen der Kreisstadt ist die „Eiserne Lady". Unter der 2,5 Kilometer langen

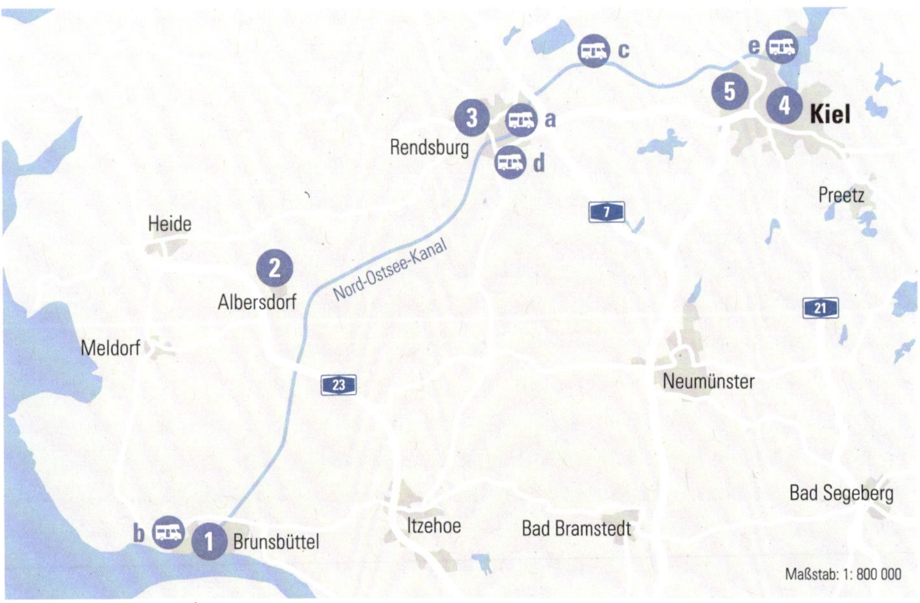

INFO

Mittelholstein Tourismus e. V.
Jungfernstieg 2, 24768 Rendsburg
Tel. (04331) 6963844
www.nok-sh.de

Eisenbahnhochbrücke hängt an zwölf Seilen die weltbekannte Schwebefähre, die sowohl Autos wie auch Fußgänger über den Kanal bringt. Für einen Stadtrundgang starten Sie am besten vom Altstädter Markt. Von hier aus führt die „blue line", eine mit blauer Farbe auf das Pflaster gepinselte Linie, auf gut drei Kilometer Länge zu den 30 wichtigsten Museen, historischen Gebäuden und Sehenswürdigkeiten der schmucken Rendsburger Altstadt.

www.rendsburg.de

4 SCHIFF AHOI

Wenn Sie den Schiffen nicht nur vom Ufer aus zuwinken, sondern selbst an Bord gehen möchten, gibt es dazu an mehreren Orten entlang des Nord-Ostsee-Kanals die Möglichkeit. Besonders stimmungsvoll ist ein Tagestörn mit dem nostalgischen, über 100 Jahre alten Raddampfer „Freya" von Rendsburg nach Kiel oder Brunsbüttel. Die Fahrt entlang der gesamten Strecke von Kiel nach Brunsbüttel dauert rund 7 Stunden und 30 Minuten.

www.adler-schiffe.de

5 SEGELSTADT KIEL

Das Gesicht der schleswig-holsteinischen Landeshauptstadt wird von der Kieler Förde geprägt. So fahren die kolossalen Fähren nach Norwegen und Schweden und Traumschiffe aus aller Welt bis fast in die Innenstadt hinein. Während der „Kieler Woche" im Juni messen sich auf dem Wasser die besten Segler der Welt und an Land wird ein gigantisches Volksfest mit kostenlosen Open-Air-Konzerten und ausgelassener Stimmung gefeiert. Aber auch sonst verzaubert Kiel mit viel maritimem Flair, weiten Stränden und frischer Seeluft. Ein perfekter Ort zum Flanieren ist die beliebte Kiellinie, die vom Schlossgarten bis in die Wik führt, wo die Gorch Fock ihren Hafen hat.

www.kiel.de

Links, von oben: Stadttheater in Rendsburg/ Flintgeräte im Steinzeitpark Dithmarschen. Rechts, von links: Ein ganz besonderes NOK-Erlebnis bietet der historische Seitenraddampfer Freya./ Der Salon beeindruckt mit viel glänzendem Messing und edlem Holz.

NORD-OSTSEE-KANAL

TIPP **WER AM NORD-OSTSEE-KANAL AUF DEN GESCHMACK GEKOMMEN IST,** kann die Deutsche Fährstraße unter die Räder nehmen. Auf den insgesamt 250 Kilometern zwischen Kiel und Bremervörde entlang des Nord-Ostsee-Kanals, sowie der Elbe und Oste wartet ein einmaliges maritimes Erlebnis mit jeder Menge Brücken, Schleusen, Sperrwerken und natürlich Fähren: www.deutsche-faehrstrasse.de

a/ Wohnmobilhafen am Kreishafen NOK

Der Wohnmobilhafen am Kreishafen liegt zu Füßen der über 100 Jahre alten Eisenbahnhochbrücke mit der bekannten Schwebefähre. In direkter Nachbarschaft sorgt das Lokal Brückenterrassen fürs leibliche Wohl und die Schiffsbegrüßungsanlage bereichert das maritime Flair. Die Züge rattern zwar deutlich hörbar über die Hochbrücke , was der fantastische Ausblick aber wett macht. Das sonore Brummen der vorbeituckernden Schiffsmotoren hat eher beruhigenden Charakter. Eine Reservierung ist aufgrund der automatischen Schrankenanlage nicht möglich, aber per Webcam (www.canalcup-cam.de) kann man sich einen Überblick der aktuellen Belegung verschaffen.

ART: Wohnmobilstellplatz
ANZAHL DER PLÄTZE: 36
KOSTEN: Kategorie 1
BEZAHLUNG: bar / EC-Kreditkarte
AUSSTATTUNG:

HAUSTIERE ERLAUBT: ja
RESERVIERUNG MÖGLICH: nein
BETRIEBSZEIT: ganzjährig
ADRESSE: Am Kreishafen 30–32, 24768 Rendsburg
www.wohnmobilhafen-nok.de

TIPP **DIE IMPOSANTESTE BRÜCKE ÜBER DEN NORD-OSTSEE-KANAL** ist die 2,2 Kilometer lange Eisenbahnhochbrücke in Rendsburg. Von Mai bis September kann man an Sonntagen um 14 und 15.30 Uhr die Aussichtsplattform am höchsten Punkt (42 Meter) erklimmen. Am Ende des Aufstiegs über die 178 Stufen der Wendeltreppe im südlichen Brückenpfeiler wartet ein großartiger Ausblick auf Kanal und die mittelholsteinische Landschaft entlang seiner Ufer. www.rendsburg.de

b/ Elbdeichcamp Brunsbüttel

Ehrliches Camping ohne Schnickschnack und der Name ist Programm. Wer Nordseeluft schnuppern möchte, wird auf dem kleinen, familiären Elbdeichcamp fündig. Der Platz liegt am Ortsrand von Brunsbüttel gleich hinter dem Deich, bis zur Schleusenanlage und in die Innenstadt sind es knapp fünf Kilometer. Dafür sind die Sanitäranlagen ganz neu und man kann abends auf der Bank am Deich Platz nehmen, um dem Blöken der Schafe zu lauschen, und den Schiffen hinterher träumen.

ART: Campingplatz
ANZAHL DER PLÄTZE: 25
KOSTEN: je nach Saison Kategorie 1/2
BEZAHLUNG: bar
AUSSTATTUNG:

HAUSTIERE ERLAUBT: ja
RESERVIERUNG MÖGLICH: ja
BETRIEBSZEIT: ganzjährig
ADRESSE: Soesmenhusen 30, 25541 Brunsbüttel
www.elbdeichcamp.de

TIPP

BADEN IN DIREKTER NACHBARSCHAFT ZU TURMHOHEN CONTAINERFRACHTERN: Die ruhige Badebucht Klein Westerland bei Hochdonn ist die einzige offizielle Badestelle am gesamten Nord-Ostsee-Kanal und lockt mit feinsandigem Strand und einmaliger Atmosphäre, wenn sich beim Badens die großen Schiffe zum Greifen nah an einem vorbeischieben. Wer länger bleiben möchte, findet direkt nebenan den gleichnamigen Campingplatz. Koordinaten: 54.03, 9.30

c/ Wohnmobilparkplatz Sehestedt

ART: Wohnmobilstellplatz
ANZAHL DER PLÄTZE: 14
KOSTEN: Kategorie 1
BEZAHLUNG: bar

HAUSTIERE ERLAUBT: ja
RESERVIERUNG MÖGLICH: nein
BETRIEBSZEIT: ganzjährig
ADRESSE: Fährstraße, 24814 Sehestedt

1a-Lage in der ersten Reihe zum fairen Preis. Genug Münzen mitbringen, der Parkautomat nimmt keine Banknoten.

d/ Wohnmobilpark Schacht-Audorf

ART: Wohnmobilstellplatz
ANZAHL DER PLÄTZE: 41
KOSTEN: Kategorie 1
BEZAHLUNG: bar/EC-Kreditkarte

HAUSTIERE ERLAUBT: ja
RESERVIERUNG MÖGLICH: nein
BETRIEBSZEIT: ganzjährig (kein Winterdienst)
ADRESSE: An der K76, 24790 Schacht-Audorf
www.wohnmobilpark-sad.de

Schöner Stellplatz direkt am Kanal, aus der zweiten Reihe aber nur eingeschränkte Sicht.

e/ Wohnmobilstellplatz Förde- und Kanalblick

ART: Wohnmobilstellplatz
ANZAHL DER PLÄTZE: 30
KOSTEN: Kategorie 2
BEZAHLUNG: bar

HAUSTIERE ERLAUBT: ja
RESERVIERUNG MÖGLICH: nein
BETRIEBSZEIT: ganzjährig
ADRESSE: Mecklenburger Str. 58, 24106 Kiel
www.bella-vista-kiel.de

Es gibt sicher komfortablere Plätze, aber die Lage an der Mündung des Nord-Ostsee-Kanals in die Kieler Förde mit Blick auf die Schleusenanlagen ist einmalig.

REISE
02

LÜNEBURGER HEIDE

Die einzigartige Kulturlandschaft der Lüneburger Heide lädt zum Wandern und Radfahren ein und in den rasanten Achterbahnen der zahlreichen Freizeitparks kommen alle Adrenalinjunkies voll auf ihre Kosten.

★★	★★	★★★	Niedersachsen

Nur einen Katzensprung südlich der Millionenstadt Hamburg lädt die Lüneburger Heide mit endlosen Heideflächen, sanften Hügeln, malerischen Wäldern und romantischen Flussläufen zum Wandern, Radfahren und Naturgenießen ein. Die Landschaft zählt zu den größten Heideflächen in Mitteleuropa, wurde aber im Gegensatz zu den natürlichen Heiden durch Menschenhand geschaffen. Als die ersten Siedler in der Jungsteinzeit damit begannen, die Wälder zu roden, um Ackerbau und Viehzucht zu betreiben, schufen sie Platz und das genügsame Heidekraut konnte die kargen Sandböden erobern, die die letzte Eiszeit zurückgelassen hatte.

Neben dem gut 1 000 Quadratkilometer großen Naturpark Lüneburger Heide zwischen Lüneburg, Soltau und Buchholz, dessen Herzstück das bereits 1922 ausgewiesene Naturschutzgebiet Lüneburger Heide ist, gibt es auch den etwa halb so großen Naturpark Südheide nordöstlich von Celle und beide sind durch attraktive Radwege und vielfältige Wanderwege erschlossen. Auch Kutschfahrten oder eine Bootstour auf der Ilmenau sind beliebte Aktivitäten.

Am eindrucksvollsten präsentiert sich die Landschaft im Spätsommer, wenn das Heidekraut blüht und die sanft gewellten Hügel in ein Meer von lila und rosa Farbtönen verwandelt, aus dem sich die Wachholderbüsche wie dunkelgrüne Leuchttürme in Kerzenform erheben. Gebührend gefeiert wird der absolute Höhepunkt des Jahres bei Heideblütenfesten mit einem bunten Programm aus Musik, Tanz und kulinarischen Köstlichkeiten, die von zahlreichen Dörfern und Städten im August veranstaltet werden.

Ein abwechslungsreiches Kontrastprogramm bieten unter anderem die historischen Altstädte von Lüneburg und Celle, die mit ihren verwinkelten Gassen, historischen Gebäuden und einem pulsierenden kulturellen Leben zu einem Besuch einladen. Die Kurstadt Bad Bevensen ist bekannt für ihre Thermalbäder und Wellness-Einrichtungen und bei Massagen, Bädern und Saunagängen kann man die Seele baumeln lassen und sich vom Alltagsstress erholen.

TIPP
Von August bis Anfang September verrät das Heideblüten-Barometer, wo es gerade am schönsten blüht: www.lueneburger-heide.de/3452

Oben: Die letzten Sonnenstrahlen verwandeln die Heide am Wilseder Berg bei Bispingen in ein leuchtendes Gemälde. Rechts: Die balearische Getreidemühle „Moli de Tramuntana" ist eine von insgesamt 13 Windmühlen aus der ganzen Welt im Internationalen Mühlenmuseum Gifhorn.

Neben dem Heide Park als einem der größten deutschen Freizeitparks, in dem unzählige temporeiche Fahrgeschäfte für Nervenkitzel sorgen, kann man zum Beispiel im Serengeti-Park Hodenhagen bei einer Safari-Tour Elefanten, Giraffen, Löwen und viele andere Wildtiere aus der ganzen Welt aus nächster Nähe erleben. Dank der vielfältigen Stellplätze lässt sich die Lüneburger Heide prima mit dem Wohnmobil entdecken und ein abwechslungsreicher Urlaub mit vielen Erlebnissen ist garantiert.

1 WILSEDER BERG

Der Wilseder Berg bildet das Herz der Lüneburger Heide und ist mit seinen überschaubaren 169 Metern der höchste Punkt der Norddeutschen Tiefebene. Vom Park- und Stellplatz Overhaverbeck führt ein Wanderweg durch sanfthügeliges Heideland und duftende Wacholderhaine in etwa 20 Minuten zum „Gipfel" mit einem fantastischen Rundblick über die Landschaft. Besonders eindrucksvoll präsentiert sich das Bild während der Heideblüte ab Anfang August, wenn das Blütenmeer des Heidekrauts die Landschaft in ein lila Farbenmeer verwandelt. Einen Kilometer weiter östlich gibt das Heimatmuseum „Dat Ole Huus" in Wilsede einen tiefen Einblick in die Lebens- und Arbeitswelt der traditionellen Heidebauern in der Mitte des 19. Jahrhunderts.

www.naturpark-lueneburger-heide.de

2 INTERNATIONALES MÜHLENMUSEUM GIFHORN

Das einzigartige Freilichtmuseum am Ufer des Flüsschen Ise am Südrand der Lüneburger Heide lädt seine Besucher auf einer Fläche von 15 Hektar zu einer Entdeckungsreise durch die Welt der Mühlen aus aller Herren Länder ein. Zu bestaunen gibt es neben 13 Mühlen aus Europa, Russland und Korea in Originalgröße auch eine Ausstellungshalle mit über 50 maßstabsgetreuen Modellen und

TIPP
Das Freilichtmuseum am Kiekeberg nimmt die ganze Familie mit in die ereignisreiche Regionalgeschichte der Lüneburger Heide: www.kiekeberg-museum.de

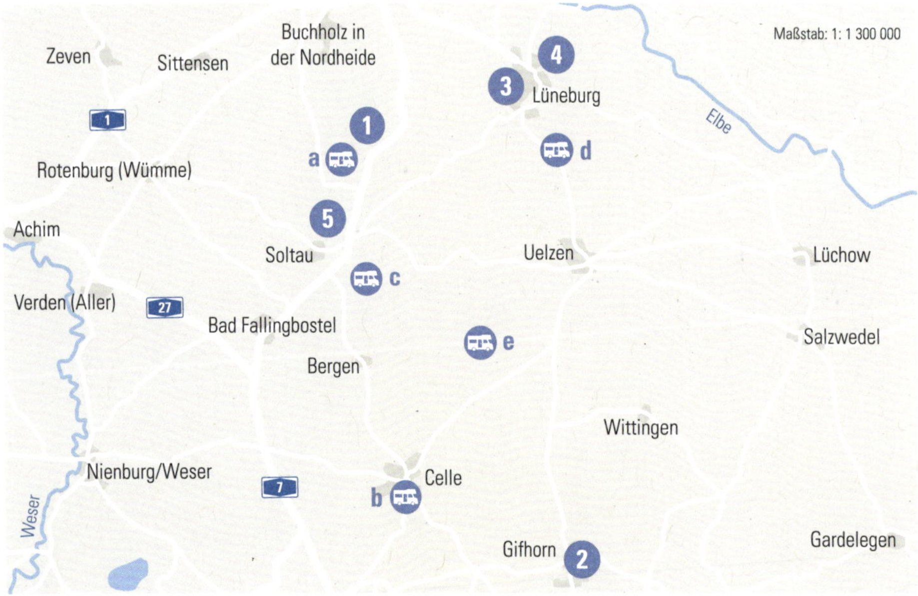

INFO

Lüneburger Heide GmbH
Wallstr. 4, 21335 Lüneburg 4
Tel. (04131) 3093960
www.lueneburger-heide.de

vielen Hintergrundinformationen zur Mühlentechnik. Den Mittelpunkt des Museums bildet der von Fachwerkhäusern im niedersächsischen Stil umgebene Dorfplatz, der einem niedersächsischen Rundlingsdorf nachempfunden ist und von einem originalgetreuen Nachbau der historischen Mühle von Sanssouci in Potsdam überragt wird. Zum Abschluss locken im Backhaus Streuselkuchen und frisches Brot aus dem Steinbackofen.

www.suedheide-gifhorn.de/muehlenmuseum

3 LÜNEBURG

Die Lüneburger Saline war einer der ältesten Industriebetriebe in Europa und bis zum Ende des 16. Jahrhunderts der größte Produzent von Salz in Nordeuropa. Der Salzhandel brachte der Stadt großen Reichtum ein und noch heute künden prächtige Häuser vom einstigen Wohlstand der Patrizierfamilien und Kaufleute. Besonders malerisch zeigt sich die mittelalterliche Altstadt am Stintmarkt im sogenannten Wasserviertel. Es erstreckt sich mit unzähligen, verwinkelten Gassen vom Rathaus bis zur Ilmenau und wo einst der Fisch gehandelt wurde, herrscht heute vor allem touristische Betriebsamkeit. Entlang der Ufermauer reihen sich zahlreiche Restaurants und Cafés und am Ufer gegenüber erinnert ein alter Holzkran an die Zeit der Hanse, als hier die Handelsschiffe be- und entladen wurden.

www.lueneburg.info

4 SCHIFFSHEBEWERK SCHARNEBECK

Das Schiffshebewerk Scharnebeck im Elbe-Seitenkanal ist ein gigantischer Schiffsfahrstuhl, mit dem die Schiffe einen Höhenunterschied von 38 Metern überwinden. Von der ganzjährig geöffneten Besucherplattform kann man das Ein- und Auslaufen der Schiffe in die wassergefüllten Tröge mit riesigen Ausmaßen von 100 Meter Länge, 12 Meter Breite und 3,50 Meter Tiefe verfolgen. Informationen zur Funktionsweise und technische Details erfährt man im Informationszentrum und auch Besichtigungsfahrten werden angeboten. Die Fahrten mit der Barkasse dauern etwa eine Stunde und starten vom Anleger am Unterhafen.

www.schiffshebewerk-scharnebeck.de

5 HEIDE PARK RESORT

Das Heide Park Resort bei Soltau gehört zu den größten Freizeitparks in Deutschland und Adrenalinjunkies kommen in den temporeichen Attraktionen voll auf ihre Kosten, darunter eine Katapultstart-Achterbahn, ein über 70 Meter hoher Freifallturm und viele waghalsige Achterbahnen. Zusätzlich bietet der Park ein umfangreiches Showprogramm und jede Menge familienfreundliche Fahrgeschäfte wie Schiffsschaukeln, Mountain-Rafting und Achterbahnen für Kinder.

www.heide-park.de

Links, von oben: Tierische Landschaftspfleger: In der Lüneburger Heide leben mehrere Tausend Heidschnucken./ Das Freilichtmuseum am Kiekeberg. Rechts, von oben links: Der Stintmarkt im Wasserviertel ist das Herzstück Lüneburgs./ Das Heide Park Resort in Soltau ist Norddeutschlands größter Freizeitpark./ Das imposante Rathaus ist stolzes Wahrzeichen der historischen Altstadt von Lüneburg./ 1975 war das Schiffshebewerk Scharnebeck das größte Schiffshebewerk der Welt.

LÜNEBURGER HEIDE

a/ Parkplatz Oberhaverbeck

Die Heide direkt vor der Windschutzscheibe: Der große Stellplatz am Ende des Wanderparkplatzes in Overhaverbeck liegt schattig am Waldrand und ist ideal, um direkt aus dem Wohnmobil zu Wanderungen oder Radtouren durch die Heide aufzubrechen. Abgerundet wird das Angebot am Platz durch einen Imbiss und einen kleinen Laden, der Souvenirs und regionale Produkte im Angebot hat. Tagsüber kann es bisweilen etwas Trubel geben, aber nachts wird es ruhig. Natur pur also und da lässt sich der durch die Baumkronen eingeschränkte Satellitenempfang ebenso verschmerzen wie die Tatsache, dass nur eine Stromsäule für den Platz zu knapp bemessen ist und die acht Steckdosen schnell belegt sind.

ART: Wohnmobilstellplatz
ANZAHL DER PLÄTZE: 30
KOSTEN: Kategorie 1
BEZAHLUNG: bar / EC-Kreditkarte
AUSSTATTUNG:

HAUSTIERE ERLAUBT: ja
RESERVIERUNG MÖGLICH: nein
BETRIEBSZEIT: ganzjährig
ADRESSE: 29646 Bispingen OT Oberhaverbeck
www.erlebniswelt-lueneburger-heide.de

TIPP **KEINE LUST AUF WANDERN ODER RADFAHREN?** Eine Kanutour ermöglicht einen völlig neuen Blick auf die Lüneburger Heide. Einer der größten Flüsse ist die Ilmenau, die von Uelzen auf einer Länge von etwa 60 km durch die Lüneburger Heide bis zur Elbe fließt. Direkt vom Stellplatz in Bienenbüttel kann man eine kurzweilige Tagestour nach Lüneburg paddeln. Weitere schöne Touren sind u. a. möglich auf Örtze, Aller, Böhme, Seeve und Luhe. www.kanuaktiv.de

TIPP **IM PIETZMOOR BEI SCHNEVERDINGEN** am Rand des Naturparks Lüneburger Heide wurde bis in die 1960er-Jahre Torf abgebaut. Erste Renaturierungsbemühungen wurden in den 1970er-Jahren unternommen und heute führen zwei ausgeschilderte Rundwege (4,5 bzw. 7 Kilometer) auf Bohlenstegen durch die reizvolle Moorlandschaft.

b/ Stellplatz am Badeland Celle

Besser geht es nicht: Der freundliche und großzügig angelegte Stellplatz liegt nur einen kurzen Spaziergang von der schönen Altstadt der Residenzstadt Celle entfernt und vom Brötchenservice bis zum Gasflaschentausch ist alles da, was Camper brauchen. Das Preis-Leistungs-Verhältnis geht absolut in Ordnung und das gepflegte Servicegebäude mit Toiletten, Duschen, Geschirrspülraum und Waschmaschine/Trockner bietet jede Menge Komfort.

ART: Wohnmobilstellplatz
ANZAHL DER PLÄTZE: 45 (davon 8 für XXL-Fahrzeuge bis 14 m Länge), 10 zusätzliche Stellplätze ohne Stromversorgung
KOSTEN: Kategorie 1
BEZAHLUNG: EC-Kreditkarte
AUSSTATTUNG:
HAUSTIERE ERLAUBT: ja
RESERVIERUNG MÖGLICH: max. 10 Stellflächen bis zu drei Monate im Voraus
BETRIEBSZEIT: ganzjährig
ADRESSE: 77er Straße 36, 29221 Celle
www.womo-celle.de

TIPP **DER STRATEGIEKLASSIKER TIC-TAC-TOE** wird auch beim Campen gerne gespielt. Noch besser als die Papier-und-Stift-Variante ist ein kleines Bastelprojekt. Dazu zehn möglichst flache, etwa münzgroße Steine suchen und jeweils fünf Steine mit zwei unterschiedlichen Motiven bemalt. Ideal geeignet zum Bemalen sind Acrylfarben.

---

c/ Übernachtungsoase Südseecamp

ART: Stellplatz vor Campingplatz
ANZAHL DER PLÄTZE: 40
KOSTEN: Kategorie 2
BEZAHLUNG: bar / EC-Kreditkarte
HAUSTIERE ERLAUBT: ja
RESERVIERUNG MÖGLICH: nein
BETRIEBSZEIT: ganzjährig
ADRESSE: Südsee-Camp 1, 29649 Wietzendorf
www.suedsee-camp.de

Moderner Stellplatz gegenüber der Einfahrt zum Campingplatz mit Naturbadesee, platzeigener Schwimmhalle samt Wellenbecken und Wildwasser-Canyon. Die maximale Aufenthaltsdauer beträgt 3 Nächte.

d/ Stellplatz Bienenbüttel

ART: Wohnmobilstellplatz
ANZAHL DER PLÄTZE: 12
KOSTEN: Kategorie 1
BEZAHLUNG: bar (Münzen)
HAUSTIERE ERLAUBT: ja
RESERVIERUNG MÖGLICH: nein
BETRIEBSZEIT: ganzjährig
ADRESSE: Niendorfer Straße 11, 29553 Bienenbüttel
www.bienenbuettel.de/wohnmobilstellplatz

Die Lage gleich neben der Ilmenau und das gute Preis-Leistungs-Verhältnis machen diesen Stellplatz zu einer klaren Empfehlung. Sogar eine Grillstelle und ein Kinderspielplatz sind vorhanden.

e/ Wohnmobilstellplatz Hochwald in Unterlüß

ART: Wohnmobilstellplatz
ANZAHL DER PLÄTZE: 10
KOSTEN: kostenlos
HAUSTIERE ERLAUBT: ja
RESERVIERUNG MÖGLICH: nein
BETRIEBSZEIT: ganzjährig
ADRESSE: Altensothriethweg 84, 29345 Unterlüß
www.lueneburger-heide.de/service/unterkunft/3720/unterluess-wohnmobilstellplatz-hochwald.html

Die Flächen für Wohnmobile auf dem Parkplatz neben dem Schul- und Vereinsbad in Unterlüß sind ein guter Ausgangspunkt, um die Südheide zu erkunden.

REISE
03

MECKLENBURGISCHE SEENPLATTE

Die einmalige Symphonie aus dunklen Wäldern, weiten Feldern und ruhigen Seen ist ein Eldorado für alle naturverbundenen Campingfreunde mit einem Faible für Camping am Wasser.

★★★	★	★★★	Mecklenburg-Vorpommern

„Wenn die Welt untergeht, so ziehe ich nach Mecklenburg, denn dort geschieht alles 50 Jahre später." Auch wenn gar nicht sicher ist, ob Deutschlands erster Kanzler Otto von Bismarck diese Worte wirklich gesagt hat, wird das Zitat gerne bemüht, um den Charakter des nordöstlichsten Bundeslandes zu beschreiben. In der Tat scheinen die Uhren hier langsamer zu gehen als anderswo und nur knapp zwei Autostunden über die A 24 und A 19 von Hamburg oder Berlin entfernt, sind Großstadthektik und stressiger Alltag schnell vergessen.

LANDSCHAFT AUS DER EISZEIT

Die Müritz ist Deutschlands größter Binnensee und wurde, wie die gesamte Landschaft der Region, während der letzten Eiszeit geformt, als die mächtigen Gletscher aus Skandinavien bis in den Bereich der heutigen Metropole Berlin vordrangen. Auf ihrer langen Reise frästen die kilometerdicken Eispanzer der Weichseleiszeit mächtige Löcher und Rinnen in die Erdoberfläche und schoben tonnenweise Gestein vor sich her. Als das Klima vor 15 000 Jahren dann wieder wärmer wurde, zog sich das Eis zurück und hinterließ ein buntes Mosaik aus hügeligen Endmoränen, Flüssen und den sprichwörtlich 1 000 Seen.

LAND DER 1 000 SEEN

Der ständige Wechsel von kleinen Seen, schmalen Kanälen, die oft wie natürliche Flüsse anmuten, und weiten Wasserflächen mit breitem Schilfgürteln machen die Mecklenburgische Seenplatte zum Traumziel für Wassersportler und allen voran die Kanuten kommen in Scharen. Auch an Land kommen Naturfreunde voll auf ihre Kosten und die vielen Wald- und Uferwege eröffnen hervorragende Wanderbedingungen für kurze Spaziergänge ebenso wie ausgedehnte Wanderungen. Dabei hat die Landschaft zu jeder Jahreszeit ihren Reiz. Im Frühsommer scheinen die gelbleuchtenden Rapsfelder in der Ferne an den blauen Himmel zu stoßen und im Herbst ist Kranichsaison. Am beliebtesten ist natürlich der Sommer, aber selbst wenn es auf dem Wasser quirlig und in den Schleusen

eng zugeht, präsentieren sich Dörfer und Städtchen eher beschaulich und es gibt so manches Kleinod zu entdecken.

AM UND AUF DEM WASSER

Die Mecklenburgische Seenplatte hat für jeden Geschmack das passende Plätzchen zu bieten. Das Angebot reicht vom einfachen Naturcamping bis zum 5-Sterne-Komfortplatz. Anhänger der Freikörperkultur steuern Plätze ohne Kleiderzwang am Ufer des Useriner See mitten im Müritz-Nationalpark oder am Rätzsee in der Nähe von Wesenberg an. Besonders schöne Stellplätze mit Blick auf Yachten finden Reisemobilfahrer vielerorts direkt am Hafen. Aber auch die Campingplätze liegen meist inmitten herrlicher Natur und oft direkt am Ufer eines verträumten Sees. Wem das noch nicht reicht, der kann selbst zum Kapitän werden und zur Kreuzfahrt in den eigenen vier Wänden aufbrechen. Um in See zu stechen wird das Wohnmobil auf einem speziellen Floß geparkt und schon können über 600 km Wasserwege auf Seen, Flüssen und Kanälen entdeckt werden. Nach einem abwechslungsreichen Tag in Gesellschaft von Biber, Adler und Haubentaucher wird für den Abend eine ruhige Bucht angesteuert und man kann bei frisch gegrilltem Fisch und einem Glas Wein der Sonne dabei zuschauen, wie sie am Horizont im See versinkt. Eile ist in der Mecklenburgischen Seenplatte wirklich fehl am Platze.

Links, von oben: Ein malerisches Paradies aus glitzernden Seen, sanften Hügeln und üppigem Grün: Die Mecklenburgischen Seenplatte begeistert nicht nur aus der Vogelperspektive./ Lebhaftes Treiben in der Diemitzer Schleuse./ Die Mecklenburgische Seenplatte bietet auch eine Vielzahl von Wandermöglichkeiten. Rechts: Morgenstimmung am Mirower See.

1 NEUSTRELITZ

Als ehemalige Residenzstadt wurde Neustrelitz komplett am Reißbrett entworfen und der Grundriss ist, wie es sich für ein barockes Planstädtchen gehört, streng symmetrisch. Den Mittelpunkt bildetet der quadratische Marktplatz mit seinem Rondell im Zentrum. Direkt am Zierker See liegt der Stadthafen mit mehreren Cafés und Restaurants. Ein paar Schritte weiter lädt der idyllische Schlossgarten mit seinen Brunnen und Sandsteinstatuen zum Lustwandeln ein. Besonders schön anzuschauen ist die 1755 erbaute und 1842 zum heutigen Prachtbau umgestaltete klassizistische Orangerie. Jedes Jahr im Juli wird der Schlossgarten zur Operettenbühne. Die Festspiele im Neustrelitzer Schlossgarten zählen zu den bedeutendsten Operettenfestspielen in Deutschland und locken pro Spielzeit bis zu 30 000 Zuschauer nach Neustrelitz.

www.neustrelitz.de,
www.theater-und-orchester.de

2 WAREN (MÜRITZ)

Das staatlich anerkannte Heilbad Waren ist das Eingangstor zum Müritz-Nationalpark und lockt seine Gäste mit einer schönen Altstadt und einem großen Stadthafen, wo mehrere Reedereien zu Schiffsfahrten auf der Müritz und zu den benachbarten Seen ablegen. Nicht nur an Regentagen lohnt ein Besuch des Müritzeums. Herzstück des imposanten Museumsbaus mit kühn geschwungener Fassade ist ein großes Süßwasseraquarium. In den Themenräumen zu Geografie, Geologie, Fauna und Flora erfahren große wie kleine Gäste spielerisch aufbereitet viel Wissenswertes über Natur und Geschichte der Müritzregion.

www.waren-mueritz.de, www.mueritzeum.de,
www.mueritz-saga.de

3 MÜRITZ-NATIONALPARK MIT UNESCO-BUCHENWÄLDERN

Der Müritz-Nationalpark gliedert sich in zwei Bereiche. Der größere Abschnitt

TIPP
Von August bis Oktober werden von der Nationalpark-Information in Federow geführte Wanderungen zu den Kranichen angeboten. www.nationalpark-service.de

INFO

Tourismusverband Mecklenburgische Seenplatte e. V.
Turnplatz 2, 17207 Röbel/Müritz
Tel. (03993) 15380
www.mecklenburgische-seenplatte.de

umrahmt das Müritz-Ostufer und wird durch weite Kiefernwälder, Seen und Moore geprägt und ist Heimat für Seeadler, Kranich und Rothirsch. Östlich von Neustrelitz liegt das Teilgebiet Serrahn mit dichten, ursprünglichen Buchenwäldern, die im Juni 2011 von der UNESCO in die Liste der Weltnaturerbestätten aufgenommen wurden. Ein besonderes Erlebnis ist die Kranichrast im Herbst, wenn Tausende von Kranichen auf dem Weg in ihre Winterquartiere einen Zwischenstopp einlegen, um sich auf den abgeernteten Mais- und Getreidefeldern für den kräftezehrenden Weiterflug nach Frankreich, Spanien oder Nordafrika zu stärken.

www.mueritz-nationalpark.de, www.nationalpark-service.de

4 SCHLOSS MIROW

Das barocke Residenzschloss der Mecklenburger Herzöge in Mirow versteckt sich abseits der Durchgangsstraße am Seeufer und erinnert an die herrschaftliche Vergangenheit des beliebten Ferienorts. Es wurde im 18. Jahrhundert nach Plänen des Baumeisters Christoph Julius Löwe unter Adolf Friedrich III. als Witwensitz für seine Stiefmutter Elisabeth-Albertine errichtet. Nach aufwendigen, über 20 Jahre dauernden Restaurierungsarbeiten kann das Kleinod heute wieder besichtigt werden. Hinter der eher schlichten Fassade verbirgt sich eine kostbare Innenausstattung aus der Zeit der Herzöge. Besonders beeindruckend ist der prächtige hochbarocke Festsaal mit üppigen Stuckarbeiten, Schnitzereien, Seidentapeten und Ölgemälden.

www.mv-schloesser.de/de/willkommen-auf-schloss-mirow/

5 IVENACKER EICHEN

In der Nähe der Reuterstadt Stavenhagen finden sich mit den Ivenacker Eichen die ältesten Bäume Deutschlands. Das genaue Alter der eindrucksvollen Baumriesen ist zwar nicht bekannt, aber Schätzungen gehen von bis zu 1 000 Jahren aus. Von April bis Oktober ermöglicht der Baumkronenpfad einen Waldspaziergang der besonderen Art und man kann in luftiger Höhe mit den knorrigen, alten Eminenzen auf Tuchfühlung gehen. Der insgesamt 620 m lange Weg schraubt sich in mehreren Spiralen bis auf 20 m über den Boden hinauf und führt dann zwischen den Baumwipfeln hindurch. Krönender Abschluss ist der Aussichtsturm und von der Plattform in 40 m Höhe schweift der Blick über den Wald bis zum nahegelegen Ivenacker See mit einem Schloss aus dem 16. Jahrhundert am Ufer. Informationen zur Geschichte der Eichen, der Holzwirtschaft sowie der Jagd zeigt die Ausstellung des Forstamtes im Barock-Pavillon des Tiergartens.

www.wald-mv.de

Links, von oben: Der Baumkronenpfad der Ivenacker Eichen eröffnet faszinierende Perspektiven auf die majestätischen Baumriesen./ Das imposante Mirower Schloss ist eine architektonische Perle im Herzen der Mecklenburgischen Seenplatte./ Der Müritz-Nationalpark wird von Wäldern und Seen geprägt. Rechts, von links: Der Warener Stadthafen ist Ausgangspunkt für die Schiffsfahrten über die Müritz./ Auch der Neustrelitzer Stadthafen am Zierker See ist ein attraktives Tor in das Naturparadies der Mecklenburgischen Seenplatte.

MECKLENBURGISCHE SEENPLATTE

TIPP **BEI EINEM ROAD-TRIP MIT DEM WOHNMOBIL** muss es nicht immer der direkte Weg zum nächsten Ziel sein. Planen Sie daher lieber mehr Zeit ein, als das Navi vorschlägt. So bleiben Sie flexibel und können auch spontan einen Abstecher machen und der Sache auf den Grund gehen, wenn ein spannender Wegweiser Ihr Interesse weckt.

a/ Camping- und Wohnmobilpark Kamerun

Kamerun ist nicht nur ein Staat in Afrika, sondern auch ein Ortsteil der Stadt Waren. Vom Camping- und Wohnmobilpark Kamerun schweift der Blick über die Bucht am Nordufer der Müritz bis zur historischen Altstadt des Heilbads Waren. Es gibt 220 Parzellen, der angeschlossene Wohnmobilhafen vor der Schranke bietet weitere 49 Stellplätze. Auf dem idyllischen Uferwanderweg erreicht man nach einem kurzen Spaziergang das Zentrum von Waren mit seinem bunten Hafen und den restaurierten historischen Häusern.

ART: Campingplatz und Stellplatz
ANZAHL DER PLÄTZE: 269, davon 49 Wohnmobilhafen
KOSTEN: Kategorie 2/3
BEZAHLUNG: bar/EC-Kreditkarte
AUSSTATTUNG:

HAUSTIERE ERLAUBT: ja (€)
RESERVIERUNG MÖGLICH: ja, nicht für den Wohnmobilhafen
BETRIEBSZEIT: ganzjährig
ADRESSE: Zur stillen Bucht 3, 17192 Waren (Müritz), www.campingtour-mv.de/waren

TIPP **DIE DEUTSCHE ALLEENSTRASSE** schlängelt sich als längste der hiesigen Ferienstraßen auf knapp 3 000 Kilometern von der Ostsee bis an den Bodensee. Für die gesamte Strecke kann man locker vier bis sechs Wochen einplanen. Eine der schönsten Etappen mit besonders ursprünglichen Kopfsteinpflasterstraßen, die von altehrwürdigen Baumriesen gesäumt werden, führt von Kap Arkona auf Rügen einmal quer durch die Mecklenburgische Seenplatte bis zum brandenburgischen Rheinsberg. www.alleenstrasse.com

b/ Stellplatz an der Marina Wesenberg

Ein familiärer Stellplatz an der kleinen Hafenanlage der gastfreundlichen Marina Wesenberg. Die Parzellen auf dem terrassierten Gelände bieten ausreichend Platz, um die Markise auszufahren, und man hat das bunte Treiben auf der Oberen-Havel-Wasserstraße gut im Blick. Für eigene Ausflüge aufs Wasser können Sie an der Marina unkompliziert Motorboote (mit und ohne Führerschein) sowie Kanus ausleihen.

ART: Wohnmobilstellplatz
ANZAHL DER PLÄTZE: 34
KOSTEN: Kategorie 2
BEZAHLUNG: bar
AUSSTATTUNG:
HAUSTIERE ERLAUBT: ja (€)
RESERVIERUNG MÖGLICH: erwünscht
BETRIEBSZEIT: April – September
ADRESSE: Ahrensberger Weg 11, 17255 Wesenberg
www.wohnmobilstellplaetze-mecklenburg.de

TIPP **DAS WOHNMOBIL ALS HAUSBOOT:** In der Mecklenburgischen Seenplatte haben sich mehrere Floß-Charterer auf das Wasser-Camping spezialisiert. Die zulässigen Grenzen für Länge und Gewicht des Campinggefährts variieren dabei je nach Anbieter und Floßmodell. Ein Bootsführerschein ist für Touren in der Region nicht nötig, eine Einweisung vor Ort reicht aus. www.skippercamping.de, www.freecamper.de, www.wassercaravan.de

c/ Reisemobilstellplatz Hafendorf Müritz

ART: Wohnmobilstellplatz
ANZAHL DER PLÄTZE: 47
KOSTEN: je nach Größe Kategorie 2/3
BEZAHLUNG: Sonstiges
HAUSTIERE ERLAUBT: ja
RESERVIERUNG MÖGLICH: ja
BETRIEBSZEIT: ganzjährig
ADRESSE: Boeker Landstr. 1b 17248 Rechlin (Müritz)
www.reisemobil-marinas.de

Weitläufiger, moderner Platz auf einem Hafengelände. Online-Buchung für die automatische Kennzeichen-Erkennung der Schranke obligatorisch.

d/ Wohnmobilstellplatz am Nationalparkhaus in Kargow

ART: Wohnmobilstellplatz
ANZAHL DER PLÄTZE: 16
KOSTEN: Kategorie 1
BEZAHLUNG: bar
HAUSTIERE ERLAUBT: ja
RESERVIERUNG MÖGLICH: nein
BETRIEBSZEIT: ganzjährig
ADRESSE: Damerower Straße 6, 17192 Federow, OT Kargow

Separat für Wohnmobile ausgewiesener Bereich im hinteren Teil des Parkplatzes an der Nationalpark-Information. Der Automat akzeptiert nur Münzen.

e/ Naturcampingplatz am Mössensee C25

ART: Campingplatz
ANZAHL DER PLÄTZE: 160
KOSTEN: Kategorie 2
BEZAHLUNG: bar / EC-Kreditkarte
HAUSTIERE ERLAUBT: ja (€)
RESERVIERUNG MÖGLICH: ja
BETRIEBSZEIT: ganzjährig
ADRESSE: Kranichweg 6, 17252 Mirow
www.naturcamp-moessensee.de

Der weitläufige, parzellenlose Platz im Kiefernwald liegt direkt an der Müritz-Havel-Wasserstraße. Naturgenießen und pures Campingvergnügen ohne viel Schickimicki.

REISE

04

WESTHAVELLAND

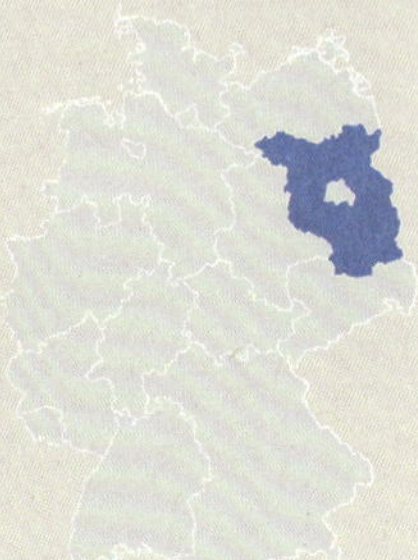

Auf der Suche nach Natur und Kultur? Dann auf ins Westhavelland. Hier gibt es beides in Hülle und Fülle. Auch wer seinen Urlaub gerne aktiv verbringt, sei es an Land, auf dem Rad oder im Kanu auf dem Wasser, kommt voll auf seine Kosten.

★★	★★	★★★	Brandenburg

Keine 100 Kilometer westlich von Berlin im äußersten Zipfel von Brandenburg an der Grenze zu Sachsen-Anhalt liegt der Naturpark Westhavelland. Der größte Naturpark Brandenburgs wird von Wasser, weiten Niederungen und gemütlichen märkischen Dörfern geprägt. Deren vergnügliche Namen wie Kotzen, Wassersuppe oder Ohnewitz regen zum Schmunzeln an, aber nicht nur die Ortsschilder machen gute Laune. Im Westhavelland kann man wunderbar Vögel beobachten, Milchstraße gucken, Herrn Ribbecks Schloss bestaunen oder den ältesten Flugplatz der Welt besuchen. Das Einzige, was man hier wirklich vergeblich sucht, sind ernst zu nehmende Berge.

PARADIES FÜR ORNITHOLOGEN UND ASTRONOMEN

Die abwechslungsreiche Landschaft mit Wiesen, Wäldern und Seen ist Heimat für viele gefährdete Tier- und Pflanzenarten und ein bedeutendes Brutgebiet für seltene Wiesenbrüter wie den Großen Brachvogel, Kiebitz oder Wachtelkönig. Im Frühling und Herbst finden sich auf den feuchten Wiesen entlang der Ufer unzählige Kraniche, Gänse und Schwäne zum Zwischenstopp auf ihren langen Reisen zwischen Sommer- und Winterquartier ein.

Tagsüber die Natur genießen und abends Sterne gucken. Aufgrund der dünnen Besiedlung ist Lichtverschmutzung hier ein Fremdwort. Die Abwesenheit von künstlichen Lichtquellen lässt die Sterne am Himmel besonders hell funkeln. Das Westhavelland zählt zu den dunkelsten Landstrichen in Deutschland und lockt Astrotouristen und alle, die es werden wollen. Beste Voraussetzungen für die Beobachtung des Sternenhimmels bietet die besonders dunkle, rund 40 Quadratkilometer große Kernzone zwischen Gülpe und Nennhausen.

AUSFLÜGE MIT BOOT UND RAD

Wasser ist im Havelland allgegenwärtig und die malerische Flusslandschaft der Unteren Havel lädt zu geruhsamen Kanutouren ein. Strömung ist kaum vorhanden und das Motorbootaufkommen hält sich im überschaubaren Rahmen. Besonders

Rechts oben: Das Westhavelland ist der ideale Rückzugsort für Naturliebhaber./ Unten: Das Lilienthal-Centrum Stölln erinnert an den bekannten Flugpionier der Region.

TIPP
Am Südufer des Gülper Sees eröffnen ein Aussichtsturm und zwei Beobachtungsstände einen guten Blick auf die vielfältige Vogelwelt. Fernglas nicht vergessen!

idyllisch ist die etwa 16 Kilometer lange Rundtour auf Havel und Gülper Havel zwischen Molkenberg und Strohdene. Aber Obacht: Aufgrund der Vogelbrut darf die Strecke erst ab dem 16. Juni komplett befahren werden.

An Land laden gut ausgebaute Radwege zu schönen Touren ein. Dabei macht ein flächendeckendes Knotenpunktsystem die individuelle Planung von Rundkursen zum Kinderspiel. So lässt sich bequem nach Zahlen radeln und man kommt am Ende der Strecke ganz ohne Navigationsstress wieder zurück zum Wohnmobil.

KUNST UND KULTUR

„Es spiegeln sich in deinem Strome Wahrzeichen, Burgen, Schlösser, Dome", reimte Theodor Fontane 1873 über die Havel. Unbedingt einen Besuch wert ist die charmante Altstadt von Brandenburg an der Havel mit ihren schmalen Gassen und mächtigen Bauwerken der norddeutschen Backsteingotik. Die von der Havel geprägte Stadt blickt als Wiege der Mark Brandenburg auf eine fast 1 100-jährige Geschichte zurück und wären andere Städte schon froh, überhaupt eine vorzeigbare Altstadt zu haben, gibt es hier mit Neustadt, Altstadt und Dominsel derer gleich drei. Und ein Stück havelabwärts können Sie das Städtchen Rathenow erkunden, wo der Optikpark auf dem ehemaligen Gelände der Landesgartenschau und das Optik-Industriemuseum an die Entstehung der optischen Industrie in Deutschland erinnern.

1 OTTO-LILIENTHAL-CENTRUM STÖLLN

Der Traum vom Fliegen nahm seinen Anfang im Westhavelland. An den Hügeln der Rhinower Berge bei Stölln zwischen Rathenow und Neustadt (Dosse) unternahm der Flugpionier Otto Lilienthal gegen Ende des 19. Jh. seine ersten Flugversuche und schwebte mit seinen Fluggeräten bis zu 250 Meter weit durch die Luft. Fünfzehn Fluggeräte, mit denen Lilienthal seine ersten Flugversuche unternahm, sind in der „Alten Brennerei" in Stölln zu besichtigen. Zusätzlich dokumentiert die kleine, aber feine Dauerausstellung mit zahlreichen Dokumenten und Fotos Leben und Arbeit des Flugpioniers.

www.otto-lilienthal.de

2 STERNENPARK WESTHAVELLAND

Bereits 2014 wurde die Region von der Dark Sky Association, der Internationalen Gesellschaft zum Schutz des dunklen Nachthimmels, zum ersten Sternenpark Deutschlands gekürt. Denn nirgendwo sonst funkeln die Sterne heller. Es gibt zehn ausgewiesene Beobachtungsplätze, die mit ihrem relativ freien Horizont einen besonders großartigen Blick nach oben eröffnen. Auch werden regelmäßig Führungen angeboten, bei denen Sie unter fachkundiger Anleitung die unterschiedlichen Sternenbilder am nächtlichen Himmelszelt kennenlernen können.

www.sternenpark-westhavelland.de

3 RATHENOW

Das Städtchen Rathenow im Zentrum des Naturparks Westhavelland ist eng verbunden mit der optischen Industrie. Den Grundstein dazu legte Pfarrer Johann Duncker mit seiner Erfindung der Linsen-Vielschleifmaschine im Jahre 1801. Sie ermöglichte die fabrikmäßige Produktion von Brillengläsern. Anschaulich wird diese Geschichte in der umfangreichen Ausstellung des Optik Industrie

TIPP
Unzählige Brücken prägen das Stadtbild von Brandenburg an der Havel. Erst mit einer Stadtrundfahrt auf dem Wasser wird der Besuch komplett.

INFO

Tourismusverein Westhavelland e. V.
Freier Hof 5, 14712 Rathenow
Tel. (03385) 514991
www.westhavelland.de

Museums mit unzähligen optischen Instrumenten, Brillen und wissenschaftlichen Geräten. Für einen erlebnisreichen Familienausflug bietet sich der schön gestaltete Optikpark an. Von Mai bis September können Sie hier faszinierende optische Täuschungen erkunden.

www.oimr.de, www.optikpark-rathenow.de

4 SCHLOSS RIBBECK

Mit seinem Gedicht „Herr von Ribbeck auf Ribbeck im Havelland" hat Theodor Fontane dem kleinen Dorf im Umland von Berlin, heute ein Ortsteil von Nauen, ein literarisches Denkmal gesetzt. Das jetzige Schloss ließ Familie Ribbeck Ende des 19. Jahrhundert im Stil des Neobarock errichten. Nach einer wechselvollen Geschichte und umfangreicher Restaurierung beherbergt das repräsentative Gebäude nun ein Museum und ein Restaurant. Hinter dem Schloss hat jedes der 16 Bundesländer zur Erinnerung an die Wiedervereinigung einen Birnbaum gepflanzt. Im Mittelpunkt des historischen Ortskerns erhebt sich die Dorfkirche, deren Anfänge bis ins 14. Jahrhundert zurückreichen, und nach dem Spaziergang über das Kopfsteinpflaster kann man sich bei einer selbst gemachten Birnentorte im Café Altes Waschhaus stärken.

www.schlossribbeck.de

5 BRANDENBURG AN DER HAVEL

Zu sehen und entdecken gibt es neben engen Kopfsteinpflastergassen und einer nostalgischen Straßenbahn eine Altstadtmauer mit vier Tortürmen. Ein gotisches Schmuckstück mit Roland davor ist das Rathaus am Altstädtischen Markt. Ältestes Bauwerk der Stadt ist der imposante Dom auf einer Insel zwischen Beetzsee und Havel. Eine Insel weiter widmet sich das Archäologische Landesmuseum im restaurierten mittelalterlichen Paulikloster ausführlich der Kulturgeschichte Brandenburgs.

www.erlebnis-brandenburg.de

Links, von oben: Das Sternencamp Rübehorst in Großderschau ist der perfekte Ort, um sich vom Nachthimmel verzaubern zu lassen./ Blick vom Anleger am Neustädtischen Wassertor auf die Skyline von Brandenburg an der Havel./ Rechts, von links: Die Skulptur „Schleusenspucker" im alten Hafen von Rathenow erinnert an die Tagelöhner, die sich einst mit Spuckwettbewerben die Wartezeit vertrieben./ Die Birne gehört zum Havelland wie der Eiffelturm zu Paris oder das Kolosseum zu Rom.

WESTHAVELLAND

TIPP **OFT REICHEN SCHON WENIGE REGENTAGE,** um die Oberfläche einer Campingwiese matschig werden zu lassen. Schnell hat man sich mit dem schweren Wohnmobil festgefahren. Nicht nur im wasserreichen Westhavelland ist es daher eine gute Idee, einen weiten Bogen um nasse Wiesen zu machen. Falls Sie doch einmal im Schlamm feststecken, gilt es Ruhe zu bewahren und das Gaspedal nur noch ganz feinfühlig zu bedienen. Sonst drehen die Räder durch und graben sich noch tiefer ein. Falls Sie keine spezielle Antirutschmatte oder Schneeketten dabeihaben, können Sie auch Äste, ein Handtuch oder zur Not den Vorzeltteppich vor die Reifen legen, um die Bodenhaftung zu verbessern. Anschließend dann vor- und zurückschaukeln, um mit Schwung aus der Mulde herauszukommen.

a/ Havel Oase Pritzerbe

Die Anfahrt auf der Kopfsteinpflasterstraße in Pritzerbe ist zwar eng, aber auch für größere Mobile machbar. Etwa 150 Meter nach der Drahtseilfähre hinüber nach Kützkow ist das Gelände der Havel Oase erreicht. Als Marina für den Charterbootverleih gestartet, gibt es heute zusätzlich zum Wasserwanderrastplatz eine Hüttenvermietung und Wohnmobilisten dürfen sich über die rund 20 Stellplätzen auf der Uferwiese direkt an der Havel freuen. Die Atmosphäre ist familiär und es ist alles da, was man für einen angenehmen Aufenthalt braucht. Ein perfekter Platz zum Entspannen und Seele-baumeln-Lassen.

ART: Wohnmobilstellplatz
ANZAHL DER PLÄTZE: 20
KOSTEN: Kategorie 1/2
BEZAHLUNG: bar
AUSSTATTUNG:
HAUSTIERE ERLAUBT: ja
RESERVIERUNG MÖGLICH: ja

BETRIEBSZEIT: ganzjährig
ADRESSE: Vor dem Kietz 8, 14798 Havelsee
www.havel-oase.de

TIPP **RUND UM DEN HOHENNAUENER-FERCHESARER SEE** lädt ein sehr schöner und gut markierter Rundweg zu einer ausgedehnten Wanderung ein. Ausgangspunkt der rund 23 Kilometer langen Tour ist das Dorf Hohenauen am Westufer des Sees. Unterwegs warten viele schöne Badestellen und Rastmöglichkeiten mit Blick aufs Wasser sowie eine altehrwürdige Fachwerkkirche in Semlin und ein 600 Jahre alter Brunnen in Ferchesar. Am Ferienpark Buntspecht besteht die Möglichkeit zur Einkehr, wo Sie sich stärken können.

b/ Stadtmarina Brandenburg

Direkt an der Havel und vor den Toren der Altstadt bietet die Stadtmarina Brandenburg schöne und durchaus großzügige Stellplätze unter schattigen Platanen auf einem mit viel Liebe zum Detail angelegten Gelände. Das Preisniveau ist gehoben und man muss wie auf einem Campingplatz beim Hafenmeister einchecken. Dafür erwartetet einen eine gehobene Ausstattung mit Naturbadeteich und Spielbereich samt Piratenschiff für die Kinder sowie moderne und stets blitzsaubere Sanitäranlagen. Das maritime Flair und der Blick über Hafenbecken und Havel sind unbezahlbar.

ART: Wohnmobilstellplatz
ANZAHL DER PLÄTZE: 30
KOSTEN: je nach Größe und Saison Kategorie 1/2
BEZAHLUNG: bar/EC-Kreditkarte
AUSSTATTUNG:

HAUSTIERE ERLAUBT: ja (€)
RESERVIERUNG MÖGLICH: ja
BETRIEBSZEIT: ganzjährig
ADRESSE: Am Hafen 7, 14770 Brandenburg an der Havel
www.stadtmarina-brandenburg.de

TIPP **ZUM WELLENREITEN BRAUCHT MAN NICHT UNBEDINGT ANS MEER.** Bei der Surfschule in Pritzerbe sorgt eine spezielle Bootskonstruktion für die perfekte Welle auf der Havel, in der sowohl Einsteiger wie auch Könner ihren Spaß haben. Das notwendige Material wird bereitgestellt und selbst Anfänger dürfen sich nach wenigen Versuchen über das erste Erfolgserlebnis freuen. www.2wave.de

c/ Campingpark Buntspecht

ART: Campingplatz
ANZAHL DER PLÄTZE: 160
KOSTEN: Kategorie 3
BEZAHLUNG: bar/EC-Kreditkarte/Sonstiges

HAUSTIERE ERLAUBT: ja (€)
RESERVIERUNG MÖGLICH: ja
BETRIEBSZEIT: April–Oktober
ADRESSE: Weg zum Zeltplatz, 14715 Stechow-Ferchesar
www.campingpark-buntspecht.de

Zur komfortablen 4-Sterne-Campinganlage zählen neben modernen Sanitäranlagen, einem Restaurant und einem Imbiss auch eine eigene Badestelle sowie eine Fahrrad- und Bootsvermietung.

d/ Sternencamp Rübehorst

ART: Campingplatz
ANZAHL DER PLÄTZE: 6
KOSTEN: Kategorie 2
BEZAHLUNG: Sonstiges

HAUSTIERE ERLAUBT: nein
RESERVIERUNG MÖGLICH: ja
BETRIEBSZEIT: Mai–Oktober
ADRESSE: Dorfstraße 5, 16845 Großderschau OT Rübehorst
www.sternencamp.de

Unkonventioneller Campingplatz mit tollem Service: Fahrräder für Erwachsene, Kinder sowie ein Kinderanhänger können während des Aufenthalts für Ausflüge kostenlos ausgeliehen werden.

e/ Wohnmobilstellplatz Sportplatz Gülpe

ART: Wohnmobilstellplatz
ANZAHL DER PLÄTZE: 10
KOSTEN: Kategorie 1
BEZAHLUNG: bar
AUSSTATTUNG:

HAUSTIERE ERLAUBT: ja
RESERVIERUNG MÖGLICH: nein
BETRIEBSZEIT: ganzjährig
ADRESSE: Pareyer Straße 6, 14715 Havelaue OT Gülpe

Einfacher Platz an Sportanlage in der Ortschaft Gülpe mit kleinem Spielplatz, WC-Haus (kein Trinkwasser, keine Toilettenentsorgung!) und viel Ruhe.

REISE
05

EMSLAND

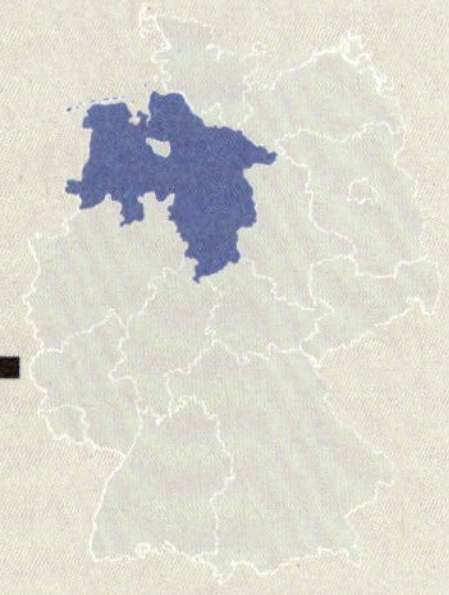

Das Emsland hat viel mehr zu bieten als nur frische Landluft. Hier treffen Maritimes und moderner Schiffbau auf eine einzigartige Naturlandschaft mit Mooren, Flüssen und weiten Feldern.

★★	★★	★★	Niedersachsen

Die höchsten Erhebungen am äußersten Rand von Niedersachsen nahe der holländischen Grenze erreichen nicht einmal 100 Meter. Aber ganz im Gegensatz zur Abwesenheit topografischer Höhepunkte geizt das flache Land am Mittellauf der Ems zwischen Papenburg im Norden und Rheine im Süden nicht mit kulturellen Highlights. Da wäre zum Beispiel das technische Meisterwerk der Hüvener Mühle, die sowohl mit Wind wie auch mit Wasser angetrieben werden kann, ein Barockschloss in Sternform, ein Städtchen, in dem gleich drei Kornbrennereien Getreide zu hochwertigen Spirituosen destillieren und Deutschlands älteste und längste Fehnkolonie. Nicht zu vergessen natürlich, aber aufgrund des riesigen Trockendocks ohnehin kaum zu übersehen, ist die Meyer-Werft in Papenburg, wo luxuriöse Kreuzfahrtschiffe für Reedereien auf der ganzen Welt gebaut werden.

SPASS AM, AUF UND IM WASSER

Mehr Wasser als im Emsland gibt es eigentlich nur an der Küste. Insgesamt bieten im Sommer über ein Dutzend Badeseen mit feinen Sandstränden eine stets willkommene Möglichkeit zur Abkühlung. Dazu gesellen sich fast zwanzig Frei- und über fünfzehn Hallenbäder. Wellness mit Dampfbad, Sauna und Whirlpool bieten zum Beispiel die Linus Wasserwelten in Lingen. Wer dagegen actiongeladenen Spaß auf dem Wasser sucht, wird bei der Wasserskianlage am Dankernsee fündig und der Speichersee in Geeste ist ein beliebter Treffpunkt für Windsurfer. Abgerundet wird das Wassersportangebot durch mehrere Kanuverleiher an Ems und Hase, die die Möglichkeit eröffnen, das Emsland vom Wasser aus zu erleben und auf eigenem Kiel zu erkunden.

TRAUM VON RADELFREUNDEN

Seit Jahren ist das Emsland im Ranking „Beliebteste Radregion in Deutschland" im Rahmen der ADFC-Travelbike-Radreiseanalyse unter den Top Ten zu finden und selbstverständlich sind auch alle Campingplätze hervorragend an das engmaschige Radwegenetz angeschlossen. Radler dürfen sich auf insgesamt über 3500 Kilometer mit lückenloser Beschil-

derung freuen, die stets die Richtung zum nächsten Ort und die Entfernung dorthin anzeigt. So steht nichts dem spontanen Fahrradausflug im Wege. Wer stattdessen lieber einem ausgearbeiteten Routenvorschlag folgen möchte, hat die Auswahl zwischen verschiedenen, ebenfalls hervorragend ausgeschilderten Themenrundkursen zwischen 15 und 70 Kilometer Länge.

FASZINATION MOOR

Die Landschaft des Emslands wird von Mooren, Wasserläufen und sumpfigen Wiesen geprägt. Über Jahrtausende war das Moor ein lebensfeindlicher Raum, dem jeder Quadratmeter mit viel Fleiß und Schweiß abgerungen werden musste. Die Landschaft lässt sich vielseitig erkunden. Einer der insgesamt 60 reizvollen Tourenvorschläge ist die Moor-Tour bei Geeste. Sie führt in den Internationalen Naturpark Bourtanger Moor-Bargerveen, der sich auf beiden Seiten der deutsch-niederländischen Grenze erstreckt. Auf deutscher Seite umfasst er den südlichen Teil des Bourtanger Moores, das vor dem Beginn der Kultivierung und dem Torfabbau Mitte des 19. Jahrhunderts das größte zusammenhängende Hochmoor Mitteleuropas darstellte. Herzstück auf niederländischer Seite ist das Naturschutzgebiet Bargerveen. Hier wurde bereits in den 1960er-Jahren der Torfabbau beendet und mit der Renaturierung begonnen, sodass sich heute wieder eine ursprüngliche Moorlandschaft mit der typischen Pflanzen- und Tierwelt zeigt.

Oben: Das Freilichtmuseum in Papenburg veranschaulicht, unter welchen Bedingungen die ersten Kolonisten begannen, das Moor trocken zu legen./ Unten: Schloss Clemenswerth – Barockes Jagdschloss des Kölner Kurfürsten Clemens August.

1 SCHLOSS CLEMENSWERTH

Unweit des Örtchens Sögel versteckt sich im dichten Buchenwald ein wahres Meisterwerk der barocken Architektur. Hier ließ sich Kurfürst Clemens August von Wittelsbach am nordwestlichen Zipfel seines Machtbereichs Mitte des 18. Jahrhunderts ein stattliches „Ferienhaus" errichten. Der mit dem Bau beauftragte Johann Conrad Schlaun war ein Star-Architekt des Barocks und entwarf ein einzigartiges, sternförmig angelegtes Jagdschloss. Den Mittelpunkt bildet der zentrale Prunkbau, drumherum sind in einem sauberen Achteck die Gäste-Pavillons angeordnet. Vervollständigt wird das prachtvolle Bauensemble durch Kapelle, Marstall und Gloriette. www.clemenswerth.de

2 MEPPEN

Ems, Hase und Dortmund-Ems-Kanal: Die Kreisstadt Meppen wird von Wasser dominiert. Starten Sie Ihren Rundgang durch die fein herausgeputzte Altstadt am besten am Historischen Rathaus am Marktplatz mit seinem eindrucksvollen Renaissancegiebel. Die Kogge auf der Turmspitze erinnert an die einstige Zugehörigkeit der Stadt zur Hanse. Heute beherbergt das schmucke Gebäude ein Café und der historische Ratssaal wird noch für Empfänge und standesamtliche Trauungen genutzt. Einen etwa 15-minütigen Spaziergang entfernt lässt sich mit der Koppelschleuse ein technisches Meisterwerk aus der ersten Hälfte des 19. Jahrhunderts bestaunen. Rund um die gesamte Altstadt haben die ursprünglichen Befestigungsanlagen die Jahrhunderte überstanden. Sie sind zu Parkanlagen umgestaltet und laden zu Spaziergängen ein. www.meppen-tourismus.de

3 EMSLAND MOORMUSEUM

Eindrucksvoll nachvollziehen lässt sich der lange Weg von der Moorkolonisation und dem harten Leben der ersten Siedler bis zur industriellen Abtorfung nach dem

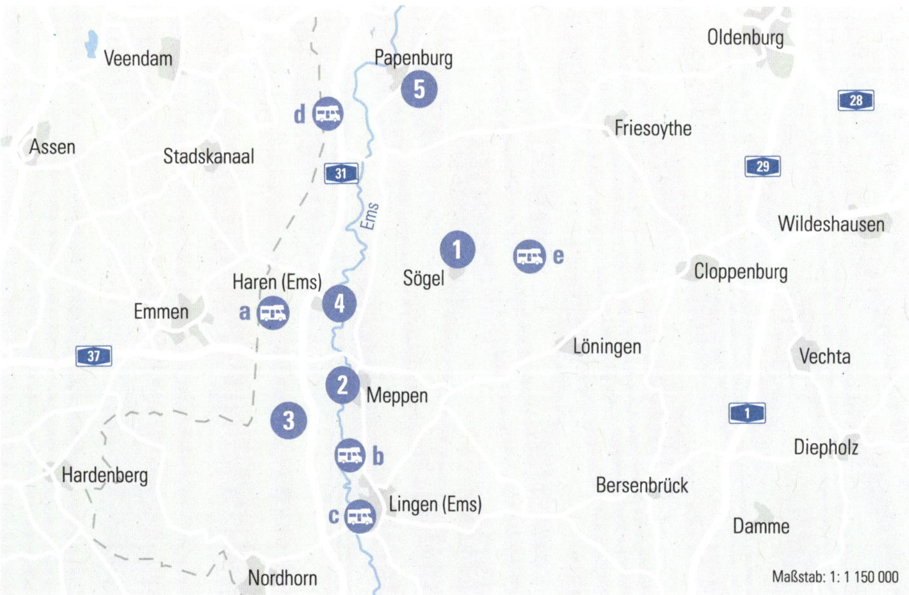

INFO

Emsland Tourismus GmbH
Herzog-Arenberg-Straße 12
49716 Meppen
Tel. (05931) 9250900
www.emsland.com

TIPP
Unbedingt im Museumscafé die Buchweizenpfannkuchen („Bookweiten-Janhinnerk" auf Platt) probieren, die in unterschiedlichsten Variationen serviert werden.

Zweiten Weltkrieg in den zwei Ausstellungshallen des Emsland-Moormuseums in Groß Hesepe. Besonders beeindruckend ist der sogenannte Mammut, der größte Dampfpflug der Welt. Der Koloss aus Eisen war bis 1970 im Einsatz und wurde von schweren Dampfmaschinen durchs Gelände gezogen. Im Außengelände kann man die heutige Renaturierung der einzigartigen Naturlandschaften bei einem Rundgang über die Bohlenwege live erleben. Wer das Museumsgelände nicht zu Fuß erkunden möchte, kann zwischen Ostern und Oktober außer an Montagen auch mit der Feldbahn fahren.
www.moormuseum.de

4 EMSLAND-DOM UND SCHIFFFAHRTSMUSEUM HAREN

Eine weithin sichtbare Landmarke im flachen Emsland ist die leuchtend weiße Fassade der Pfarrkirche Sankt Martinus in Haren mit ihrer gewaltigen, fast 60 Meter hohen Kuppel. Eine wichtige Rolle im wirtschaftlichen Leben der Stadt spielt seit Jahrhunderten die Schifffahrt. Im kleinen Hafen des Schifffahrtsmuseums am Haren-Rütenbrock-Kanal liegen ein paar historische, zum Teil über 100 Jahre alte Traditionsschiffe vertäut und verschiedene Ausstellungen informieren über Nautik, Emsschifffahrt, Schiffbau und Harener Geschichte. Heute ist die Stadt noch immer Heimathafen für über 170 Hochsee- und Küstenschiffe sowie 50 Binnenschiffe. Rund um das etwa 300 Jahre alte Wasserschloss knapp drei Kilometer westlich des Stadtzentrums bietet ein großer Familien-Ferienpark die unterschiedlichsten Spiel-, Freizeit- und Sportmöglichkeiten und einen großen Badesee samt Wasserskianlage.
www.haren.de

5 PAPENBURG UND DIE MEYER-WERFT

Im malerischen Stadtzentrum von Papenburg laden Kanäle und Klappbrücken zum Bummeln ein. Wo einst in der ältesten und längsten Fehnsiedlung Torf abgebaut wurde, gibt es heute historische Gebäude, kleine Läden und insgesamt sechs originalgetreue Rekonstruktionen historischer Schiffe zu entdecken. Die mit Abstand größte Attraktion der Stadt ist aber ohne Frage die Meyer-Werft und immer wieder ist es ein Spektakel, wenn einer der hier gebauten Ozeanriesen auf der Ems Kurs in Richtung der Weltmeere nimmt. Das Besucherzentrum der Werft ist zu jeder Zeit einen Besuch wert und bei den öffentlichen Führungen über das Werksgelände erfährt man anhand von Filmvorführungen an mehreren Stationen alles über den Bau moderner Kreuzfahrtschiffe. Von der Besuchergalerie können Sie einen Blick auf das aktuelle Geschehen in der Werfthalle werfen und auch eine Kabine zum Probeliegen gibt es.
www.meyerwerft.de

Links, von oben: Das historische Rathaus ist das Wahrzeichen der Meppener Innenstadt./ Schifffahrtsmuseum in Haren/ Freilichtmuseum Von-Velen-Anlage in Papenburg. Rechts, von links: Die Pfarrkirche Sankt Martinus in Haren, wird auch Emsland-Dom genannt./ Dampfpflug „Mammut" im Emsland Moormuseum in Geeste.

CAMPING- UND STELLPLATZ-TIPPS

EMSLAND

Nicht immer ist ein Urlaub mit dem Wohnmobil die grosse Freiheit. Gerade in der Hauptsaison kann es auf Camping- und Stellplätzen durchaus eng werden. Im Sinne eines freundlichen Miteinander ist daher gegenseitige Rücksicht unter Campern gefragt und ein freundlicher Gruß an die Nachbarn bei der Ankunft schadet bestimmt nicht. Dass man das Wohnmobil innerhalb der Bodenmarkierungen parkt, falls vorhanden, und darauf achtet, niemanden zu behindern, versteht sich eigentlich von selbst. Außerdem gehört es zum guten Ton, beim Parken die gleiche Ausrichtung wie die Fahrzeuge links und rechts zu wählen, damit die Wohnmobile für mehr Privatsphäre Markise an Fahrzeug und nicht direkt Tür an Tür stehen.

a/ Emsland-Camp in Haren-Fehndorf

Das 2017 neu eröffnete Emsland-Camp nahe der deutsch-niederländischen Grenze bietet auf einer Fläche von 1,6 Hektar unterschiedliche Stellplätze für jeden Geschmack sowie einen großen Bade- und Angelsee. Das Angebot reicht vom einfachen Stellplatz vor der Schranke bis zur Komfortparzelle mit eigenem Privatbad und Abwasseranschluss am Platz. Abgerundet wird das umfassende Angebot durch Friseur- und Massagepraxis am Platz und einen Verleih für SUP, E-Bikes und Scooter vor Ort. Jeden Mittwoch gibt es außerdem Yoga am See.

ART: Campingplatz mit Wohnmobilstellplatz vor der Schranke
ANZAHL DER PLÄTZE: 20 Plätze vor der Schranke
KOSTEN: ab Kategorie 2
BEZAHLUNG: bar/EC-Kreditkarte
AUSSTATTUNG:

HAUSTIERE ERLAUBT: ja
RESERVIERUNG MÖGLICH: ja
BETRIEBSZEIT: ganzjährig
ADRESSE: Harener Str. 34, 49733 Haren
www.emsland-camping.de

Eine ganz besondere Köstlichkeit, die so nur im Mühlencafé von Enking's Mühle in Emsbüren serviert wird, ist die Pumpernickel-Torte nach altem Familienrezept. Zutaten für den Urahn aller Vollkornbrote, der ohne jegliche Zusatzstoffe oder Konservierungsmittel auskommt, sind frisch geschroteter Roggen, Wasser und Salz. Seine charakteristische saftig-braune Färbung bekommt das Brot lediglich durch die lange Backzeit bei niedrigen Temperaturen: Knapp 24 Stunden muss der Teig bei 120 °C gebacken werden.

b/ Womopark Geeste

Einfacher, durch Heckenreihen untergliederter Stellplatz unterhalb des Speichersees Geeste mit gepflasterten Fahrspuren und ebenen Stellflächen auf Rasenstreifen. Im Sommer spenden die Baumreihen angenehmen Schatten. Die Möglichkeit zum Sonnenbad und einen Sprung ins kühle Nass bietet der nahe gelegene, 850 Meter lange Badestrand mit Liegewiesen. Falls die Küche im Wohnmobil einmal kalt bleiben soll, lädt hier auch das Restaurant Deichkrone zum Schlemmen mit Seeblick ein. Wer sich danach die Beine vertreten möchte, kann auf dem schönen Wanderweg, der immer oben auf dem Deich entlang verläuft, rund um den See laufen (ca. 6 km).

ART: Wohnmobilstellplatz
ANZAHL DER PLÄTZE: 62 (davon 16 mit Stromanschluss)
KOSTEN: Kategorie 1
BEZAHLUNG: EC-Kreditkarte
AUSSTATTUNG:

HAUSTIERE ERLAUBT: ja
RESERVIERUNG MÖGLICH: nein
BETRIEBSZEIT: ganzjährig
ADRESSE: Biener Straße 13a, 49744 Geeste
www.womopark-geeste.de

TIPP **EINE ÜBERSICHT ALLER CAMPINGPLÄTZE** und Wohnmobilstellplätze in der Region bietet die Campingkarte Emsland. Sie ist kostenlos bei der Touristeninformation erhältlich und kann unter www.emsland.com/urlaub/natur-aktiv/camping/ heruntergeladen werden.

c/ Stellplatz am Linus Bad in Lingen

ART: Wohnmobilstellplatz
ANZAHL DER PLÄTZE: 30
KOSTEN: Kategorie 1
BEZAHLUNG: bar

HAUSTIERE ERLAUBT: ja
RESERVIERUNG MÖGLICH: nein
BETRIEBSZEIT: ganzjährig
ADRESSE: Teichstraße 18, 49808 Lingen (Ems)
www.lingen.de

Insgesamt 30 Plätze auf geschottertem Untergrund auf einem mit Hecken und Bäumen abgegrenzten Areals. In ruhiger, aber zentraler Lage.

d/ Campingplatz Neuengland

ART: Campingplatz
ANZAHL DER PLÄTZE: 60
KOSTEN: Kategorie 2
BEZAHLUNG: bar/EC-Kreditkarte

HAUSTIERE ERLAUBT: ja
RESERVIERUNG MÖGLICH: ja
BETRIEBSZEIT: März–Oktober
ADRESSE: Neurheder Str. 31, 26899 Rhede/Ems
www.campingplatz-neuengland.de

Familienfreundlicher Campingplatz auf dem Gelände eines ehemaligen Bauernhofs mit separatem Zeltplatz auf einer naturbelassenen Wiese zwischen einem Angelsee und einem Schwimmteich.

e/ Stellplatz Kreutzmanns Mühle

ART: Wohnmobilstellplatz
ANZAHL DER PLÄTZE: 6
KOSTEN: kostenlos

HAUSTIERE ERLAUBT: ja
RESERVIERUNG MÖGLICH: nein
BETRIEBSZEIT: ganzjährig (im Winter V+E nicht verfügbar)
ADRESSE: Kirchstraße 28, 49757 Werlte
www.sgwerlte.de

Gebührenfreier Stellplatz auf gepflastertem Untergrund für sechs Mobile an der Kreutzmanns Mühle im Zentrum von Werlte.

REISE

06

NIEDERRHEIN

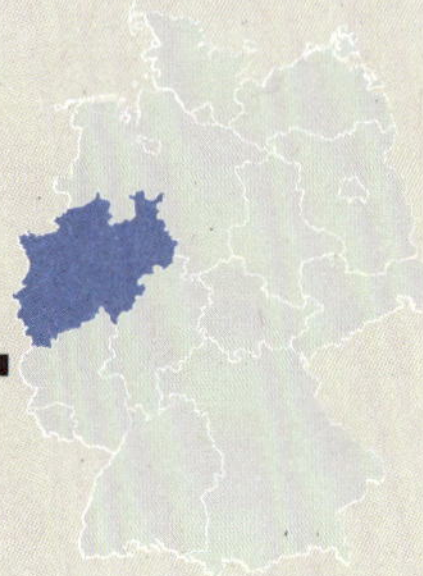

An der Grenze zu den Niederlanden ganz im Westen Nordrhein-Westfalens warten verträumte Städtchen, eine weite Landschaft, die zu entspannten Radtouren einlädt und jede Menge gut ausgestattete Stellplätze. Camperherz, was willst Du mehr?

★★	★★★	★★	Nordrhein-Westfalen

Die hohe Dichte an Wohnmobil-Stellplätzen ist sicher einer der Gründe für die stetig steigende Begeisterung für den Landstrich im Westen Nordrhein-Westfalens. Das Angebot reicht vom kleinen verträumten Platz im Wald oder am Wasser bis hin zu großen, modernen Anlagen mit allem Komfort, sodass sich selbst in der Hochsaison ein Plätzchen finden lässt.

HEKTIK ADE

Im niederrheinischen Tiefland zwischen Düsseldorf und der niederländischen Grenze prägen weite Wiesen und Felder, geschützte Heide-, Auen- und Moorlandschaften, malerische Weidenalleen und die ein oder andere Windmühle die Landschaft. Meist kann der Blick ungehindert über das flache Land bis zum Horizont schweifen. Am besten lässt sich die Gegend zwischen Rhein und Maas mit dem Fahrrad erkunden. Ein dichtes Radwegenetz verbindet die zahlreichen pittoresken Kleinstädte miteinander, von denen so manche ihre Besucher mit einem mittelalterlichen Marktplatz empfängt. Anstrengende Steigungen sind unterwegs nicht zu befürchten und ein Knotenpunkt-System machen die Planung individueller Touren und die Orientierung vor Ort zum Kinderspiel. Kurzum: Genussradler kommen am Niederrhein voll auf ihre Kosten. Verteilt über die gesamte Region lassen sich an über 30 Stationen von NiederrheinRad unkompliziert und zum fairen Tarif Räder und E-Bikes ausleihen.

LANDGASTHÖFE UND LANDCAFÉS

Neben rustikalen Landgasthöfen, bei denen deftige Hausmannskost auf der Speisekarte steht, gibt es unzählige liebevoll eingerichtete Landcafés in alten Viehställen, Geräteschuppen oder altehrwürdigen Klostermauern zu entdecken, die hausgemachte Torten und Kuchen servieren. Wer auf der Suche nach frischen, regionalen Lebensmitteln oder lokalen Spezialitäten für die Wohnmobilküche ist, der wird auf den zahlreichen Wochenmärkten und in den Hofläden fündig.

MUSEEN UND WINTERSPASS

Neben Stadt, Land und Fluss gibt es am Niederrhein auch historische Herrenhäuser

und Schlösser sowie ein breites kulturelles Angebot mit Museen, Theatern und Konzerten. Das Angebot reicht vom liebevollen Heimatmuseum bis zur Kunstsammlung von Weltruf und so ist in der bunten Palette der Museumslandschaft garantiert für jeden Geschmack etwas dabei. Für eingefleischte Fahrrad-Fans fast schon ein Muss ist ein Abstecher über die Grenze nach Nimwegen/Nijmegen, wo das „Nationaal Fietsmuseum Velorama" auf drei Etagen über 200 historische Fahrräder von den ersten Laufrädern über Hochräder bis hin zum modernen Rad mit luftgefüllten Reifen zeigt.

Eine Winterauszeit am Niederrhein? Warum nicht: Von Mitte November bis Mitte Februar fasziniert das Spektakel der in Scharen einfallenden arktischen Wildgänse Naturfreunde aus der ganzen Welt. Den Tieren ganz nahekommen, ohne sie zu stören, kann man bei einer Gänsesafari mit den Experten der NABU-Naturschutzstation Niederrhein.

Wenn die Innenstädte während der Adventszeit im Lichterglanz erstrahlen, können sich Glühweingenießer und Kunsthandwerkliebhaber mit einem Bummel über einen der zahlreichen Weihnachtsmärkte in vorweihnachtliche Stimmung bringen. Besonders zauberhaft zeigt sich das Marktgeschehen zum Beispiel vor der Kulisse des romantisch illuminierten Schloss Moyland, im historischen Stadtkern von Xanten oder auf dem Gelände des Niederrheinischen Freilichtmuseums in Grefrath rund um die Dorenburg.

Links: Das Museumscafé in Schloss Moyland lädt zu köstlichem Tortengenuss im historischen Ambiente ein. Rechts: Das Wasserschloss Moyland zählt zu den bedeutendsten neugotischen Bauten in Nordrhein-Westfalen.

1 SCHLOSS MOYLAND

Eingebettet in eine historische Garten- und Parklandschaft südlich von Kleve präsentiert das zu Beginn des 14. Jahrhundert errichtete und Mitte des 19. Jahrhunderts im neugotischen Stil umgebaute Wasserschloss Moyland eine umfangreiche Sammlung moderner und zeitgenössische Kunst. Die circa 5 000 Werke umfassende Beuys-Sammlung ist die größte der Welt. Sehenswert ist auch der weitläufige Schlossgarten mit Skulpturenpark und historischem Kräutergarten.
www.moyland.de

2 ARCHÄOLOGIE-PARK XANTEN

Für rund vierhundert Jahre war Xanten einer der bedeutendsten römischen Orte in Germanien. Im Archäologischen Park Xanten, dem größten archäologischen Freilichtmuseum Deutschlands, empfangen den Besucher die Ruinen der römischen Siedlung Colonia Ulpia Traiana. Zu entdecken gibt es die originalgetreuen Nachbauten von Hafentempel, Wohnhäusern, Badeanlagen und Amphitheater. Das auf den Grundmauern der Basilika Thermarum, der Eingangshalle des römischen Stadtbades, errichtete Römer Museum lässt mit unzähligen Artefakten und Exponaten die Geschichte und Kultur des römischen Reichs lebendig werden.
www.apx.lvr.de

TIPP
Deutschlands erste und einzige Kletterkirche in Mönchengladbach ist nicht nur bei schlechtem Wetter einen Besuch wert.
www.kletterkirche.de

INFO

Niederrhein Tourismus GmbH
Willy-Brandt-Ring 13
41747 Viersen
Tel. (02162) 817903
www.niederrhein-tourismus.de

3 KEVELAER

Kevelaer ist nach dem bayerischen Altötting der zweitgrößte Marienwallfahrtsort in Deutschland. Seit 1642 lockt das Heiligenbild „Trösterin der Betrübten" die Pilgerscharen an den Niederrhein. Der Legende nach hörte der Händler Hendrick Busmann vor 300 Jahren eine Stimme, die ihm befahl, eine Kapelle in Kevelaer zu bauen. Zuerst baute er ein kleines Heiligenhäuschen mit dem erwähnten Bild, 1654 wurde drum herum die Gnadenkapelle errichtet. Heute pilgern über eine Million Menschen aus ganz Deutschland und den Niederlanden nach Kevelaer. Die Zeiten, in denen eine Wallfahrt mühselig zu Fuß erfolgen musste, sind aber lange vorbei.

www.kevelaer.de

4 KLOSTER KAMP

Sanssouci am Niederrhein: Der Terrassengarten von Kloster Kamp mit seiner akkuraten Blumenpracht, den Treppen und Wasserspielen ist ein Meisterwerk der barocken Gartenbaukunst und lässt eher an ein königliches Schloss denken als an die älteste Zisterzienserabtei Deutschlands. Nach der Besichtigung von Garten, Abteikirche und Museum lädt das Klostercafé im ehemaligen Refektorium und im Sommer auch im idyllischen Klostergarten zur Stärkung ein. Kamp-Lintfort ist auch ideale Ausgangsbasis, um auf einem der zahlreichen gut ausgebauten Radwege die liebliche Landschaft des Niederrheins zu erkunden.

www.kloster-kamp.eu, www.kamp-lintfort.de

5 INTERNATIONALER NATURPARK MAAS-SCHWALM-NETTE

Der grenzübergreifende Naturpark Maas-Schwalm-Nette entlang der deutsch-niederländischen Grenze umfasst die landschaftlich reizvollsten Gebiete des Niederrheins und liefert einen eindrucksvollen Beweis dafür, dass Wandern im Flachland alles andere als langweilig ist. Höchsten Wandergenuss versprechen die vom Deutschen Wanderinstitut zertifizierten Premium-Wanderwege der Wasser.Wander.Welt und auf den neun vorbildlich markierten Rundtouren sowie zwei kürzeren Spazierwegen erwarten den Wanderer auf naturnahen Pfaden unzählige Seen, Flüsse, Wälder sowie Mühlen, Burgen und Herrenhäuser.

www.wa-wa-we.eu, www.npsn.de

Links: Der barocke Terrassengarten von Kloster Kamp lädt zum Staunen und Träumen ein. Rechts, von links: Der Naturpark Schwalm-Nette im deutsch-niederländischen Grenzgebiet zieht Naturliebhaber und Wanderer gleichermaßen in seinen Bann./ Niederrheinisches Museum in Kevelaer/ Gnadenkapelle in Kevelaer/ Herbergsthermen im Archäologischen Park Xanten.

CAMPING- UND STELLPLATZ-TIPPS

NIEDERRHEIN

a/ Reisemobilhafen Den Heyberg

Weitläufiger Stellplatz in einem 100 Hektar großen Waldgebiet bei einer Trabrennbahn. Die Ausstattung ist zwar etwas in die Jahre gekommen, aber funktionsfähig, und da sich die insgesamt 150 Stellplätze auf mehrere Areale verteilen, kann sich jeder Camper über ausreichend Privatsphäre freuen. Der Wald lädt zu Spaziergängen ein, auf denen sich die zu Ferienhäusern und Pferdeställen umgebauten Bunker des ehemaligen Munitionsdepots entdecken lassen. Familien mit Kindern freuen sich über den nahegelegenen Freizeitpark Irrland und auch die historische Altstadt von Kevelaer mit der bekannten Gnadenkapelle ist nur 5 km entfernt und mit dem Rad gut zu erreichen.

ART: Wohnmobilstellplatz
ANZAHL DER PLÄTZE: 150
KOSTEN: Kategorie 1
BEZAHLUNG: bar
AUSSTATTUNG:

HAUSTIERE ERLAUBT: ja
RESERVIERUNG MÖGLICH: nein
BETRIEBSZEIT: ganzjährig
ADRESSE: Im Auwelt 45, 47624 Kevelaer
www.reisemobilhafen-den-heyberg.de

TIPP **DAS WUNDERLAND KALKAR** ist Deutschlands vielleicht skurrilster Freizeitpark. Rund um den Kühlturm des ehemaligen Kernreaktors „schneller Brüter" sorgen heute unzählige Fahrgeschäfte für Spaß und Spannung. Fantastisch: der Blick auf den Rhein vom Riesenrad oder dem 58 Meter hohen Kettenkarussell. www.wunderlandkalkar.eu.

TIPP **BEI EINER PADDELTOUR** auf der Niers lässt sich die Landschaft am Niederrhein besonders genießen. Optimale Möglichkeiten, in ein Kanu zu steigen und auf der sanft dahingleitenden Flussaue die Natur aus einer völlig neuen Perspektive zu erleben, bieten sich auf der insgesamt 70 Kilometer langen Strecke zwischen Viersen und Goch mit kaum vorhandener Strömung. Zahlreiche Kanuvermieter organisieren den Rücktransport der Boote: www.niederrhein-tourismus.de/freizeit/alle-paddelbootvermieter-auf-einen-blick

b/ Reisemobilpark Kempen am AquaSol

Ruhig gelegener Stellplatz mit vielen Stammgästen und 30 markierten Stellplätzen auf Schotter und Rasen auf einem durch Hecken vom PKW-Parkplatz separiertem Bereich am Erlebnisbad AquaSol mit umfangreicher Wasser- und Saunawelt. Zu beliebten Veranstaltungen wie St. Martin oder dem Weihnachtsmarkt können 30 weitere Mobile auf dem benachbarten Parkplatz stehen. Die historische Altstadt mit vielfältiger Gastronomie und Einkaufsmöglichkeiten ist mit dem Rad in fünf und zu Fuß in zehn Minuten zu erreichen.

ART: Wohnmobilstellplatz
ANZAHL DER PLÄTZE: 30
KOSTEN: Kategorie 1
BEZAHLUNG: bar
AUSSTATTUNG:
HAUSTIERE ERLAUBT: ja
RESERVIERUNG MÖGLICH: ja
BETRIEBSZEIT: ganzjährig
ADRESSE: Berliner Allee 35, 47906 Kempen
www.reisemobilpark-kempen.de

TIPP **ENDE AUGUST/ANFANG SEPTEMBER** lockt der Caravan-Salon als weltweit größte Branchenmesse Wohnmobilfans aus der ganzen Welt in die niederrheinische Metropole Düsseldorf. Zu sehen gibt es Campingfahrzeuge für jeden Geschmack vom Minicamper bis zum Luxusliner, Dachzelte und jedes nur erdenkliche Campingzubehör. Bei den Vorträgen in der StarterWelt erhalten Einsteiger wertvolle Tipps und Anregungen zum Verreisen mit dem Wohnmobil. www.caravan-salon.de

c/ Wohnmobilpark an der Windmühle in Rheurdt

ART: Wohnmobilstellplatz
ANZAHL DER PLÄTZE: 21
KOSTEN: Kategorie 1
BEZAHLUNG: bar
HAUSTIERE ERLAUBT: ja
RESERVIERUNG MÖGLICH: ja
BETRIEBSZEIT: ganzjährig
ADRESSE: St. Nikolausweg 15, 47509 Rheurdt
www.wohnmobilpark-lotz.de

Bei der Anfahrt unbedingt auf die Beschilderung achten, sonst ist die Kurve an der Zufahrt (zu) eng.

d/ Wohnmobilstellplatz Kamp-Lintfort

ART: Wohnmobilstellplatz
ANZAHL DER PLÄTZE: 39
KOSTEN: Kategorie 1
BEZAHLUNG: EC-Kreditkarte
HAUSTIERE ERLAUBT: ja
RESERVIERUNG MÖGLICH: nein
BETRIEBSZEIT: ganzjährig
ADRESSE: Gohrstraße 60, 47475 Kamp-Lintfort
www.womo-kali.de

Vollautomatisierter Platz mit Vollausstattung und SB-Check-in am Automaten (nur Kartenzahlung). Max. Aufenthalt 7 Nächte.

e/ Wohnmobilstellplatz Ebentalstraße in Rees

ART: Wohnmobilstellplatz
ANZAHL DER PLÄTZE: 46
KOSTEN: Kategorie 1
BEZAHLUNG: EC-Karte
HAUSTIERE ERLAUBT: ja
RESERVIERUNG MÖGLICH: nein
BETRIEBSZEIT: ganzjährig
ADRESSE: Ebentalstraße, 46459 Rees
www.stadt-rees.de

Klassischer Stellplatz zum fairen Preis in unmittelbarer Nähe zu Stadtzentrum und Rheinpromenade und mit guter Anbindung ans Radwegenetz.

REISE

07

RUHRGEBIET

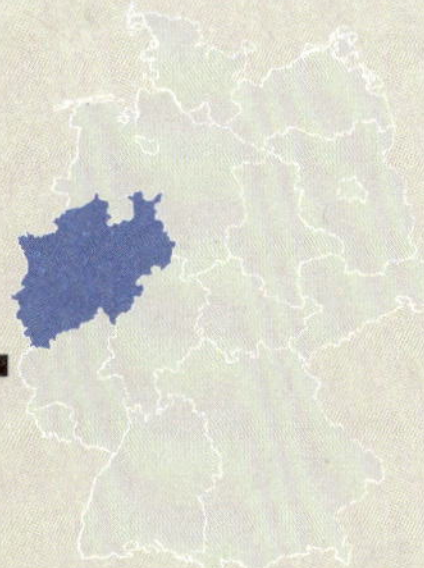

Kohle und rauchende Industrieschlote, das war einmal. Heute präsentiert sich die Metropolregion Ruhr als lebendige, moderne und bisweilen erstaunlich grüne Region mit vielen spannenden Zeugnissen der Industriegeschichte.

★★	★★★	★★	Nordrhein-Westfalen

Die Metropole Ruhr ist mit über 50 Städten und rund 5 Millionen Einwohnern der größte Ballungsraum in Deutschland. Im Schnittpunkt von Rheinischem Schiefergebirge sowie Westfälischer und Niederrheinischer Bucht lag die Kohle stellenweise so dicht unter der Erdoberfläche, dass schon im Mittelalter mit dem Abbau von Kohle begonnen wurde.

Im großen Stil konnte die Steinkohle aber erst gefördert werden, nachdem die Dampfmaschine erfunden war. Nun konnten tiefere Schächte gegraben und die Kohle per Eisenbahn abtransportiert werden. Als die Dampfmaschine um 1900 durch den Strom ersetzt wurde, erfolgte der nächste Quantensprung. Jetzt entstanden Montankonzerne und die Kohle wurde in Großschachtanlagen abgebaut. Um die Jahrhundertwende förderten 170 Zechen rund 60 Millionen Tonnen Kohle. Die Bevölkerungszahl stieg von 400 000 Mitte des 19. Jahrhunderts rasant auf 3,8 Millionen Menschen im Jahre 1925 und in den 1920er-Jahren bürgerte sich der Begriff „Ruhrgebiet" ein.

SCHICHT IM SCHACHT

Nach dem Ende des Zweiten Weltkriegs standen die Zechen vorübergehend still, aber schon 1950 wurden wieder über 100 Millionen Tonnen Kohle gefördert. Sinkende Energiepreise infolge der Globalisierung und neue Energieträger wie Erdöl und Erdgas sowie die Tatsache, dass die Ruhrgebiets-Kohle aus immer größeren Tiefen gefördert werden musste, führten ab 1958 zur Montankrise und die ersten Zechen mussten schließen. In den 1970er-Jahren geriet auch die Stahlindustrie durch den internationalen Wettbewerb immer weiter unter Druck und das Hüttenwerk in Duisburg-Rheinhausen sowie die Hattinger Henrichshütte schlossen als erste Stahlstandorte ihre Pforten. Mit der Schließung der Zeche Prosper-Haniel in Bottrop war für den Steinkohleabbau 2018 endgültig „Schicht im Schacht".

ROUTE DER INDUSTRIEKULTUR

Längst hat sich die Region zu einer dienstleistungs- und kulturorientierten Metropole gewandelt. Die einst trost-

TIPP
Für Kanufahrer ist die Ruhr ab Fröndenberg meist ganzjährig fahrbar und ihr Unterlauf ist einer der beliebtesten Kanuwanderflüsse in NRW.

losen Industriebrachen sind inzwischen zu wichtigen Zeugnissen der Industriekultur geworden, von denen die Henrichshütte in Hattingen, der Landschaftspark Duisburg-Nord, das Gasometer Oberhausen und die Zeche Zollverein in Essen die bekanntesten sind. Neben den über 1 000 Industriedenkmälern finden Sie hier über 200 Museen, 250 Festivals, 120 Theater und mehrere Musicalhäuser.

AKTIV AN DER RUHR

Wer heute im Ruhrgebiet und dort vor allem entlang der Ruhr unterwegs ist, erlebt sein grünes Wunder. Die Flussufer sind über weite Strecken unverbaut und stellenweise erscheint die Flusslandschaft nahezu urwüchsig. Kein Wunder, dass sich das Ruhrtal als Naherholungsgebiet in der gesamten Metropolregion großer Beliebtheit erfreut und auch bei Aktivtouristen immer beliebter wird.

Ein touristisches Aushängeschild ist der 230 Kilometer lange Ruhrtalradweg von der Quelle bei Winterberg im Sauerland bis zur Mündung in den Rhein am größten Binnenhafen Europas in Duisburg. Tolle Voraussetzung für spannende Tagestouren eröffnet Ihnen das radrevier.ruhr mit einem über 1 200 km langen Radwegenetz, überwiegend abseits der Straße auf alten Bahntrassen oder an Flussufern. Ein neues Knotenpunktsystem erleichtert die individuelle Tourenplanung. Ein tolles, abwechslungsreiches und durchaus forderndes Wandergebiet ist die Elfringhauser Schweiz am südlichen Rand des Ruhrgebiets.

Oben: Tiger & Turtle – Magic Mountain: Eine Aussichtsplattform der besonderen Art auf dem Berg des Angerparks in Duisburg.

1 ZECHE ZOLLVEREIN

Wird ein Industriegebäude nicht mehr benötigt, so ist dessen Schicksal meist vorherbestimmt. Nicht so bei der Zeche Zollverein, die nach ihrer Stilllegung 1986 unter Denkmalschutz gestellt wurde und seit 2001 zum Weltkulturerbe der UNESCO gehört. Das Außengelände der einst leistungsfähigsten Steinkohlezeche der Welt ist frei zugänglich und lädt zu ausgedehnten Spaziergängen ein. Zusätzlich ist eine Führung durch die authentisch erhaltenen Industrieanlagen mit monströsen Maschinen, Förderbändern und Bunkern sehr zu empfehlen. In der ehemaligen Kohlenwäsche zeichnet das Regionalmuseum des Ruhrgebiets anhand von rund 6 000 Exponaten die wechselvolle Geschichte der Zeche nach. Die Zeche Zollverein bietet mit viel Patina auch die stimmungsvolle Umgebung für ein umfangreiches Veranstaltungsprogramm mit hochkarätigen Events.

www.zollverein.de

2 DEUTSCHES BERGBAUMUSEUM

Das Museum ist das kulturelle Gedächtnis der Region und macht die Bergbautradition und Montangeschichte erlebbar. Eines der Highlights ist tatsächlich ein Tiefpunkt: 20 Meter unter dem Boden können Sie auf dem 2,5 Kilometer langen Stollennetz des Schaubergwerks auf Tuchfühlung mit den gigantischen Maschinen gehen. Die Entdeckung der Unterwelt beginnt mit der Fahrt in einem Seilfahrtsimulator, der einen ersten Eindruck davon vermittelt, wie es sich angefühlt hat, wenn die Bergleute über 1 200 Meter in die Tiefe zu den Steinkohleflötzen hinab gerauscht sind. Die Ausstellungen beleuchten alle Facetten des Bergbaus und sind in vier thematische Rundgänge zu Steinkohle, Bergbau, Bodenschätzen und Kunst unterteilt. Gekrönt wird der Besuch von einer Fahrt hinauf auf den ehemaligen Förderturm der Zeche Germania in Dortmund.

www.bergbaumuseum.de

INFO

Ruhr Tourismus GmbH
Centroallee 261, 46047 Oberhausen
Tel. (01806) 181620
(€ 0,20/pro Anruf aus dem deutschen Festnetz; Mobilfunkpreise max. € 0,60/pro Anruf)
www.ruhr-tourismus.de

3 BALDENEYSEE

Der Baldeneysee im Süden Essens wurde 1931 als Wasserspeicher und zur Klärung des Ruhrwassers aufgestaut und ist der größte von insgesamt sechs Ruhrseen. Heute ist er ein beliebtes Ziel von Ausflüglern und Wassersportlern. Bei gutem Wetter sind die Dampfer der Weißen Flotte bis auf den letzten Platz gefüllt und auf der etwa neun Kilometer langen Wasserfläche zwischen waldbedeckten Hügeln kreuzen Segler, Kanuten, viele Ruder- und Motorboote. Wer lieber an Land bleibt, kann den See auf dem rund 27 Kilometer langen Baldeney-Steig umrunden – zahlreiche traumhafte Ausblicke inklusive. Unten am Ufer laden die asphaltierten Wege zum Radfahren oder Skaten ein und es locken zahlreiche schöne Restaurants und Biergärten zur Einkehr.

www.visitessen.de

4 TIGER & TURTLE

Weithin sichtbar thront im Duisburger Süden die begehbare Skulptur Tiger & Turtle auf der ehemaligen Halde im Angerpark. Das spektakuläre Bauwerk in Form einer Achterbahn ist etwa 20 Meter hoch. Der eigentliche Looping ist zwar nicht begehbar, aber von den Stufen unterhalb bietet sich ein fantastischer Blick über die Duisburger Innenstadt bis nach Düsseldorf. Mit der Wahl des Baumaterials erinnern die Künstler Heike Mutter und Ulrich Genth an die ehemalige Zinkhütte. Über das ganze Ruhrgebiet finden sich viele weitere besondere Aussichtspunkte auf ehemalige Halden. Dazu zählen der Aussichtsturm in Form einer Grubenlampe auf der Halde Rheinpreussen bei Moers, der Hochofen 5 im Landschaftspark Duisburg Nord, der Tetraeder auf der Halde Prosper in Bottrop und die Himmelsleiter der Halde Rheinelbe in Gelsenkirchen.

www.duisburg.de

5 FRÖNDENBERG

Über 100 Jahre prägte die Produktion von Ketten die Industriegeschichte der Stadt Fröndenberg. Sie begann Ende des 19. Jahrhunderts, als geschweißte Ketten sowohl für den Schiffs- wie auch den Bergbau in großen Stückzahlen benötigt wurden. Bis ins 20. Jahrhundert war neben der industriellen Produktion in Fabriken auch die Heimarbeit verbreitet und so loderten auf vielen Höfen rund um Fröndenberg die Schmiedefeuer. Die Erinnerung an den einst wichtigen Wirtschaftszweig wird im Kettenschmiedemuseum lebendig gehalten. Untergebracht im ehemaligen Magazingebäude einer Papierfabrik, zeigt es die verschiedensten Geräte und Maschinen und an jedem ersten Sonntag im Monat können Sie dort Vorführungen über einem originalen Schmiedefeuer von 1910 sehen.

www.tourismus-froendenberg.de

Links, von oben: Kokerei Zollverein/ Der Förderturm ist das Wahrzeichen der Zeche Zollverein. Hier als Miniaturmodell./ In der Zeche Nachtigall nahm der Ruhrbergbau vor mehr als 300 Jahren seinen Anfang. Rechts, von links: Das Kettenschmiedemuseum erinnert an die lange Tradition der Kettenproduktion in Fröndenberg./ Das Anschauungsbergwerk unter dem Deutschen Bergbau-Museum in Bochum entführt in den Arbeitsalltag der Bergleute.

CAMPING- UND STELLPLATZ-TIPPS

RUHRGEBIET

a/ Wohnmobilhafen Bergkamen

Die im Halbrund angeordneten Parzellen bieten ausreichend Platz selbst für die ganz großen Dickschiffe. Für die Entrichtung der moderaten Übernachtungsgebühr will der Parkscheinautomat ausschließlich mit Münzen gefüttert werden. Wenige Schritte vom Stellplatz entfernt liegt das westfälische Sportbootzentrum Marina-Rünthe am Datteln-Hamm-Kanal. Neben einer öffentlichen Toilette und viel maritimem Flair findet sich ein umfassendes gastronomisches Angebot. Um die Ecke lädt das Naturschutzgebiet Beversee mit schönen Wanderwegen ein und Radwege in alle Himmelsrichtungen eröffnen Ihnen eine vielfältige Tourengestaltung.

ART: Wohnmobilstellplatz
ANZAHL DER PLÄTZE: 18
KOSTEN: Kategorie 1
BEZAHLUNG: bar / EC-Kreditkarte / Sonstiges
AUSSTATTUNG:

HAUSTIERE ERLAUBT: ja
RESERVIERUNG MÖGLICH: nein
BETRIEBSZEIT: ganzjährig
ADRESSE: Hafenweg, 59192 Bergkamen
www.wohnmobilhafen-bergkamen.de

TIPP **EINE SCHÖNE TAGESTOUR MIT DEM RAD** verspricht die Revier-Route „Haldenglück". Sie ist eine von 15 ausgewiesenen Themenradwegen zwischen 30 und 70 Kilometer Länge. Der rund 38 Kilometer lange Rundkurs verbindet ausgehend vom Essener Hauptbahnhof die schönsten Halden der Region. Die ehemaligen Abraumhalden des Bergbaus sind inzwischen begrünt und werden nicht selten von einem Kunstwerk gekrönt. Wer mehr Action möchte, findet auf der Halde Hoppenbruch eine rasante Mountainbike-Abfahrt und auf der Halde Hoheward einen gemäßigteren Cross-Country-Trail. www.radrevier.ruhr.de

TIPP **DIE ROUTE DER INDUSTRIEKULTUR** führt auf einem 400 Kilometer langen Rundkurs zwischen Duisburg und Kamen zu ehemaligen Zechen, Fördertürmen und anderen Zeugnissen aus der 150-jährigen Industriegeschichte des Reviers. Kernstück der Route sind die 27 sogenannten Ankerpunkte an Standorten mit herausragender historischer Bedeutung. Ergänzt werden diese Highlights von über 1000 kleineren Entdeckungsorten: www.route-industriekultur.ruhr

b/ Wohnmobilstellplatz am Gesundheitspark Nienhausen

Kleiner Stellplatz im Herzen des Ruhrgebiets, der trotz der stadtnahen Lage ruhig und im Grünen (Umweltzone!) am Rand des Gesundheitsparks Nienhausen gelegen ist. Der weitläufige Park erstreckt sich über eine Fläche von 32 Hektar und bietet beste Voraussetzungen für Spiel, Spaß und Erholung. Die Saunalandschaft mit zehn Saunen, gemütlichem Saunagarten und Wellnessbereich verspricht Entspannung. Familien mit Kindern freuen sich über eine Reihe von Spielplätzen sowie die Minigolf-Anlage.

ART: Wohnmobilstellplatz
ANZAHL DER PLÄTZE: 22
KOSTEN: Kategorie 1
BEZAHLUNG: bar
AUSSTATTUNG:

HAUSTIERE ERLAUBT: ja
RESERVIERUNG MÖGLICH: ja
BETRIEBSZEIT: ganzjährig
ADRESSE: Feldmarkstr. 201, 45883 Gelsenkirchen
www.nienhausen.de

TIPP **WENN DAS HÖHENVERSTELLBARE BEIN** des Campingtisches klemmt, ein Türscharnier quietscht oder eine angerostete Schraube gelöst werden muss, schlägt die Stunde des Multifunktionssprays WD40. Rechtzeitig vor dem ersten Frost aufgetragen, verhindert WD40 zuverlässig eingefrorene Schlösser im Winter. Um bestens für alle Eventualitäten gewappnet zu sein, gehört eine Sprühdose dieses Wundermittels an Bord eines jeden Wohnmobils.

---

c/ Ringplatz Wetter

ART: Wohnmobilstellplatz
ANZAHL DER PLÄTZE: ca. 20
HAUSTIERE ERLAUBT: ja
RESERVIERUNG MÖGLICH: nein
BETRIEBSZEIT: ganzjährig
ADRESSE: Friedrichstraße/ Ecke Ringstraße, 58300 Wetter (Ruhr)
www.stadtmarketing-wetter.de

Die fehlende Infrastruktur macht der kostenlose Platz unmittelbar an der Ruhr mit seiner gleichzeitig zentralen und idyllischen Lage direkt am Ufer der Ruhr wett. Der Aufenthalt ist auf maximal 48 Stunden begrenzt.

d/ Stellplatz Ruhrtal in Hattingen

ART: Wohnmobilstellplatz
ANZAHL DER PLÄTZE: 18
KOSTEN: Kategorie 1
BEZAHLUNG: bar

HAUSTIERE ERLAUBT: ja
RESERVIERUNG MÖGLICH: ja
BETRIEBSZEIT: ganzjährig
ADRESSE: Ruhrdeich 24, 45525 Hattingen
www.wohnmobilstellplatz-ruhrtal.de

Der beliebte Platz liegt an einer Minigolfanlage unmittelbar an der Ruhr. Die Parzellen auf Schotter sind recht eng. Ausweichmöglichkeiten bietet ein zweiter Platz am Landhaus Grum direkt nebenan.

e/ Wohnmobilstellplatz an der Marina Oberhausen

ART: Wohnmobilstellplatz
ANZAHL DER PLÄTZE: 25
KOSTEN: Kategorie 2
BEZAHLUNG: bar/EC-Kreditkarte

HAUSTIERE ERLAUBT: ja
RESERVIERUNG MÖGLICH: ja
BETRIEBSZEIT: ganzjährig (kein Frischwasser: November – März)
ADRESSE: Zum Aquarium 2, 46047 Oberhausen
www.marina-oberhausen.de

Langweilig wird es auf dem Stellplatz am Rhein-Herne-Kanal so schnell nicht. Leider ist der Verkehr der A 42 am gegenüberliegenden Ufer deutlich zu vernehmen.

REISE

08 TEUTOBURGER WALD

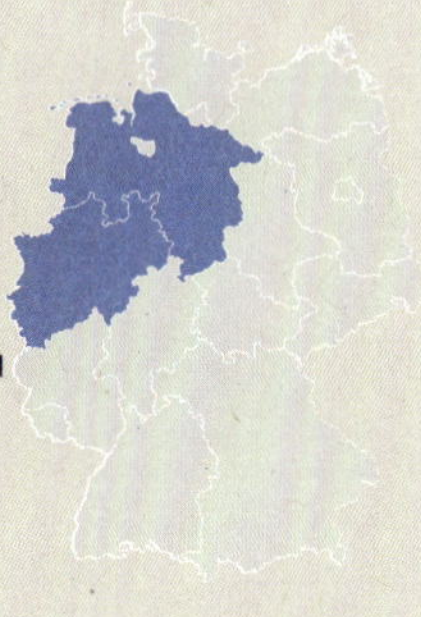

Im „Teuto", wie der Mittelgebirgszug umgangssprachlich gerne abgekürzt wird, gibt es neben den bekannten touristischen Hotspots auch zahlreiche weniger bekannte Kultur- und Naturschätze zu entdecken.

★★	★★	★★★	Niedersachsen, Nordrhein-Westfalen

TIPP
Der Kletterpark am Fuß des Hermannsdenkmals bietet auf über 80 Stationen die Möglichkeit zum Schnuppern von Höhenluft.
www.interakteam.de

Wie ein langgestreckter Finger dehnt sich der Höhenzug des Teutoburger Walds in die Norddeutsche Tiefebene hinein und zieht sich von den Externsteinen bei Horn-Bad Meinberg im Südosten über eine Länge von rund 100 Kilometern bis zu den Dörenther Klippen im Tecklenburger Land im Nordwesten.

DER HERMANN RUFT

Bekannt ist die Region für die Varusschlacht im Jahre 9 nach Christus, bei der der Cheruskerfürst Arminius – eingedeutscht Hermann – den römischen Truppen unter dem Kommando des Statthalters Varus eine schwere Niederlage zufügte und so den Expansionsversuch des Römischen Reiches in die rechtsrheinischen Gebiete stoppen konnte.

Inzwischen halten Historiker zwar eine in den 1990er-Jahren entdeckte Wallgrabenanlage bei Bramsche etwa 100 Kilometer weiter nördlich für den Austragungsort des antiken Gemetzels zwischen Römern und Germanen, das kolossale Standbild, das in Erinnerung an die legendäre Schlacht stolz das sieben Meter lange Schwert in den Himmel reckt, thront aber seit 1875, dem damaligen Forschungsstand entsprechend, auf dem 386 Meter hohen Teutberg.

PARADIES FÜR AKTIVURLAUBER

Vom einfachen Spaziergang bis zur ausgewachsenen Trekkingtour bieten sich Ihnen viele Möglichkeiten mit schönen Fernblicken auf einem dicht geknüpften Netz an Wanderwegen. Der Wandertourismus hat im Teutoburger Wald eine lange Tradition und bereits um 1900 wurden mit Eggeweg und Hermannsweg zwei Wanderwege eingeweiht, die bis heute nichts an Attraktivität eingebüßt haben. Seit 2004 sind die beiden Kammwege zu den „Hermannshöhen" fusioniert. Dieser Wanderweg verspricht als einer der Top Trails of Germany ein Erlebnis der Spitzenklasse auf 225 Kilometern.

Eine gute Anlaufstelle für Aktivurlauber ist der interaktive Reiseplaner Teutonavigator (www.teutonavigator.de), der über 1 000 Tourenvorschläge und Infos zu allen wichtigen Ausflugszielen zur Verfügung stellt.

WELLNESS UND STADTLEBEN

Nach dem Workout im Wald können die müden Glieder vorzüglich in einem der zahlreichen Heilbäder entspannen. Im „Heilgarten Deutschlands" gehen Natur und Wellness Hand in Hand. Die komfortablen Wohnmobilparks in Bad Salzuflen, Bad Pyrmont und Bad Driburg – alle in Gehweite zu den Thermen, Gradierwerken und Kurparks gelegen – eröffnen die Möglichkeit zu einem geruhsamen Erholungs- und Gesundheitsurlaub mit dem Wohnmobil.

Der Teutoburger Wald kann aber auch urban. Unbestrittenes Zentrum in Ostwestfalen ist die 330 000-Einwohnerstadt Bielefeld mit interessanten Shoppingmöglichkeiten, einem umfangreichen gastronomischen Angebot und einer lebendigen Kulturszene. Zu den bekanntesten Attraktionen zählt die Kunsthalle Bielefeld mit einer Sammlung von über 6 000 Kunstwerken aus der Zeit vom Mittelalter bis zur Gegenwart. Wahrzeichen und eines der beliebtesten Ausflugsziele der Region der Stadt ist die über 750 Jahre alte Sparrenburg, die auf einem Hügel hoch über den Dächern und engen Gassen der Altstadt thront. Als Basislager für den Stadtbesuch empfiehlt sich der ruhig gelegene und doch citynahe Wohnmobil-Stellplatz auf dem Johannisberg. Allerdings braucht man etwas Glück, denn die zehn Stellplätze für Reisemobile mit einer Länge von bis zu zehn Metern sind schnell belegt.

Links: Das Hermannsdenkmal auf dem 386 Meter hohen Berg Grotenburg bei Detmold. Rechts: Ein ganz besonderes Naturmonument: Die Externsteine im Tal der Wiembecke bei Horn-Bad Meinberg in Lippe.

1 EXTERNSTEINE

Deutschlands Stonehenge finden Sie in einem Naturschutzgebiet bei Horn-Bad Meinberg. Bis zu 40 Meter recken sich die bizarren Felstürme der Externsteine in den Himmel. Über die steilen, in den Kreidesandstein geschlagenen Treppen, können die Felsen erklommen werden. Sie liefern zusammen mit den Höhlen und Grotten ein Indiz für das jahrhundertelange Wirken des Menschen an diesem einzigartigen Naturphänomen. Bis heute rätselt die Wissenschaft, ob es sich um einen Kultplatz oder eine urzeitliche Sternwarte handelte. Umfassende Hintergrundinformationen zu Geologie, Archäologie und Kulturgeschichte der Steinriesen liefert das moderne Informationszentrum ebenso wie Tipps zu den vielfältigen Wandermöglichkeiten in der wunderschönen Umgebung.

www.externsteine-info.de, www.hornbadmeinberg.de

2 HERMANNSDENKMAL

Keine zehn Kilometer nordwestlich der Externsteine reckt Hermann der Cherusker auf einem kolossalen Sockel sein überdimensionales Schwert in den Himmel. Das insgesamt über 50 Meter hohe Hermannsdenkmal aus dem 19. Jahrhundert zählt zu den größten und bekanntesten Denkmälern Deutschlands. Es erinnert an

INFO

OstWestfalenLippe GmbH
Walther-Rathenau-Straße 33–35
33602 Bielefeld
Tel. (0521) 96733250
www.teutoburgerwald.de

die Varusschlacht im Jahre 9 nach Christus, bei der die Germanen das Vordringen der Römer stoppen konnten. Von der Aussichtsplattform bietet sich ein spektakulärer 360°-Rundumblick über den Teutoburger Wald.
www.hermannsdenkmal.de

3 MARTA HERFORD

Modern Art in der ostwestfälischen Provinz: Der Name des einzigartigen Museums setzt sich aus den Anfangsbuchstaben von Möbel (M), Kunst (ART) und Ambiente (A) zusammen und schon die avantgardistische Fassade aus Glas, Edelstahl und rotem Klinker des Marta Herford ist ein Hingucker. Im Inneren des vom US-amerikanischen Architekten Frank Gehry entworfenen Museumsbaus gibt es auf einer Ausstellungsfläche von 2 500 Quadratmetern hochkarätige Exponate zu moderner und zeitgenössischer Kunst, Design und Architektur zu sehen.
www.marta-herford.de

4 ABTEI MARIENMÜNSTER

Die Abtei Marienmünster ist eine der wenigen fast vollständig erhaltenen Klosteranlagen in Westfalen und erhielt ihr heutiges barockes Erscheinungsbild durch den Wiederaufbau nach dem 30-jährigen Krieg. Prunkstücke der Abteikirche sind der Hochaltar von Paul Gladbach aus dem 17. Jahrhundert und die Johann-Patroclus-Möller-Orgel von 1738. Infos zur Entwicklung und Bedeutung der rund 75 Klöster in der Region präsentiert das Besucherzentrum Forum Abtei. Keine zwei Kilometer vom Kloster entfernt bietet der Aussichtsturm auf dem steilen Hungerberg einen Blick aus der Vogelperspektive auf die Abtei und bei gutem Wetter Fernsicht bis nach Hessen.
www.marienmuenster.de,
www.klosterlandschaft-owl.de

5 KURPARK BAD OEYNHAUSEN

Zwischen Teutoburger Wald und Weserbergland gelegen entwickelte sich Bad Oeynhausen mit der Entdeckung von salzhaltigen Quellen im 19. Jahrhundert zum bedeutendsten Kurort der preußischen Könige. Die Pläne für den Kurpark, der 1853 als Herzstück angelegt wurde, zeichnete kein Geringerer als der preußische Gartenarchitekt Peter Joseph Lenné, der unter anderem auch die königlichen Parkanlagen in Sanssouci plante. Für den Bau des Badehauses war der Schinkel-Schüler Carl Ferdinand Busse verantwortlich und die beiden Kirchen wurden nach Plänen Friedrich August Stülers errichtet. Heute ist der Kurpark eine grüne Oase mitten in der Stadt. Höhepunkt des reichhaltigen Veranstaltungsprogramms ist das am ersten Augustwochenende stattfindende Parklichter-Fest.
www.staatsbad-oeynhausen.de

Links: Das imposante Hermannsdenkmal im Teutoburger Wald erinnert an den legendären Sieg des Arminius über die römischen Legionen. Rechts, von oben links: Das Museum Marta Herford verbindet zeitgenössische Kunst mit architektonischer Ästhetik./ Der malerische Kurpark in Bad Oeynhausen lädt zum Entspannen, Spazieren und Genießen ein./ In der Abteikirche und den Konzertsälen des Klosters finden finden regelmäßig hochrangige Konzerte statt.

TEUTOBURGER WALD

a/ Wohnmobilpark Flachsheide in Bad Salzuflen
Großer, moderner Platz auf einer ehemaligen Dressur-Reitanlange am Rand eines weitläufigen Landschaftsparks, durch den auch die Altstadt fußläufig zu erreichen ist. Check-in und Zahlung (Übernachtung, Kurbeitrag und Frischwasser) erfolgen bargeldlos am Automaten beim Info-Pavillon. Der Platz ist zwar von hohen Bäumen und Büschen eingerahmt, auf den Stellflächen selbst gibt es aber kaum Schatten. Wer sich vor der Anfahrt über die aktuelle Auslastung informieren möchte, kann vorab per Webcam auf der Homepage einen Blick auf den Platz werfen. In direkter Nachbarschaft bietet die VitalSol-Therme ein umfangreiches Wellnessangebot.

ART: Wohnmobilstellplatz
ANZAHL DER PLÄTZE: 66
KOSTEN: Kategorie 1
BEZAHLUNG: EC-Kreditkarte
AUSSTATTUNG:

HAUSTIERE ERLAUBT: ja
RESERVIERUNG MÖGLICH: nein
BETRIEBSZEIT: ganzjährig
ADRESSE: Forsthausweg 1, 32105 Bad Salzuflen
www.staatsbad-salzuflen.de

TIPP **AN IHREM FIRMENSTANDORT** in Lage hat die Detmolder Naturduft Manufaktur Taoasis einen großen Botanischen Duftgarten angelegt. Hier kann man aromatische Heilkräuter entdecken und bei einer Führung mehr über Aromatherapie und Aromapflanzen erfahren. Der Garten beherbergt auch seltene Bäume und im Juli finden die Lavendelwochen mit Workshops und Konzerten statt. Im hauseigenen Bio-Café am Duftgarten kann man leckeres Essen genießen. https://taoasis.com/

TIPP **IM TEUTOBURGER WALD** lässt sich nicht nur hervorragend wandern und Rad fahren, sondern auch ganz vorzüglich paddeln und die Natur aus anderer Perspektive erleben. Tolle Touren sind zum Beispiel möglich auf Werre, Else und Weser. Die Vermieter von Kanus und Co in der Region freuen sich auf Sie und helfen gerne mit Tourentipps weiter.

b/ Reisemobilhafen in den Emmerauen in Bad Pyrmont

Die Parzellen des sehr gepflegten Stellplatzes sind mit 8 x 5 bzw. 12 x 6 Meter recht großzügig bemessen. Die umgebenden Hecken schaffen eine deutliche Trennung zum angrenzenden PKW-Parkplatz. Trotz der ruhigen Lage am Rand eines Naturschutzgebiets ist das nur 400 Meter entfernte historische Stadtzentrum mit Kurpark, Wandelhalle und historischer Hauptallee bequem zu Fuß oder per Rad zu erreichen. Anmeldung und Bezahlung erfolgen in der circa 200 Meter entfernten Touristeninformationen. Hier gibt es auch ein öffentliches WC. Die Kurtaxe ist zwar nicht ganz günstig, beinhaltet aber eine Vielzahl von Leistungen.

ART: Wohnmobilstellplatz
ANZAHL DER PLÄTZE: 65
KOSTEN: Kategorie 1
BEZAHLUNG: bar / EC-Kreditkarte
AUSSTATTUNG:
HAUSTIERE ERLAUBT: ja
RESERVIERUNG MÖGLICH: nur für Kuraufenthalte und Gruppen > 5 Mobile
BETRIEBSZEIT: ganzjährig
ADRESSE: Hauptmann-Boelke-Weg 1, 31812 Bad Pyrmont
www.badpyrmont.de

TIPP **AUF VIELEN STELL- UND CAMPINGPLÄTZEN** ist eine bargeldlose Zahlung noch Zukunftsmusik und Parkautomaten, Stromsäulen oder Entsorgungsstationen wollen Münzen. Ein Extra-Geldbeutel oder eine praktische Münzbox im Fahrerhaus können helfen.

c/ Stellplatz am Rosenhof

ART: Wohnmobilstellplatz
ANZAHL DER PLÄTZE: 3
KOSTEN: Kategorie 1
BEZAHLUNG: bar / EC-Kreditkarte / Sonstiges
HAUSTIERE ERLAUBT: nein
RESERVIERUNG MÖGLICH: ja
BETRIEBSZEIT: April – Oktober
ADRESSE: Zum Rosenbusch 102, 32805 Horn-Bad Meinberg
www.rosenhof-lippe.com

Unglaublich gastfreundlicher Mini-Stellplatz im Grünen an einem Reiterhof für WoMos bis maximal 7 Meter Länge.

d/ Wohnmobilhafen SchiederSee

ART: Stellplatz
ANZAHL DER PLÄTZE: 200
KOSTEN: Kategorie 1 / 2
BEZAHLUNG: bar / EC-Kreditkarte
HAUSTIERE ERLAUBT: ja
RESERVIERUNG MÖGLICH: ja
BETRIEBSZEIT: ganzjährig
ADRESSE: Kronenbruch 3, 32816 Schieder-Schwalenberg
www.schiedersee.de

Riesiger Stellplatz mit Campingplatz-Charakter und umfangreichem Freizeitangebot.

e/ Ferienpark Teutoburger Wald

ART: Stellplatz
ANZAHL DER PLÄTZE: 8
KOSTEN: Kategorie 1
BEZAHLUNG: bar / EC-Kreditkarte
RESERVIERUNG MÖGLICH: nein
BETRIEBSZEIT: April – August
ADRESSE: Badeanstaltsweg 4, 32683 Barntrup
www.ferienparkteutoburgerwald.eu

Ansprechend gestalteter, umzäunter Stellplatz mit Picknicktischen und Grillplatz vor der Schranke des Campingplatzes.

REISE
09

WERRATAL

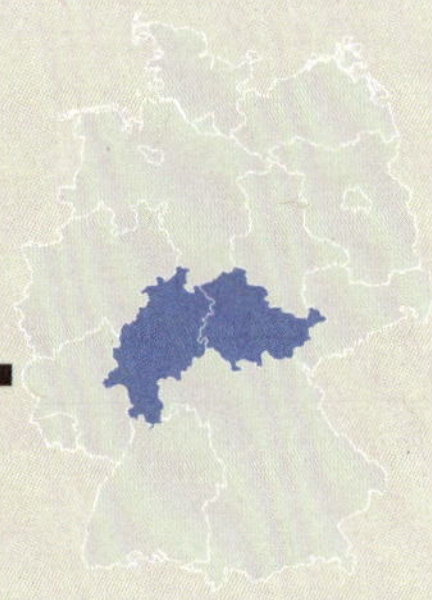

Geschichtsbewusste können im Werratal auf Spurensuche der deutsch-deutschen Teilung gehen und stolze Burgen und Schlösser entdecken. Alle anderen erkunden die wunderbare Natur zu Fuß, per Rad oder im Kanu.

★★	★★	★★	Thüringen, Hessen

Die Werra ist der rechte Quellfluss der Weser. Sie entspringt im Thüringer Wald und fließt gemütlich zwischen diesem und der Rhön nach Nordwesten, um am Fuß des Nordhessischen Berglands entlang bis ins niedersächsische Hannoversch (kurz: Hann.) Münden zu fließen, wo sie sich mit der Fulda zur Weser vereinigt.

ABSEITS DER TOURISTENSTRÖME

Weite Teile des Werratals lagen über Jahrzehnte im Sperrgebiet entlang der innerdeutschen Grenze. Mit der Wiedervereinigung tauchte die vielgestaltige Kulturlandschaft mit ihren unzähligen Burgen, Schlössern, Klöstern und Kirchen, schnuckeligen Dörfern und fachwerkbunten Städtchen wieder auf der touristischen Landkarte auf. Überlaufen ist es im Landstrich zwischen Thüringer Wald und Rhön, zwischen Hainich, Meißner und Kaufunger Wald aber nicht und angesichts des guten Stellplatzangebots findet man sogar während der Hauptsaison stets einen freien Stellplatz. Eine Wohnmobil-Reise entlang der Werra verspricht Naturfreunden also viel Ruhe und Erholung und wer Entschleunigung sucht, ist hier goldrichtig.

AKTIV HOCH DREI

Der Naturtourismus steht an der Werra hoch im Kurs und das umfangreiche Angebot an Tourenvorschlägen für die unterschiedlichen Outdoor-Aktivitäten lässt keine Wünsche offen. Neben dem legendären Rennsteig, der am Werra-Ufer in Hörschel unweit der Wartburgstadt Eisenach beginnt und als Weitwanderweg über den Kamm des Thüringer Waldes führt, bietet auch der fast 500 Kilometer lange Werra-Burgen-Steig mehr als genug Möglichkeiten, um die Wanderlust zu stillen. Eine gute Wahl für eine erlebnis- und aussichtsreiche Tagestour auf schönen Wanderwegen ist einer der zahlreichen vom Deutschen Wanderinstitut zertifizierten Premium-Wanderwege.

Der Werratal-Radweg begleitet den Fluss auf rund 300 Kilometern von Neuhaus am Rennweg bis zum Weserstein in Hann. Münden und verspricht Ihnen genussvolles Radeln auf verkehrsarmen

TIPP
Fachwerk pur: Über 100 Fachwerkstädte haben sich zur Deutschen Fachwerkstraße zusammengeschlossen: www.deutsche-fachwerkstraße.de

Straßen immer dicht am Ufer entlang und ohne übermäßige Steigungen. Der Fernradweg bildet das Rückgrat für ein gut ausgebautes und dichtgeknüpftes Radwegenetz, sodass Sie hervorragende Möglichkeiten für individuelle Rundtouren von einem Standort aus haben.

Mit ihrer angenehm ruhigen Strömung und den zahlreichen Attraktionen entlang der Ufer lädt die Werra zu Entdeckungen mit dem Kanu ein. Ab dem thüringischen Themar haben die Gemeinden Rastplätze und Bootsanleger sowie Umtragestellen an den Wehren errichtet. Da die Werra über weite Strecken von der Bahn begleitet wird, sind die Voraussetzungen für eigene Touren und die unkomplizierte Rückkehr zum Wohnmobil nach der Paddeltour gut. Wer kein eigenes Boot dabei hat, findet zahlreiche Bootsverleihe, die Komplettpakete samt Einweisung, Schwimmweste, wasserdichtem Packsack und Rücktransport im Angebot haben.

MAJESTÄTISCHE BURGEN UND BUNTES FACHWERK

Neben den Naturschätzen und den vielfältigen Möglichkeiten Ihren Urlaub aktiv zu gestalten sind es vor allem die zahlreichen kleinen und größeren Fachwerkstädte, wie Eschwege oder Wanfried, die mit ihren gut erhaltenen historischen Fassaden zum Verweilen einladen, sowie die stolzen Burgen und zauberhaften Schlösser mit einer wechselhaften Geschichte, die den Reiz einer Reise entlang der Werra ausmachen.

Links: In Hann. Münden erzählt das kunstvoll verzierte Fachwerk die Geschichten vergangener Zeiten. Rechts: Die historische Hafenanlage in Wanfried war der Endhafen der Weser-Werra-Schifffahrt.

1 EISENACH

Der im wahrsten Sinne des Wortes alles überragende Höhepunkt von Eisenach am Rand des Thüringer Waldes ist die Wartburg, auf der Martin Luther zu Beginn des 16. Jahrhunderts das Neue Testament ins Deutsche übersetzte. Das Wahrzeichen und UNESCO-Weltkulturerbe wacht auf einem Berg über der Stadt und ist ein beeindruckendes architektonisches Zeugnis der deutschen Romantik. Neben dem Besuch der historischen Altstadt von Eisenach ist eine Wanderung durch die wildromantische Drachenschlucht südlich der Stadt zu empfehlen. Auf Gitterrosten wandern Sie durch die enge Klamm und zwängen sich zwischen moosbewachsenen Felsen hindurch.

www.wartburg.de, www.eisenach.info

2 WANFRIED

Die liebenswerte nordhessische Kleinstadtperle Wanfried lockt mit einer bezaubernden Altstadt. Prunkvoll verzierte Kaufmannshäuser, ein historisches Fachwerk-Rathaus und mehrere Kirchen empfangen Sie dort. Von der wirtschaftlichen Blütezeit kündet auch der aufwendig restaurierte mittelalterliche Hafen, dem Wanfried die Verleihung der Stadtrechte im Jahr 1608 verdankt. Die an der Hafenmauer vertäute Werraschute „Wisera" erinnert an die Zeit, in der die „Schlagd" ein wichtiger Umschlagplatz am Endpunkt der Weser-Werra-Schifffahrt für den Frachtverkehr bis Italien war. Heute bilden die sich im Wasser spiegelnden Fachwerkhäuser ein malerisches Ambiente für die Einkehr in der Hafengaststätte.

www.wanfried.de

3 BURGRUINE HANSTEIN

Die Burgruine Hanstein thront weithin sichtbar auf einem steil aufragenden Buntsandsteinfelsen über der hügeligen Landschaft des Eichsfelds. Zur Zeit der deutschen Teilung nutzten die DDR-

TIPP
Planen Sie Ihre Radtour durchs Werratal: www.radroutenplaner.thueringen.de, www.radroutenplaner.hessen.de und www.niedersachsen-radroutenplaner.de

INFO

Tourist-Information Eschwege
Obermarkt 8, 37269 Eschwege
Tel. (05651) 807111
www.werratal-tourismus.de
und Werratal Touristik e. V.
Hersfelder Straße 4
36433 Bad Salzungen
Tel. (03695) 861459
www.werratal.de

Grenztruppen den Bergfried der mittelalterlichen Festung aus dem 14. Jahrhundert zur Überwachung der Grenze. Heute erfreuen sich die Touristen am fantastischen Blick auf das Werratal bis zu den Höhenzügen des Thüringer Waldes am Horizont. Die Anreise empfiehlt sich aufgrund der recht steilen und engen Straße aus Bornhagen sowie der begrenzten Parkmöglichkeiten nur mit kompakteren Wohnmobilen bis etwa sieben Meter Länge. Alternativ lässt sich Burg Hanstein auch auf einem schönen Wanderweg vom Wohnmobilstellplatz an der Werrabrücke im Stockmacherdorf Lindewerra aus erreichen.

www.burgruine-hanstein.de

4 BAD SOODEN-ALLENDORF

Der liebenswerte Ort im Herzen des nordhessischen Berglandes hat sich von einem wohlhabenden Salinen-Ort im Mittelalter zu einem beliebten Sole-Heilbad mit weitläufigem Kurpark, Gradierwerk und Therme entwickelt und empfängt seine Gäste mit einer sehenswerten historischen Altstadt und vielen hübschen Fachwerkhäusern. Die Grundlage für den wirtschaftlichen Wohlstand bildete der Handel mit dem „weißen Gold" im Mittelalter, an den das Salzmuseum im Söder Tor erinnert. Es ist auch Ausgangspunkt für die während der Saison angebotene Stadtführung durch Bad Sooden zum Thema Salzgeschichte. Eine weitere, mit der Kurkarte ebenfalls kostenlose Führung, auf der es versteckte Fachwerkwinkel und Hinterhöfe der Stadt zu entdecken gibt, startet immer freitags um 15 Uhr auf dem Marktplatz.

www.bad-sooden-allendorf.de

5 HANN. MÜNDEN

„Wo Werra sich und Fulda küssen, sie ihren Namen büßen müssen. Und hier entsteht durch diesen Kuss, deutsch bis zum Meer der Weserfluss." Der Weserstein mit seiner berühmten Inschrift vom 1. Juli 1899 zählt zum touristischen Pflichtprogramm in Hann. Münden. Nur einen Katzensprung entfernt wartet die Altstadt mit zahlreichen Bauwerken im Stil der Weser-Renaissance. Mit über 700 reich verzierten Fachwerkhäusern aus sechs Jahrhunderten kann Hann. Münden auf ein einmalig geschlossenes Stadtensemble von europäischem Rang verweisen.

hann.muenden-erlebnisregion.de

Von links: Die markante Silhouette der Burgruine Hanstein prägt das Bild des Eichsfeldes./ Bei einem Aufenthalt in Hann. Münden kommt man nicht um den berühmten Wanderarzt Doktor Eisenbart herum./ Eisenacher Marktplatz/ Tür des historischen Rathauses in Hann. Münden.

WERRATAL

TIPP **DER ANSPRUCHSVOLLE PREMIUMWEG P6 HELDRASTEIN** (ca. 12 km) führt von Großburschla zum 504 Meter hohen Heldrastein und die wunderbare Aussicht vom Turm der Einheit entschädigt für die Mühen des steilen Aufstiegs. Der Wanderweg verläuft immer wieder auf dem einstigen Kontrollweg der ehemalige Grenze und eröffnet ein einmaliges Naturerlebnis.

a/ Stellplatz Franzrasen in Bad Sooden-Allendorf

Klassischer, großer Stellplatz in ruhiger Lage unter schönen Bäumen auf einer Werrainsel in unmittelbarer Nähe zur historischen Altstadt (ca. 5 Gehminuten) sowie zum Kurpark (ca. 10 Minuten). Eine Toilettenanlage ist vorhanden, zum Duschen wird für Wohnmobilreisende ein vergünstigter Kurzzeittarif in der etwa 500 Meter entfernten WerratalTherme angeboten. Obacht: Während des Erntedank- und Heimatfests am 3. Wochende im August müssen Wohnmobile auf den nahegelegenen Parkplatz Alleerasen ausweichen.

ART: Wohnmobilstellplatz
ANZAHL DER PLÄTZE: 100
KOSTEN: Kategorie 2
BEZAHLUNG: bar / EC-Kreditkarte
AUSSTATTUNG:

HAUSTIERE ERLAUBT: ja
RESERVIERUNG MÖGLICH: nein
BETRIEBSZEIT: ganzjährig
ADRESSE: Franzrasen, 37242 Bad Sooden-Allendorf
www.bad-sooden-allendorf.de/wohnmobilstellplatz

TIPP **WOHNMOBIL UND WASSERSPORT** sind eine tolle Kombination. Unbeschwerten Paddelspaß ganz ohne Verladeprobleme versprechen Packrafts: Zusammengerollt passen die zwischen drei und fünf Kilogramm leichten Mini-Schlauchboote selbst in den kleinsten Campingbus und wachsen innerhalb von wenigen Minuten zum vollwertigen Boot mit ausreichend Auftrieb für um die 140 kg Zuladung. Zugleich sind sie äußerst robust.

b/ Stellplatz am Grenzmuseum Schifflersgrund
Fast wie Wildcampen, aber legal: Abends sagen sich auf der Wiese neben dem sehenswerten Grenzmuseum Fuchs und Hase gute Nacht und wer die Ruhe sucht, steht auf diesem abgelegen Platz an der ehemaligen innerdeutschen Grenze zwischen dem Bundesland Hessen und dem Freistaat Thüringen goldrichtig. Eine Grauwasserentsorgung ist nicht möglich, Chemie-Toiletten können gegen Gebühr während der Museumsöffnungszeiten entsorgt werden. Die Serpentinen bei der Anfahrt aus Bad Sooden-Allendorf sind zwar nicht besonders steil, aber sehr eng und auch wenn Wohnmobile von der 2,8t-Beschränkung ausgenommen sind, empfiehlt sich für Dickschiffe die Anreise über Wahlhausen und Dietzenrode.

ART: Wohnmobilstellplatz
ANZAHL DER PLÄTZE: 10
KOSTEN: Kategorie 1
BEZAHLUNG: bar
AUSSTATTUNG:

HAUSTIERE ERLAUBT: ja
RESERVIERUNG MÖGLICH: nein
BETRIEBSZEIT: ganzjährig
ADRESSE: Platz der Wiedervereinigung 1, 37318 Asbach-Sickenberg
www.grenzmuseum.de

TIPP **AMBULANTE VORSORGEKUREN („BADEKUREN")** in einem anerkannten Kurort gehören zu den gesetzlich geregelten Pflichtleistungen der Krankenkassen. Der Zuschuss von bis zu 16 Euro pro Tag für Unterkunft und Verpflegung gibt es auch für die Übernachtung im Wohnmobil.

---

c/ Stellplatz an der Werrabrücke in Lindewerra
ART: Wohnmobilstellplatz
ANZAHL DER PLÄTZE: 8
KOSTEN: freiwillige Spende
BEZAHLUNG: bar

HAUSTIERE ERLAUBT: ja
RESERVIERUNG MÖGLICH: nein
BETRIEBSZEIT: ganzjährig
ADRESSE: Straße zur Einheit, 37318 Lindewerra
www.lindewerra.de

Ruhiger Platz direkt an der Werra (Kanuanleger) mit guten Wander- und Radfahrmöglichkeiten. Im Ort zwei Gastwirtschaften und Stockmachermuseum.

d/ Stellplatz Eisenach
ART: Wohnmobilstellplatz
ANZAHL DER PLÄTZE: 10
KOSTEN: Kategorie 1
BEZAHLUNG: bar / EC-Karte

HAUSTIERE ERLAUBT: ja
RESERVIERUNG MÖGLICH: nein
BETRIEBSZEIT: ganzjährig
ADRESSE: Karl-Marx-Str. 40, 99817 Eisenach
www.eisenach.info/uebernachtungen/wohnwagen-/-wohnmobile/wohnmobilstellplatz-eisenach

Etwas enge Parzellen, aber trotz der zentralen Lage ausgesprochen ruhig.

e/ Wohnmobilstellplatz Josef-Pott-Platz in Witzenhausen
ART: Wohnmobilstellplatz
ANZAHL DER PLÄTZE: 10
KOSTEN: Kategorie 1
BEZAHLUNG: bar

HAUSTIERE ERLAUBT: ja
RESERVIERUNG MÖGLICH: nein
BETRIEBSZEIT: ganzjährig
ADRESSE: Hinter dem Deich, 37213 Witzenhausen
www.kirschenland.de/camping-und-reisemobile/

Solider Stellplatz auf Rasenschotter neben einer Kleingartenanlage. Ausreichend Münzen mitbringen, der Parkautomat akzeptiert keine Banknoten.

REISE

10

HARZ

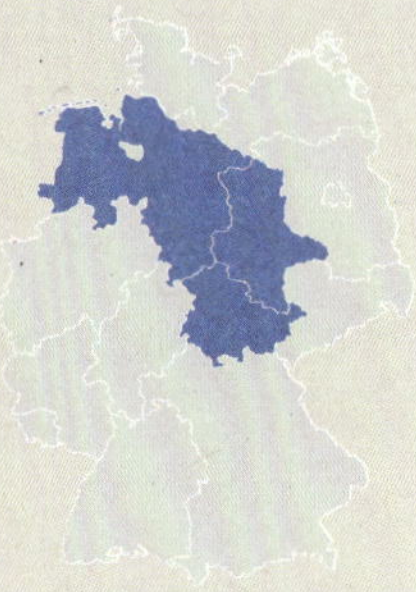

Der Harz ist durch seine zentrale Lage aus allen Teilen der Republik gut zu erreichen. Die Berglandschaft mit ihrem sagenumwobenen Brocken bietet Freizeitmöglichkeiten von entspanntem Naturgenuss bis zur Adrenalin-Garantie.

★★★	★★★	★★★	Niedersachsen, Sachsen-Anhalt, Thüringen

Die Berglandschaft des Harz erstreckt sich über etwa 90 Kilometer in der Länge und 30 Kilometer in der Breite und bietet neben mittelalterlichen Fachwerkstädten und Hexengeschichten eine über 1 000-jährige Bergbautradition.

PER STEMPELJAGD ENTDECKEN

Das Wandern hat im Harz eine lange Tradition. Ob kurzer, familienfreundlicher Spaziergang, ausgedehnte Tageswanderungen oder fordernde Mehrtagestour: Das vorbildlich ausgeschilderte Wanderwegenetz von über 8 000 Kilometer Länge hält für jeden Anspruch die passende Strecke bereit. Auch viele Rundkurse sind dabei und so muss nicht zwangsläufig die gleiche Strecke zum Wohnmobil zurückgelaufen werden. Ehrgeizige Wanderfreunde können im Harz auf Stempeljagd gehen und sich die Harzer Wandernadel in Bronze, Silber oder Gold erarbeiten. Kinder lieben das Stempelheft und bereits mit elf gesammelten Stempeln lockt der Titel Wanderprinzessin oder Wanderprinz samt Abzeichen und Urkunde.

EISENBAHNROMANTIK PUR

Die wohl stimmungsvollste Art, um den Harz zu bereisen, stellt eine Fahrt mit der Harzer Schmalspurbahn dar. Wenn die Dampflok mit einem Pfeifen ihr Näherkommen ankündigt und schnaufend dicke Wolken in den Himmel bläst, bekommen nicht nur Eisenbahn-Fans leuchtende Augen. Bei einer Spitzengeschwindigkeit von gemütlichen 40 km/h bleibt genug Zeit, um die vor den Fenstern der Waggons vorbeiziehende Mittelgebirgslandschaft zu bewundern.

Ursprünglich gebaut, um die entlegenen Hütten- und Sägewerke sowie Erzgruben im Inneren des Harzes an das Eisenbahnnetz anzubinden, hat sich das über 140 Kilometer lange Schienennetz längst zu einer der beliebtesten Touristenattraktionen im Harz entwickelt.

Am spektakulärsten und bekanntesten ist die Brockenbahn, die die Touristen vom Bahnhof Drei-Annen-Höhe mit einem Zwischenstopp in Schierke in rund 50 Minuten durch den Nationalpark Harz auf den Gipfel bringt. Die zwischen Eisfelder Talmühle und Quedlinburg verkehrende

Selketalbahn ist die älteste Schmalspurbahn im Harz und ein Genuss für Natur- und Eisenbahnliebhaber gleichermaßen. In zum Teil abenteuerlicher Trassenführung und mit enormen Steigungen erklimmt der Zug das romantische Flusstal und der stete Wechsel zwischen bizarren Felsformationen, stillen Wäldern und kleinen Teichen lässt garantiert keine Langeweile aufkommen. Die dritte Strecke führt von Wernigerode im Norden nach Nordhausen im Süden einmal der Länge nach durch den Harz. Dabei braucht die Bahn fast drei Stunden für die rund 60 Kilometer lange Strecke.

SCHAURIGES SPEKTAKEL

Vielleicht sind es die raue Natur, der oft dichte Nebel und die bizarren Steinformationen, die die Fantasie beflügeln und zu den zahllosen Sagen, Mythen und Legenden geführt haben, für die der Harz bekannt ist. So fliegen nach altem Volksglauben am 30. April die Hexen auf ihren Besen vom Hexentanzplatz in Thale auf den Blocksberg (Brocken), um sich dort mit dem Teufel zu treffen und ausgelassen zu feiern. Und in der Tat sind alljährlich in der Nacht auf den 1. Mai im Harz die Hexen los. Die Bewohner schmücken ihre Häuser mit dämonischen Gestalten und vielerorts werden Feuer entzündet, um den Winter zu vertreiben. Die größten schaurig-fröhlichen Partys mit viel Livemusik und umfangreichem Programm steigen in Bad Grund, Braunlage, Hahnenklee, Sankt Andreasberg, Schierke und Thale.

Oben: Mit ihrer nostalgischen Atmosphäre und den spektakulären Ausblicken begeistert die Brockenbahn nicht nur Eisenbahnfans.

1 BROCKEN/BROCKENBAHN

Der 1 141 Meter hohe Gipfel des Brockens gehört bei einer Reise ins nördlichste Mittelgebirge Deutschlands einfach dazu. Das ganzjährig geöffnete Nationalpark-Besucherzentrum Brockenhaus informiert auf drei Etagen über die wechselvolle Geschichte und besondere Natur des sagenumwobenen Berges. Das Klima auf Norddeutschlands einzigem 1 000er ist rau und so gehört etwas Glück dazu, einen der wenigen Tagen mit klarem Sommerwetter zu erwischen, um das unvergessliche 360°-Rundum-Panorama genießen zu können.

www.nationalpark-harz.de

2 GOSLAR UND BERGWERK RAMMELSBERG

Die Altstadt von Goslar empfängt ihre Besucher mit Teilen der mittelalterlichen Stadtmauer, viel buntem Fachwerk und der Kaiserpfalz. Hinter dem burgartigen, romanischen Palast, den Heinrich III. im 11. Jahrhundert errichten ließ, erhebt sich der etwa 600 Meter hohe Rammelsberg. Hier wurde über 1 000 Jahre lang Bergbau betrieben und nach der Stilllegung des Bergwerks 1988 ist ein einmaliges Museum mit Besucherbergwerk entstanden. Statt an Exponaten in Vitrinen laufen Sie vorbei an den Original-Maschinen der Erzaufbereitung. Sowohl der Rundgang wie auch die Fahrt mit der Grubenbahn oder eine der zahlreichen Führungen starten in der sogenannten Mannschaftskaue und lassen die vergangene Zeit scheinbar stillstehen.

www.goslar.de, www.rammelsberg.de

3 BAUMWIPFELPFAD & BAUMSCHWEBEBAHN BAD HARZBURG

Die Fahrt hinauf auf den 483 Meter hohen Gipfel des Burgberges dauert nur drei Minuten und für den Weg zum Startpunkt des Baumwipfelpfads können Sie sich entweder für eine kurze Wanderung oder die Baumschwebebahn entscheiden. Im

TIPP
Die Altstadt Goslars, das Erzbergwerk Rammelsberg und die Wasserleitsysteme des Oberharzer Wasserregals gehören zum UNESCO-Weltkulturerbe.
www.oberharz.de

INFO

Harzer Tourismusverband e. V.
Marktstraße 45, 38640 Goslar
Tel. (05321) 34040
www.harzinfo.de und
www.nationalpark-harz.de

Gurt sitzend gleiten Sie dann mit einer Geschwindigkeit von bis zu 15 km/h in zahlreichen Kurven über etwa einen Kilometer zwischen den alten Eichen und Buchen hinab durch den Wald. Der Baumwipfelpfad selbst verläuft in etwa 20 Meter Höhe zwischen den Baumkronen. Unterwegs vermitteln über 50 Erlebnisstationen Wissenswertes zur Natur und Kultur der Region.

www.baumwipfelpfad-harz.de

4 QUEDLINBURG

In der malerischen Altstadt von Quedlinburg am nordöstlichen Harzrand tummeln sich über 2000 Fachwerkbauten aus acht Jahrhunderten. Schlendern Sie durch die verwinkelten Gassen und entdecken dabei die vielen kleinen, liebevollen Läden und Cafés mit regionalen Produkten aus dem Harz. Auf einem Sandsteinfelsen thront der „Quedlinburger Dom" über den Dächern der Altstadt. Der Domschatz der Stiftskirche St. Servatius umfasst 50 eindrucksvolle Exponate wie Tafelmalereien, Goldschmiedearbeiten oder feine Schnitzereien aus Elfenbein. Am Fuß des Burgbergs setzt die Lyonel-Feiniger-Galerie mit ihrem kühnen Seitenflügel einen reizvollen Kontrapunkt zur mittelalterlichen Altstadt.

www.quedlinburg-info.de

5 RAPPBODETALSPERRE

Die Rappbodetalsperre am Eingang des Bodetals ist Deutschlands höchste Staumauer und alleine schon das gigantische Bauwerk wäre eine Reise wert, aber es ist vor allem der Nervenkitzel, der die Touristen anlockt. Seit ihrer Eröffnung 2017 hat sich die parallel zur Staumauer verlaufende Hängebrücke Titan^RT schnell zu einer der beliebtesten Attraktionen im Harz entwickelt. Mit einer Länge von 458 Metern gilt die etwa 1,20 Meter breite Konstruktion mit mächtigen Stahlseilen als längste Hängebrücke Deutschlands.

www.bodetal.de, www.harzdrenalin.de

Links, von oben: Der Baumwipfelpfad in Bad Harzburg verbindet Abenteuer, Naturerlebnis und atemberaubende Ausblicke./ Inmitten der malerischen Quedlingburger Altstadt laden zahlreiche Restaurants zur gemütlichen Einkehr ein./ Das imposante Weltkulturerbe Rammelsberg erzählt die faszinierende Geschichte des Bergbaus im Harz. Rechts, von links: Unter den schönsten Kleinstädten Deutschlands reiht sich Quedlinburg ganz vorne ein./ 458 Meter gefahrloser Nervenkitzel: die Hängebrücke über die Rappbodetalsperre.

CAMPING- UND STELLPLATZ-TIPPS

HARZ

TIPP **DIE SCHNEESICHERHEIT IM HARZ** ist leider gering, aber wenn die Witterung mitspielt, verwandelt sich Deutschlands nördliches Mittelgebirge zum wahren Winterwunderland. Wo wirklich Schnee gefallen ist, lässt sich zuverlässig und unkompliziert über Webcams checken, die an vielen Orten aufgestellt sind. Die aktuelle Lage am Brocken ist hier zu sehen: www.harztourist.de/brockenpanorama.php

a/ Harzmobil Wohnmobilstellplatz Bocksberg in Thale-Friedrichsbrunn

Die von Wald umgebenen Parzellen auf dem geschotterten Platz am Ortsrand sind großzügig bemessen und wer möchte, kann sich gegen Aufpreis den Code für die Nutzung der Toiletten dazu buchen. Der Stellplatz ist ein guter Ausgangspunkt für Radtouren und Wanderungen. Der Hexentanzplatz liegt nur fünf Kilometer entfernt und in der Wanderarena Bodetal hat der Harzklub zahlreiche lohnende Wanderwege vorbildlich ausgeschildert. Die obligatorische Kurxtaxe berechtigt zur kostenlosen Nutzung des öffentlichen Nahverkehrs. Die Bushalte-stelle ist nur 10 Minuten vom Platz entfernt und in etwa 30 Minuten sind Sie in Quedlinburg oder Thale.

ART: Wohnmobilstellplatz
ANZAHL DER PLÄTZE: 35
KOSTEN: Kategorie 1
BEZAHLUNG: bar/EC-Karte
AUSSTATTUNG:
HAUSTIERE ERLAUBT: ja

RESERVIERUNG MÖGLICH: ab 2 Übernachtungen
BETRIEBSZEIT: ganzjährig
ADRESSE: Waldstraße 3a, 06502 Thale/Harz OT Friedrichsbrunn
www.harzmobil.de

TIPP **ALLE WOLLEN HOCH HINAUS:** Auf den Brockengipfel führt eine Vielzahl an Wanderrouten unterschiedlicher Länge und Schwierigkeit. Am beliebtesten ist der Goetheweg ab Torfhaus (ca. 8 km/350 Höhenmeter). Kürzer, aber nicht unbedingt einfacher, ist die Strecke von Schierke durch das Eckerloch (ca. 5,5 km/500 Höhenmeter). Wohnmobilisten, die auf dem Stellplatz in Ilsenburg übernachten, wählen den Heinrich-Heine-Weg (ca. 11 km/850 Höhenmeter).

b/ Klostercamping Thale

Der ruhige und familiäre Campingplatz liegt eingerahmt von altem Waldbestand am nordöstlichen Stadtrand von Thale zwischen Bode und Kloster Wendhusen. Trotz der idyllischen Lage ist das Zentrum fußläufig in einer Viertelstunde erreichbar. Der Boden ist sehr hart und zum Verankern von Vorzelt oder Markise sind starke Heringe vonnöten. Autarke Wohnmobile, die auf die Annehmlichkeiten eines Campingplatzes verzichten können oder außerhalb der Öffnungszeiten der Rezeption anreisen, finden eine Einfahrt vorher den vom selben Betreiber unterhaltenen Wohnmobilstellplatz „Kleine Mühle" mit Schranke und Kassenautomat.

ART: Campingplatz (+ Wohnmobilstellplatz separat)
ANZAHL DER PLÄTZE: 100
KOSTEN: Kategorie 2
BEZAHLUNG: bar / EC-Kreditkarte / Sonstiges

AUSSTATTUNG:
HAUSTIERE ERLAUBT: ja
RESERVIERUNG MÖGLICH: ja
BETRIEBSZEIT: April – Oktober
ADRESSE: Wendhusenstr. 3, 06502 Thale
www.klostercamping-thale.de

TIPP

IN DER KOSTENLOSEN SMARTPHONE-APP (Android/iOS) des Harzer Tourismusverbandes finden Aktivurlauber zahlreiche Vorschläge für Wanderungen und Radtouren. Die Streckenbeschreibungen, Karten und Höhenprofile lassen sich vor dem Start herunterladen und dann auch unterwegs ohne Internet-Empfang lesen.

c/ Wohnmobilstellplatz Wanderlust im Ilsetal

ART: Wohnmobilstellplatz
ANZAHL DER PLÄTZE: 90
KOSTEN: Kategorie 1
BEZAHLUNG: bar / EC-Kreditkarte / Sonstiges
HAUSTIERE ERLAUBT: ja
RESERVIERUNG MÖGLICH: nur zu Feiertagen
BETRIEBSZEIT: ganzjährig
ADRESSE: Ilsetal 16a, 38871 Ilsenburg
www.wanderlust-ilsetal.de/wohnmobilstellplatz-ilsenburg-ilsetal/

Von den 90 Stellplätzen sind 60 mit Stromanschluss ausgestattet. Die Zufahrt über die Schrankenanlage ist jederzeit möglich. Wieder raus geht es aber erst nach der Registrierung beim kleinen Outdoor-Shop.

d/ Wohnmobilpark Harzblick

ART: Wohnmobilstellplatz
ANZAHL DER PLÄTZE: 20
KOSTEN: Kategorie 1
BEZAHLUNG: bar
HAUSTIERE ERLAUBT: ja
RESERVIERUNG MÖGLICH: nein
BETRIEBSZEIT: ganzjährig
ADRESSE: Hinter d. Gärten 11, 38871 Darlingerode
www.wohnmobil-harz.de

Mit viel Liebe zum Detail gestalteter Platz mit überdachtem Pavillon und Sitzbänken in ruhiger Lage mitten in einem Wohngebiet.

e/ Wohnmobilstellplatz an der Stabkirche in Hahnenklee

ART: Wohnmobilstellplatz
ANZAHL DER PLÄTZE: 24
KOSTEN: kostenlos
HAUSTIERE ERLAUBT: ja
RESERVIERUNG MÖGLICH: nein
BETRIEBSZEIT: ganzjährig
ADRESSE: Am Bocksberg, 38640 Goslar
www.hahnenklee.de/uebernachten/camping

Kostenlose, allerdings etwas schräge Stellflächen am Großparkplatz. Auffahrkeile empfehlenswert. Die Kurtaxe ist in der Tourist-Information zu entrichten.

REISE

11

RHÖN

Die Rhön ist eine einzigartige Mittelgebirgslandschaft im Herzen Deutschlands. Geprägt wird das „Land der offenen Fernen“ von meist baumfreien Kuppen und Bergrücken und so kann der Blick ungehindert über die endlose Landschaft schweifen.

★★★	★	★★★	Bayern, Hessen und Thüringen

Langgestreckte Höhenzüge, Blumenwiesen und Vulkankegel: Die Rhön bietet viel Platz zum Entspannen, Wandern und Naturgenießen. Dabei ist die Landschaft, wie wir sie heute vorfinden, das Ergebnis des jahrhundertelangen Wirkens der Menschen. Ein wichtiger Landschaftspfleger zum Erhalt der einmaligen Kulturlandschaft ist das an seinem schwarzen Kopf zu erkennende Rhönschaf. Diese Rasse wird auf der Rhön bereits seit dem 16. Jahrhundert gehalten und ist bestens an die karge Landschaft angepasst. Da die Industrialisierung der Landwirtschaft auch vor der Rhön nicht Halt gemacht hat, war das Rhönschaf zwischenzeitlich vom Aussterben bedroht. Heute bestehen aber durchaus wieder gute Chancen, dass Sie bei einer Wanderung über die Bergwiesen einem Schäfer mit seiner Herde begegnen. Übrigens: Seit 1991 ist die Rhön als UNESCO-Biosphärenreservat ausgezeichnet.

WANDERN MIT WEITBLICK

Eine Vielzahl von gut markierten Pfaden und Wegen lädt dazu ein, die Wanderstiefel zu schnüren, um Sehenswürdigkeiten und Aussichtspunkte zu entdecken, die mit dem Wohnmobil nicht zu erreichen sind. Exquisiten Wandergenuss versprechen die über 30 Extratouren. Damit sind besonders schöne Rundwege für Halbtags- oder Ganztagsausflüge gemeint, die vom Deutschen Wanderinstitut als Premiumwege zertifiziert sind.

Mountainbiker sammeln auf dem über 1 000 Kilometer langen Trailnetz in der Rhön ordentlich Höhenmeter. Unbeschwertes Radtouring mit moderaten Steigungen versprechen unter anderem der Ulstertalradweg oder der Rhönexpress Bahnradweg auf einer ehemaligen Bahntrasse. Ein ungewöhnliches Highlight des Milseburgradwegs auf der ehemaligen Rhönbahntrasse zwischen Petersberg-Götzenhof und Hilders ist der 1 172 Meter lange Tunnel aus dem Jahre 1889.

Größere Distanzen oder Höhenunterschiede lassen sich von Mai bis Oktober auch mithilfe der Wanderbusse bewältigen, die zusätzlich mit einem Fahrradanhänger ausgestattet sind.

Oben: Das Fliegerdenkmal auf der Wasserkuppe erinnert an die im Ersten Weltkrieg gefallenen Kampfpiloten. Rechts: Mit ihren sanften Hügeln, den grünen Wiesen und dem weiten Horizont lädt die Röhn zum Seelebaumeln-Lassen ein.

STERNENPARK UND WINTERWUNDER

Wenn es Nacht wird, lohnt sich der Blick gen Himmel. Seit 2014 ist die Rhön von der International Dark Sky Association als Sternenpark anerkannt, denn aufgrund der dünnen Besiedlung ist die Nacht hier so dunkel, dass der Sternenhimmel besonders prächtig leuchtet und sogar Zodiakallicht, der glimmende Staub unseres Sonnensystems, und ferne Galaxien wie die Andromeda-Galaxie mit bloßem Auge zu erkennen sind.

SCHNEEVERGNÜGEN UND RODELSPASS

So schneesicher wie die Alpen ist die Rhön natürlich nicht. Aber in den höheren Lagen bestehen zwischen November und März gute Chancen auf eine weiß gepuderte Landschaft zum Rodeln, Langlaufen oder Winterwandern. Ein besonderes Erlebnis ist das Snowkiten. Beste Bedingungen für das Kitesurfen auf Schnee bietet die ausgesetzte Hochfläche rund um die Wasserkuppe. Rasante Talfahrten sind an der Wasserkuppe im Übrigen das ganze Jahr über möglich. Während man im Winter auf der 400 Meter langen Rodelbahn Poppenhausen bis 22 Uhr sogar mit Flutlicht rodeln kann, liefert man sich auf der 700 Meter langen Doppel-Sommerrodelbahn spannende Wettrennen mit Spitzengeschwindigkeiten von bis zu 40 km/h oder saust mit dem Rhönbob auf Schienen kurvenreich den Berg hinab.

TIPP
Informationen zu den besten Beobachtungsplätzen und öffentlichen Führungen gibt es auf der Website des Sternenparks: www.sternenparkrhoen.de

1 WASSERKUPPE

Eine Basaltsäule markiert den mit 950,2 Metern höchsten Punkt der Rhön. Dahinter thront wie ein überdimensionaler Fußball das Radom. Heute ist die Radarkuppel, mit der im Kalten Krieg die gesamte DDR und halb Polen überwacht wurden, eine beliebte Aussichtsplattform mit fantastischer Fernsicht. Auch sonst gibt es auf Hessens höchster Erhebung, dem „Berg der Flieger", einiges zu erleben. Am Rand des Flugplatzes ist man den startenden und landenden Motor- und Segelfliegern ganz nah. Auch Rundflüge werde angeboten und Mutige können zu einem Tandem-Gleitschirmflug starten. Mehr über die technische Entwicklung des Segelflugs erfährt man im Segelflugmuseum. Auf dem Gipfel direkt neben dem Flugplatz steht das kompetente Team der Touristeninfo mit Rat und Tat zur Seite.
www.radom-wasserkuppe.de, www.ski-und-rodelarena-wasserkuppe.de, www.fliegerschule-wasserkuppe.de

2 SCHWARZES MOOR

Das Schwarze Moor in der Kernzone des Biosphärenreservats ist das größte und bedeutendste von einst zahlreichen Hochmooren, die sich vor etwa 12 000 Jahren nach der letzten Eiszeit in der Rhön gebildet haben. Am Parkplatz neben der Hochrhönstraße liegen das Infozentrum, ein Imbiss und der Ausgangspunkt für den etwa zwei Kilometer langen Bohlensteg durch das Moor. Am Rand des Rundwegs informieren Tafeln über die seltenen heimischen Pflanzen- und Tierarten wie den Sonnentau oder das Birkhuhn. Einen tollen Rundumblick über das gesamte Moor und die angrenzende Landschaft eröffnet der 17 Meter hohe Aussichtsturm am Rand des Moores.
www.biosphaerenreservat-rhoen.de

3 FRÄNKISCHES FREILAND-MUSEUM FLADUNGEN

Mit verschiedenen historischen Gebäuden, wie Wohnhäusern, Werkstätten,

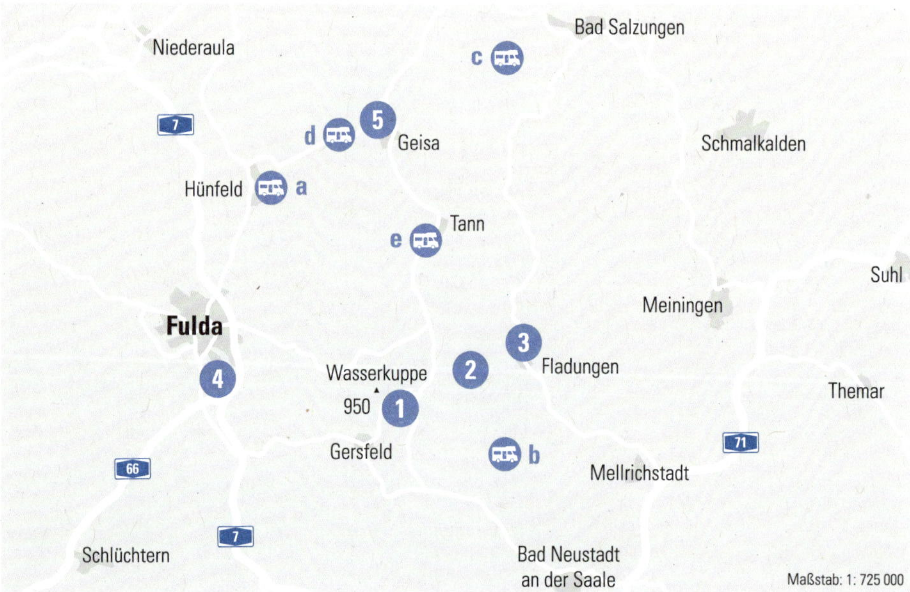

INFO

Rhön GmbH, Rhönstraße 97
97772 Wildflecken-Oberbach
Tel. 0800 9719771 (kostenfrei)
www.rhoen.info

einer Schule und einer Kirche, lädt das Fränkische Freilandmuseum in Fladungen zu einer spannenden Reise in die Vergangenheit ein und zeigt anschaulich, wie unsere Groß- und Urgroßeltern einst gelebt haben. Die regelmäßig stattfindenden Handwerksvorführungen halten die Erinnerung an alte Handwerkstechniken wie Drechseln oder Korbflechten lebendig. An ausgewählten Fahrtagen verkehrt die Museumsbahn „Rhön-Zügle" mit historischen Waggons und Dampf- und Dieselloks zwischen den Bahnhöfen Fladungen und Mellrichstadt.
www.freilandmuseum-fladungen.de

4 SCHLOSS FASANERIE

Schloss Fasanerie in Eichenzell ist ein Schmuckstück des Barock. Es wurde in der Mitte des 18. Jahrhunderts als Sommersitz für die Fuldaer Fürstäbte errichtet und fiel 1816 an den Kurfürsten von Hessen-Kassel. Bei einem geführten Rundgang durch die mit originalen Seidentapeten, prächtigen Möbeln aus unterschiedlichen Epochen und kostbaren Gemälden ausgestatteten Räume erhalten Sie eine anschauliche Vorstellung von der prunkvollen Lebenswelt des Adels im 18. und 19. Jahrhundert. Nach dem Museumsbesuch lädt die schöne Sonnenterrasse des Cafés zum Verweilen ein und im Park findet sich einer der schönsten Biergärten der Region.
www.schloss-fasanerie.de

5 GEDENKSTÄTTE POINT ALPHA

Weil das Territorium der DDR im sogenannten „Fulda Gap" weit in die Bundesrepublik hineinragte, errichtete die US-Armee in den 1950er-Jahren 25 Kilometer nordöstlich von Fulda den Beobachtungsposten Point Alpha. Neben der Dauerausstellung im „Haus auf der Grenze" vermitteln die Grenzanlagen mit Todesstreifen und Beobachtungstürmen sowie das Gelände des ehemaligen US-Camps den Besuchern ein anschauliches Bild aus der Zeit, als sich hier Warschauer Pakt und Nato misstrauisch gegenüberstanden. Wer unmittelbar an diesem historischen Ort übernachten möchte, findet beim Wachtturm am US-Camp drei kostenpflichtige Wohnmobilstellplätze. Tickets gibt es an der Kasse der Gedenkstätte oder online.
www.pointalpha.com

Von links: Im Freilichtmuseum Fladungen lässt sich unter anderem erleben, wie vor über 100 Jahren eine Schulstunde ablief./ Bohlenpfad im Schwarzen Moor/ Das Fränkische Freilandmuseum Fladungen erzählt 300 Jahre dörfliche Baugeschichte./ Die Gedenkstätte Point Alpha erinnert an die bewegte Geschichte der innerdeutschen Grenze.

RHÖN

a/ Stellplatz Hessisches Kegelspiel

Der Stellplatz der Stadt Hünfeld am westlichen Rand der Rhön liegt zwischen einer Kleingartenanlage und dem Bürgerpark mit Café und Spielplatz. Im Sommer sorgt das nahegelegene Freibad Haselgrund für Abkühlung und auch die Innenstadt mit Einkaufsmöglichkeiten und Gastronomie ist fußläufig in rund 10 Minuten gut zu erreichen. Das Konrad-Zuse-Museum begibt sich nicht nur auf die Spuren des Vaters des Computers, sondern zeigt auch Exponate aus der Stadt- und Kreisgeschichte. Wer länger bleiben möchte, findet in der Ferienregion Hessisches Kegelspiel vielfältige Wander- und Radtourenmöglichkeiten.

ART: Wohnmobilstellplatz
ANZAHL DER PLÄTZE: 18
KOSTEN: Kategorie 1
BEZAHLUNG: bar/Sonstiges
AUSSTATTUNG:

HAUSTIERE ERLAUBT: ja
RESERVIERUNG MÖGLICH: nein
BETRIEBSZEIT: ganzjährig
ADRESSE: Landerneau-Allee, 36088 Hünfeld
www.huenfeld.de

TIPP **DIE KNAPP 15 KILOMETER LANGE WANDERUNG** auf der Extratour Point-Alpha-Weg kombiniert Naturerlebnis mit einer lebendigen Geschichtsstunde. Neben vielen Aussichtspunkten warten unterwegs auch die ehemaligen Grenzanlagen an der innerdeutschen Grenze. Einen anschaulichen Einblick in das Leben im Sperrgebiet während der deutsch-deutschen Teilung eröffnet das „Haus auf der Grenze".

TIPP **DIE HOCHRHÖNSTRASSE** führt von Bischofsheim im Süden auf einer Höhe von etwa 800 Meter über das einsame Plateau der Langen Rhön bis Fladungen im Norden. Auf einer Länge von rund 25 Kilometern verbindet sie alle wichtigen Ausflugsziele der Region und immer wieder laden Wanderparkplätze zu Abstechern ein.

b/ Wohnmobilstellplatz an der Els

Für die fünf Euro, die man im Umschlag deponiert oder alternativ in der Touristeninformation zahlen kann, steht man sehr ruhig und naturnah umringt von hohen Hecken am Ufer der Els. Der nahegelegene Kinderspielplatz, eine Minigolf-Anlage sowie ein Kneipp-Tretbecken haben für jede Altersstufe etwas zu bieten. In fünf Gehminuten erreichen Sie den Ortskern mit Supermarkt, Bäckerei samt Café, Apotheke und Tankstelle.

ART: Wohnmobilstellplatz
ANZAHL DER PLÄTZE: 6
KOSTEN: Kategorie 1
BEZAHLUNG: bar
AUSSTATTUNG:
HAUSTIERE ERLAUBT: ja
RESERVIERUNG MÖGLICH: nein
BETRIEBSZEIT: ganzjährig
ADRESSE: Gangolfsstr. 25, 97656 Oberelsbach
www.oberelsbach.de

TIPP **HAKEN FÜR JACKE,** Handtuch und Co gibt es im Wohnmobil fast nie genug. Einfache Abhilfe schaffen Saughaken, die sich ohne Bohren an allen glatten Oberflächen befestigen lassen. Einfach ansetzen und den Hebel umlegen, damit ein starkes Vakuum erzeugt wird und sich der Haken festsaugt. Nicht vergessen, die Klebestelle für maximalen Halt vorher gründlich zu reinigen. Es gibt auch Haken, die auf magnetischen Oberflächen angebracht werden und durchaus einiges an Gewicht tragen können.

---

c/ Freibad Stadtlengsfeld

ART: Wohnmobilstellplatz
ANZAHL DER PLÄTZE: 8
KOSTEN: kostenlos
HAUSTIERE ERLAUBT: ja
RESERVIERUNG MÖGLICH: nein
BETRIEBSZEIT: ganzjährig
ADRESSE: Eisenacher Straße, 36457 Stadtlengsfeld

Einfacher, kostenloser Platz neben einem Freibad.

d/ Wohnmobilstellplatz der Gemeinde Rasdorf

ART: Wohnmobilstellplatz
ANZAHL DER PLÄTZE: 4
KOSTEN: Kategorie 1
BEZAHLUNG: bar
HAUSTIERE ERLAUBT: ja
RESERVIERUNG MÖGLICH: nein
BETRIEBSZEIT: ganzjährig (WC April – Okt. 8 – 20 Uhr)
ADRESSE: Setzelbacher Straße, 36169 Rasdorf
www.rasdorf.de

Vier ausgewiesene WoMo-Plätze auf Rasengittersteinen beim Freizeitgelände mit großem Spiel- und Bewegungspark, max. 3 Nächte.

e/ Stellplatz Am Unsbach in Tann

ART: Wohnmobilstellplatz
ANZAHL DER PLÄTZE: 10
KOSTEN: Kategorie 1
BEZAHLUNG: bar / EC-Karte
HAUSTIERE ERLAUBT: ja
RESERVIERUNG MÖGLICH: nein
BETRIEBSZEIT: ganzjährig
ADRESSE: Am Unsbach, 36142 Tann/Rhön
https://tann-rhoen.de

Naturnaher Platz auf einer großen Uferwiese der Ulster unterhalb des Tanner Schlosses.

REISE
12

THÜRINGER WALD

Der Thüringer Wald ist eine Perle in der deutschen Mittelgebirgslandschaft und viel mehr als nur ein Wanderparadies rund um den Rennsteig. Die Vielfalt macht die Region zu einem lohnenden Reiseziel für Naturliebhaber wie Kulturinteressierte gleichermaßen.

★★★	★★	★★★	Thüringen

Malerische Täler, weite Blumenwiesen und stille Wälder, verschlafene Städte, traditionelle Handwerkskunst und Wanderwege ohne Ende – der Thüringer Wald hat alles, was eine gute Tourismusregion ausmacht. Das Mittelgebirge mit Gipfeln von bis zu 1 000 Meter Höhe durchzieht den Freistaat von Eisenach an der Werra im Nordwesten bis Saalfeld im Südosten, wo es in das Thüringische Schiefergebirge und den Frankenwald übergeht. Es gilt als das größte zusammenhängenden Waldgebiet Deutschlands mit einer Ausdehnung von rund 1 000 Quadratkilometern.

Das grüne Herz der Region bildet das UNESCO-Biosphärenreservat Thüringer Wald zwischen Oberhof, Ilmenau, Masserberg und Suhl: Bei einer geführten Wanderung mit einem Ranger oder einem zertifizierten Natur- und Landschaftsführer können Sie viel Interessantes über die Fauna und Flora, aber auch Geologie und historische Besonderheiten am Wegesrand erfahren. Eine gute Anlaufstelle für alle Informationen rund um das Biosphärenreservat ist das Infozentrum im Rennsteighaus „Am Hohen Stein" in Schmiedefeld mit einer modernen, interaktiven Ausstellung, die zum Mitmachen einlädt und viele spannende Einblicke in die unterschiedlichen Lebensräume wie Wälder, Moore, Wiesen und Bäche bereithält.

WANDERFREUDEN

Der Thüringer Wald ist die Heimat des ältesten Fernwanderwegs Deutschlands. Dabei wurde der knapp 170 Kilometer lange und mit dem charakteristischen weißen „R" markierte Kammweg anders als so mancher seiner jüngeren Nachfahren nicht von findigen Touristikern angelegt, sondern ist seit je her Grenz-, Kurier- und Handelsweg. Wer nicht gleich die komplette Strecke von Hörschel bis Blankenstein absolvieren möchte, kann an einer der insgesamt 44 sogenannten Rennsteig-Leitern die Wanderschuhe schnüren. Sie führen durch die romantischen Seitentäler hinauf auf den Kamm. Gekrönt wird der Natur- und Wandergenuss nicht selten von einem Aussichtsturm mit weiter Fernsicht.

TIPP
Die Thüringer Wald Card gewährt Vergünstigungen bei den schönsten Freizeitangeboten und Ausflugszielen im Thüringer Wald. www.thueringer-waldcard.de

MEHR ALS BRATWURST

Der Rennsteig bildet nicht nur die Wasserscheide zwischen Rhein, Weser und Elbe, sondern markiert auch den Verlauf des Bratwurstäquators: Nördlich des Rennsteigs steht gemahlener oder ganzer Kümmel auf der Zutatenliste der Thüringer Leibspeise, die traditionell auf Holzkohle gegrillt und im Brötchen mit Senf serviert wird. Südlich des Kammwegs wird auf den Kümmel verzichtet.

Ein weiterer Exportschlager, den wohl nur die wenigsten im Thüringer Wald verorten würden, ist der Kindergarten. 1840 eröffnete der Pädagoge Friedrich Fröbel in Bad Blankenburg den ersten Kindergarten der Welt. In Fröbels Geburtshaus in Oberweißbach widmet sich eine kleine Ausstellung seinem Leben und Wirken und der Walderlebnispfad in unmittelbarer Nachbarschaft der Bergstation der Thüringer Bergbahn in Lichtenhain lädt Kinder dazu ein, die Natur mit allen Sinnen zu erfahren und nebenbei spannende Details über den Wald zu lernen.

WINTERVERGNÜGEN

Der Thüringer Wald ist ein ausgezeichnetes Wintersportgebiet mit einem dichten Netz an Langlauf-Loipen. Hochburg ist Oberhof und die zahlreichen Wettkämpfe im Rodeln, Bobsport und vor allem Biathlon locken sportbegeisterte Zuschauer aus ganz Europa. Die umliegenden Stell- und Campingplätze während des jährlich am ersten Januarwochenende stattfindenden Biathlon-Weltcups sind meist schon lange im Voraus ausgebucht.

Oben: Am Trusetaler Wasserfall führt ein Steig die Besucher auf 228 Stufen direkt am beeindruckenden Naturspektakel entlang.

1 BAD SALZUNGEN

In weiße Umhänge gehüllt flanieren die Kurgäste über den Holzsteg des Gradierwerks von Bad Salzungen. Sie sollen die Kleidung vor unansehnlichen weißen Salzrändern schützen, denn von der Wand nebenan rieselt aus einer Höhe von etwa sieben Metern die Natursole hinab, zerstäubt an den Enden der aufgestapelten Schwarzdorn-Reisigbündel und reichert die Luft mit Salz an. Die Thermalquellen von Bad Salzungen sind seit Jahrhunderten für ihre wohltuende Eigenschaften bekannt und bieten Ihnen die Möglichkeit, in den heißen Quellen zu entspannen und zu relaxen.

www.tourismus-badsalzungen.de

2 SCHLOSS OHRDRUF

Das Renaissanceschloss Ehrenstein in Ohrdruf ist ein Kleinod der thüringischen Schlösserlandschaft. Das im 16. Jahrhundert mit prächtigen Ziergiebeln, Erkern und einem großen Innenhof nach italienischem Vorbild errichtete Schloss beherbergt das Schlossmuseum (Mi bis Fr 10 bis 16 Uhr, Sa bis So 10 bis 17 Uhr) mit einem breiten Ausstellungsspektrum von der Geologie der Region über die Stadtgeschichte bis hin zu Johann Sebastian Bach, der nach dem Tod seiner Eltern als Zehnjähriger nach Ohrdruf kam und von seinem älteren Bruder Johann Christoph das Orgelspielen lernte.

www.ohrdruf.de

3 BAD LIEBENSTEIN UND SCHLOSS ALTENSTEIN

Das kohlensäurereiche Heilwasser von Bad Liebenstein, Thüringens ältestem Heilbad, kann man am Heilwasserbrunnen im Brunnentempel oder in der Wandelhalle am historischen Kurpark probieren. Nur einen Katzensprung von Bad Liebenstein entfernt, entführt Schloss Altenstein, die einstige Sommerresidenz der Meininger Herzöge, in die englische Spätrenaissance. Ein imposan-

INFO

Regionalverbund Thüringer Wald e. V.
Bahnhofstraße 4 – 8, 98527 Suhl
Tel. (03681) 353050
www.thueringer-wald.com

tes Zeugnis der Gartenbaukunst liefert der weitläufige, romantische Landschaftspark, an dessen Gestaltung berühmte Landschaftsarchitekten wie Fürst Hermann von Pückler-Muskau und Peter Joseph Lenné mitgewirkt haben.
www.bad-liebenstein.de

4 THÜRINGER BERGBAHN

Die Thüringer Bergbahn (bis 2020 Oberweißbacher Bergbahn) verbindet das Tal der Schwarza mit der Hochebene um den Ort Oberweißbach. Besonders spektakulär ist die Standseilbahn mit normalspurigen Eisenbahnwaggons, die auf der knapp 1,4 Kilometer langen Strecke von Obstfelderschmiede zur Bergstation Lichtenhain über 320 Höhenmeter überwindet. Immerhin eine durchschnittliche Steigung von 25 Prozent! Anschließend geht es auf der Flachstrecke mit historischen Elektrotriebwagen weiter. Mit dem Bergbahn-Tagesticket kann man beliebig oft auf den drei Strecken (Schwarzatalbahn, Bergbahn und Flachstrecke) fahren.
www.thueringerbergbahn.com

5 INSELBERG

Der Große Inselberg in Bad Tabarz ist mit seinen 916 Metern der unangefochtene König im westlichen Teil und vierthöchster Gipfel im gesamten Thüringer Wald. Er ist im Winter wie im Sommer ein beliebtes Ausflugsziel. Von der obersten Etage im Aussichts- und Erlebnisturm auf dem Plateau reicht der Blick bei guten Bedingungen bis zum Brocken im Harz in etwa 100 Kilometer Entfernung. Das Wohnmobil parken Sie am besten auf dem großen Parkplatz Grenzwiese am Kleinen Inselberg (etwa 30 Minuten Fußweg). Im dortigen Funpark mit verschieden Fahrgeschäften und 1 000 Meter langer Sommerrodelbahn ist Spaß für die ganze Familie garantiert.
www.bad-tabarz.de, www.inselberg-funpark.de

Links, von oben: Renaissancekleinod in Ohrdruf: Schloss Ehrenstein/ In der Wandelhalle von Bad Liebenstein lässt sich das Heilwasser verkosten./ Der Große Inselsberg ist der markanteste Berg des Thüringer Waldes. Rechts, von oben links: Bad Salzungen blickt auf eine lange Kurtradition zurück./ Die Thüringer Bergbahn zählt zu den steilsten Standseilbahnen der Welt./ Schloss Altenstein inmitten eines großen Landschaftsparks ist ein reizvolles Ausflugsziel.

THÜRINGER WALD

TIPP **DIE NATUR-PARK-ROUTE THÜRINGER WALD** führt vom Ausgangspunkt des Rennsteigs bei Hörschel im Westen immer hin und her über den Kamm einmal quer durch den gesamten Thüringer Wald bis nach Saalfeld im Osten. Die 450 Kilometer lange Panoramaroute verbindet die schönsten Plätze, darunter Kleinode ebenso wie die touristischen Juwelen.

a/ Sole Reisemobilhafen Bad Salzungen

Thüringens größter Stellplatz hat insgesamt 80 gepflasterte Parzellen mit Blick auf die Werra zu bieten (75 Plätze mit 6 x 10 Metern, 5 Plätze mit 8 x 12 Metern für XXL-Mobile). Neben der großzügigen Gestaltung punktet der Platz mit vielfältigem Freizeitangebot. Kinder können sich auf der Werrainsel auf dem Abenteuerspielplatz mit Kletterschiff austoben. Vierbeinige Reisebegleiter freuen sich über die Hunde-Freilaufzone am gegenüberliegenden Werra-Ufer. WC und Duschen finden sich in der etwa zwei Gehminuten entfernten Solewelt. Gut zu wissen: Die Stromsäulen wollen mit Wertmarken gefüttert werden, die nur zu den Öffnungszeiten von Rezeption, Schwimmbadkasse oder Touristinfo erhältlich sind.

ART: Wohnmobilstellplatz
ANZAHL DER PLÄTZE: 80
KOSTEN: Kategorie 1
BEZAHLUNG: bar / EC-Kreditkarte
AUSSTATTUNG:

HAUSTIERE ERLAUBT: ja
RESERVIERUNG MÖGLICH: ja
BETRIEBSZEIT: ganzjährig
ADRESSE: Flößrasen 1 (für Navi 5), 36433 Bad Salzungen
www.solewelt.de/reisemobilhafen/

TIPP **BEI EINEM RUNDGANG DIE FLORA THÜRINGENS** kennen lernen. Der Thüringer Wald ist reich an Pflanzenarten. In Oberhof etwa gibt es einen Crashkurs Hochgebirgsflora. Zu entdecken gibt es rund 4 000 Arten aus aller Welt und bei den kleinen Gästen lassen die zahlreichen Spielelemente entlang des Weges keine Langeweile aufkommen. Bei leckerem hausgebackenem Kuchen im Café Enzian kann das neugewonnene Wissen anschließend sacken. www.rennsteiggartenoberhof.de

b/ Caravanstellplatz im Schneidmühlengrund

Stellplätze von diesem Kaliber darf es gerne mehr geben. Am Ortsrand von Kleinschmalkalden hat die Gemeinde einen freundlichen, modernen Platz in absolut ruhiger Lage und mit Topausstattung eingerichtet. Die Zufahrt ist über eine Schranke geregelt, die Bezahlung erfolgt am Automaten (keine Kreditkartenzahlung möglich). Abgerundet wird das Angebot durch ein blitzsauberes Sanitärgebäude (samt Hundedusche), Spielplatz und Grillmöglichkeit. Im Sommer lädt außerdem das nahe gelegen Waldschwimmbad zur Abkühlung ein und es lassen sich direkt ab Platz unterschiedliche Wanderungen starten. Die maximale Aufenthaltsdauer ist auf drei Tage beschränkt.

ART: Wohnmobilstellplatz
ANZAHL DER PLÄTZE: 8
KOSTEN: Kategorie 1
BEZAHLUNG: bar / EC-Karte
AUSSTATTUNG:
HAUSTIERE ERLAUBT: ja
RESERVIERUNG MÖGLICH: nein
BETRIEBSZEIT: ganzjährig
ADRESSE: Schneidmühlengrund 7, 98593 Floh-Seligenthal
https://floh-seligenthal.de/gastgeber/caravanstellplatz-im-schneidmuehlengrund/

TIPP **ES WERDE LICHT:** Mit einer Lichterkette lässt sich im Handumdrehen eine gemütliche Atmosphäre schaffen und das Gläschen Wein am Abend schmeckt bei stimmungsvoller Beleuchtung viel besser als im grellen Schein der LED-Außenleuchte über der Eingangstür des Wohnmobils.

---

c/ Strandbad Breitungen

ART: Campingplatz
ANZAHL DER PLÄTZE: 24
KOSTEN: Kategorie 1
BEZAHLUNG: bar / EC-Kreditkarte
HAUSTIERE ERLAUBT: ja
RESERVIERUNG MÖGLICH: ja
BETRIEBSZEIT: April – Oktober
ADRESSE: Salzunger Str. 24 A
98597 Breitungen/Werra
www.strandbad-breitungen.de

Gepflegter, städtischer Campingplatz mit großem Strandbad am Kiessee.

d/ Wohnmobilstellplatz Oberhof

ART: Wohnmobilstellplatz
ANZAHL DER PLÄTZE: 60
KOSTEN: Kategorie 1/2
BEZAHLUNG: bar / EC-Karte / Sonstiges
HAUSTIERE ERLAUBT: ja
RESERVIERUNG MÖGLICH: ab 2 Übernachtungen möglich
BETRIEBSZEIT: ganzjährig
ADRESSE: Jahnstraße 7,
98559 Oberhof
www.wohnmobilstellplatz-oberhof.de

Großer, asphaltierter und leicht abschüssiger privater Platz im staatlich anerkannten Luftkurort auf dem Kamm des Thüringer Waldes.

e/ Westendpark Schmalkalden

ART: Wohnmobilstellplatz
ANZAHL DER PLÄTZE: 8
KOSTEN: Kategorie 1
BEZAHLUNG: bar / EC-Kreditkarte
HAUSTIERE ERLAUBT: ja
RESERVIERUNG MÖGLICH: nein
BETRIEBSZEIT: ganzjährig
ADRESSE: Westendstraße 4,
98574 Schmalkalden
www.schmalkalden.com/gastgeber/reisemobil-parkplatz/

Ruhiger Stellplatz am schön gestalteten Westendpark. Falls besetzt, gibt es um die Ecke Ausweichflächen (ohne Strom) für acht weitere Mobile vor dem Busbahnhof.

REISE
13

VOGTLAND

Die Region im heutigen Vierländereck von Thüringen, Sachsen, Bayern und Böhmen hat den Reichsvögten ihren Namen zu verdanken, die der damalige Kaiser Barbarossa im 12. Jahrhundert zur Verwaltung seines Territoriums einsetzte.

★★	★★	★★	Thüringen, Sachsen, Bayern

Besucher des Vogtlands finden eine reizvolle Mittelgebirgslandschaft vor, die geprägt ist von Feldern, Flusstälern und sanften Hügeln mit ganz viel Wald.

PARADIES FÜR AKTIVURLAUBER

Ob im Wald, am Wasser oder in der Stadt, ob einfacher Stellplatz oder komfortabler Campingplatz mit umfangreichem Serviceangebot: Im Vogtland findet jeder Campertyp den passenden Platz. Langweilig wird einem so schnell nicht, denn die Voraussetzungen für die unterschiedlichen Outdooraktivitäten könnten besser kaum sein. Einmal quer durch die ganze Region vom sächsischen Bad Elster im Süden bis ins thüringische Bad Köstritz im Norden führt der Elsterradweg. Aber auch viele schöne Tagestouren unterschiedlicher Länge laden zur Erkundung des Vogtlandes per Pedale ein. Das Spektrum reicht von familienfreundlichen Touren wie dem 23 Kilometer langen Sagenradweg durch den Pöllwitzer Wald bis zu ausgedehnten Rundkursen wie der 50 Kilometer langen Vogtland-Ferienlandroute. Ambitionierte E-Bike-Fahrer können auf den über 100 Kilometern des Musikantenradwegs die Reichweite ihres Fahrradakkus testen. Wer dagegen Adrenalin im Sattel sucht, findet rund um Schöneck herausfordernde Mountainbike- und Downhill-Strecken.

Auch zum Wandern finden sich mehr als genug Gelegenheiten, denn ein dichtes Netz an vorbildlich markierten und gut gepflegten Wanderwegen durchzieht das Vogtland. Ob Fernwanderweg, Pilgerroute oder vom Deutschen Wanderverband als „Qualitätsweg Wanderbares Deutschland" zertifizierter Premiumweg: Wandervergnügen ist garantiert.

Wer baden, paddeln, segeln oder einfach nur faulenzen möchte, ist an der Talsperre Zeulenroda im thüringischen Vogtland oder an der Talsperre Pöhl, dem drittgrößten Stausee Sachsens, richtig.

HERZ DES INSTRUMENTENBAUS

Doch nicht nur Naturliebhaber, auch Kulturinteressierte kommen in der Region voll auf ihre Kosten. Neben der imposanten Göltzschtalbrücke als architektonischem Aushängeschild und Wahrzeichen

Von oben: Aussichtsturm auf dem Wirtsberg in Landwüst/ Blick in die Schauwerkstatt in der Erlebniswelt Musikinstrumentenbau Markneukirchen./ Wildromantisches Triebtal. Rechts: Die imposante Göltzschtalbrücke ist ein Meisterwerk der Ingenieurskunst.

TIPP

Die kostenfreien Vogtland-App macht das Smartphone zum interaktiven Reiseführer mit nützlichen Informationen zu Wander- und Radtouren sowie Ausflugszielen.

der Region gibt es zahlreiche Schlösser und Burgen zu bestaunen. So prägen zum Beispiel mit dem Oberen und dem Unteren Schloss gleich zwei prächtige Residenzen das Stadtbild von Greiz.

Im südwestlichsten Zipfel des sächsischen Vogtlandes, dem sogenannten Musikwinkel, werden seit über 350 Jahren Musikinstrumente aller Art hergestellt. Den Grundstein für die jahrhundertelange Tradition legten 1650 böhmische Geigenbauer, die sich im Zuge der Gegenreformation in Markneukirchen niederließen und noch heute produzieren über 100 Meisterbetriebe in aufwendiger Handarbeit hochwertige Streich-, Zupf-, Blechblas- und Holzblasinstrumente, die bei Musikern auf der ganzen Welt gefragt sind. Gelegenheiten, um den Klängen der Musikinstrumente zu lauschen, bieten die vielen Konzerte oder Festspiele im Vogtlandtheater in Plauen, dem König-Albert-Theater Bad Elster oder auf den Bühnen der Stadt Gera.

1 GÖLTZSCHTALBRÜCKE

Die mächtige Göltzschtalbrücke mit ihren unzähligen Bögen in zwei Etagen ist das Wahrzeichen des Vogtlands schlechthin. Das imposante Bauwerk liegt etwa zehn Autominuten von Greiz entfernt und wurde in der Mitte des 19. Jahrhunderts für die Sächsisch-Bayerische Eisenbahn errichtet, um auf der Strecke von Leipzig nach Hof bei Mylau das Tal der Göltzsch zu überwinden. Mit einer Länge von 574 Metern und einer Höhe von 78 Metern gilt das Bauwerk aus über 26 Millionen Ziegeln bis heute als größte Ziegelsteinbrücke der Welt.

www.goeltzschtalbruecke.info

2 TALSPERRE PÖHL

Das „Vogtländische Meer“, wie die Talsperre Pöhl liebevoll genannt wird, ist ein Paradies für Wassersportler, Naturfreunde und Erholungssuchende und eines der beliebtesten Sommerziele in Sachsen. Nicht verpassen: Seit über

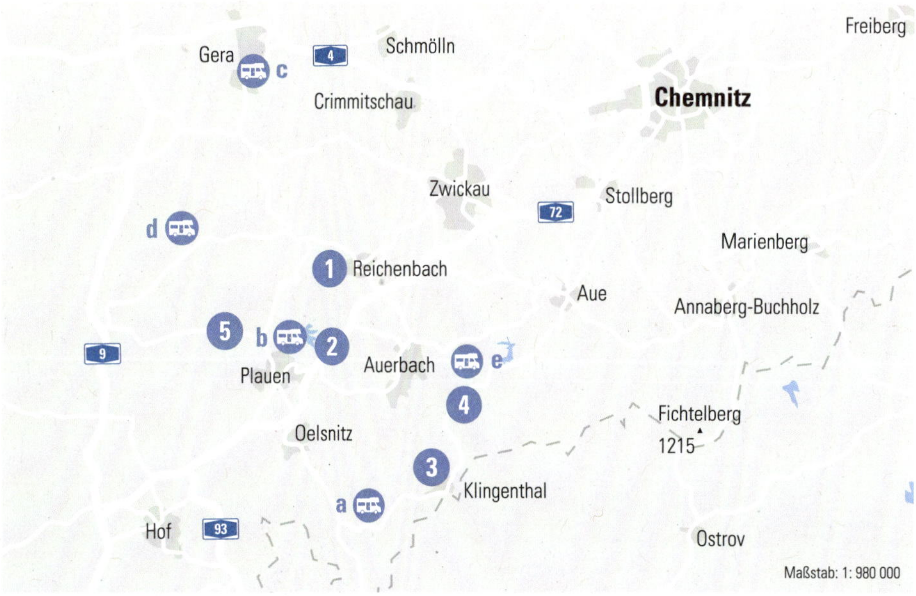

INFO

Tourismusverband Vogtland e. V.
Göltzschtalstraße 16
08209 Auerbach/Vogtland
Tel. (03744) 188860
www.vogtland-tourismus.de

100 Jahren thront der nach einem Heimatdichter benannten Julius-Mosen-Turm auf dem Eisenberg. Das Panorama der Aussichtsplattform über die von einer sanftgewellten Kuppenlandschaft eingerahmte Wasserfläche ist fantastisch.

talsperre-poehl.de

3 VOGTLANDARENA KLINGENTHAL

Die Vogtlandarena wurde zwischen 2003 und 2006 errichtet und gilt als eine der modernsten Großschanzen in Europa. Seit dem ersten Skisprung-Weltcup 2007 ist sie Austragungsort für hochkarätige Skisprungwettbewerbe, und zwar sowohl im Winter wie auch im Sommer. Die Sportstätte wird auch regelmäßig für Konzerte, Volksfeste oder den Breitensport genutzt. Touristen können mit der Erlebnisbahn parallel zum Schanzenauslauf rund 300 Meter hochfahren. Vom Schanzentisch sind es dann nur noch ein paar Stufen bis zur futuristischen Aussichtskapsel. Anschließend geht es mit der Bahn in kurvenreicher Fahrt wieder zurück nach unten.

sparkasse-vogtland-arena.de

4 DEUTSCHE RAUMFAHRT-AUSSTELLUNG

Die Deutsche Raumfahrtausstellung in Morgenröthe-Rautenkranz, dem Geburtsort von Sigmund Jähn, der 1978 als erster Deutscher ins All flog und in acht Tagen die Erde 125 Mal umrundete, zeigt anschaulich die Geschichte der Raumfahrt von den ersten Raketenexperimenten über den Weg zum Mond bis hin zum modernen Weltraumtourismus. Ein weiterer Schwerpunkt ist die Dokumentation von Weltraummissionen mit deutscher Beteiligung. Zu sehen gibt es die unterschiedlichsten Exponate wie Originalraumanzüge, Forschungsgeräte und das Trainingsmodul des Basisblocks der Raumstation MIR.

www.deutsche-raumfahrtausstellung.de

5 DRACHENHÖHLE SYRAU

Die Drachenhöhle in Syrau ist die einzige Schauhöhle Sachsens und eine der eindrucksvollsten in Deutschland. Von den rund 550 Meter langen Gängen sind etwa 350 Meter für Touristen erschlossen. Am Eingang geht es über 81 Stufen hinab in 16 Meter Tiefe. Die knapp einstündige Führung durch die faszinierende Welt der Tropfsteinhöhle führt Sie zu skurrilen Sinterformationen, eindrucksvollen Stalaktiten, Stalagmiten und unterirdischen Seen. Den krönenden Abschluss bildet eine stimmungsvolle Lasershow, in der auch die Sage vom Drachenmaskottchen Justus erzählt wird.

syrau.de/drachenhoehle

Von oben links: Falknerei in Plauen/ Blick auf die Talsperre Pöhl/ Drachenhöhle Syrau/ Deutsche Raumfahrtausstellung in Morgenröthe-Rautenkranz.

VOGTLAND

a/ Gläserner Bauernhof in Siebenbrunn/ Markneukirchen

Einen Katzensprung von der Musikstadt Markneukirchen entfernt bietet der Gläserne Bauernhof Stellplätze für Zelt, Wohnwagen oder Wohnmobil und mit etwas Glück ergattert man sogar einen Platz in der ersten Reihe mit Blick auf den Angelteich. Aufgrund der begrenzten Kapazität empfiehlt es sich in jedem Fall, vorab telefonisch oder per Mail zu reservieren. Kinder freuen sich über den liebevoll gestalteten Spielplatz und die Möglichkeit zum Streicheln der Tiere. Ein Anziehungspunkt für kleine und große Camper ist die überdachte Feuerstelle.

ART: Wohnmobilstellplatz
ANZAHL DER PLÄTZE: 25
KOSTEN: Kategorie 2
BEZAHLUNG: bar / EC-Kreditkarte
AUSSTATTUNG:
HAUSTIERE ERLAUBT: ja

RESERVIERUNG MÖGLICH: ja
BETRIEBSZEIT: ganzjährig (keine Entsorgung während der Wintermonate)
ADRESSE: Breitenfelder Straße 40, 08258 Markneukirchen OT Siebenbrunn
www.glaeserner-bauernhof.de

TIPP **STOCKBROT ÜBER DEM KNISTERNDEN LAGERFEUER** zu backen ist besser als jeder Kinoabend zu Hause. Aber unbedingt die Bestimmungen des Campingplatzes zum Feuermachen beachten. Ein einfaches Rezept: 500 g Mehl, 250 ml lauwarmes Wasser oder Milch, 1 Packung Trockenhefe und 3 Esslöffel Olivenöl sowie 2 Teelöffel Salz und eine Prise Zucker zu einem geschmeidigen Teig verkneten. Eine Wurst daraus formen und diese um die entrindete Spitze eines Asts wickeln. Anschließend etwa 20 Zentimeter über den Flammen mit ständiger Drehung goldbraun backen.

TIPP **EINE ABWECHSLUNGSREICHE FAHRRADRUNDTOUR,** die Sie gut mit einem Besuch der Drachenhöhle Syrau und einer Übernachtung auf dem dortigen Stellplatz verbinden können, ist die gut 50 Kilometer lange und gut ausgeschilderte Vogtland-Ferienroute durch das thüringisch-sächsische Hügelland.

b/ Camping Gunzenberg an der Talsperre Pöhl

Weitläufiger, gut ausgestatteter und familienfreundlicher 4-Sterne-Campingplatz mit über 120 Stellplätzen, kleinem Laden und Restaurant direkt an der Talperre Pöhl in der „Vogtländischen Schweiz" an der Grenze zu Bayern. Neben umfangreichen Wassersportmöglichkeiten (März bis Oktober) bietet sich der Platz auch als Ausgangspunkt für Wanderungen und Radtouren an. Im Übernachtungspreis ist auch ein Parkticket enthalten, das zur kostenfreien Nutzung aller Besucherparkplätze rund um die Talsperre Pöhl berechtigt. In unmittelbarer Nachbarschaft zum Campingplatz liegt ein separater Wohnmobilstellplatz mit 16 Stellplätzen auf Schotter.

ART: Campingplatz
ANZAHL DER PLÄTZE: 120
KOSTEN: Kategorie 3
BEZAHLUNG: bar / EC-Kreditkarte
AUSSTATTUNG:
HAUSTIERE ERLAUBT: ja
RESERVIERUNG MÖGLICH: ja
BETRIEBSZEIT: März – Oktober
ADRESSE: Hauptstraße 38, 08543 Pöhl
talsperre-poehl.de/camping/campingplatz

TIPP **DIE RASANTE TALFAHRT** im Ein- oder Doppelsitzer auf der 800 Meter langen Sommerrodelbahn in Klingenthal mit elf Kurven und einer Schikane bringt nicht nur Kinderaugen zum Leuchten. Nach der Fahrt geht es per Schleppaufzug wieder nach oben und der Spaß kann von Neuem beginnen.

c/ Wohnmobilhafen Gessenpark in Gera

ART: Wohnmobilstellplatz
ANZAHL DER PLÄTZE: 22
KOSTEN: Kategorie 1
BEZAHLUNG: bar
HAUSTIERE ERLAUBT: ja
RESERVIERUNG MÖGLICH: ja
BETRIEBSZEIT: ganzjährig
ADRESSE: Gessentalstraße 7, 07551 Gera
www.gessenpark.de

Ruhige Stellplätze auf geschotterter Fläche bei einem Bauunternehmen am Stadtrand von Gera mit sehr guter Anbindung an die sehenswerte Innenstadt.

d/ Wohnmobilhafen Zeulenrodaer Meer

ART: Wohnmobilstellplatz
ANZAHL DER PLÄTZE: 17
KOSTEN: Kategorie 1
BEZAHLUNG: bar
HAUSTIERE ERLAUBT: ja
RESERVIERUNG MÖGLICH: ja
BETRIEBSZEIT: ganzjährig
ADRESSE: Bleichenweg 30, 07937 Zeulenroda-Triebes
wohnmobil-zeulenroda.blogdns.com

Familiärer Wohnmobilstellplatz mit 17 im Kreis angeordneten Standplätzen auf ebenem Untergrund mit Kies. Während der Öffnungszeiten stehen im nahegelegenen Strandbad WCs und Duschen bereit.

e/ Naturcamping am Hotel Forstmeister

ART: Campingplatz
ANZAHL DER PLÄTZE: 10
KOSTEN: Kategorie 2
BEZAHLUNG: bar / EC-Kreditkarte
HAUSTIERE ERLAUBT: ja
RESERVIERUNG MÖGLICH: nein
BETRIEBSZEIT: Mai – Oktober
ADRESSE: Auerbacher Str. 15, 08304 Schönheide
www.naturcamping-erzgebirge.de

Kleiner naturbelassener Platz am Waldrand beim Hotel „Zum Forstmeister" an der Grenze zwischen Vogtland und Erzgebirge mit vielen Wandermöglichkeiten.

REISE
14

LAUSITZER SEENLAND

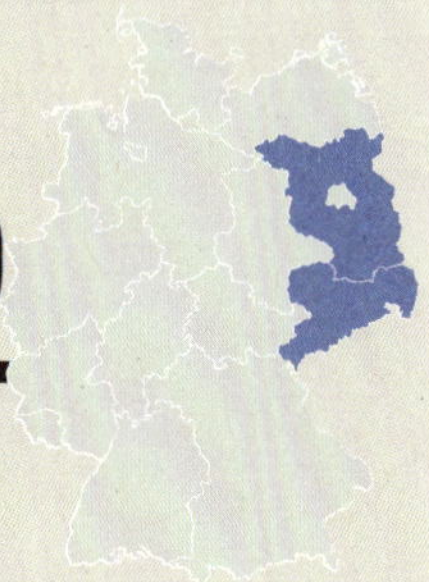

Das Lausitzer Seenland zwischen Berlin und Dresden steckt noch mitten im Wandel von der Bergbaulandschaft zum Urlaubs- und Naturparadies. Aber schon jetzt locken viele Stell- und Campingplätze direkt am Wasser.

★★	★★	★	Brandenburg, Sachsen

Braunkohle wird im Lausitzer Revier zwischen Cottbus und Bautzen schon seit über 130 Jahren abgebaut. Im Zuge der deutschen Wiedervereinigung wurde allerdings ein Großteil der Tagebauten geschlossen und aus den gefluteten Kratern entsteht mit dem Lausitzer Seenland die größte künstliche Wasserlandschaft Europas. Wo sich einst gigantische Bagger durchs Erdreich wühlten, können Urlauber nun vorzüglich Angeln, Baden und natürlich Boot fahren.

EIN IDEALES RADREVIER

Selbstverständlich wird Wassersport im Lausitzer Seenland großgeschrieben. Ob Segeln oder Wasserski, ob Rundfahrt mit dem Ausflugsschiff oder Paddeltour im Kanu, nahezu alles ist möglich, was im, am und auf dem Wasser Spaß macht. Doch damit nicht genug, denn die Region hat auch an Land einiges zu bieten. Rund um die Seen bieten die breiten, durchgehend gut asphaltierten Wege hervorragende Bedingungen für unbeschwerte Radtouren mit der ganzen Familie. Nennenswerte Steigungen sind unterwegs nicht zu erwarten, dafür locken am Wegesrand schöne Badestrände und der ein oder andere Aussichtsturm, auf dem Sie sich einen guten Überblick über die Landschaft und deren eindrucksvollen Wandel verschaffen können.

Jede Menge zu entdecken gibt es für Radfahrer unter anderem auf dem gut 17 Kilometer langen Rundweg einmal rund um den Senftenberger See, der direkt vor der Schranke des Campingplatzes vorbeiführt. Ein Höhepunkt entlang der Strecke ist der Aussichtsturm am Südwestufer. Wer keinen eigenen Drahtesel dabei hat, findet am Platz einen gut ausgestatteten Fahrradverleih, der vom Roller bis zum Tretmobil mit Elektrounterstützung jeden Wunsch erfüllt. Neben dem Seerundweg stehen zahlreiche weitere gut markierte Radtouren zur Auswahl und im brandenburgischen Teil des Lausitzer Seenlandes macht eine praktische Knotenpunktwegweisung die Planung individueller Strecken sowie die Orientierung unterwegs zum Kinderspiel. Unterwegs radeln Sie dann einfach von Knotenpunkt-Nummer zu Knotenpunkt-Nummer.

STADTBUMMEL DURCH SENFTENBERG

Am Nordufer des Senftenberger Sees lädt das Städtchen Senftenberg zum Bummeln ein. Schloss und Festung wurden im 16. Jahrhundert zur Sicherung der sächsischen Grenze auf den Fundamenten einer mittelalterlichen Burg angelegt. Heute beherbergt die beeindruckende Renaissanceanlage ein Museum zur Geschichte der Region samt Schaubergwerk und die Kunstsammlung Lausitz mit über 2 500 Werken von rund 130 Künstlern und Künstlerinnen aus der Lausitz.

Unweit des Schlosses bietet der direkt an der Schwarzen Elster gelegene Tierpark Senftenberg eine Heimat für rund 350 Tiere aus etwa 65 Arten. Neben heimischen Wild- und Haustieren gibt es auch exotischere Tiere wie Erdmännchen, Alpakas oder Rotgesichtsmakaken zu sehen. Eine ganz besondere städtebauliche Perle wartet im Senftenberger Ortsteil Brieske. Die Gartenstadt Marga entstand nach Entwürfen des Dresdner Architekten Georg Heinsius von Mayenburg als Wohnsiedlung für die Arbeiter der Ilse Bergbau AG zu Beginn des 20. Jahrhunderts. Die Siedlung mit 78 Häuser im späten Jugendstil ist auf einem spiralförmigen Grundriss angeordnet.

Den besten Blick über den See hat man von der Seebrücke, die 80 Meter ins Wasser hinausragt. Auch starten von hier das Fahrgastschiff MS „Santa Barbara" zu seiner Seenrundfahrt und der Solar-Katamaran „Aqua Phönix" zum Geierswalder See.

Links, von oben: Der Leuchtturm am Geierswalder See lädt mit Restaurant und Strandbar zur Einkehr ein./ Rund um den Senftenberger See bringen die feinen Sandstrände großes Badevergnügen./ Rechts: Von der Bergbauregion zum Wasserparadies: Stand-up-Paddle-Tour auf dem Senftenberger See.

1 SENFTENBERGER SEE

Der Senftenberger See ist so etwas wie das Pilotprojekt für die gelungene Rekultivierung der Bergbaulandschaft und die Keimzelle des Urlaubsparadies. Bereits 1973 konnten sich die ersten Badegäste nach der Flutung des ehemaligen Tagebaus Niemtsch im See erfrischen. In den folgenden Jahrzehnten wuchsen Gras und Kiefern über die Ufer, die Wasserqualität verbesserte sich stetig und heute sind die Campingplätze und Ferienanlagen entlang der Ufer bei Urlaubern aus nah und fern beliebt. Seit 2007 ist der Senftenberger See zudem für die Schifffahrt freigegeben und der moderne Senftenberger Hafen mit seiner großer Seebrücke am nördlichen Seeufer hat sich zu einem beliebten Ankerplatz von Seglern und Motorbootkapitänen entwickelt.

www.senftenberger-see.de, www.senftenberg.de

2 AKTIVER TAGEBAU

Der Kohleausstieg ist beschlossene Sache, aber bis es so weit ist, graben die Bagger im Lausitzer Braunkohlerevier weiter. Vom Aussichtspunkt „Welzower Fenster" am östlichen Rand der Stadt Welzow können Sie die bizarre Mondlandschaft und gigantischen Maschinen sowie das Geschehen im aktiven Braunkohletagebau Welzow-Süd mit eigenen Augen ansehen. Eine gute Anlaufstelle für kompe-

INFO

Tourismusverband Lausitzer Seenland e. V., Am Stadthafen 2
01968 Senftenberg
Tel. (03573) 7253000
www.lausitzerseenland.de

tente Informationen zum Bergbau in der Lausitz und geführte Touren durch den Tagebau ist das excursio-Besucherzentrum im ehemaligen Bahnhof der Stadt.
www.bergbautourismus.de

3 BESUCHERBERGWERK F60

80 Meter hoch, 200 Meter breit und über einen halben Kilometer lang: Die Abraumförderbrücke F60 bei Lichterfeld südlich von Finsterwalde ist ein gigantischer Industriekoloss. Der „liegende Eiffelturm" wie der Volksmund das Monstrum aus 1 000 Tonnen Stahl liebevoll nennt, ist für Touristen geöffnet und bei guter Sicht reicht der Blick von oben bis in die sächsische Schweiz. Mutige können sich sogar abseilen. Unten bietet der Strand am Nordufer des Bergheider Sees die Möglichkeit zum (Sonnen-)Baden vor einmaliger Kulisse und auch Paddeln ist erlaubt.
www.f60.de

4 ENERGIEFABRIK KNAPPENRODE

Nicht nur an Regentagen einen Besuch wert ist das Sächsische Industriemuseum Energiefabrik Knappenrode. Bis 1993 wurden hinter der leuchtendroten Fassade des monumentalen Backsteinbaus Braunkohlebriketts produziert. Bei einem Rundgang durch die Fabrikhallen lassen sich die kolossalen Turbinen, Trockner und Pressen besichtigen. Von der Aussichtsplattform „Lausitz.Blick" auf dem Dach der Fabrik öffnet sich ein fantastischer Blick über das weitläufige Außengelände und die sich vom Bergbauland zum Biotop wandelnde Landschaft.
web.saechsisches-industriemuseum.com/knappenrode.html

5 LANDMARKE ROSTIGER NAGEL

Was für ein Panorama! Mit seinen rund 30 Metern Höhe eröffnet der „Rostige Nagel", wie die Einheimischen den markanten Aussichtsturm an der Mündung des Sornoer Kanals in den Sedlitzer See nennen, eine eindrucksvolle Vogelperspektive auf das Mosaik aus Wasser und Wald und der Blick kann unter anderem über Sedlitzer See, Geierswalder See und Partwitzer See schweifen. Der Turm aus rostrotem Corten-Stahl ist frei zugänglich und der Imbiss an seinem Fuß ein beliebter Rastplatz bei Wanderern, Radfahrern und Skatern.
www.zweckverband-lsb.de

Links: Blick in den aktiven Tagebau vom Aussichtspunkt Welzow Stadt. Rechts, von links: Der Bergheider See wird von der eindrucksvollen Kulisse des Besucherbergwerks F60 geprägt./ Landmarke Rostiger Nagel/ In der Energiefabrik Knappenrode wird Industriegeschichte lebendig./ Die Fabrikhallen sind vom Geruch frisch gepresster Briketts erfüllt.

CAMPING- UND STELLPLATZ-TIPPS

LAUSITZER SEENLAND

a/ Familienpark Senftenberg

Der Familienpark in Großkoschen am Südufer des Senftenberger Sees ist ein weitläufiger, hervorragend ausgestatteter Campingplatz. Neben schönen Stellplätzen im Kiefernwald für Wohnmobil, Caravan oder Zelt gibt es ein umfangreiches Angebot an Mietunterkünften. Die langgestreckten Sandstrände am Seeufer wecken sofort Urlaubsgefühle und das flach abfallende Ufer bietet schon den kleinsten Gästen hervorragende Plantsch- und Bademöglichkeiten. Für den Kurzaufenthalt gibt es fünf Stellplätze außerhalb des Geländes.

ART: Campingplatz
ANZAHL DER PLÄTZE: 170
KOSTEN: Kategorie 3
PLÄTZE VOR DER SCHRANKE: Kategorie 2
BEZAHLUNG: bar/EC-Kreditkarte
AUSSTATTUNG:

HAUSTIERE ERLAUBT: nein
RESERVIERUNG MÖGLICH: ab 2 Übernachtungen
BETRIEBSZEIT: ganzjährig
ADRESSE: Straße zur Südsee 1, 01968 Senftenberg OT Großkoschen
www.senftenberger-see.de/de/familienpark.html

TIPP **DIE PERSPEKTIVE VOM WASSER** aus gehört zu einer Reise ins Lausitzer Seenland einfach dazu. Wenn Sie nicht selber skippern möchten, können Sie im Sommer an Bord eines Fahrgastschiffes gehen. Zur Auswahl stehen die MS Barbara für eine Rundfahrt auf dem Senftenberger See und der Solarkatamaran Aqua Phönix, der vom Senftenberger Stadthafen durch den Koschener Kanal nach Geierswalde und zurück verkehrt. www.reederei-loewa.de

TIPP **SPRITZIGEN SPASS AUF DEM WASSER** verspricht die Wakeboard- und Wasserskianlage auf dem Halbendorfer See mit einer 730 Meter langen 5-Mast-Anlage und einem 130 Meter langen 2-Mast-Übungslift. Direkt nebenan können sich große und kleine Badegäste im großen Aquapark mit Rutschen, Kletterwänden und Wassertrampolinen austoben. Für den längeren Aufenthalt stehen angrenzend ans Gelände vier kostenpflichte Wohnmobilstellplätze mit Stromanschluss bereit. www.wakeboard-halbendorf.de

b/ Wohnmobilhafen am Themencamping Grünewalder Lauch

Der moderne Stellplatz vor dem Campingplatz zeichnet sich durch seine ruhige Lage im Grünen aus. Die einzelnen Parzellen sind durch kniehohe Mauern separiert und mit einem Format von 7 x 10 Metern großzügig genug bemessen, um auch die Markise ausfahren zu können. Gegen Aufpreis kann der Zugang zum Sanitärgebäude dazu gebucht werden. Zum See (auch FKK- und Hundestrand) sind es etwa zwei Gehminuten. Vor der Einfahrt in den Wohnmobilhafen liegt der durchdacht konzipierte Servicebereich. Die Anmeldung erfolgt an der Rezeption des Campingplatzes, hier gibt es ein Biergartenrestaurant und morgens frische Brötchen.

ART: Stellplatz am Campingplatz
ANZAHL DER PLÄTZE: 54
KOSTEN: Kategorie 1
BEZAHLUNG: bar / EC-Karte
AUSSTATTUNG:

HAUSTIERE ERLAUBT: ja
RESERVIERUNG MÖGLICH: nein
BETRIEBSZEIT: ganzjährig
ADRESSE: Lauchstr. 99–101, 01979 Lauchhammer
www.themencamping.de

TIPP

SICHER, EIN ROADTRIP LEBT VON DER STÄNDIGEN VERÄNDERUNG. Jeden Tag an einem anderen Ort aufzuwachen kann aber auch eine ziemliche Herausforderung sein. Übertreiben Sie es daher nicht und verweilen Sie auch einmal an einem Ort, der Ihnen besonders gut gefällt, damit Urlaubsstimmung aufkommen kann.

c/ Wohnmobilstellplatz Buchwalde

ART: Wohnmobilstellplatz
ANZAHL DER PLÄTZE: 23 (plus 10 Reserveplätze)
KOSTEN: Kategorie 1 / 2
BEZAHLUNG: bar / EC-Kreditkarte

HAUSTIERE ERLAUBT: ja
RESERVIERUNG MÖGLICH: nein
BETRIEBSZEIT: April – Oktober
ADRESSE: Buchwalder Str. 52, 01968 Senftenberg
www.senftenberger-see.de/de/senftenberger-see/wohnmobilstellplatz-buchwalde.html

Der Stellplatz direkt am Senftenberger See bietet ideale Voraussetzungen zum Surfen und Radfahren. Es sind maximal vier Übernachtungen möglich.

d/ Camping- und Caravanparadies Dreiweiberner See

ART: Wohnmobilstellplatz
ANZAHL DER PLÄTZE: 14
KOSTEN: Kategorie 1
BEZAHLUNG: bar

HAUSTIERE ERLAUBT: ja
RESERVIERUNG MÖGLICH: nein
BETRIEBSZEIT: April – Oktober
ADRESSE: Am Strand Weißkollm 1, 02999 Lohsa
www.caravan-dreiweibern.de

Seeblick, ein Radweg direkt vor der Windschutzscheibe und ein kleiner Sandstrand zum Baden in Gehweite: Die Lage des Platzes begeistert und die Beachbar direkt nebenan kümmert sich um Ihr leibliches Wohl.

e/ Camping Gräbendorfer See

ART: Campingplatz
ANZAHL DER PLÄTZE: 40
KOSTEN: Kategorie 2
BEZAHLUNG: bar

HAUSTIERE ERLAUBT: ja
RESERVIERUNG MÖGLICH: ja
BETRIEBSZEIT: ganzjährig
ADRESSE: Inselblick 1, 03229 Altdöbern OT Reddern
www.camping-graebendorfersee.de

Ruhiger Platz mit einfachen Sanitäranlagen auf großer Wiesenfläche an einem der saubersten Seen im Lausitzer Seenland mit Imbiss, Badestrand und Tretbootverleih.

REISE
15

ZITTAUER GEBIRGE

Deutschlands kleinstes Mittelgebirge quetscht sich in den östlichsten Zipfel der Republik. Es geizt nicht mit Höhepunkten und braucht sich definitiv nicht hinter seiner großen Schwester, der Sächsischen Schweiz im Elbsandsteingebirge, zu verstecken.

★★★	★★	★★★	Sachsen

Mit einer Ausdehnung von gerade einmal 5 mal 15 Kilometern ist das Zittauer Gebirge zwischen Neiße und Lausitzer Bergland im südöstlichen Zipfel Sachsens an der Grenze zu Tschechien und Polen das kleinste Mittelgebirge in Deutschland. Zusammen mit dem Gebirgsvorland wurde es 2008 als 100. Naturpark in Deutschland ausgewiesen und besteht wie auch das größere und bekanntere Elbsandsteingebirge aus Sandstein. Höchste Gipfel sind die durch Vulkanismus entstandenen Erhebungen Lausche (793 Meter) und Hochwald (749 Meter).

KLEIN, ABER FEIN

Vor allem am Nordabfall lassen ähnlich eindrucksvolle bizarre Sandsteinformationen wie in der Sächsischen Schweiz der Fantasie freien Lauf. Trotz der überschaubaren Ausdehnung bieten sich vielfältige Möglichkeiten, um einen abwechslungsreichen Urlaub zu verbringen. Wanderer finden ein gut ausgeschildertes Netzwerk aus über 300 Kilometern markierten Wald- und Wanderwegen, Radfahrer dürfen sich über gut ausgebaute Radwege freuen und Klettersportler haben die Qual der Wahl aus über 110 ausgewiesenen Kletterfelsen in den unterschiedlichsten Schwierigkeitsgraden. Noch einmal erweitert werden die Tourenmöglichkeiten durch die grenzüberschreitenden Verbindungen zwischen der sächsischen und der böhmischen Seite. Eine gute Anlaufstelle für individuelle Tourenvorschläge und um mehr über die Sehenswürdigkeiten der Region zu erfahren, ist das Naturparkhaus mit Erlebnisausstellung und Tourist-Info in Großschönau, einem Ortsteil von Waltersdorf.

Eine aussichtsreiche Wanderung von etwa 12 Kilometern verknüpft eine Reihe von Highlights im Osten von Oybin. Wer sich den steilen Anstieg zur urigen Töpferbaude sparen möchte, kann auch die Bimmelbahn „Gebirgsexpress“ (von Karfreitag bis Oktober täglich außer Dienstag, da Ruhetag der Töpferbaude) nehmen. Vorbei an der Brütenden Henne, einer dieser markanten Sandsteinformationen, für die es nicht viel Vorstellungskraft braucht, um darin eine Tierform zu erkennen, wandert man zum Scharfen-

stein, auf dessen Südseite der 569 Meter hohe Gipfel über steile Leitern und Treppen erklommen werden kann. Weiter geht es durch die Große Felsengasse zwischen hochaufragenden Sandsteinwänden zum Kelchstein in Form eines überdimensionalen Pilzes, von dem man durch den Wald zurück zum Kurpark in Oybin gelangt.

FRÄNKISCHES FACHWERK TRIFFT SLAWISCHES BLOCKHAUS

Typisch für den Landstrich im Dreiländereck von Deutschland, Polen und Tschechien sind die sogenannten Umgebindehäuser aus der Zeit vom 17. bis 20. Jahrhundert. Charakteristisch für die traditionelle Volksbauweise, die Fachwerk- und Blockhausbauweise miteinander kombiniert, ist das Tragesystem aus umlaufenden Balken und markanten Bögen, die den Hauptraum im Erdgeschosses umgeben, um die Last des Obergeschosses aufzunehmen. Besonders hoch ist die Dichte an Umgebindehäusern in Großschönau, Hainewalde, Spitzkunnersdorf, Seifhennersdorf sowie im Luftkurort Jonsdorf. Dort können Besucher in der historischen Schauwerkstatt der Oberlausitzer Weberstube (Lindenweg 9) einen seltenen Blick in das Innere der Blockstube samt originalem Webstuhl und historischen Möbeln werfen und erfahren mehr über die Bauweise der Umgebindehäuser und die Entwicklung der Leinweberei in der Region.

Eine Führung in das Schaubergwerk „Schwarzes Loch“ mit dem Jonsdorfer Gebirgsverein eröffnet spannende Einblicke in den Abbau des Sandsteins zur Herstellung von Mühlsteinen.

Links: Die Felsformation „Brütende Henne“ unweit der Töpferbaude. Rechts: Der Scharfenstein ist einer der bekanntesten Aussichtsfelsen im Zittauer Gebirge.

1 BURG- UND KLOSTER OYBIN

Beim Anstieg über die steilen Treppen hinauf auf das kegelförmige Sandsteinmassiv, das unmittelbar aus dem Kurort Oybin herauszuwachsen scheint, wird schnell klar, warum es die pittoresken Ruinen der einstigen Burg- und Klosteranlage den Malern der Romantik so angetan hatten. Stück für Stück erobert sich die Natur das Terrain zurück und in einer perfekten Symbiose aus Architektur und Wald ragen die moosgrünen gotischen Fensterbögen in den Himmel. Besonders stimmungsvoll sind die historischen Mönchszüge, die von Mai bis September die Augen und Ohren der Gäste mit Fackelschein und Chorgesang erfreuen.
www.burgundkloster-oybin.com

2 ZITTAU

An der Mündung der Mandau in die Lausitzer Neiße lädt die schöne Altstadt von Zittau zum Bummeln und Genießen ein. Hilfreich für die Entdeckung des historischen Stadtkerns ist der Zittauer Kulturpfad, der insgesamt 54 Sehenswürdigkeiten verbindet und auf dem Marktplatz mit dem durch Stadtbaumeister Schramm nach Plänen Schinkels errichteten Rathaus beginnt. Größter kultureller Schatz der Stadt ist das Große Zittauer Fastentuch aus dem Jahr 1472, welches im Museum „Kirche zum Heiligen Kreuz" zu be-

TIPP
Das Damast- und Frottiermuseum in Großschönau hält die Erinnerung an die einzigartige Textilgeschichte lebendig.
www.ddfm.de

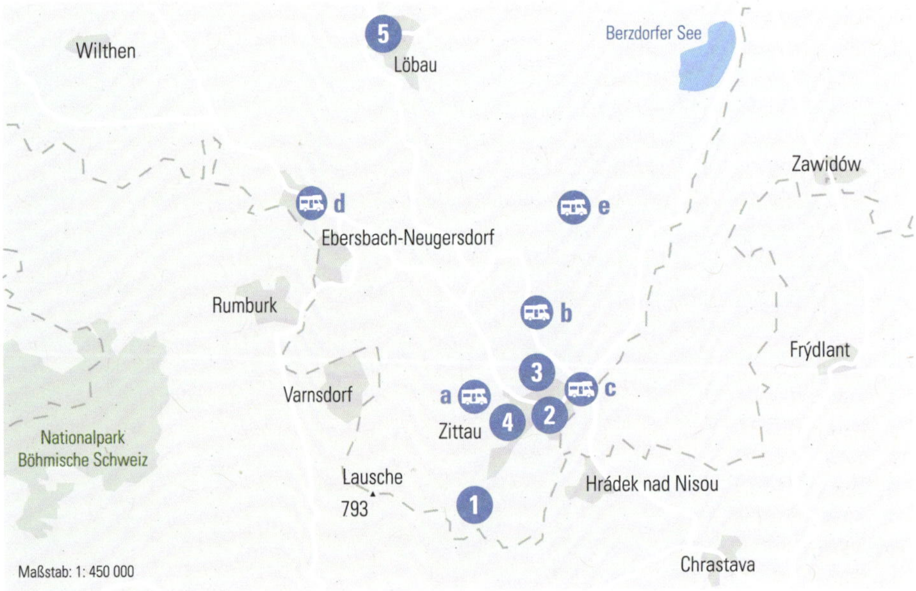

INFO
Tourismuszentrum Naturpark Zittauer Gebirge
Markt 9, 02763 Zittau
Tel. (03583) 549940
www.zittauer-gebirge.com

staunen ist und in 90 Bildern Szenen aus dem Alten und Neuen Testament zeigt.
www.zittau.de

3 ZITTAUER SCHMALSPURBAHN

Seit 1890 verkehren die Züge der Zittauer Schmalspurbahn auf einer Spurweite von 750 Millimetern zwischen Zittau und den Gebirgsorten Oybin und Jonsdorf. Während der rund 50-minütigen Fahrt auf der gut 12 Kilometer langen Strecke im historischen Dampfzug genießen Sie den Ausblick auf romantische Wälder und schroffe Felsen und schwelgen in Eisenbahn-Nostalgie. Das ganz große Dampflok-Spektakel wartet bei der einmaligen Doppelausfahrt von zwei Dampfloks am Bahnhof Bertsdorf, wo die Strecke in den Kurort Jonsdorf abzweigt.
www.zittauer-schmalspurbahn.de

4 OLBERSDORFER SEE

Herzstück des Olbersdorfer Sees ist der 300 Meter lange, breite Sandstrand am Nordufer mit vorgelagerter Badeinsel, großem Wasserspielplatz und Bootsverleih. Die Freizeitoase ist nicht nur für Wassersportler ein attraktives Ausflugsziel, sondern auch für Wanderer und Radfahrer, die in den umliegenden Wäldern zahlreiche Tourenmöglichkeiten finden, den Blick auf den Höhenzug des Zittauer Gebirges am Horizont immer inklusive.
www.olbersdorf.de

5 HAUS SCHMINKE IN LÖBAU

In der Kirschallee 1 in der Kleinstadt Löbau steht inmitten einer unscheinbaren Wohnsiedlung eine wahre Ikone der klassischen Moderne. Das vom Architekten Hans Scharoun entworfene Haus Schminke zählt zu den bedeutendsten Bauwerken im Stil des „Neuen Bauens". Das extravagante und zugleich funktionelle Wohnhaus wurde ab 1930 für den Löbauer Teigwarenfabrikanten Fritz Schminke errichtet. Das Haus, das mit seinen mit ausufernden Terrassen und relinggeländerbesetzten Balkonen in der Tat an ein Schiff erinnert, können Sie selbstständig mit einem Audioguide oder im Rahmen von Führungen besichtigen.
www.stiftung-hausschminke.eu

Links: Das historische Rathaus in Zittau wurde nach Plänen des Architekten Karl Friedrich Schinkels errichtet. Rechts, von links: Olbersdorfer See: Badesee mit Bergpanorama/ Mit den historischen Zügen der Zittauer Schmalspurbahn gelangt man von Zittau zu den Kurorten Oybin und Jonsdorf.

ZITTAUER GEBIRGE

TIPP **BEI CAPRON IN NEUSTADT/ SACHSEN** an der Grenze zwischen Lausitzer Bergland und Elbsandsteingebirge werden seit 2005 Reisemobile hergestellt und bei einer Werksbesichtigung kann man hautnah die Entstehung eines Wohnmobils miterleben. Die zweistündigen Führungen finden an ausgewählten Mittwochs-Terminen statt. Sie sind kostenlos, aufgrund der begrenzten Teilnehmerzahl ist eine vorherige Anmeldung aber unbedingt erforderlich. www.capron.eu

a/ Seecamping Zittauer Gebirge

Der weitläufige Campingplatz im ehemaligen Landesgartenschaugelände bietet freie Platzwahl ohne Parzellierung. Wohnmobilisten, die auf die Nutzung der Sanitäranlagen verzichten können, finden vier Stellplätze vor der Schranke zum vergünstigten Tarif. Neben der freundlichen Atmosphäre punktet der Platz durch die vielseitigen Freizeitmöglichkeiten von aktiv bis kulturell, ob ein erfrischendes Bad im benachbarten See, eine kurzweilige Radtour oder die Besichtigung des weltberühmten Großen Zittauer Fastentuchs.

ART: Campingplatz / Stellplatz am Campingplatz
ANZAHL DER PLÄTZE: 4 (vor der Schranke) / 225 (auf dem Campingplatz)
KOSTEN: Kategorie 2
VOR DER SCHRANKE: Kategorie 1 (ohne Nutzung Sanitärgebäude)
BEZAHLUNG: bar / EC-Kreditkarte
AUSSTATTUNG:
HAUSTIERE ERLAUBT: ja
RESERVIERUNG MÖGLICH: nein
BETRIEBSZEIT: April – Oktober
ADRESSE: Zur Landesgartenschau 2, 02785 Olbersdorf
www.seecamping-zittau.com

TIPP **BADESPASS FÜR DIE GANZE FAMILIE AM RAND DES ZITTAUER GEBIRGES** verspricht das Trixi-Bad mit Freizeitbad und Waldstrandbad in Großschönau. Ob Saunalandschaft oder 60-Meter-Black-Hole-Rutsche – für jeden Geschmack ist etwas dabei. Direkt nebenan liegt ein großer Ferienpark mit Ferienhäusern und weitläufigem Campingplatz. Während der Sommermonate haben Camper freien Eintritt ins Waldstrandbad. www.trixi-park.de

b/ Stellplatz am Schanzberg

Mit viel Liebe zum Detail haben die Betreiber auf einer großen Obstwiese am Ortsrand von Oberseifersdorf einen reizenden Stellplatz mit gemütlichen Sitzmöglichkeiten geschaffen. Lassen Sie Ihren Tag hier stilvoll mit einem kalten Getränk in der Hand am Lagerfeuer ausklingen. Eine moderne Sanitäranlage ist in Arbeit, aber schon jetzt ist diese Oase der Ruhe ein perfekter Ort, um die Seele baumeln zu lassen.

ART: Wohnmobilstellplatz
ANZAHL DER PLÄTZE: 20
KOSTEN: Kategorie 1
BEZAHLUNG: bar
AUSSTATTUNG:

HAUSTIERE ERLAUBT: ja
RESERVIERUNG MÖGLICH: ja
BETRIEBSZEIT: ganzjährig
ADRESSE: Hauptstraße 41, 02763 Oberseifersdorf
www.camping-zittau.de

TIPP **AUF DER SUCHE NACH EINEM ORIGINELLEN SOUVENIR?** In Herrnhut, knapp 20 Kilometer nördlich von Zittau, werden seit über 160 Jahren die bekannten Adventssterne aus Papier gefertigt. Übrigens waren die Originalsterne rot und weiß, wobei das Rot für das Blut Christi stand und das Weiß für die Reinheit. Heute gibt es die Sterne in vielfältiger Farbauswahl. Spannende Einblicke in die Produktion bietet die Schauwerkstatt des Unternehmens. www.herrnhuter-sterne.de

c/ Wohnmobilstellplatz am Dreiländereck in Zittau

ART: Wohnmobilstellplatz
ANZAHL DER PLÄTZE: 100
KOSTEN: Kategorie 1
BEZAHLUNG: bar

HAUSTIERE ERLAUBT: ja
RESERVIERUNG MÖGLICH: nein
BETRIEBSZEIT: ganzjährig
ADRESSE: Brückenstraße 23, 02763 Zittau
www.caravan-zittau.de

Der großen Platz ist zwar etwas schlicht, aber es ist alles da, was man braucht.

d/ Caravanstellplatz Ebersbach-Neugersdorf

ART: Wohnmobilstellplatz
ANZAHL DER PLÄTZE: 7
KOSTEN: Kategorie 1
BEZAHLUNG: bar

HAUSTIERE ERLAUBT: ja
RESERVIERUNG MÖGLICH: nein
BETRIEBSZEIT: April – Oktober
ADRESSE: Kottmarsdorfer Straße 1, 02730 Ebersbach-Neugersdorf

Für Wohnmobile ausgewiesener Bereich am Rand des Freibad-Parkplatzes, Nutzung von WC und Dusche im Freibad gegen Aufpreis möglich.

e/ Camping am Bauernhof in Neundorf

ART: Campingplatz
ANZAHL DER PLÄTZE: 60
KOSTEN: Kategorie 2
BEZAHLUNG: bar

HAUSTIERE ERLAUBT: ja
RESERVIERUNG MÖGLICH: ja
BETRIEBSZEIT: ganzjährig
ADRESSE: Burkersdorfer Straße 17, 02747 Herrnhut
www.camping-bauernhof-neundorf.de

Camping auf dem Bauernhof direkt neben der Kuhweide und am Fuße einer ehemaligen Mühle.

REISE
16

MOSELTAL

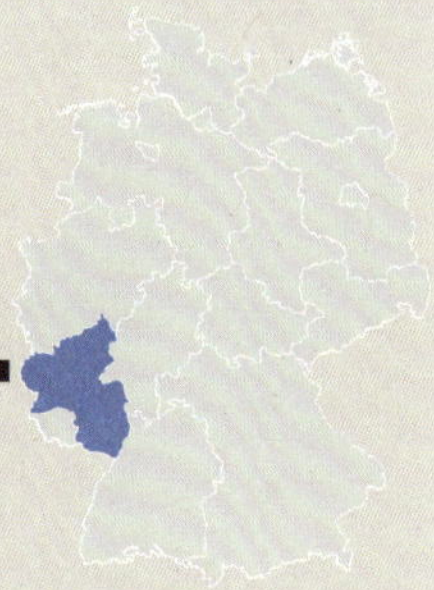

Auf Ihren knapp 200 Kilometern von der Staatsgrenze mit Luxemburg bis zur Mündung in den Rhein am Deutschen Eck in Koblenz hat die Mosel viel mehr zu bieten als nur Riesling.

★★	★★	★★	Rheinland-Pfalz

Die Mosel entspringt als „Moselle" am Col de Bussang in den südlichen französischen Vogesen und legt bis zu Mündung in den Rhein in Koblenz knapp 550 Kilometer zurück. Besonders reizvoll zeigen sich das mittlere und untere Moseltal hinter Trier. Hier windet sich der Fluss in weiten Schleifen durch ein tief eingeschnittenes Tal mit schroffen Felshängen und unendlichen Weinterrassen. Die zahlreichen Winzerorte, die sich wie an einer Perlenkette entlang der Ufer aufreihen, kombinieren Mittelalterromantik und Genuss in höchster Vollendung.

WANDERN IN WEIN UND WALD

Die steilen, sonnenverwöhnten Ufer und unterschiedliche Böden auf Schiefer, Ton oder Muschelkalk lassen an der Mosel saftige Trauben gedeihen, aus denen die Moselaner charakterstarke Weine zu kreieren wissen. Neben den Riesling-Fans haben inzwischen aber auch die Aktivtouristen den Reiz des Flusstals entdeckt, dass mit dem steten Wechsel von Wein und Wald eine grandiose Kulisse für vielfältige Wander- und Radtouren bietet.

Der Moselsteig, der als Weitwanderweg alle Highlights von der französischen Grenze bis zum Deutschen Eck in Koblenz verbindet, bildet das Rückgrat für ein mannigfaltiges Angebot an attraktiven Tagestouren. Garant für unkomplizierte und kurzweilige Wanderungen bzw. Spaziergänge entlang der Mosel mit weiten Ausblicken von den Weinbergterrassen sind die als Rundwege konzipierten Traumpfade und kürzeren Traumpfädchen. Abstecher von der Flusslandschaft durch die Wiesen und Wälder der Seitentäler in die angrenzende Mittelgebirgslandschaft von Eifel und Hunsrück erlauben die insgesamt 32 Moselsteig-Seitensprünge. Aber auch abseits der zertifizierten Premiumwege gibt es viel zu entdecken und oft wird das Angebot durch spannende Lehrpfade mit Stationen zu Natur und Kultur ergänzt.

ÜPPIGES STELLPLATZANGEBOT

Viele Gemeinden haben traumhafte Wohnmobilstellplätze in der ersten Reihe angelegt. So lässt sich in der Regel selbst während der Hochsaison (die durchaus

Rechts: Die zauberhafte Burg Eltz vereint 500 Jahre Baugeschichte.

TIPP
Ganz ohne Touristentrubel können Sie die Burg Eltz während der Wintermonate erleben, allerdings ohne Innenbesuch. Von November bis April ist die Burg geschlossen.

bis zur Weinlese im Herbst andauert) eine Übernachtungsmöglichkeit finden.

SCHLENDERN UND GENIESSEN

Die beschaulichen Moselorte laden zum gemütlichen Schlendern und Genießen in historischem Ambiente ein. Ob prächtige Fachwerkidylle in Bernkastel-Kues oder Jugendstilarchitektur in Traben-Trarbach: Der Wohlstand, den der Weinhandel gebracht hat, ist allgegenwärtig.

Während unten am Fluss die Winzerorte und Moselstädte zu begeistern wissen, erinnern oben auf den Moselhöhen die altehrwürdigen Gemäuer und Ruinen einst wehrhafter Burgen, Festungen und Schlösser an den Glanz längst vergangener Jahrhunderte. Die Ruine der Grevenburg oberhalb von Traben-Trarbach oder die Reichsburg, die weithin sichtbar auf einem Bergkegel über der historischen Altstadt von Cochem steht, sind nur zwei Beispiele, die sich als lohnendes Ziel für einen Ausflug anbieten.

1 BURG ELTZ

Wie ein Märchenschloss aus dem Bilderbuch thront Burg Eltz in einem engen Seitental der Mosel zwischen Koblenz und Cochem über dem steilen Schieferfels. Trotz ihrer strategisch wichtigen Lage an einem mittelalterlichen Handelsweg, der die Mosel mit der Eifel verband, wurde die Anlage nie erobert und zieht Besucher mit einem bunten Sammelsurium an Türmen, Giebeln und Erkern unweigerlich in ihren Bann. Vom Besucherparkplatz (Parkgebühr für Wohnmobile 8 Euro), gelangen Sie entweder über den Fahrweg oder etwas länger durch den Wald zur Burg, alternativ verkehrt alle 10 Minuten ein kostenpflichtiger Pendelbus.
www.burg-eltz.de

2 MOSELSCHLEIFE BREMM

Auf ihrem Weg von den französischen Vogesen bis zur Mündung in den Rhein dreht die Mosel so manche Schleife. Eine der wohl schönsten liegt bei Bremm.

TIPP
Belohnt wird der steile Aufstieg auf den Calmont-Klettersteig, der teils über Leitern und entlang von Stahlseilen führt, mit unvergesslich-traumhaften Ausblicken.

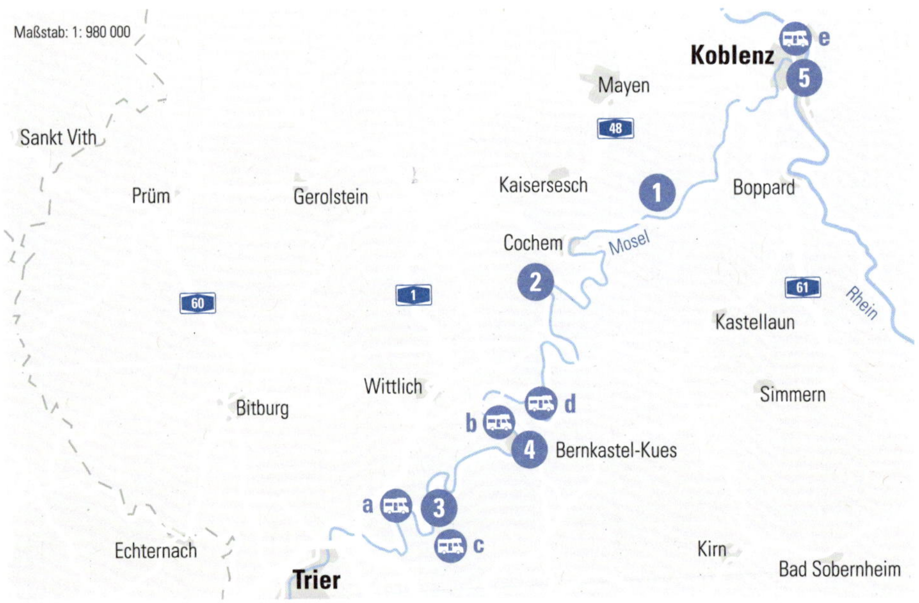

INFO
Mosellandtouristik GmbH
Kordelweg 1
54470 Bernkastel-Kues
Tel. (06531) 97330
www.visitmosel.de

Mit fast 380 Meter Höhe und einer Hangneigung von bis zu 65 Grad verdient sich der Bremmer Calmont den Superlativ als steilster Weinberg in Europa. Um den Aussichtspunkt am Gipfelkreuz zu erreichen, steuert man das Wohnmobil hinter Bremm die Landstraße 106 Richtung Beuren den Berg hinauf und biegt oben am Wegweiser „Römische Tempelanlage" rechts auf den Feldweg ab. Vom Parkplatz ist es dann noch ein einfacher 20-Minutenspaziergang durch Felder und Wald, bis sich zu Füßen ein fantastisches Panorama über die 180°-Moselschleife ausbreitet.

www.bremm-mosel.de

3 RÖMERWEINSCHIFF IN NEUMAGEN-DHRON

Die etwa auf halber Strecke zwischen Trier und Bernkastel-Kues am rechten Moselufer gelegene Gemeinde Neumagen-Dhron blickt auf rund 2 000 Jahre Geschichte zurück und bezeichnet sich stolz als ältesten Weinort Deutschlands. Einen eindrucksvollen Beleg für den Weinbau in der Antike liefert das berühmte Römerweinschiff. Im Zentrum von Neumagen-Dhron ist neben der Peterskapelle aus dem 14. Jahrhundert eine Replik des monumentalen, drei Meter langen Grabmals für einen Weinhändler in Form eines mit Fässern und Amphoren beladenen Mosel-Weinschiffs zu sehen. Das Original steht im Trierer Landesmuseum. Weitere Zeugen aus der Römerzeit lassen sich auf dem archäologischen Rundgang entlang der Grundmauern des einstigen Kastells entdecken.

www.neumagen-dhron.de

4 BERNKASTEL-KUES

An der Mittelmosel empfängt die Doppelgemeinde Bernkastel-Kues ihre Gäste mit verwinkelten Kopfsteinpflastergassen und schmucken Fachwerkhäusern aus dem 17. Jahrhundert. Besonders beliebte Fotomotive rund um den frühbarocken Marktplatz im Zentrum der historischen Altstadt sind das Rathaus aus dem Jahre 1608 im Stil der Spätrenaissance und das noch ältere Spitzhäuschen von 1416. Komplett wird der Mittelaltertraum durch die Burgruine Landshut, die hoch über den Dächern der Stadt oben auf einem Bergkegel am rechten Moselufer thront.

www.bernkastel.de

5 DEUTSCHES ECK KOBLENZ

Am Deutschen Eck in Koblenz schaut das gigantische Reiter-Bronzebild von Kaiser Wilhelm aus luftiger Höhe von über 35 Metern auf das Zusammentreffen von Mosel und Rhein. Von der Rheinpromenade schweben die Panoramakabinen der Seilbahn sanft über den Fluss hinauf zur Festung Ehrenbreitstein am gegenüberliegenden Ufer mit einer fantastischen Aussicht auf Koblenz.

www.koblenz-touristik.de

Von oben links: Ausblick auf die Moselschleife bei Bremm/ Die Doppelstadt Bernkastel-Kues bildet das charmante Herz der Mittelmosel./ Am Deutschen Eck in Koblenz trifft Mutter Mosel auf Vater Rhein./ Neumagen-Dhron empfängt seine Gäste mit Winzerhöfen und Bürger-häusern aus dem 18. Jahrhundert.

CAMPING- UND STELLPLATZ-TIPPS

MOSELTAL

a/ Reisemobilpark „Sonnenplatz" Klüsserath

Einfach gut und preiswert: Der weitläufige Platz auf einer gepflegten Wiese am Ufer mit Blick auf Mosel und Weinberge ist für Reisemobile aller Größen geeignet. In der Regel stehen selbst bei einer späten Ankunft am Nachmittag in der Hochsaison die Chancen auf einen freien Platz gut. Etwas ungünstig gelöst für einen Platz dieser Größe ist lediglich die Entsorgung. Die einzige V+E-Säule ist an der Zufahrt außerhalb des Geländes zu finden und mangels einer Bodenrinne ist zur Entsorgung des Grauwassers zwingend ein Schlauch erforderlich.

ART: Wohnmobilstellplatz
ANZAHL DER PLÄTZE: 350
KOSTEN: Kategorie 1
BEZAHLUNG: bar
AUSSTATTUNG:
HAUSTIERE ERLAUBT: ja

RESERVIERUNG MÖGLICH: nein
BETRIEBSZEIT: April–Nov.
ADRESSE: An der B53, 54340 Klüsserath

TIPP **OB PER KANU, AUF DEM STAND-UP-PADDLEBOARD** oder mit dem Ausflugsschiff - eine Bootstour gehört zu einem Mosel-Roadtrip einfach dazu. Auch wenn es sich bei der Mosel um die zweitwichtigste Schifffahrtsstraße nach dem Rhein handelt, geht es auf dem Wasser recht ruhig zu. Richtig eng wird es eigentlich nur, wenn sich gerade ein großer Frachtschiffverband durch einen engen Flussbogen zwängt. www.visitmosel.de/services/unterwegs-auf-dem-fluss

TIPP **DIE MOSELSCHIEFERSTRASSE** führt als gut 100 Kilometer langer Rundkurs von den steilen Weinbergen an der Mosel bis in die Vulkanlandschaften der östlichen Eifel. Namenspatron ist der in der Region abgebaute Schiefer, der über die Moselhäfen verschifft wurde. Mehr über den Schieferabbau erfährt man im Bergbaumuseum Deutsches Schieferbergwerk in Mayen. www.moselschiefer-strasse.de

b/ MoselCamping Bernkastel

Der freundliche Campingplatz etwa drei Kilometer vor den Toren des mittelalterlichen Städtchens Bernkastel-Kues punktet mit eigenem Swimming-Pool. Die Panoramaaussicht von den Sonnenliegen auf die Weinberge weiß ebenso zu begeistern wie die nagelneuen Sanitäranlagen mit großzügigen Duschen und Toiletten. Die Parzellen des geneigten, aber terrassierten Geländes sind ausreichend bemessen und der Platz wird nur durch den Moselradweg vom Ufer getrennt.

ART: Campingplatz
ANZAHL DER PLÄTZE: 135
KOSTEN: Kategorie 3
BEZAHLUNG: bar/EC-Kreditkarte
AUSSTATTUNG:

HAUSTIERE ERLAUBT: ja (€)
RESERVIERUNG MÖGLICH: ja
BETRIEBSZEIT: April–Oktober
ADRESSE: Hauptstraße 165, 54470 Bernkastel-Kues
www.mosel-camping-bernkastel.de

TIPP **DON'T DRINK AND DRIVE:** Wer direkt beim Winzer übernachtet, schlägt zwei Fliegen mit einer Klappe. Weingüter mit Stellplätzen u.a.: www.weingut-feiten.de, www.bohn-leimbrock.de, www.oster-franzen.de.

c/ Stellplatz Marina Mittelmosel

ART: Wohnmobilstellplatz
ANZAHL DER PLÄTZE: 60
KOSTEN: Kategorie 2
BEZAHLUNG: bar/EC-Kreditkarte

HAUSTIERE ERLAUBT: ja (€)
RESERVIERUNG MÖGLICH: nein
BETRIEBSZEIT: März–Nov.
ADRESSE: Moselstraße 21, 54347 Neumagen-Dhron
www.marina-mittelmosel.de

Gut ausgestatteter, aber nicht ganz preiswerter Platz an einer Marina in Gehweite zum historischen Ortszentrum.

d/ Moselcampingplatz Rissbach

ART: Campingplatz
ANZAHL DER PLÄTZE: 93
KOSTEN: Kategorie 3
BEZAHLUNG: bar/EC-Kreditkarte

HAUSTIERE ERLAUBT: ja
RESERVIERUNG MÖGLICH: ja
BETRIEBSZEIT: ganzjährig
ADRESSE: Rissbacherstr. 155, 56841 Traben-Trarbach
www.mosel-camping-platz.de

Familiärer Campingplatz mit kleinem Schwimmbecken und großem Programmangebot (u. a. geführte Wanderungen, Weinverkostungen und Bananaboat-Fahrten).

e/ Knaus Campingpark Rhein-Mosel

ART: Campingplatz/Stellplatz am Campingplatz
ANZAHL DER PLÄTZE: 175/10
KOSTEN: Kategorie 2/3
BEZAHLUNG: bar/EC-Karte

HAUSTIERE ERLAUBT: ja (€)
RESERVIERUNG MÖGLICH: ja
BETRIEBSZEIT: ganzjährig
ADRESSE: Schartwiesenweg 6, 56070 Koblenz
www.knauscamp.de

Großer Campingplatz mit Blick aufs Deutsche Eck und zehn Stellplätzen vor der Schranke.

REISE

17

FRÄNKISCHES WEINLAND

Lukullische Genüsse, hochkarätige Kulturschätze und eine Natur, die zum Radeln, Wandern und Paddeln einlädt – das Fränkische Weinland geizt nicht mit attraktiven Urlaubsangeboten.

★★	★★★	★★★	Bayern

Wie an einer Perlenkette reihen sich die schmucken Dörfer und historischen Altstädte mit ihren malerischen Fachwerkhäusern und prächtigen Marktplätzen am Mainufer auf einer Reise von West nach Ost auf und ziehen Besucher mit viel altertümlichem Charme in ihren Bann. Das Fränkische Weinland ist reich an Kultur und Geschichte. Neben der UNESCO-Weltkulturerbestadt Würzburg und Schweinfurt mit Museum Georg Schäfer und Kunsthalle will so manches kulturelles Kleinod entdeckt werden. Das Knauf Museum Iphofen mit seiner bedeutenden Reliefsammlung zum Beispiel oder das Kirchenburgmuseum Mönchsondheim, das einen authentischen Blick auf das einstige Leben und Arbeiten in einem mainfränkischen Dorf ermöglicht.

REGION FÜR GENIESSER

Das Fränkische Weinland, eingebettet zwischen Spessart, Rhön und Steigerwald, ist zwar nicht das größte Weinanbaugebiet in Deutschland, aber eines der bedeutendsten. An den Steilhängen über dem Main reifen edle Spitzenweine, die auch unter internationalen Weinkennern einen guten Ruf genießen.

Die bekannteste Rebsorte ist der Silvaner, aber auch Bacchus und Müller-Thurgau sind wahre Franken-Klassiker. Markenzeichen des hiesigen Weins ist der Bocksbeutel mit seiner charakteristischen bauchigen Flaschenform. Ob Wanderung durch die Weinberge oder Weinprobe beim Winzer, der Rebensaft ist allgegenwärtig. Möglichkeiten zum Kosten der trockenen Weißweine und Probieren der regionalen Küche gibt es in Hülle und Fülle, sei es in einer der saisonal geöffneten urigen Heckenwirtschaften, einem traditionellen Gasthaus oder einer edlen Weinstube.

PARADIES FÜR AKTIVURLAUBER

Ob zu Fuß, mit dem Rad oder beim Stand-up-Paddeln: Die liebliche Landschaft mit den steilen Weinhängen, zwischen denen sich der Main dahinschlängelt, und die zahlreichen ruhigen Dörfer und historischen Städte bilden eine grandiose Kulisse für die unterschiedlichsten Outdooraktivitäten.

Mit dem MainRadweg, der seit Jahren einen der vordersten Plätze in der ADFC-Radreiseanalyse einheimst, führt einer der beliebtesten Fernradweg Deutschlands durch die Region. Er bietet sich für entspanntes Radeln ohne große Steigungen an, mit einem E-Bike verlieren aber auch die Abstecher in die Weinberge ihren Schrecken.

Eine gute Wahl, um die Region per Pedes zu erkunden und dabei gleichzeitig etwas über die Besonderheiten des Weinbaus zu erfahren, bieten Ihnen die über 30 ausgeschilderten „Wege zum Wein", die mit herrlichen Ausblicken durch die Weinberge zu Naturdenkmalen und Sehenswürdigkeiten führen.

Aus einer ungewohnten Perspektive können Sie das Fränkische Weinland beim Kanuwandern oder Stand-up-Paddeln kennenlernen. Die Gemeinden sind auf Bootsfahrende eingestellt und haben komfortable Ein- und Ausstiegsstellen angelegt. Sie sind mit einer Gelben Welle gekennzeichnet und weithin sichtbar, so dass man ohne Probleme anlegen kann, um an Land zu gehen. Für eine Tagestour besonders zu empfehlen ist die zauberhafte Volkacher Mainschleife.

Ein Ausflug lohnt sich unbedingt auch in den kleinen, pittoresken Künstlerort Sommerhausen auf dem Weg von Würzburg nach Ochsenfurt. Hier findet in der Weihnachtszeit ein besonderer Adventsmarkt mit Kunst und Gewerbe statt. So öffnen Höfe, Privathäuser und Gewölbekeller ihre Tore und laden zum vorweihnachtlichen Schlendern ein.

Oben: Hoch über den Weinbergen thront in der fränkischen Residenzstadt Würzburg die Festung Marienberg über dem Main.

1 WÜRZBURG

Mit seinen hochkarätigen Sehenswürdigkeiten wie der Festung Marienberg und dem Kiliansdom ist Würzburg ohne Frage der Star in der Region. Eine besondere Perle ist die fürstbischöfliche Residenz. Sie ist der Inbegriff des europäischen Barocks, mit dem sich der Baumeister Balthasar Neumann, der Stuckateur Antonio Bossi und der Freskenmaler Giovanni Battista Tiepolo ein Denkmal gesetzt haben. Einen schönen Blick auf die historische Bausubstanz von Würzburg bietet sich von der Alten Mainbrücke und dank Weinausschank können Sie das Panorama sogar noch mit einem Schoppen Silvaner in der Hand veredeln.

www.residenz-wuerzburg.de

2 MAINSCHLEIFE BEI VOLKACH

In Volkach beginnt der alte Main einen weiten Bogen um einen Berg herumzuschlagen und schlängelt sich durch die Weinberge. Die über 1 100 Jahre alte Weinstadt selbst lockt mit einem breiten kulinarischen Angebot inmitten der malerischen Altstadt und bietet alle Facetten der fränkischen Küche von traditionell bis modern. Zu den kulturellen Sehenswürdigkeiten zählen das Renaissance-Rathaus am Marktplatz, das barocke Schelfenhaus sowie die Wallfahrtskirche „Maria im Weingarten" mit Riemenschneider-Madonna vor den Toren der Stadt.

www.volkach.de

3 SOMMERACH

Prächtig herausgeputzt mit schmucken Fachwerkhäusern und imposanten Barockbauten liegt Sommerach am südlichen Ausgang der Volkacher Mainschleife. Der Weinbau hat hier eine lange Tradition und bereits 1901 schlossen sich Sommeracher Winzerfamilien zur ersten Genossenschaft in Franken zusammen. Die Vinothek „Weinreich" etwa ist mit Winzerkeller, Weinschule und Sommerbar der ideale Treffpunkt für alle Freunde des

INFO

Fränkisches Weinland Tourismus GmbH
Turmgasse 11, 97070 Würzburg
Tel. (0931) 372335
www.fraenkisches-weinland.de

Rebensafts. Ausgeschenkt werden neben einem großen Sortiment an Weiß- und Rotweinen auch Spezialitäten wie Gewürztraminer sowie Brände, Likör und Sekt. Auch fachkundige Führungen durch Weinberge werden angeboten.
www.sommerach.de

4 KITZINGEN

Die traditionsreiche Weinstadt Kitzingen ist eine der ältesten Städte Unterfrankens. 1482 wurde hier das älteste deutsche Weingesetz erlassen. Die Altstadt wird geprägt von Fachwerkhäusern, dem Renaissance-Rathaus und den zahlreichen Türmen. Am auffälligsten und bekanntesten ist der Falterturm mit seiner schiefen Haube. Hier ist das Fastnachtmuseum zu Hause, das die historische Entwicklung des Karnevals dokumentiert. Am gegenüberliegenden Ufer, im Stadtteil Etwashausen, ist die berühmte Kreuzkapelle von Balthasar Neumann zu finden.
www.stadt-kitzingen.de

5 OCHSENFURT

In der Altstadt, die von einer nahezu vollständig erhaltenen Befestigungsanlage samt Stadttoren und Türmen umgeben ist, reiht sich ein Fachwerkhaus an das nächste. Museumsfreunde können für das Trachtenmuseum, das Heimatmuseum, das Feuerwehrmuseum, das Triasmuseum in Kleinochsenfurt sowie das Kartäusermuseum im Stadtteil Tückelhausen einen ganzen Tag einplanen.
www.ochsenfurt.de

TIPP
Zwischen April und November locken unzählige Weinfeste in verschiedenen Orten, vom beschaulichen Hofschoppen bis zum großen Straßenweinfest.

Oben: Die Mainpromenade auf dem ehemaligen Landesgartenschaugelände bietet einen schönen Blick auf die Altstadt von Kitzingen. Unten, von links: Die charmanten Fachwerkhäuser von Ochsenfurt verzaubern mit ihrem historischen Flair./ Fränkisches „Kulturgut" der Bocksbeutel. Hier an einer Gaststätte in Volkach dem Herzstück des Fränkischen Weinlands./ Kunstvolle Schnitzerei an einem Fachwerkhaus in der Karlstädter Maingasse.

CAMPING- UND STELLPLATZ-TIPPS

FRÄNKISCHES WEINLAND

TIPP **BEI EINHEIMISCHEN UND TOURISTEN** gleichermaßen beliebt, um in geselliger Runde auf das gute Leben anzustoßen, sind die sogenannten Heckenwirtschaften, an denen die Winzer saisonal ihren eigenen Wein ausschenken dürfen und dazu bodenständige Hausmannskost servieren. Kehren Sie ein und lernen Sie die fränkische Lebensfreude kennen.

a/ Stellplatz an den Mainwiesen in Marktbreit

Ruhiger, naturnaher Platz direkt am Main mit vielen Freizeitmöglichkeiten von Boule über Beachvolleyball bis zur Badestelle mit großer Liegewiese. Kinder dürfen sich außerdem auf dem Spielplatz austoben und falls die Küchenzeile im Mobil kalt bleiben soll, kümmert sich die Pizzeria um das leibliche Wohl. Die hübsche Altstadt ist in wenigen Minuten fußläufig erreichbar und der großzügig angelegte Platz ist für Fahrzeuge mit einer Länge von bis zu 12 Metern ausgelegt. Das Preis-Leistungs-Verhältnis ist top, aber ausreichend Kleingeld nicht vergessen, denn der Ticketautomat nimmt nur Münzen.

ART: Wohnmobilstellplatz
ANZAHL DER PLÄTZE: 18
KOSTEN: Kategorie 1
BEZAHLUNG: bar
AUSSTATTUNG:
HAUSTIERE ERLAUBT: ja

RESERVIERUNG MÖGLICH: nein
BETRIEBSZEIT: ganzjährig
ADRESSE: Marktstefter Straße 1,97340 Marktbreit
www.marktbreit.de/index.php?id=119

TIPP **DIE VOLKACHER MAINSCHLEIFENTOUR** ist eine 35 Kilometer lange Radrunde, bei der nicht nur Weingenießer auf ihre Kosten kommen. Vom Wohnmobilstellplatz in Volkach geht es über die Brücke ans gegenüberliegende Ufer und durch die Weinberge hinauf nach Neuses am Berg. Anschließend führen die Markierungen an der Wallfahrtskirche Maria im Sand vorbei zurück zum Ausgangspunkt.

b/ Wohnmobilstellplatz Kitzingen

Naturnaher, langgestreckter Platz entlang des Mainufers, sodass man fast von jedem Stellplatz das Geschehen auf dem Wasser im Blick hat. Aufgrund der guten Ausstattung sowie der Nähe zur historischen Altstadt (knapp zehn Minuten zu Fuß) erfreut sich der Platz großer Beliebtheit, sodass es im Sommer trotz des großen Platzangebots schwer werden kann, einen freien Stellplatz zu ergattern. Unter der Nordbrücke warten ein Empfangspavillon mit Informationsmaterial und eine Büchertauschecke, von Mai bis September veranstaltet das regionale Weingut kostenlose Weinproben. Die maximale Aufenthaltsdauer ist auf drei Tage beschränkt.

ART: Wohnmobilstellplatz
ANZAHL DER PLÄTZE: 70
KOSTEN: Kategorie 1
BEZAHLUNG: bar / EC-Kreditkarte
AUSSTATTUNG:

HAUSTIERE ERLAUBT: ja
RESERVIERUNG MÖGLICH: nein
BETRIEBSZEIT: ganzjährig (November–März V+E eingeschränkt)
ADRESSE: Bleichwasen, 97318 Kitzingen
www.kitzingen.info

TIPP **UM DIE CAMPERROMANTIK** ist es während der Sommermonate an den beliebten Urlaubszielen oft nicht gut bestellt und die große Nachfrage treibt die Übernachtungspreise auf den Campingplätzen in die Höhe. Wer auf die Nebensaison im „Goldenen Herbst" ausweicht, spart nicht nur bares Geld, sondern findet auch spontan noch einen Stellplatz.

c/ Stellplatz am Güßgraben

ART: Wohnmobilstellplatz
ANZAHL DER PLÄTZE: 5
KOSTEN: kostenlos mit Parkscheibe
HAUSTIERE ERLAUBT: ja
RESERVIERUNG MÖGLICH: nein
BETRIEBSZEIT: ganzjährig
ADRESSE: Am Güßgraben, 97209 Veitshöchheim
www.tourismus-veitshoechheim.de/ankommen-wohlfuehlen/uebernachten/wohnmobilstellplatz

Gebührenfreier Platz ohne Serviceeinrichtungen, aber mit Blick auf den Main. Und fußläufig liegt der berühmte Rokokogarten. Maximaler Aufenthalt 24 Stunden.

d/ Stellplatz am Fähranleger

ART: Wohnmobilstellplatz
ANZAHL DER PLÄTZE: 60
KOSTEN: Kategorie 1
BEZAHLUNG: bar

HAUSTIERE ERLAUBT: ja
RESERVIERUNG MÖGLICH: nein
BETRIEBSZEIT: ganzjährig
ADRESSE: Albertshöfer Straße 16, 97320 Mainstockheim
www.mainstockheim.de

Klassischer, einfacher Stellplatz am Mainufer. Falls komplett belegt, kann man mit der Fähre ans gegenüber liegende Ufer übersetzen, wo es einen weiteren Stellplatz gibt.

e/ Stellplatz Friedensbrücke Würzburg

ART: Wohnmobilstellplatz
ANZAHL DER PLÄTZE: 8
KOSTEN: Kategorie 1
BEZAHLUNG: bar / EC-Kreditkarte

HAUSTIERE ERLAUBT: ja
RESERVIERUNG MÖGLICH: nein
BETRIEBSZEIT: ganzjährig
ADRESSE: Dreikronenstraße 2, 97082 Würzburg
www.wvv-parken.de

Großer zentrumsnaher Parkplatz mit Schranke, in der vorderen Uferreihe sind explizit acht Plätze mit Stromanschluss für Wohnmobile ausgewiesen.

REISE

18

BAYERISCHER WALD

Auf der Suche nach ruhigem Wald, vielfältigen Wandertouren von gemütlich bis anspruchsvoll und jeder Menge toller Camping- und Stellplätze mit Aussicht? Dann auf in den Bayerischen Wald!

★★★	★★	★★★	Bayern

Der Bayerische Wald ist ein etwa 100 Kilometer langes Mittelgebirge im Osten des Freistaats und wird aus zwei parallel zueinander verlaufenden Bergketten gebildet. Der Vordere Wald erstreckt sich im Süden bis zur Donau hin und erreicht Höhen von 1 000 Metern. Nördlich schließt sich der Hintere Bayerische Wald an, dessen Gipfel über 1 300 Meter aufragen.

Im Süden dehnt sich der Bayerische Wald bis zur Donau aus. Im Nordwesten geht er in den Oberpfälzer Wald und im Nordosten an der Grenze zu Tschechien in den Böhmerwald über. Zusammen mit seinen Nachbarn bildet er das größte zusammenhängende Waldgebiet in Mitteleuropa, das bis ins 9. Jahrhundert unwirtlich und nahezu unbesiedelt war.

ZURÜCK ZUM URWALD

Zum Schutz des durch die einstmals intensive Nutzung geschädigten Waldes wurde 1970 nach dem Vorbild des Yellowstone-Nationalparks in den USA in der Region um die Gipfel von Rachel und Lusen der Nationalpark Bayerischer Wald als erster Nationalpark Deutschlands gegründet. So kann hier die Natur seit über 50 Jahren wieder Natur sein und es hat sich eine wilde Waldlandschaft entwickelt, die in Deutschland ihres Gleichen sucht.

Ob einfach nur Natur genießen oder sie aktiv erleben, der Bayerische Wald bietet viele Möglichkeiten den Urlaub zu gestalten. Im Sommer locken gut markierte Rad- und Wanderwege zu Ausflügen ins Grüne, im Winter können Skifahrer und Snowboarder zwischen neun Wintersportgebieten und rund 2 000 Loipenkilometern wählen.

WILLKOMMEN IM DRACHENLAND

Weit über die Grenzen Bayerns hinaus bekannt ist der Further Drachenstich. Er gilt als ältestes Volksschauspiel Deutschlands, welches seit dem Mittelalter aufgeführt wird und die ewige Geschichte vom Kampf Gut gegen Böse erzählt. Hauptdarsteller ist seit 2010 der in einer Kooperation aus Hollywood-Spezialisten und Roboter-Experten entwickelte High-Tech-Drache „Tradinno". Er gilt als größter Schreitroboter der Welt. Im Anschluss

Rechts: Das Baumei bei Neuschönau eröffnet einzigartige Ausblicke auf die Waldwildnis im ältesten und größten Nationalparks Deutschlands.

TIPP
Mit der GUTi-Gästekarte (Gästeservice Umwelt-Ticket), ist die Nutzung der Busse und Bahnen im Bayerischen Wald kostenlos. Fragen Sie beim Campingplatz nach.

an das jährlich im August stattfindende Spektakel zieht sich das 5 Meter hohe und 16 Meter lange Ungetüm in seine Drachenhöhle zurück, wo Tradinno von April bis Oktober Jahres bestaunt werden kann.

Bei gutem Wetter lohnt sich auch der Aufstieg auf den Stadtturm von Furth, wo der Blick über die Dächer der Stadt bis zum Drachensee reicht, einem rund 175 Hektar großen Stausee des Flusses Chamb nordöstlich der Stadt mit schönen Wanderwegen.

GLASKUNST

Erlebbar wird die über 700-jährige Glastradition der Region auf der rund 250 Kilometer langen Glasstraße durch den Oberfälzer Wald und den Bayerischen Wald. Sie führt zu Glashütten, Museen und Künstlerateliers, wo Sie mehr über das traditionelle Handwerk des Glasmachens erfahren, den Profis beim Glasblasen über die Schulter schauen oder sich selbst daran versuchen können.

1 BAUMWIPFELPFAD IM NATIONALPARK BAYERISCHER WALD

Zu den absoluten Höhepunkten im Bayerischen Wald zählt im wahrsten Sinne des Wortes der Baumwipfelpfad bei Neuschönau am Nationalparkzentrum Lusen. Er ist einer der längsten seiner Art und ermöglicht einen rund 1,3 Kilometer langen Waldspaziergang der ganz besonderen Art. Auf Augenhöhe mit den Wipfeln von Tannen, Fichten und Buchen präsentiert sich der Lebensraum Wald aus einer unbekannten Perspektive und oben auf der Aussichtsplattform in luftiger Höhe von 44 Metern angekommen, eröffnet sich ein fantastischer Ausblick.

www.baumwipfelpfade.de, www.nationalpark-bayerischer-wald.bayern.de

2 RACHELSEE

Der Rachelsee im Herzen des Nationalparks ist der einzige natürliche See und bietet neben viel frischer Waldluft auch das ganz große Naturkino, wenn die spie-

Rechts, von oben links: Am Großen Arber bieten sich wunderschöne Panoramen auf die Mittelgebirgslandschaft in Bayerns Südosten./ Im Joska Glasparadies können die Eltern schlendernd Glaskunstwerke bewundern, während die Kids ihr eigenes Glas blasen oder sich auf dem Abenteuerspielplatz austoben./ Dank Arber-Bergbahn lässt sich der Gipfel des Bayerischen Waldes einfach erreichen./ Am Ende der Wanderung zum Rachelsee lädt die Racheldiensthütte zu einer zünftigen Brotzeit./ Rund um das Glasmuseum in Frauenau laden die „Gläsernen Gärten" zu einem Spaziergang ein.

TIPP
Die geballte Ladung an Hintergrundwissen über die Welt der Drachen und Drachentöter gibt es im ersten Deutschen Drachenmuseum im Landestormuseum.

INFO

Tourismusverband Ostbayern e. V.
Im Gewerbepark D 04
93059 Regensburg
Tel. (0941) 585390
www.bayerischer-wald.de

gelglatte Wasserfläche bei Windstille die Bäume ringsum Kopf stehen lässt. Für die kurzweilige Wanderung von der Racheldiensthütte (Markierung: Buntspecht) parken Sie das Wohnmobil am besten auf dem großzügigen Parkplatz an der Nationalparkinfostelle in Spiegelau (die Straße zum Ausgangspunkt der Wanderung ist im Sommer für private Fahrzeuge verboten) und nehmen den Igelbus, so der Name der Buslinien im Nationalpark, mit denen man von Mai bis Ende Oktober problemlos alle wichtigen Stationen rund um die Nationalparkzentren Lusen und Falkenstein erreicht. Auf dem Rückweg zur Haltestelle des Wanderbusses lohnt sich erst der kurze Abstecher zur Felsenkanzel und dann eine zünftige bayerische Brotzeit auf der sonnigen Terrasse der Racheldiensthütte.

www.ferienregion-nationalpark.de

3 GROSSER ARBER

Der Große Arber ist der König des Bayerischen Waldes und erhebt sich mit seinen 1 456 Metern majestätisch über die Landschaft. Vom Gipfelkreuz reicht der Blick bis tief hinein in den Böhmerwald. Wenn das Wetter mitspielt, lassen sich am Horizont sogar die Alpen ausmachen. Hinauf geht es bequem mit der Seilbahn und von der Bergstation sind es nur noch 76 Höhenmeter bis zum Gipfel. Wenn Sie schon mal dort sind, sollten Sie den Rundwanderweg nicht versäumen, der in etwa einer Stunde mit schönen Weitblicken einmal rund um das Arbergipfelplateau mit Großem Seeriegel (1 460 Meter), Kleinem Seeriegel (1 438 Meter) sowie dem Bodenmaiser Riegel (1 447 Meter) führt.

www.arber.de

4 FRAUENAU

Die Gemeinde Frauenau am Fuß des Großen Rachel (1 453 m) gilt als das gläserne Herz des Bayerischen Waldes und blickt auf eine lange Tradition der Glasherstellung zurück. An der Hauptstraße informiert das moderne Glasmuseum über die Arbeit der Glasbläser und nach der Stärkung in der Cafeteria locken die „Gläsernen Gärten" mit 27 eindrucksvollen Glasskulpturen zu einem etwa drei Kilometer langen Spaziergang.

www.frauenau.de

5 JOSKA GLASPARADIES

Das Joska Glasparadies in Bodenmais bietet eine kurzweilige Kombination aus Glaskunst in allen Facetten vom eleganten Weinglas bis zum Kronleuchter sowie mehreren Restaurants und vielfältigen Vergnügungsangeboten für die ganze Familie. Während der Öffnungszeiten stehen ausreichend große Parkplätze bereit. Nach 18 Uhr können Reisemobile auf dem befestigten Parkplatz direkt vor der Einfahrt kostenlos übernachten.

www.joska.com

BAYERISCHER WALD

TIPP **DER REGEN IST DER BEKANNTESTE FLUSS DES BAYERISCHEN WALDES** und unterhalb der Staumauer am Ende des Blaibacher Sees beginnt ein 120 Kilometer langer Wasserwanderweg. Für die gesamte Strecke bis Regensburg bräuchte man gut eine Woche, einer der schönsten Tagestouren ist die Urleiten-Strecke von Blaibach nach Cham.

a/ Stellplatz Natur pur Bayerwald

Der ruhig gelegene Stellplatz in einem Vorort von Waldkirchen auf einer Terrasse am Hang begeistert mit einem phänomenalen Blick ins Tal. Jeder Stellplatz umfasst eine geschotterte Fläche fürs Fahrzeug sowie einen Rasenbereich zum Sitzen. Trotz der abgeschiedenen Lage dürfen Sie sich am Morgen über frische Brötchen freuen, denn der Bäcker kommt am Stellplatz vorbei. Der Platzbetreiber verkauft auch gekühlte Getränke und hat viele tolle Tipps für Wanderungen und Ausflüge in der Umgebung parat. Bei hochsommerlichen Temperaturen bietet die Natur-Kneipp-Stelle in etwa 500 Metern Entfernung eine willkommene Abkühlung.

ART: Wohnmobilstellplatz
ANZAHL DER PLÄTZE: 9
KOSTEN: Kategorie 1
BEZAHLUNG: bar
AUSSTATTUNG:

HAUSTIERE ERLAUBT: ja
RESERVIERUNG MÖGLICH: nein
BETRIEBSZEIT: ganzjährig
ADRESSE: Oberhöhenstetten 37, 94065 Waldkirchen

TIPP **DAS TIERFREIGELÄNDE AM NATIONALPARKZENTRUM LUSEN** bietet auf einer Fläche von etwa 250 Hektar die Möglichkeit, circa 45 heimische Tierarten, darunter auch Bären und Luchse, in ihrem natürlichen Lebensraum zu erleben. Der eiförmige Aussichtsturm des Baumwipfelpfads liegt auch in dem Nationalpark.

b/ Campingresort Bodenmais

Das luxuriöse Camping-Resort Bodenmais am Südhang des Großen Arber lässt keine Wünsche offen und bietet optimale Voraussetzungen für einen erholsamen Urlaub. Die insgesamt 139 Parzellen sind terrassenförmig angelegt und in unterschiedlichen Größen vom circa 80 Quadratmeter großen Standard- bis zum mehr als doppelt so großen Deluxe-Platz verfügbar. Strom- und TV-Anschluss wie auch Frischwasserver- und Abwasserentsorgung gibt es an jedem Platz. Dank der Ausrichtung des Platzes nach Südosten können Sie von vielen Plätzen live miterleben, wie abends die Sonne farbenfroh über den Baumwipfeln am Horizont versinkt.

ART: Campingplatz
ANZAHL DER PLÄTZE: 145
KOSTEN: Kategorie 3
BEZAHLUNG: bar / EC-Kredit-karte/Sonstiges
AUSSTATTUNG:

HAUSTIERE ERLAUBT: ja (€)
RESERVIERUNG MÖGLICH: ja
BETRIEBSZEIT: Dezember–Oktober
ADRESSE: Regener Str. 45, 94249 Bodenmais
www.campingresort-bodenmais.de

TIPP **EINE KLEINE, LEICHTE STIRNLAMPE** ist als Ergänzung zu der meist umfangreichen Beleuchtung eines Wohnmobils sehr zu empfehlen. Ob beim Lesen vor dem Wohnmobil oder beim nächtlichen Gang zur Toilette über den nur spärlich beleuchteten Campingplatz.

c/ Wohnmobilstellplatz am Kur-Erlebnispark

ART: Wohnmobilstellplatz
ANZAHL DER PLÄTZE: 18
KOSTEN: Kategorie 1
BEZAHLUNG: bar/EC-Kredit-karte

HAUSTIERE ERLAUBT: ja
RESERVIERUNG MÖGLICH: nein
BETRIEBSZEIT: ganzjährig (Sperrung während des Grafenauer Volksfestes Ende Juni/Anfang Juli)
ADRESSE: Freyunger Straße am P9, 94481 Grafenau
www.grafenau.de

Großzügiger Stellplatz auch für Mobile über 8 Meter am Kurpark mit Kneippanlage, Freibad, Minigolfanlage und Abenteuerspielplatz.

d/ Wohnmobilstellplatz am Kanuclub Cham

ART: Campingplatz
ANZAHL DER PLÄTZE: 10
KOSTEN: Kategorie 1
BEZAHLUNG: bar/EC-Kredit-karte/Sonstiges

HAUSTIERE ERLAUBT: ja
RESERVIERUNG MÖGLICH: nein
BETRIEBSZEIT: April–Oktober
ADRESSE: Badstraße 31, 93413 Cham
www.kc-cham.de

Zelt- und Wohnmobilstellplatz beim gastfreundlichen Kanusportverein Graf Luckner in Cham.

e/ Stellplatz Perlesreut

ART: Wohnmobilstellplatz
ANZAHL DER PLÄTZE: 4
KOSTEN: kostenlos

(gegen Gebühr)
HAUSTIERE ERLAUBT: ja
RESERVIERUNG MÖGLICH: nein
BETRIEBSZEIT: ganzjährig
ADRESSE: Friedhofstraße 3a, 94157 Perlesreut

Ruhiger, kostenloser Stellplatz beim Friedhof am Ortsrand von Perlesreut.

REISE

19

SCHWÄBISCHE ALB

Die Entdeckungsreise durch die Schwäbische Alb führt zu imposanten Schlössern, ausgedehnten Wachholderheiden und gemütlichen Fachwerkstädtchen und unter der bizarren Karstlandschaft laden spannende Höhlen zu einer Besichtigung ein.

★★★	★★★	★★★	Baden-Württemberg

Die Schwäbische Alb ist natürlich schön und empfängt Wohnmobilisten mit einem einzigartigen Potpourri aus bizarren Felsen, dichtem Wald und würzig duftenden Wachholderheiden als Ergebnis der traditionsreichen Wanderschäferei. Eingebettet in die raue und zugleich liebliche Landschaft warten gastfreundliche, ruhige Albdörfer oder kleine Städtchen mit buntem Fachwerk und historischen Fassaden sowie traumhafte Burgen, die mit ihren Zinnen und Türmen einem Märchenbuch entstiegen zu sein scheinen. Dazu gesellen sich geheimnisvolle Höhlen in Hülle und Fülle und last but not least das köstliche Essen – seien es Spätzle, Maultaschen oder Flammkuchen, um nur die bekanntesten Klassiker der regionalen Küche zu nennen. Gute Gründe für eine Wohnmobilreise auf die Schwäbische Alb gibt es also mehr als genug und unvergessliche Erlebnisse sind garantiert.

UNTERWEGS IM JURAMEER

Das einzigartige Mittelgebirge südlich von Stuttgart erstreckt sich vom Schwarzwald bis nach Bayern und wird von Neckar und Donau, die sich wie zwei Arme um das Mittelgebirge legen, begrenzt. Im Zentrum steht eine zerklüftete Hochebene mit sanften Hügeln, Senken und üppigen Wäldern. Nach Südosten flacht die Landschaft gemächlich zur Donau hin ab, im Nordwesten markiert die jähe, steile und rund 200 Kilometer lange Abbruchkante des Albtraufs den Übergang zum tiefergelegenen Vorland.

Die markanten und für die Urlaubsregion so typischen Kalksteinfelsformationen sind das fossile Erbe der urzeitlichen Muschel- und Korallenriffe am Grund eines tropischen Meeres in der Jura-Periode vor rund 200 Millionen Jahren. Über die Jahrmillionen wurde das Kalkgestein von Wasser und Wetter geformt. Aus geologischer Sicht zählt die Karstlandschaft mit ihren unzähligen Höhlen, die den Untergrund der Schwäbischen Alb wie einen Schweizer Käse durchlöchern, zu den interessantesten Regionen Europas, was der Schwäbischen Alb zum seltenen Titel eines UNESCO Global Geoparks verholfen hat. Viele der Höhlen können Sie auch besichtigen.

EINE REGION ERWACHT

In Kombination mit dem Schutzstatus als UNESCO-Biosphärenreservat ist die Region, die im Vergleich zum benachbarten Touristenmagneten Schwarzwald fast schon ein Schattendasein fristete, mittlerweile aus ihrem Dornröschenschlaf erwacht und bietet mit einem sanften, nachhaltigen Tourismusangebot beste Voraussetzungen für individuelle Entdeckungen mit dem Wohnmobil.

Genießen Sie etwa die einstündige Panoramafahrt mit dem Blautopfbähnle (an Freitagen, Wochenenden und Feiertagen von April bis Oktober), die durch die Gassen der Altstadt und durch das Landschaftsschutzgebiet Ried bis auf den Hausberg Rucken mit tollem Blick über die Dächer von Blaubeuren führt. Neben Hobby-Höhlenforschern kommen auch Naturliebhaber und Kulturinteressierte voll auf ihre Kosten, denn die liebliche Landschaft lässt sich hervorragend zu Fuß oder mit dem Fahrrad erkunden. Zahlreiche gut ausgeschilderte Wander- und Radwege schlängeln sich durch die Hügel und Wälder und bieten unterwegs immer wieder herrliche Ausblicke.

Wer sein Reisemobil in die traditionsreiche Kulturlandschaft im Südwesten Deutschlands steuert, wird von der landschaftlichen Schönheit und Vielfalt der Region begeistert sein, egal ob zum Wandern, Radfahren, Klettern, Kulturerleben oder einfach nur Naturgenießen.

Oben: Stolz erhebt sich die von Türmen und Zinnen gekrönte Burg Hohenzollern über der Schwäbischen Alb.

TIPP
Nehmen Sie unbedingt einen warmen Pullover mit, denn auch im Sommer beträgt die Temperatur in den Höhlen nur konstant 8 °C.

1 BURG HOHENZOLLERN

Majestätisch und erhaben thront Burg Hohenzollern auf einem Bergkegel am Rand der Schwäbischen Alb, der sich weithin sichtbar über die Landschaft erhebt. Sie wurde ab 1850 auf den Fundamenten der Vorgängerburgen nach Plänen von Friedrich August Stüler errichtet, der 1842 die Nachfolge von Karl Friedrich Schinkel als Hofarchitekt des preußischen Königshauses angetreten hatte. Die prachtvollen Schlossräume lassen sich im Rahmen einer Führung ebenso besichtigen wie die umfangreiche Kunstsammlung mit bedeutenden Gemälden, Silber und Porzellan.

www.burg-hohenzollern.com

2 BLAUBEUREN

Der Blautopf in Blaubeuren ist wohl Deutschlands prachtvollste Quelle. So magisch der Anblick des Trichters auch ist, der Effekt lässt sich rein physikalisch erklären. Verantwortlich sind die im Wasser der bis zu 20 Meter tiefen Karstquelle gelösten Kalkpartikel, die aufgrund ihrer winzigen Größe vor allem den kurzwelligen Blauanteil des einfallenden Sonnenlichts streuen. Ebenfalls sehenswert in Blaubeuren sind die charmante historische Altstadt mit verwinkelten Gassen, Fachwerkhäusern und den Resten der mittelalterlichen Stadtmauer sowie das Benediktinerkloster.

www.blaubeuren.de

3 TIEFENHÖHLE LAICHINGEN

Tiefer als in der gewaltigen Schachthöhle Laichingen (von Ostern bis Anfang November täglich geöffnet) können Höhlenliebhaber in Deutschland nicht absteigen. Auf Treppen durch enge Schächte und große Hallen geht es ohne besondere Ausrüstung hinab bis in 55 Meter Tiefe. Der Clou: Statt sich einer Führung anzuschließen, kann die Höhle auf eigene Faust erkundet werden. Der Rundgang dauert etwa 40 Minuten, unterwegs lie-

INFO

Schwäbische Alb Tourismusverband e.V
Bismarckstraße 21
72574 Bad Urach
Tel. (07125) 93930
www.schwaebischealb.de

fern Audiostationen interessante Fakten zur Entstehung und Geologie der Höhle.
www.tiefenhoehle.de

4 URACHER WASSERFALL

Der Uracher Wasserfall ist wohl der bekannteste Vertreter seiner Art in der Schwäbischen Alb und umrahmt von viel Grün stürzt das Wasser in mehreren Kaskaden über 40 Meter in die Tiefe. Vom Wohnmobilstellplatz in Bad Urach gelangt man mit einer etwa einstündigen Wanderung entlang dem gemütlich dahinplätschernden Brühlbach zum Wasserfallstüble auf der Hochwiese, in dem man von November bis März einkehren kann. Vom steilen Pfad, der den Wasserfall im Wald begleitet, bieten sich die unterschiedlichsten Perspektiven auf das Naturschauspiel. Während das Wasser oben zunächst über eine schroffe Kante schießt, fächert es sich weiter unten in viele schmale Rinnsale auf, die sich zwischen den moosüberwucherten Steinen dahinschlängeln.
www.badurach-tourismus.de

5 MIT WEITBLICK AM ALBTRAUF

Bei Albstadt kratzt das Hochplateau der Schwäbischen Alb an der 1 000-Meter-Marke und stürzt am sogenannten Albtrauf steil zum hügeligen Vorland hin ab. Am besten lässt sich die herbe Schönheit der Natur auf einem der insgesamt zehn Traufgänge erleben. Die Premiumwanderwege schlängeln sich abwechslungsreich durch dunkle Buchenwälder und offene Wachholderheiden. Unterwegs sind immer wieder herrlichen Talblicke zu bestaunen. Dank der hervorragenden Beschilderung sowie der guten Rast- und Einkehrmöglichkeiten ist Wandergenuss ohne Orientierungsstress garantiert.
www.traufgaenge.de

Links, von oben: Verwinkelten Treppen führen hinab in die geheimnisvolle Unterwelt der Tiefenhöhle Laichingen./ Rund um Albstadt lässt sich die Schwäbische Alb auf abwechslungsreichen Wandertouren erkunden. Rechts, von links: Skulptur der schönen Lau am Blautopf/ Der Uracher Wasserfall stürzt aus 37 Metern über mehrere Stufen ins Tal.

SCHWÄBISCHE ALB

TIPP **DIE ARBEITSGEMEINSCHAFT WOHNMOBIL-TOURISMUS BADEN-WÜRTTEMBERG** hat sechs abwechslungsreiche Themenrouten für Reisemobilfahrer mit unterschiedlichen Interessenschwerpunkten zwischen Rhein, Schwäbischer Alb, Stuttgart und Odenwald zusammengestellt. Infos zu den Strecken und Sehenswürdigkeiten samt Stellplatzverzeichnis gibt es auf der Website oder in der kostenlosen Übersichtskarte „Wohnmobil-Entdeckertouren". www.wohnmobil-bw.de

a/ Stellplatz am Kloster Beuron

Die Ortschaft Beuron liegt im landschaftlich besonders reizvollen Abschnitt des Donaudurchbruchs durch die Schwäbische Alb. Reisemobilisten finden in Sichtweite der beeindruckenden Benediktiner-Erzabtei auf einem separaten Teil des Klosterparkplatzes ein gutes Basislager für die Erkundung der Region und das vielfältige Wander- und Radwegenetz lädt zu Tagesausflügen ein. 4 der insgesamt 21 großzügig bemessenen Stellplätze auf Rasengittersteinen sind extralang und bieten ausreichend Platz für große Liner bis zu 11 Meter. Der Parkautomat setzt ausreichend Bargeld voraus und akzeptiert nur Münzen. Ein Wechselautomat für Banknoten bis zu 20 Euro ist vorhanden. Im vorderen Abschnitt des PKW-Parkplatzes gibt es eine sehr saubere öffentliche Toilette.

ART: Wohnmobilstellplatz
ANZAHL DER PLÄTZE: 21
KOSTEN: Kategorie 1
BEZAHLUNG: bar
AUSSTATTUNG:

HAUSTIERE ERLAUBT: ja
RESERVIERUNG MÖGLICH: nein
BETRIEBSZEIT: ganzjährig
ADRESSE: Abteistraße 24, 88631 Beuron
http://beuron.de

TIPP **DER ALBTÄLER-RADWEG** führt als 186 Kilometer langer Rundkurs nördlich von Ulm durch die schönsten Täler des UNESCO-Geoparks Schwäbische Alb. Unterwegs gibt es jede Menge Höhlen, bizarre Felsformationen und weite Aussichten auf die Alblandschaft. Beste Voraussetzungen für Camp & Bike schaffen die zahlreichen Wohnmobilstellplätze entlang des Fernradwegs. www.albtaeler-radtour.de

b/ Stellplatz Blaubeuren

Sowohl das schöne Stadtzentrum mit kleinen Geschäften, Cafés und Restaurants wie auch der Blautopf und das Kloster sind fußläufig gut zu erreichen. Im Gegensatz zu anderen Stellplätzen stehen Sie hier nicht neben-, sondern eher hintereinander und von den insgesamt 21 ausgewiesen Stellflächen sind 16 mit Stromanschlüssen ausgestattet. Im Stellplatzpreis zusätzlich enthalten ist eine Eintrittskarte für die Nutzung der Blaubeurer Blautopfbäder oder den Museumsbesuch im Badhaus der Mönche im Kloster. Die maximale Aufenthaltsdauer beträgt drei Tage.

ART: Wohnmobilstellplatz
ANZAHL DER PLÄTZE: 21
KOSTEN: Kategorie 2 (ohne/mit Strom), Entsorgung Chemie-WC (€)
BEZAHLUNG: bar/EC-Karte
AUSSTATTUNG:

HAUSTIERE ERLAUBT: ja
RESERVIERUNG MÖGLICH: nein
BETRIEBSZEIT: ganzjährig
ADRESSE: Dodelweg 20, 89143 Blaubeuren (über „Auf dem Graben")
www.blaubeuren.de/wohnmobilstellplatz

TIPP

GEOCACHING IST IMMER EINE GUTE IDEE. Sei es, um neue Plätze zu entdecken oder um Kinder zum Wandern zu animieren. Mit GPS-Gerät oder Smartphone statt Schatzkarte geht es auf die Suche nach den sogenannten Caches, die in der Natur darauf warten, gefunden zu werden.

c/ Hofgut Hopfenburg

ART: Campingplatz
ANZAHL DER PLÄTZE: 60
KOSTEN: Kategorie 2/3
BEZAHLUNG: bar/EC-Kreditkarte

HAUSTIERE ERLAUBT: ja
RESERVIERUNG MÖGLICH: Verfügbarkeit vorab erfragen
BETRIEBSZEIT: ganzjährig
ADRESSE: Hopfenburg 12, 72525 Münsingen
hofgut-hopfenburg.de

Großer Glampingplatz mit Jurten, Bau- und Zirkuswägen und Wohnmobilstellflächen auf Terrassenstufen mit weitem Blick auf die Alb und umfangreichem Angebot für Kinder.

d/ Wohnmobilstellplatz am Wiesentalstadion

ART: Wohnmobilstellplatz
ANZAHL DER PLÄTZE: 26
KOSTEN: Kategorie 1
BEZAHLUNG: bar

HAUSTIERE ERLAUBT: ja
RESERVIERUNG MÖGLICH: nein
BETRIEBSZEIT: ganzjährig
ADRESSE: Grafenecker Straße, 72525 Münsingen
www.muensingen.com

Weitläufiger Platz am Ortsrand von Münsingen mit kostenlosem Bikepark nebenan. Maximaler Aufenthalt zehn Nächte.

e/ Stellplatz Bad Urach

ART: Wohnmobilstellplatz
ANZAHL DER PLÄTZE: 26
KOSTEN: Kategorie 1/2
BEZAHLUNG: bar/EC-Kreditkarte

HAUSTIERE ERLAUBT: ja
RESERVIERUNG MÖGLICH: ja (außer bei hoher Auslastung)
BETRIEBSZEIT: ganzjährig
ADRESSE: Bäderstraße, 72574 Bad Urach
www.badurach-tourismus.de/Urlaubsplanung/Uebernachten/Wohnmobil-und-Camping

Etwa 2,5 Kilometer von der Innenstadt entfernt (Busverbindung) in unmittelbarer Nachbarschaft zum Kurzentrum mit Thermal-Mineralbad AlbThermen.

REISE
20

ALLGÄU

Im süddeutschen Allgäu wird das Klischee vom Ferienparadies wahr und es gibt Möglichkeiten ohne Ende, um die einzigartige Natur beim Campen, Wandern und Radfahren zu genießen.

★★★	★★★	★★★	Bayern, Baden-Württemberg

Kühe, die auf sattgrünen Wiesen grasen, und Berggipfel, die sich in der glitzernden Wasseroberfläche von Seen spiegeln – das ist das Allgäu. Seine geografische Lage zwischen Bodensee und München bietet zahlreiche attraktive Ausflugsziele. Schloss Neuschwanstein am Forggensee ist der alles überstrahlende Stern am Himmel der deutschen Schlösserlandschaft. Es ist eines der am meisten besuchten Ausflugsziele in Deutschland. Jahr für Jahr strömen rund 1,4 Millionen Besucher aus aller Welt nach Hohenschwangau bei Füssen, um das imposante Märchenschloss König Ludwigs II. in Augenschein zu nehmen.

MEHR ALS SCHLOSSROMANTIK

Zum Glück finden sich in der beliebten Urlaubsregion am Nordrand der Alpen aber auch zahlreiche ruhige Ecken fernab des Massentourismus und egal, ob Wochenendausflug, Wanderurlaub oder Familien-Roadtrip – das Allgäu mit seiner hügeligen Moränenlandschaft, den traditionellen Orten mit Zwiebelturmkirchen und kunstvoll verzierten Häuserfassaden und dem stets am Horizont präsenten Alpenpanorama eignet sich perfekt für die Erkundung mit dem Wohnmobil auf eigene Faust.

VON MILD BIS WILD

Im Allgäu gibt es zahlreiche gut ausgebaute Wander- und Radwege, die sowohl für Anfänger wie auch für Fortgeschrittene geeignet sind. Viel Fahrspaß mit nur wenigen Höhenmetern verspricht vor allem das umfangreiche Radwegenetz im Unterallgäu. Die passende Lieblingsroute für jeden Wandertyp hält die Wandertrilogie Allgäu parat. Sie umfasst insgesamt 876 Wanderkilometer, die auf drei Routen und 53 Etappen verteilt sind. Wer es aufregender mag, findet im Outdoor-Paradies Allgäu aber weit mehr als Berge und Wanderwege. Adrenalinjunkies können ihre Abenteuerlust auf Klettersteigen, beim Wildwasserrafting oder Paragliding stillen. Wintersportler schließlich dürfen sich über eine große Auswahl an Skigebieten mit abwechslungsreichen Pisten, modernen Liftanlagen und gut präparierten Loipen freuen.

ALPENWELLNESS UND KRIMISPANNUNG

Als Heimat des „Wasserdoktors" Sebastian Kneipp hat die Naturheilkunde im Allgäu eine lange Tradition. Die zahlreichen Wellness- und Spa-Angebote wie zum Beispiel in der Therme in Bad Wörishofen eignen sich perfekt, um die müden Knochen nach einem Tag voller Aktivitäten an der frischen Luft zu entspannen. Aber auch abseits der sportlichen Herausforderung ist das Allgäu eine Reise wert und weiß Kunst- und Kulturliebhaber mit einer Vielzahl an Höhepunkten vom interessanten Bauernhofmuseum bis zur pompösen Barock-Basilika des Benediktinerklosters Ottobeuren zu begeistern. Und dann sind da noch die unzähligen liebenswerten Städte wie Memmingen, Kempten oder Wangen und meist liegt der jeweilige Wohnmobilstellplatz nicht fern der pittoresken Altstadt. In Altusried und anderswo können sich Krimi-Fans zudem auf die Spurensuche des kauzigen Allgäuer Kommissars Kluftinger begeben. Eine Übersicht zu den Schauplätzen der Bücher aus der Feder des erfolgreichen Autorenduos Klüpfel & Kobr und deren Verfilmungen gibt es in der bei den Fremdenverkehrsämtern kostenlos erhältlichen Panoramakarte „Mörderisch spannendes Allgäu". „Alles Käse" heißt es dagegen auf der Allgäuer Käsestraße, die insgesamt 14 Heumilch-Sennereien zwischen Alp- und Bodensee verbindet. Die Betriebe bieten dabei nicht nur die Gelegenheit, die Produkte zu verkosten, sondern auch einen Einblick in die Produktion.

Oben: In der Breitachklamm bei Oberstdorf tauchen Besucher in eine faszinierende Welt aus tosendem Wasser und imposanten Felsformationen.

1 BREITACHKLAMM

Mit einer Tiefe von rund 150 Metern zählt die Breitachklamm bei Oberstdorf zu den tiefsten Felsenschluchten in Mitteleuropa. Gut gesichert wandern Sie über Stege und Brücken sowie durch Tunnel in den massiven Felsen. Dabei lauschen Sie dem Gurgeln der Wassermassen, riechen das feuchte Moos und spüren den kühlen Tropfennebel im Gesicht. Die kürzeste Rundtour durch die Klamm hinauf und über den Waldweg nebenan zurück dauert etwa 1 Stunde und 15 Minuten. Zu den Eintrittskarten addiert sich außerdem eine stolze Parkgebühr von 8 Euro/Tag fürs Wohnmobil.

www.breitachklamm.com

2 OBERJOCHPASS

Die Grundlagen für die Anlage der heutigen Passstraße über das Oberjoch wurden bereits im Mittelalter gelegt, um das Salz aus Hall bei Innsbruck über die Alpen zu transportieren. Schwer beladene Pferdefuhrwerke sind heute nicht mehr unterwegs, dafür lockt die kurvenreiche Fahrt über die nach dem Riedbergpass zwischen Fischen und Balderschwang zweithöchste Passstraße des Allgäus zahlreiche Auto- und Motorradfahrer, aber auch Rennradsportler an. Aus Wertach kommend geht es sanft ansteigend bis auf den Oberjochpass auf 1 178 Meter. Auf keinen Fall den Aussichtspunkt verpassen, das Panorama auf Sonthofen, Hindelang und das von majestätischen Bergen eingerahmte Tal der Ostrach sind unbedingt einen Stopp wert! Anschließend geht es in über 100 Kurven hinab nach Hindelang.

www.deutsche-alpenstraße.de

3 GROSSER ALPSEE

Der Große Alpsee ist der größte natürliche See im Allgäu und ein Bade-, Wassersport- und Wanderparadies. Er bietet hervorragende Bademöglichkeiten vor imposanter Bergkulisse. Wassersportler

TIPP

Fahrspaß und Bergpanoramen vom Feinsten verspricht die Deutsche Alpenstraße auf 484 Kilometern zwischen Berchtesgaden und Bodensee.

INFO

Allgäu GmbH, Gesellschaft für Standort und Tourismus
Allgäuer Straße 1
87435 Kempten/Allgäu
Tel. (0831) 5753730
www.allgaeu.de

können Segler, Ruder und Tretboote mieten oder sich beim Stand-up-Paddeln versuchen. Am Naturparkzentrum Nagelfluhkette startet ein 11 Kilometer langer Spaziergang, der mal unmittelbar am Wasser, mal etwas oberhalb am Berg einmal um den Großen Alpsee führt.

www.alpsee-immenstadt.de

4 BENEDIKTINERABTEI OTTOBEUREN

Auf einem Hügel neben dem Marktplatz im beschaulichen Kneipp-Kurort Ottobeuren zwischen Memmingen und Kempten erheben sich die beiden jeweils über 80 Meter hohen Zwiebeltürme der imposanten Basilika St. Theodor und Alexander. Die opulente Innenausstattung mit filigranen Stuckarbeiten, kunstvollen Deckenmalereien und über 1 200 Engeln und Putten macht sie zu einer der schönsten Barockkirchen in Süddeutschland. Weltberühmt sind auch die drei Riepp-Orgeln, deren Klang während der Sommermonate auf meist kostenlosen Konzerten die heiligen Hallen erfüllt.

www.ottobeuren.de, www.abtei-ottobeuren.de

5 KEMPTEN

Das Stadtbild der Allgäu-Metropole wird geprägt durch das jahrhundertelange Neben- und Gegeneinander der ehemaligen Reichsstadt und der Fürstabtei Kempten. Eine Zeitreise in die spannende Vergangenheit ermöglichen die Multivisionsshow in der unterirdischen Erasmuskapelle am St.-Mang-Platz, die Prunkräume der Residenz oder der Archäologische Park Cambodunum. Die Altstadt verführt zum Einkaufsbummel und die gutbürgerlichen Restaurants laden zu Kässpatzen und anderen Allgäuer Spezialitäten ein. Wer sich am Parkplatzcharme nicht stört, findet zentrumsnah am Illerstadion den Wohnmobilstellplatz der Stadt.

www.kempten-tourismus.de

Links und großes Bild rechts: Das Benediktinerkloster und die Basilika Ottobeuren zählen zu den Meisterwerken des europäischen Barock. Ganz rechts, von oben: In unzähligen Kehren und 300 Höhenmetern führt die Jochpass-Straße von Bad Hindelang zum Oberjochpass./ Kempten-Museum im Zumsteinhaus und Basilika St. Lorenz.

CAMPING- UND STELLPLATZ-TIPPS

ALLGÄU

a/ Wohnmobilstellplatz Wangen

Topmoderner Stellplatz mit großzügigen Parzellen von 5 x 10 Metern auf gepflastertem Untergrund in ruhiger Lage. Die lohnenswerte Wangener Innenstadt mit ihren gotischen Fenstern, Barockfassaden und gemütlich plätschernden Brunnen ist fußläufig gut zu erreichen. Zufahrt und Check-in sind in Selbstbedienung rund um die Uhr möglich. Wenn die grüne Ampel an der Zufahrt freie Plätze signalisiert, öffnet die Schranke beim Befahren des Platzes automatisch und mit dem QR-Code auf dem Parkschein können Frischwasser- und Stromversorgung freigeschaltet werden. Das noch fehlende Sanitärgebäude ist bereits in Planung.

ART: Wohnmobilstellplatz
ANZAHL DER PLÄTZE: 44
KOSTEN: Kategorie 1
BEZAHLUNG: bar/EC-Kreditkarte
AUSSTATTUNG:

HAUSTIERE ERLAUBT: ja
RESERVIERUNG MÖGLICH: nein
BETRIEBSZEIT: ganzjährig
ADRESSE: Südring, 88239 Wangen im Allgäu
www.wangen.de/gaeste/uebernachten/wohnmobilstellplatz

TIPP **AUSSEN KNUSPRIG,** innen saftig und mit ordentlich Salz und Kümmel bestreut, so sieht sie aus, die Wangener Seele. Eine gute Gelegenheit zum Probieren dieser allgäuer Spezialität, die wie ein zu kurz geratenes Baguette daherkommt, bietet sich bei einem Stadtbummel durch die denkmalgeschützte Wangener Innenstadt z. B. im Fidelisbäck mit über 500-jähriger Backtradition. Ebenfalls legendär ist der Leberkäs mit Kruste frisch aus dem Ofen.

TIPP **EINEN GANZJÄHRIGEN GESCHWINDIGKEITSRAUSCH** mit bis zu 40 km/h bei fast jedem Wetter verspricht der Alpsee Coaster bei Immenstadt. Auf der knapp 3 Kilometer langen Strecke warten über 100 Kurven, Wellen und Sprünge. An ausgewählten Terminen kann sogar bis 22 Uhr bei Flutlicht durch die Nacht gerodelt werden. Wenn es die Schneelage im Witter zulässt, ergänzen die beiden 3,5 bzw. 4,5 Kilometer langen Naturrodelbahnen das Angebot. Bei geöffneter Bahn können Schlitten und Zipfelbobs an der Talstation ausgeliehen werden. www.alpsee-bergwelt.de

b/ Alpen-Rundblick Mobil Camping

Ruhig gelegener, relativ großer Stellplatz mit den Annehmlichkeiten eines Campingplatzes und tollem Alpenblick. Gegen Zuzahlung ist auch die Nutzung des beheizten Sanitärgebäudes mit Duschen und Toiletten möglich. Wer die Natur genießen möchte und vielfältige Wander- und Radtourenmöglichkeiten sucht, ist hier genau richtig. Auch bis ins Ortszentrum von Blaichach mit Supermärkten, Gastronomie und Bahnhof an der Bahnlinie Immenstadt-Oberstdorf ist es nicht weit. Im Sommer bietet der nahegelegene Weidachsee eine willkommene Möglichkeit zur Abkühlung.

ART: Wohnmobilstellplatz
ANZAHL DER PLÄTZE: 55
KOSTEN: Kategorie 2
BEZAHLUNG: bar
AUSSTATTUNG:

HAUSTIERE ERLAUBT: ja
RESERVIERUNG MÖGLICH: nein
BETRIEBSZEIT: ganzjährig
ADRESSE: Am Eichbichl 1, 87544 Blaichach
alpen-rundblick.de

TIPP **GANZ SO KUSCHELIG WIE IHRE FROTTEE-KOLLEGEN** sind sie nicht, aber es sprechen mehrere Gründe für die leichten, dünnen Mikrofaserhandtücher aus dem Camping- oder Outdoorfachhandel. Sie helfen nicht nur Gewicht zu sparen, sondern brauchen weniger Platz im Schrank, sind trotzdem sehr saugfähig und trocknen besonders schnell. Im Übrigen auch hervorragende fürs Geschirrabtrocknen.

c/ Schwabenhof Balderschwang

ART: Wohnmobilstellplatz
ANZAHL DER PLÄTZE: 56
KOSTEN: Kategorie 2/3
BEZAHLUNG: bar

HAUSTIERE ERLAUBT: ja
RESERVIERUNG MÖGLICH: ja
BETRIEBSZEIT: ganzjährig
ADRESSE: Schwabenhof 23, 87538 Balderschwang
schwabenhof.com

Idyllisch gelegener Stellplatz inmitten der grünen Wiesen des Balderschwanger Tals.

d/ Wohnmobilstellplatz Bad Hindelang

ART: Wohnmobilstellplatz
ANZAHL DER PLÄTZE: 45
KOSTEN: Kategorie 1/2
BEZAHLUNG: EC-Kreditkarte/Sonstiges

HAUSTIERE ERLAUBT: ja
RESERVIERUNG MÖGLICH: ab 7 Übernachtungen
BETRIEBSZEIT: ganzjährig
ADRESSE: Ostrachstraße 31, 87541 Bad Hindelang
www.wohnmobil-stellplatz-hindelang.de

Komfortabler Stellplatz inmitten der Allgäuer Bergwelt am Hotel Wiesengrund, dessen Freizeiteinrichtungen mitgenutzt werden können.

e/ Wohnmobilstellplatz Pfronten

ART: Wohnmobilstellplatz
ANZAHL DER PLÄTZE: 44
KOSTEN: Kategorie 1
BEZAHLUNG: bar

HAUSTIERE ERLAUBT: ja
RESERVIERUNG MÖGLICH: nein
BETRIEBSZEIT: ganzjährig
ADRESSE: Am Wiesele 7, 87459 Pfronten
www.wohnmobilstellplatz-pfronten.de

Umfangreich ausgestatteter Platz am beliebten Wirtshaus Wiesele mit deftiger Allgäuer Küche.

REISE
21

CHIEMGAU

Das Chiemgau präsentiert sich als oberbayerisches Postkartenidyll mit majestätischen Gipfeln im Süden und dem lieblichen Voralpenland mit sanften Hügeln und glitzernden Seen im Norden.

★★★	★★	★★★	Bayern

Ob ältestes Naturschutzgebiet Bayerns (Eggstätt-Hemhofer Seenplatte), größtes Gipfelkreuz (das Exemplar auf der Kampenwand ist mächtige zwölf Meter hoch und strahlt an ausgewählten Terminen solarbetrieben sogar weit über die Region hinaus) oder die Kirche mit Deutschlands größter Zwiebelhaube (die freitragende Holzkuppelkonstruktion der Kirche St. Johann Baptist Heilig Kreuz am Wasen in Westerndorf bei Rosenheim zählt mit einem Durchmesser von 20 Metern und einer Höhe von 20 Metern zu den größten ihrer Art in ganz Europa) – das Chiemgau zwischen München und Salzburg hat so manchen Superlativ zu bieten.

WASSER OHNE ENDE

Der namensgebende Chiemsee muss in der Rangfolge der größten deutschen Binnenseen der Müritz den Vortritt lassen und auch dem Bodensee als „internationalem Binnensee", dennoch beeindruckt er mit einer stattlichen Fläche von über 80 Quadratkilometern. Neben seiner Größe kann das „Bayerische Meer" mit zahlreichen, frei zugänglichen Badestellen entlang der wildromantischen Ufer und der herrlichen Lage am Fuß der Alpen beeindrucken. Naturfreunde finden rund um den See außerdem zahlreiche Beobachtungsstationen mit Aussichtstürmen, Fernrohren und Schautafeln, um die heimische Tier- und Pflanzenwelt entdecken und besser kennenlernen zu können.

Die Wassersportmöglichkeiten am Chiemsee sind vielfältig. Eine gute Gelegenheit für Ausflüge aufs Wasser bietet das auch am Chiemsee stetig populärer werdende Stand-up-Paddeln (SUP). Neben Grundkursen und geführten Touren haben die örtlichen Surfschulen auch Yogakurse auf dem SUP-Brett oder Big-SUPs für den gemeinsamen Ausflug mit bis zu zehn Personen im Angebot.

BERGERLEBNISSE RUND UMS JAHR

Neben Wassersportlern finden auch Radfahrer und Wanderer im Chiemgau ihr Eldorado. Ein ganz besonderes Erlebnis für Wagemutige verspricht ein Gleitschirmflug von der Kampenwand. Hervorragende Aussichten auf den Chiemsee

TIPP
Ballonfahrten buchbar unter: www.ballonfahren-chiemsee.de, www.chiemseeballooning.de und www.ballonfahrten-chiemsee.de

und die umliegende Landschaft ganz ohne Nervenkitzel versprechen die zahlreichen Berggipfel von Mangfallgebirge und Chiemgauer Alpen. Im Sommer versorgen rund 60 bewirtschafte Almen hungrige Wanderer mit deftigen Brotzeiten. Genusswanderer erreichen die alm-typische Gemütlichkeit und großartige Aussichten ins Tal dank der insgesamt sieben Bergbahnen in der Region auch ohne schweißtreibenden Anstieg. Besonders magisch wirkt das hügelige Voralpenland mit seinen Seen und Bergen aus der Vogelperspektive. Im Winter haben Skifahrer aller Altersstufen die Wahl zwischen einer Reihe von Skigebieten, vom familienfreundlichen Skigebiet Hocheck mit Deutschlands längster Flutlichtpiste über die Naturschnee-Skigebiete Hochfelln und Kampenwand und das weitläufige Sudelfeld bis hin zu den herausfordernden Abfahrten am Wendelstein. Auf Ski-Langläufer warten am Fuß der Alpen über 400 Kilometer klassische Loipen und 300 Skating-Kilometer. Freunde des Biathlon-Sports können im Camp von Fritz Fischer ihren Vorbildern aus dem Profisport nacheifern. Aber auch, wenn Sie nicht Skifahren möchten, können Sie die traumhafte oberbayerische See- und Bergidylle im schneeweißen Winterkleid erkunden – auf einem der Winterwanderwege, bei einer geführten Schneeschuhtour oder einer Fahrt mit dem Pferdeschlitten. Rasanten Winterspaß versprechen die zahlreichen Rodelstrecken, von denen einige auch mühelos per Bergbahn zu erreichen sind.

Links, von oben: Der Chiemsee ermöglicht Paddeltouren mit Bilderbuchpanorama./ Seebruck ist ein Eldorado für Wassersportler/ Mit einer Fläche von rund 15 Hektar ist die Fraueninsel das zweitgrößte Eiland im Chiemsee. Rechts: Die Herreninsel lässt sich ganzjährig per Schiffsausflug erreichen.

1 NEUES SCHLOSS HERREN-CHIEMSEE

Auf dem Nordostzipfel der Herreninsel im Chiemsee ließ sich Bayerns König Ludwig II. am Ende des 19. Jahrhunderts ein Prunkschloss nach Versailler Vorbild errichten und an einigen Stellen wird das Original sogar von der Kopie übertroffen. Fertig geworden ist es aber nie. Von den 70 geplanten Räumen befinden sich noch 50 im Rohbau, weil dem Märchenkönig erst das Geld ausging und er 1886 unter rätselhaften Umständen zu Tode kam. Die 20 fertiggestellten Räume allerdings rauben Besuchern angesichts des monarchischen Glanzes schier den Atem. Auch die von Hofgärtendirektor Carl von Effner ab 1875 geplante Parkanlage ist eine Freude für die Augen. Die Herreninsel ist nur per Schiff zu erreichen und die Prunkräume im Neuen Schloss sind ausschließlich im Rahmen einer etwa 30-minütigen Führung zugänglich.

www.herrenchiemsee.de

2 CHIEMSEE

Das „Bayerische Meer", wie der Chiemsee oft genannt wird, ist mit 14 Kilometern Länge, 10 Kilometern Breite und einer Fläche von über 80 Quadratkilometern der größte See Bayerns. Die wildromantischen Ufer und die herrliche Lage am Fuß der Alpen laden zum Baden, Wandern, Radeln und Bootfahren mit Blick auf die Berge ein. Die Chiemsee-Schifffahrt bietet ganzjährig Fahrten zu Frauen- und Herreninsel ab Prien und Gstadt an. Wer lieber selbst aktiv werden möchte, findet im Sommer rund um den See zahlreiche Verleiher für Tretboote, Kanus und Stand-up-Paddleboards.

www.chiemsee-alpenland.de

3 KAMPENWAND

Mit 1 669 Metern ist die Kampenwand mit ihrem markant gezackten Kamm einer der höchsten Gipfel der Region und Garant für herrliche Panoramen. Nach Norden hat man das Voralpenland mit

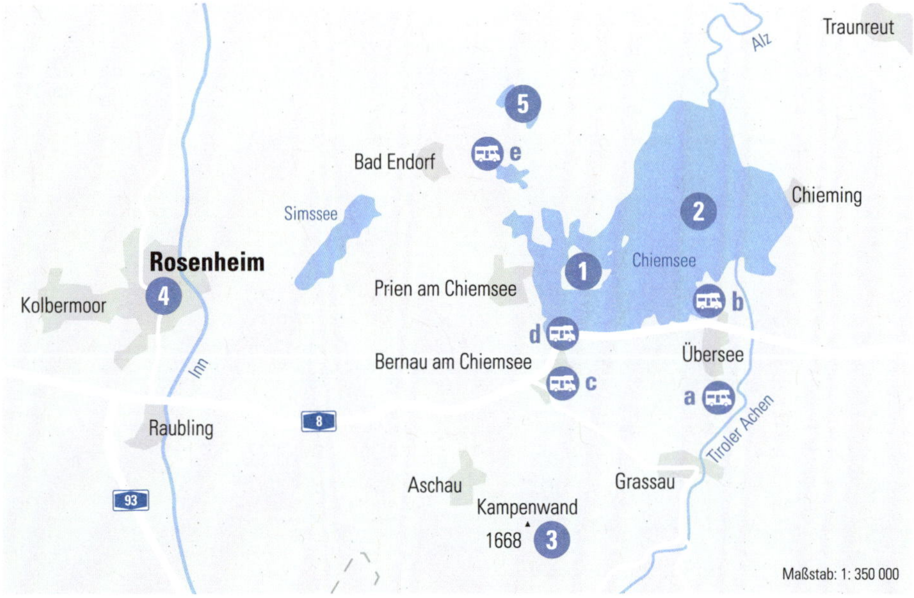

INFO

Infocenter Chiemsee-Alpenland
Felden 10
83233 Bernau a. Chiemsee
Tel. (08051) 965550
www.chiemsee-alpenland.de

dem Chiemsee im Blick, nach Süden reicht die Sicht bei gutem Wetter bis in die Hohen Tauern mit Großglockner und Großvenediger. Den einfachsten Weg hinauf eröffnet die Kampenwandbahn. Von der Talstation in Aschau i. Chiemgau schwebt man in einer der historischen 4er-Gondeln in knapp 15 Minuten hinauf bis zur Bergstation auf 1 461 Meter Höhe. Das Wandergebiet Kampenwand lockt mit Tourenmöglichkeiten von leicht und beschaulich bis anspruchsvoll-sportlich und vielen urigen Einkehrmöglichkeiten.
www.kampenwand.de

4 ROSENHEIM

Rosenheim an der Mündung des Mangfalls in den Inn präsentiert sich als oberbayerisches Städtejuwel mit prächtigen Bürgerhäusern, Plätzen und Kirchen vor beeindruckendem Bergpanorama. Das Herz der Altstadt schlägt am Max-Josefs-Platz, der von hübschen Häusern im charakteristischen Inn-Salzach-Stil umringt wird und mit seinen zahlreichen gemütlichen Cafés und Kneipen zur Verschnaufpause während des Stadtbummels einlädt. Ein Herz für Camper hat Rosenheim aber leider nicht so ganz und so weichen Wohnmobilisten am besten auf den komfortablen Stellplatz an der Therme im benachbarten Bad Aibling aus. Von dort gelangt man mit der Regionalbahn in knapp einer Viertelstunde zum Bahnhof in Rosenheim am Rand der Altstadt.
www.rosenheim.jetzt

5 EGGSTÄDT-HEMHOFER SEENPLATTE

Die Eggstätt-Hemhofer Seenplatte nordwestlich des Chiemsees ist das älteste Naturschutzgebiet Bayerns und ein wahres Kleinod für Naturfreunde. Fernab des Trubels lädt die ruhige Landschaft mit Seen, Sümpfen und Mooren zum Wandern und Radfahren ein. Besonders schön: Die knapp 70 Kilometer lange 16-Seen-Runde schlängelt sich vorbei an ruhigen Orten und mit beeindruckendem Alpenpanorama durch die Seenlandschaft, die als Relikt der letzten Eiszeit entstanden ist. Wem die komplette Tour zu lang ist, der kann aufgrund des länglichen Streckenverlaufs auch beliebig abkürzen. Im Sommer laden unterwegs mehrere ausgewiesene Badestellen zu einer Erfrischung ein.
www.eiszeitseen.de

Von links: Erbe des Märchenkönig Ludwig II.: Schloss Herrenchiemsee. Hier der imposante Famabrunnen./ Fischbrunnen am Rosenheimer Ludwigsplatz/ Das weitläufige Wegenetz rund um die Kampenwand bietet Wandermöglichkeiten für jeden Geschmack./ Die Eggstätt-Hemhofer Seenplatte ist ein wahres Naturidyll im Hinterland des Chiemsees.

CHIEMGAU

a/ Wohnmobilstellplatz am Bauernhof Steiner

Der komfortable Stellplatz am ehemaligen Bauernhof der Familie Steiner liegt nur fünf Fahrminuten von der A8 und knapp 6 Kilometer vom Südufer des Chiemsees entfernt. Mit einer Länge von zwölf Metern bieten die geschotterten Plätze selbst für XXL-Liner ausreichend Platz. Abgerundet wird das gute Serviceangebot zum absolut fairen Preis durch Annehmlichkeiten wie Duschen, Brötchenservice und eine Aufenthaltshütte, in der man auch bei Regen zum gemütlichen Plausch mit anderen Campern beisammensitzen kann. Familien mit Kindern freuen sich über die Spielgeräte und die Tiere auf dem Bauernhof.

ART: Wohnmobilstellplatz
ANZAHL DER PLÄTZE: 46
KOSTEN: Kategorie 2
BEZAHLUNG: bar
AUSSTATTUNG:
HAUSTIERE ERLAUBT: nein
RESERVIERUNG MÖGLICH: ja

BETRIEBSZEIT: März–November
ADRESSE: Almfischer 11, 83236 Übersee am Chiemsee
www.chiemsee-wohnmobile-steiner.de

TIPP **MIT DEM SEE-GIPFEL-TICKET** lässt sich auf einem Chiemgau-Urlaub bares Geld sparen. Das Kombi-Ticket beinhaltet neben dem Schiffsausflug zur Herren- und Fraueninsel auf dem Chiemsee und der Seilbahnfahrt auf die Kampenwand auch die Zugverbindung auf der Strecke zwischen Prien und Aschau. Außerdem gibt es ermäßigten Eintritt ins Schloss Herrenchiemsee und das Erlebnisbad Prienavera in Prien. Der Preisvorteil gegenüber dem Kauf der Einzeltickets kann fast bis zu 30 Prozent betragen.

TIPP **REGEN BEIM CAMPING?** Kann vorkommen, ist mit der richtigen Vorbereitung aber kein Beinbruch. Zum regelmäßigen Ritual auf einem Roadtrip gehört daher auch der allabendliche Check des Wetterberichts. Sagt der für den nächsten Tag Wolkenbruch und Donnerwetter vorher, bleibt so genug Zeit, um ein Alternativprogramm auf die Beine zu stellen.

b/ Chiemsee Camping Rödlgries

Der Chiemsee Camping Rödlgries zählt zu den größten Campingplätzen der Region und liegt in traumhafter Lage unmittelbar am Südufer des Chiemsees. Er bietet großzügige Parzellen mit eigenem Strom- und Wasseranschluss. Uneingeschränkten Seeblick gibt es zwar nur auf wenigen Plätzen, dafür bietet die große Liegewiese am platzeigenen Strand beste Voraussetzungen zum (Sonnen-)Baden. Familien mit Kindern freuen sich über den gut ausgestatteten Kinderspielplatz und die Trampolinanlage. Nicht geeignet ist der Platz dagegen für Camper mit Hund, denn Vierbeiner sind verboten.

ART: Campingplatz
ANZAHL DER PLÄTZE: 200
KOSTEN: Kategorie 3
BEZAHLUNG: bar/EC-Karte (ab 50 €)
AUSSTATTUNG:
HAUSTIERE ERLAUBT: nein
RESERVIERUNG MÖGLICH: Mindestaufenthalt 7 Übernachtungen, 10 € Gebühr, empfehlenswert im Juli/August
BETRIEBSZEIT: April – Oktober
ADRESSE: Rödlgries 1, 83236 Übersee
www.chiemsee-camping.de

TIPP **OB KLAMMER NEOPRENANZUG** oder nasse Regenjacke: Die beste Möglichkeit zum Trocknen von Kleidungsstücken bietet das Badezimmer. Falls dieses nicht über eine Aufhängevorrichtungen verfügt, kann man einfach eine Teleskop-Duschstange zwischen den Wänden aufspannen, um dann Jacken & Co aufzuhängen.

c/ Wohnmobilstellplatz am Tenniszentrum

ART: Wohnmobilstellplatz
ANZAHL DER PLÄTZE: 40
KOSTEN: Kategorie 2
BEZAHLUNG: bar/EC-Kreditkarte
HAUSTIERE ERLAUBT: ja
RESERVIERUNG MÖGLICH: nein
BETRIEBSZEIT: ganzjährig
ADRESSE: Buchenstraße 17, 83233 Bernau a. Chiemsee
www.wohnmobilstellplaetze-bernau.de

Hervorragend ausgestatteter und freundlicher Platz beim Tenniszentrum am Ortsrand von Bernau, maximaler Aufenthalt 5 Nächte.

d/ Wohnmobilhafen am Chiemsee in Felden

ART: Wohnmobilstellplatz
ANZAHL DER PLÄTZE: 50
KOSTEN: Kategorie 1/2
BEZAHLUNG: EC-Kreditkarte
HAUSTIERE ERLAUBT: ja
RESERVIERUNG MÖGLICH: nein
BETRIEBSZEIT: ganzjährig
ADRESSE: Rasthausstr. 15, 83233 Bernau am Chiemsee OT Felden
www.wohnmobilhafen-am-chiemsee.de

Großer, vollautomatischer Platz im Ortsteil Bernau-Felden etwa 50 Meter vom Chiemsee-Ufer entfernt. Entsorgung von Chemie-WC nur kostenpflichtig am Automaten (2 €) möglich.

e/ Camping Stein

ART: Stellplatz am Campingplatz
ANZAHL DER PLÄTZE: 5
KOSTEN: Kategorie 2
BEZAHLUNG: bar/Sonstiges
HAUSTIERE ERLAUBT: nein
RESERVIERUNG MÖGLICH: nein
BETRIEBSZEIT: April – Oktober
ADRESSE: See 10, 83093 Bad Endorf
www.camping-stein.de

Separater Stellplatz an der Zufahrt zum Camping. Aufgrund einer hohen Hecke kein Blick zum See.

REISEN IN

ÖSTERREICH

REISE
22

ALPENREGION BLUDENZ

In Österreichs Westen geht es vom Bodensee in die Berge. Die Grenze zwischen Unter- und Oberland markiert das malerische Alpenstädtchen Bludenz. Ab hier geht es nur noch bergauf in die umliegenden Täler.

★★★	★★	★★★	Vorarlberg

Im Norden der Bodensee, im Westen die Schweiz und im Osten der Arlbergpass – so lautet in etwa die grobe geografische Einordnung Vorarlbergs, dem westlichsten Bundesland Österreichs. Mit einer Fläche von etwa 2 600 Quadratkilometern ist es ungefähr so groß wie das Saarland und es ist schon erstaunlich, welche Vielfalt das kleine Land zu bieten hat. Das liegt in erster Linie an der vertikalen Ausdehnung mit ganz unterschiedlichen Höhenstufen und Landschaftstypen, von knapp 400 Metern über dem Meer in Bregenz am Ufer des Bodensees bis zum höchsten Gipfel, dem Piz Buin mit 3 312 Metern.

ALPENSTADT BLUDENZ

Bludenz am Ende der Autobahn A14 empfängt seine Gäste mit viel südlichem Flair und einem hübschen Altstadtkern mit engen, kopfsteingepflasterten Gassen, einladenden Plätzen und pittoresken Laubengängen. Wahrzeichen der Stadt ist die Laurentius-Kirche mit ihrem 50 Meter hohen Zwiebelturm. Eine Empfehlung für kleine und große Naschkatzen ist das „Milka Lädele", der Werksverkauf der weltberühmten Alpenmilch-Schokolade in der lila Verpackung. Die eigentliche Attraktion aber sind die umliegenden Alpentäler, die sich sternförmig rings um die Bezirkshauptstadt gruppieren und beste Bedingungen für Naturfreunde und alle Art von Outdoor-Aktivitäten rund ums ganze Jahr bieten. Im Sommer locken ein ausgedehntes Wanderwegenetz und spannende Mountainbike-Trails, im Winter dürfen sich Anfänger wie Fortgeschrittene über attraktive Skigebiete mit abwechslungsreichen Pisten freuen.

ALPENVIELFALT

Auch wenn es Berggipfel in Hülle und Fülle gibt, zeichnet sich jedes der Täler durch seinen ganz eigenen Charakter aus. Das Brandnertal im Südwesten steigt über den Bürserberg bis nach Brand auf 1 050 Meter an. Am Ende des Tals wartet der herrliche gelegen Lünersee auf 1 980 Metern und in unmittelbarer Nachbarschaft auch der höchste Gipfel des Rätikon, die Schesalplana (2 965 Meter). Der UNESCO-Biosphären-

park Großes Walstertal bemüht sich den traditionellen Charakter des dünn besiedelten und von der bergbäuerlichen Bewirtschaftung geprägten Gebirgstals zu bewahren. Das Klostertal im Osten verbindet Bludenz mit der bekannten Arlbergregion und bietet mit der Roten Wand (2 704 Meter) ein bei Wanderern und Bergsteigern beliebtes Ziel mit einem beeindruckenden Ausblick auf die umliegende Landschaft. Natur pur bietet auch der am Fuß der Roten Wand smaragdgrün glitzernde Formarinsee (1 793 Meter) und mit Glück bekommt man sogar einen Steinbock zu Gesicht.

HOCH HINAUS

Entlang des knapp 40 Kilometer langen Montafon im Südosten von Bludenz wird die Bergwelt immer atemberaubender und die insgesamt elf Orte im Tal regen zu Bergerlebnissen aller Art von Wandern über Mountainbiken bis hin zum Skifahren und Freeriden an. Im Sommer lässt sich die beeindruckende Bergwelt mit den fantastischen Ausblicken auf über 500 Kilometer markierten Wanderwegen erkunden. Wer es lieber sportlicher mag, kann auf den zahlreichen Mountainbike-Strecken seine Kondition testen oder sich im Hochseilgarten austoben. Auch Kletterer kommen auf ihre Kosten: Das Montafon ist bekannt für seine imposanten Klettersteige und Kletterrouten in allen Schwierigkeitsgraden. Im Winter lädt das Silvretta Montafon Skigebiet mit mehr als 140 Pistenkilometern zum Skifahren und Snowboarden ein.

Links: Die Echowand ist der Höhepunkt des Themenwegs Klangraum.Stein. Rechts: Mit der Seilbahn schwebt man bequem in das Wandergebiet Sonntag-Stein im Biosphärenpark Großes Walsertal.

1 GROSSES WALSERTAL

Ein beliebtes Ausflugsziel im Biosphärenpark Großes Walsertal ist das Wandergebiet Sonntag-Stein. Mit der Pendelbahn gegenüber der kleinen Biosphärenpark-Ausstellung schwebt man sanft über das grüne Tal hinauf zur Bergstation auf einer Höhe von 1 300 Metern. Dort beginnt der etwa vier Kilometer lange Themenweg Klangraum.Stein. Entlang des Rundkurses lassen Mitmachstationen (ein Heidenspaß für Groß und Klein: die Echowand) und künstlerische Installationen keine Langeweile aufkommen und laden dazu ein, sich intensiver mit der Geräuschkulisse der Natur auseinanderzusetzen. Auf dem Rundwanderweg Klangraum.Stein wartet ein schöner Rastplatz mit urigem Lehmofen zum selber Pizzabacken.

www.grosseswalsertal.at

2 LÜNERSEE

Mit seinem imposanten Alpenpanorama und der frischen Bergluft ist der Lünersee am oberen Ende des Brandnertals ein beliebtes Ausflugsziel. Um dorthin zu kommen, gibt es zwei Möglichkeiten: Entweder Sie nehmen die Seilbahn und stehen nach etwa sechs Minuten Fahrzeit am Ufer des imposanten Hochgebirgssees auf einer Höhe von 1 980 Meter oder Sie bewältigen die knapp 500 Höhenmeter vom Parkplatz zur Staumauer auf dem zwei Kilometer langen Wanderweg „Böser Tritt" (erfordert eine gute Kondition und mindestens eine Stunde Gehzeit).

www.luenersee.at

3 KÄSEHAUS MONTAFON

Ob typischer Bergkäse „Walserstolz" aus 100 Prozent Heumilch, mild-aromatischer Montafoner „Sura Kees" oder Ziegencamembert: Vorarlberg ist eine gute Adresse für Feinschmecker und Käseliebhaber. Eine gute Anlaufstelle zum Kennenlernen und Probieren der Vorarlberger Käsespezialitäten ist das Käsehaus in Schruns. Wer seinen Käse lieber selber

INFO

Vorarlberg Tourismus GmbH
Poststraße 11, 6850 Dornbirn
Österreich
Tel. +43 55723770330
www.vorarlberg.travel

TIPP
Am Sonnenkopf können Sie Mountainbikes für Kinder und Erwachsene ausleihen, um die Alpenbergwelt per Pedale zu erkunden.

machen möchte, kann dort sogar einen Sennkurs belegen.

www.kaesehaus-montafon.at

4 SONNENKOPF

Auf einer Höhe von 1841 Metern verspricht der Sonnenkopf im Klostertal alpinen Naturgenuss für die ganze Familie. Im Sommer gibt es eine Vielzahl idyllischer Wanderwege zu entdecken und im Bärenland sind Spiel, Spaß und Action an über 30 erlebnisreichen Spielstationen garantiert. So können sich die Kinder mit dem Floß über den See ziehen, eine Wasserwippe im Gleichgewicht halten oder im Schürffeld nach Schätzen graben. Der Eintritt ist frei und für die Fahrt mit der Seilbahn gibt es preiswerte Familientickets. Im Winter locken familienfreundliche Pisten und Nicht-Skifahrer können sich an den Winterwanderwegen erfreuen oder auf der rund zwei Kilometer langen Rodelbahn ihren Spaß haben.

www.sonnenkopf.com

5 SILVRETTA-HOCHALPEN-STRASSE

Ursprünglich vom Kraftwerksbetreiber für die Lkws zur Errichtung der Staumauer des Silvretta-Stausee angelegt, hat sich die spektakuläre Strecke schnell zur Touristenattraktion gemausert. Heute verbindet die gut 22 Kilometer lange Straße das Montafon in Vorarlberg mit dem Paznauntal in Tirol. 22 Kilometer, 34 Kehren und ein Pass auf 2032 Metern über dem Meer lauten die nüchternen Zahlen für die Gebirgsstraße, die als eine der schönsten der Alpen gilt. Die Serpentinen sind nicht zu eng und lassen sich auch mit dem Wohnmobil sicher fahren. Die maximale Steigung hält sich im Rahmen und so kann man bei der Fahrt das große Alpenpanorama-Kino mit schroffen, schneebedeckten Gipfeln, steilen Felswänden und sattgrünen Bergwiesen entspannt genießen.

www.silvretta-bielerhoehe.at

Von links: Die Silvretta-Hochalpenstraße ist eine Traumstraße zum Genießen./ Rosenkranzkapelle in Sonntag-Stein.

ALPENREGION BLUDENZ

TIPP **DIE GÄSTEKARTEN IM BRANDNERTAL,** Klostertal und in der Alpenstadt Bludenz berechtigen zur kostenlosen Nutzung von Bus und Bahn in ganz Vorarlberg. Mit der App „Clara" haben Sie die Gästekarte immer griffbereit auf dem Smartphone dabei. Sie erhalten die kostenlose Gästekarte von Ihrem Gastgeber bereits ab der ersten Übernachtung.

a/ Stellplatz Düns

Gepflegter und großzügig angelegter Stellplatz auf Schotter in ruhiger Lage am Ortsrand mit fantastischer Aussicht. Unkomplizierte Anmeldung in Selbstbedienung und Bezahlung im Umschlag hinter einer kleinen Holztür. Dort finden sich auch Gesellschaftsspiele und umfassende Informationen zu Wander- und Radmöglichkeiten in der Umgebung. In unmittelbarer Nachbarschaft bietet das Dorfgemeinschaftshaus einen kleinen Laden sowie eine Gaststätte. Mit dem Walserkamm im Rücken und dem Blick auf den Rätikon ist der Stellplatz das ideale Basislager für diverse Outdooraktivitäten von Spaziergängen über Wanderungen bis hin zu Mountainbiketouren.

ART: Wohnmobilstellplatz
ANZAHL DER PLÄTZE: 8
KOSTEN: Kategorie 2
BEZAHLUNG: bar
AUSSTATTUNG:
HAUSTIERE ERLAUBT: ja

RESERVIERUNG MÖGLICH: ja
BETRIEBSZEIT: April – November
ADRESSE: Dorfstraße 95, 6822 Düns (Anfahrt über Satteins)
www.stellplatz.duens.at

TIPP **NACH DEM RÜCKZUG DER GLETSCHER** vor 10 000 Jahren hat sich der Alvier tief in seinen eigenen Schotter eingegraben und die eindrucksvolle Bürser Schlucht im Brandnertal geformt. Eine tolle Möglichkeit, um die Schönheit und die geologischen Formationen der Schlucht zu bewundern, ist der beliebte, knapp fünf Kilometer lange Schluchtenrundweg. Der naturnahe Wanderweg ist perfekt für Touren mit der ganzen Familie geeignet und am Ende können Sie sich im Naturbadesee des Alvierbads in Bürs erfrischen.

b/ Alpencamping Nenzing

Luxus trifft auf Natur: Der 5-Sterne-Platz kombiniert eine erstklassige Lage mit Blick auf die Berge im Naturpark Nenzinger Himmel mit einer gehobenen Ausstattung und umfangreichem Wellnessbereich samt Saunen, Panoramaterrasse und Pool. Insbesondere mit größeren Wohnmobilen unbedingt die Anfahrtsroute über die Autobahnausfahrt Frastanz nehmen, sonst wird's eng.

ART: Campingplatz
ANZAHL DER PLÄTZE: 160
KOSTEN: Kategorie 3
BEZAHLUNG: bar/EC-Kreditkarte
AUSSTATTUNG:

HAUSTIERE ERLAUBT: ja (€)
RESERVIERUNG MÖGLICH: ab zwei Nächten
BETRIEBSZEIT: ganzjährig
ADRESSE: Garfrenga 1, 6710 Nenzing
www.alpencamping.at

TIPP **KEINE LUST AUF EINEN STANDARD-CAMPINGPLATZ?** Dann ist vielleicht die Online-Plattform „Schau aufs Land" etwas für Sie. Die Mitgliedschaft kostet knapp 40 Euro pro Jahr und gewährt Zugang zu über 800 teilnehmenden Bauernhöfen, Weingütern und anderen Betrieben in Österreich, auf denen die Mitglieder jeweils eine Nacht lang kostenlos stehen können. Auf der interaktiven Karte der Webseite erhält man Informationen zu jedem teilnehmenden Betrieb, einschließlich der vor Ort verfügbaren Einrichtungen und Aktivitäten in der Umgebung. www.schauaufsland.com

c/ Panoramacamping Sonnenberg

ART: Campingplatz
ANZAHL DER PLÄTZE: 30
KOSTEN: Kategorie 3
BEZAHLUNG: bar/EC-Kreditkarte

HAUSTIERE ERLAUBT: ja (€)
RESERVIERUNG MÖGLICH: ja
BETRIEBSZEIT: Mai–Sept.
ADRESSE: Hinteroferst 12, 6714 Nüziders
www.camping-sonnenberg.com

Zentral gelegener Campingplatz für Ausflüge in die umliegenden Täler (Großes Walsertal, Klostertal, Montafon, Brandnertal)

d/ Waldcamping Batmund

ART: Campingplatz
ANZAHL DER PLÄTZE: ca. 20
KOSTEN: Kategorie 2/3
BEZAHLUNG: bar/EC-Kreditkarte

HAUSTIERE ERLAUBT: ja (€)
RESERVIERUNG MÖGLICH: ja
BETRIEBSZEIT: ganzjährig
ADRESSE: Montafonerstr. 65c, 6791 St. Gallenkirch
www.waldcamping-batmund.com

Kleiner Naturcampingplatz am Startpunkt der Silvretta-Hochalpenstraße

e/ Camping Grosswalsertal

ART: CAMPINGPLATZ
ANZAHL DER PLÄTZE: 55
KOSTEN: Kategorie 2/3
BEZAHLUNG: bar/EC-Kreditkarte

HAUSTIERE ERLAUBT: ja (€)
RESERVIERUNG MÖGLICH: ja
BETRIEBSZEIT: Mai–Sept.
ADRESSE: Plazera 21, 6741 Raggal
www.camping-grosswalsertal.at

Campingplatz auf sonniger Terrasse im Großen Walsertal mit weitem Ausblick und kleinem Pool.

REISE

23

HOHE TAUERN

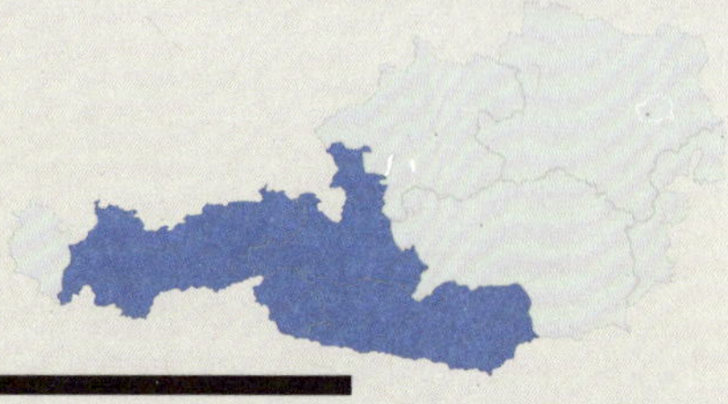

Der Nationalpark Hohe Tauern ist einer der größten und schönsten österreichischen Nationalparks. Er ist Heimat für eine Vielzahl an alpinen Tieren und Pflanzen und hält unzählige grandiose Natur- und Bergerlebnisse bereit.

★★★	★★	★★★	Salzburg, Tirol und Kärnten

Schroffe, schneebedeckte Gipfel, die sich majestätisch in den Himmel erheben. Dazwischen tiefe Täler mit blumenübersäten Almwiesen und rauschenden Gebirgsbächen. Abgesehen davon herrscht unberührte Stille und die Luft ist einzigartig klar und frisch. Der Nationalpark Hohe Tauern im Dreiländereck der österreichischen Bundesländer Salzburger Land, Kärnten und Tirol bildet das Herz der Alpen. 1981 unter Schutz gestellt, sind die Hohen Tauern der älteste Nationalpark Österreichs und mit einer Fläche von über 1 800 Quadratkilometern das größte Schutzgebiet der Alpen.

SPEKTAKULÄRES HOCHGEBIRGE

Nirgendwo sonst in Österreich sind die Gipfel höher, ist die Natur unberührter. Über 250 Gipfel der Hochgebirgslandschaft ragen mehr als 3 000 Meter hoch in den Himmel und entlang des rund 120 Kilometer langen Hauptkamms sind mit Großglockner (3 798 Meter) und Großvenediger (3 662 Meter) die beiden höchsten Berge Österreichs zu finden. Der einzigartige Lebensraum ist Heimat für seltene alpine Pflanzenarten wie Edelweiß, Enzian und Alpenveilchen. Herausragende Vertreter der heimischen Tierwelt sind Bartgeier, Gämse, Murmeltier, Steinadler und Steinbock. Um mehr über die Fauna und Flora, Geschichte oder Geologie des Nationalparks zu erfahren, bietet sich der Spaziergang auf einem der zahlreichen Themenwege auf eigene Faust an oder man geht in Begleitung eines Nationalpark-Rangers auf Tour.

Natürlich ist die atemberaubende Landschaft mit Gipfeln, Gletschern und Wasserfällen prädestiniert für alle Arten von Aktivitäten an der frischen Luft. Je nach Jahreszeit und Fitnessgrad lässt sich die einmalige Natur intensiv beim Wandern, Rad und Bootfahren oder beim Canyoning erleben. Im Winter sind die Hohen Tauern ein beliebtes Ziel für Skifahrer und Snowboarder.

NATUR ZUM GREIFEN NAH

Die zahlreichen Campingplätze der Region empfehlen sich als optimale Ausgangspunkte für Exkursionen in die eindrucksvolle Natur des Nationalparks. Beim ersten

Rechts: Die Raggaschlucht im Mölltal ist nicht die längste Schlucht Österreichs, mit 200 Metern Tiefe aber eine der spektakulärsten.

Kaffee des Tages können Sie die klare Bergluft einsaugen und den Blick über die spektakuläre Kulisse der schroffen Berggipfel schweifen lassen.

Radsportfreunde können aus einem großen Repertoire an unterschiedlichen Touren von der einfachen Panoramatour bis zum anspruchsvollen Mountainbike-Trail schöpfen. Entspanntes Radeln mit großartigen Landschaftseindrücken versprechen die einzelnen Etappen des Tauernradwegs, der auf einer Länge von insgesamt 270 Kilometern von Krimml bis Passau führt.

1 KRIMMLER WASSERFÄLLE

Mit einer Gesamtfallhöhe von 380 Metern sind die Krimmler Wasserfälle rund sechsmal so hoch wie die Niagarafälle und folglich ein Anziehungspunkt für Touristen aus der ganzen Welt. Der eindrucksvollen Urgewalt der rauschenden Wassermassen, die sich über drei Stufen in die Tiefe stürzen, tut der Trubel aber keinen Abbruch. Vom Eingang sind es rund zehn Minuten Gehzeit bis zum untersten Wasserfall. Von dort wandern Sie in Serpentinen in etwa neunzig Minuten hinauf zum Obersten Achenfall. Unterwegs gewähren zahlreiche Aussichtsplattformen atemberaubende Ausblicke und die Möglichkeit, die unbändige Kraft des donnernden Wasserfalls aus nächster Nähe zu erleben (Mitte April – Ende Oktober).

www.wasserfaelle-krimml.at

2 GROSSGLOCKNER-HOCHALPENSTRASSE

Nach jeder Kurve ein neues Bergpanorama. Kein Wunder, wurde die Großglockner Hochalpenstraße zwischen Fusch im Salzburger Land und Heiligenblut in Kärnten doch 1935 eröffnet, um Autofahrern das Hochgebirge zu erschließen. Die knapp 50 Kilometer lange Erlebnisstraße ist gut ausgebaut und lässt sich – mit Ausnahme der Stichstraße hinauf zur

INFO

Nationalpark-Region Hohe Tauern
Tourismusverband Osttirol
Mühlgasse 11, 9900 Lienz
Tel. +43 48242700
www.hohetauern.info
www.hohetauern.at

Edelweißspitze – problemlos mit dem Wohnmobil meistern. Unterwegs laden zahlreiche Parkplätze, Gasthöfe und Ausstellungen sowie atemberaubende Ausblicke auf die beeindruckende Hochgebirgslandschaft zu Zwischenstopps ein. Die Großglockner-Hochalpenstraße ist von Anfang Mai bis Ende Oktober geöffnet. In den Saisonrandzeiten können Winterreifen und Schneeketten obligatorisch werden. Die Tageskarte kostet 40 Euro (für Wohnmobile > 3,5 Tonnen wird der teurere Lkw-Tarif fällig), das Campieren ist auf der gesamten Strecke verboten.

www.grossglockner.at

3 WALLFAHRTSKIRCHE ST. VINZENZ IN HEILIGENBLUT

Die Wallfahrtskirche St. Vinzenz in Heiligenblut, die ihren eleganten schlanken Turm mit seinem spitzen Helm vor der grandiosen Kulisse des schneegepuderten Großglockner-Massivs dem Himmel entgegenstreckt, ist wohl eines der berühmtesten Fotomotive in Kärnten. Im Inneren gibt es einen prächtigen gotischen Hochaltar aus dem Jahre 1520 zu bewundern und in der Krypta unter dem Chor ruht der byzantinische Feldherr Briccius. Er war es, der der Legende nach das Blut Christi nach Kärnten brachte. Aufbewahrt wird die Reliquie in dem 13 Meter hohen Sakramentshäuschen aus Sandstein an der nördlichen Chorwand.

www.heiligenblut.at

4 BESUCHERZENTRUM MALLNITZ

Das Besucherzentrum in Mallnitz ist eine gute Anlaufstelle, um mehr über den Nationalpark Hohe Tauern zu erfahren. Die interaktive Ausstellung „univerzoom nationalpark" macht die einmalige Natur des alpinen Raumes erlebbar und im „rangerlab" kann an zahlreichen Erlebnisstationen selbst geforscht und experimentiert werden. Das Besucherzentrum macht von November bis Mitte April Winterpause. Weitere Nationalparkinfozentren sind in Mittersill und Matrei zu finden.

www.besucherzentrum-mallnitz.at

5 RAGGASCHLUCHT

Die Raggaschlucht, Naturdenkmal seit 1978, zählt trotz ihrer überschaubaren Länge zu den imposantesten Schluchten der Alpen. Die Holzstege und Treppen führen auf einer Länge von 800 Metern an den senkrecht aufsteigenden Felswänden oberhalb des rauschenden Wassers für rund 200 Höhenmeter bergan und das Stöckelschuh-Verbotsschild am Eingang zur Schlucht hat definitiv seine Berechtigung. Der Rückweg führt auf einem breiten, bisweilen steilen Weg durch den Wald hinab nach Schmelzhütten. Geöffnet ist die Raggaschlucht von Anfang Mai bis Ende Oktober. Parkmöglichkeiten für Wohnmobile finden sich hinter der Touristeninformation an der Hauptstraße.

www.raggaschlucht.info

TIPP
Im Kristallmuseum Bramberg gibt es die schönsten Mineralien und Kristalle aus dem Nationalpark Hohe Tauern zu sehen.
www.museumbramberg.at

Links, von oben: Das Bergsteigerdorf Mallnitz ist das Tor in die Hohen Tauern./ Auf der Kaiser-Franz-Josefs-Höhe erinnert eine Statue an den Besuch von Kaiser Franz Joseph I. Rechts, von links: Der Berggasthof auf der Edelweißspitze markiert den höchsten Punkt der Großglockner-Hochalpenstraße./ Die spätgotische Pfarrkirche ist das architektonische Kleinod der Gemeinde Heiligenblut am Fuß des Großglockner.

HOHE TAUERN

a/ Panorama Stellplatz Friedburg

Familie Unterassner betreibt ihren Gasthof und Wohnmobilstellplatz mit viel Enthusiasmus und man fühlt sich sofort willkommen. Die Aussicht von der kleinen Anhöhe über das Salzachtal und die umliegenden Berggipfel ist gigantisch und der Stellplatz ein idealer Ausgangspunkt für Wanderungen oder Mountainbike-Touren im Nationalpark Hohe Tauern. Wer lieber entspannt durchs Tal radeln möchte, kann das auf dem Tauernradweg machen. Falls die Küche im Wohnmobil einmal kalt bleiben soll, bietet Ihnen der Gasthof eine gute Auswahl an regionalen und internationalen Spezialitäten.

ART: Wohnmobilstellplatz
ANZAHL DER PLÄTZE: 20
KOSTEN: Kategorie 1
BEZAHLUNG: bar
AUSSTATTUNG:

HAUSTIERE ERLAUBT: ja (€)
RESERVIERUNG MÖGLICH: ja
BETRIEBSZEIT: ganzjährig
ADRESSE: Scheffau 96, 5741 Neukirchen am Großvenediger
www.gasthof-friedburg.at

TIPP **VOM AUSSICHTSPUNKT** an der Kaiser-Franz-Josefs-Höhe, die ihren Namen dem Besuch des Habsburgerregenten mit seiner Gemahlin Kaiserin Elisabeth, besser bekannt als Sisi, im Jahre 1856 verdankt, gelangen Sie mit der historischen Gletscherbahn hinab zur Pasterze. Allerdings hat der Klimawandel auch den mächtigsten Gletscher der Ostalpen auf Diät gesetzt. Reichte das Eis beim Bau 1963 tatsächlich noch bis zur Talstation, muss man heute mindestens eine dreiviertel Stunde wandern, um am Rand der Gletscherzunge zu stehen.

TIPP **DER GLOCKNER RADWEG R8** schlängelt sich vom Jungfernsprung-Wasserfall zwischen Heiligenblut und Großkirchheim durch das Mölltal bis nach Spittal an der Drau und verspricht komfortables Flussradeln für die ganze Familie mitten im Hochgebirge. Wem die komplette Strecke von 80 Kilometern zu lang ist, kann einen Teil der Strecke per Bus zurücklegen.

b/ Nationalpark Camping Großglockner

Der weitläufige, naturnahe Platz in ruhiger Lage am Ortsrand von Heiligenblut am Fuß der Kärntner Bergwelt begeistert mit einem grandiosen Panorama von der Pfarrkirche von Heiligenblut bis zum Großglockner und bietet herrlich unkomplizierten Campinggenuss, denn man darf sich seinen Stellplatz auf der großen Wiese oder den Terrassenflächen selbstständig aussuchen. Die Sanitäranlagen sind zwar etwas in die Jahre gekommen, aber gut gepflegt.

ART: Campingplatz
ANZAHL DER PLÄTZE: 150
KOSTEN: Kategorie 3
BEZAHLUNG: bar / Kreditkarte (ab 2 Nächten)
AUSSTATTUNG:
HAUSTIERE ERLAUBT: ja (€)
RESERVIERUNG MÖGLICH: ja
BETRIEBSZEIT: ganzjährig
ADRESSE: Hadergasse 11, 9844 Heiligenblut
www.nationalpark-camping.at

TIPP **WÄHREND DAS BERGAUFFAHREN** mit einem modernen Wohnmobil dank starker Motoren keine großen Probleme bereitet, sollte man auf dem Weg die Serpentinen hinunter unbedingt darauf achten, dass die Bremsanlage nicht überhitzt. Lieber kurz und kräftig bremsen, als ständig auf der Bremse stehen, damit sich die Bremse zwischendurch zumindest etwas abkühlen kann. Große Vorsicht ist geboten, sobald es verbrannt riecht. Dann sind die Bremsen überhitzt! Sofort anhalten und abkühlen!

---

c/ Alpencamping Raggaschlucht

ART: Campingplatz
ANZAHL DER PLÄTZE: 20
KOSTEN: Kategorie 2
BEZAHLUNG: bar
HAUSTIERE ERLAUBT: ja (€)
RESERVIERUNG MÖGLICH: ja
BETRIEBSZEIT: Mai – Oktober
ADRESSE: Schmelzhütten 24, 9831 Flattach
www.bidner-flattach.at

Familiärer Campingplatz auf einer Wiese neben einem kleinen Bach direkt am Eingang zur Raggaschlucht.

d/ Sportcamp Woferlgut

ART: Campingplatz
ANZAHL DER PLÄTZE: 200
KOSTEN: Kategorie 3
BEZAHLUNG: bar/EC-Kreditkarte
HAUSTIERE ERLAUBT: ja (€)
RESERVIERUNG MÖGLICH: ja
BETRIEBSZEIT: ganzjährig
ADRESSE: Krössenbach 40, 5671 Bruck/Großglockner
www.sportcamp.at

Mehrfach ausgezeichneter 5-Sterne-Platz mit Blick auf die Berge, eigenem Badesee und umfangreichem Sportprogramm.

e/ Hotel Schlosswirt

ART: Wohnmobilstellplatz
ANZAHL DER PLÄTZE: 5
KOSTEN: Kategorie 1
BEZAHLUNG: bar/Kreditkarte
HAUSTIERE ERLAUBT: ja
RESERVIERUNG MÖGLICH: nein
BETRIEBSZEIT: ganzjährig
ADRESSE: Döllach 100, 9843 Großkirchheim
www.schlosswirt.net

Ruhiger Stellplatz an einem Hotel-Restaurant mit Bergblick.

REISE
24

VILLACH UND SEINE SEEN

Berge, Seen und Stadt: Die Region rund um die Draustadt Villach liegt mitten im Herzen Kärntens und präsentiert sich mit Faaker und Ossiacher See als wahres Naturparadies für das perfekte Urlaubsglück.

★★★	★★★	★★★	Kärnten

Oben auf den Bergen suchen die Gämsen nach Futter, genießt man die Aussicht auf die Gipfel der Alpe-Adria-Region, unten funkeln die zahlreichen Seen in der fast schon mediterranen Sonne. Das malerische Villach am Zusammenfluss von Drau und Gail ganz im Süden Österreichs nahe der italienischen und slowenischen Grenze ist das Tor zu den Villacher Alpen. Die zahlreichen Badeseen, von denen der abwechslungsreiche Ossiacher See und der türkisgrüne Faaker See zwar die bekanntesten, die anderen deshalb aber nicht weniger reizvoll sind, bieten unzählige Gelegenheiten für sommerliche Abkühlungen. Wassersportbegeisterte finden Möglichkeiten zum Schwimmen, Surfen, Tauchen oder Wasserskifahren und natürlich werden auch Trendsportarten wie Wakeboarding oder Stand-up-Paddeln angeboten.

Wer stattdessen die Berge bevorzugt, bekommt im Naturpark Dobratsch und auf der Gerlitzen Alpe unvergessliche Aussichten und unendliche Möglichkeiten zum Wandern, Bergsteigen und Skifahren.

WANDERN MIT GENUSS UND KONZERTE DER EXTRAKLASSE

Im Rahmen des Hüttenkult laden ausgewählte Berghütten im Dreiländereck von Österreich, Slowenien und Italien dazu ein, die tollen Wanderwege der hiesigen Bergwelt grenzenlos zu erleben und dabei die Schmankerln und kulinarischen Spezialitäten aus Kärnten und dem Alpe-Adria-Raum zu kosten. Entschleunigung versprechen die vier Slow Trails an Bleistätter Moor, Afritzer See, Faaker See sowie am Kloster Wernberg. Die vier kurzen, besonders abwechslungsreichen Wanderwege bieten mit ihrer schönen Landschaft ideale Bedingungen, um Kraft zu tanken und die Seele baumeln lassen.

Mit dem Projekt „Lake-Bike" hat sich die Region zu einer Top-Mountainbike-Destination entwickelt. Das Angebot umfasst Trails und Touren aller Schwierigkeitsstufen, vom Übungsparcours für Kids über Flowtrails bis hin zum anspruchs-vollen Singletrails für Profis.

Kultureller Höhepunkt ist der Carinthische Sommer im Juli und August, der sich nach der Gründung 1969 schnell zu

einem der bedeutendsten Musikfestivals Österreichs entwickelt hat. Musikbegeisterte aus der ganzen Welt erwartet neben hochkarätigen Musiker und Ensembles eine Auswahl vielfältiger, zum Teil ungewöhnlicher Spielstätten von der Stiftskirche über den Barock- und Rittersaal im Stift Ossiach bis hin zum Steinbruch.

ERLEBNISSE BEI JEDEM WETTER

Ob Natur und Sport oder Kultur und Genuss: Dank der Lage auf der Südseite der Alpen währt das Urlaubsglück in der Region Villach – Faaker See – Ossiacher See länger als anderswo. Da ist es kein Wunder, dass eine große Auswahl an erstklassigen Campingplätzen mit moderner Ausstattung und abwechslungsreichen Freizeitprogrammen auf die Campinggäste wartet und natürlich hat fast jeder einen eigenen Strand.

Und falls die Sonne einmal nicht scheinen sollte, gibt es genug spannende Freizeitaktivitäten. Die Kärnten-Therme in Villach zum Beispiel, die erholsame Thermalanwendungen ebenso zu bieten hat wie spritzigen Rutschenspaß. Oder wie wäre es mit einem Besuch der beiden Schaubergwerke „Terra Mystica" und „Terra Montana", die die Erinnerung an ein ursprünglich 1 300 Kilometer langes Stollensystem im Bad Bleiberger Erzberg am Leben erhalten und anschaulich über die Geologie und die Arbeitswelt der Bergleute informieren? Dabei ist schon der Weg in die Unterwelt ein rasantes Abenteuer: Hinab geht es mit der 68 Meter langen Bergmannsrutsche.

Links: An der Draubrücke in Villach erinnert ein Bronzenarr an den Villacher Fasching. Rechts: Die Draustadt Villach empfängt ihre Gäste mit mediterranem Flair.

1 WEISSENSEE

Wie ein Fjord zwängt sich der knapp 12 Kilometer lange und bis zu 900 Meter breite Weißensee mit seinem türkisfarbenen Wasser auf einer Höhe von 930 Metern zwischen die Berggipfel der Gailtaler Alpen. Weite Teile des Seeufers sind unverbaut und nur ein schmaler, steiler Pfad verbindet den Ronacherfels mit dem abgelegenen Ostufer. Ein Großteil des Sees steht unter Naturschutz und etwa auf halber Höhe endet die Uferstraße am Nordufer. Danach geht es nur noch zu Fuß oder mit dem Ausflugsschiff weiter. Da Parkplätze dort knapp sind, steuert man das Wohnmobil besser auf den großen Tagesparkplatz am Ostufer.

www.weissensee.com

2 VILLACH

Etwa auf halber Strecke zwischen Ossiacher und Faaker See liegt Villach. Kärntens zweitgrößte Stadt mit rund 62 000 Einwohnern lädt mit einer lebhaften Altstadt und einzigartiger Atmosphäre zum Flanieren und Entdecken ein. Durch die Nähe zu Slowenien und Italien kombiniert Villach mediterranen Freigeist mit alpiner Lebensart und so wird in den Cafés nicht nur traditionelle österreichische Melange, sondern auch Cappuccino getrunken und neben Sachertorte auch Tiramisu serviert. Gleichzeitig ist Villach die wohl närrischste Stadt Österreichs. Höhepunkt des Villacher Faschings ist der bunte Umzug am Faschingssamstag, bei dem sich scheinbar die gesamte Stadt kostümiert.

www.visitvillach.at, www.villacher-fasching.at

3 NATURPARK DOBRATSCH

Der südwestlich der Stadt gelegene Villacher Hausberg, der Dobratsch, wird durch die Villacher Alpenstraße erschlossen. Die gut 16 Kilometer lange Mautstrecke führt in einigen Kehren und vorbei an schönen Aussichtsplätzen bis auf den Parkplatz an der Rosstratte auf 1 732 Me-

INFO

Region Villach Tourismus GmbH
Peraustraße 32, 9500 Villach
Österreich
Tel. +43 424242000
www.visitvillach.at

ter Seehöhe. Dort startet der gut zu gehende, aussichtsreiche Panoramaweg auf den Gipfel (2 166 Meter). Für die einfache Strecke braucht man etwa 1,5 Stunden und die Mühen werden mit grandiosen Ausblicken auf Villach, die Karawanken, die Julischen Alpen und ein großes Bergsturzgebiet an der Südflanke des Dobratsch belohnt. Am Ende warten das Gipfelkreuz und in unmittelbarer Nachbarschaft gleich zwei der höchstgelegenen Kirchen Europas.
www.naturpark-dobratsch.at,
www.villacher-alpenstrasse.at

4 GERLITZEN ALPE

Ausgehend vom Ufer des Ossiacher Sees schwebt man bequem erst mit der Kabinenbahn, dann mit dem Sessellift auf den 1911 Meter-hohen Gipfel mit herrlichem Ausblick. Das Panorama reicht von den Dreitausendern der Hohen Tauern im Westen über die Julischen Alpen im Süden bis zum Wörthersee im Osten. Von der Gipfelstation führt der Traumbogen-Höhenrundweg (ca. 1,5 Stunden Wanderzeit) mit fantastischen Ausblicken auf die Berg- und Seenlandschaft zu Füßen einmal rund um den Gerlitzen-Gipfel.
www.gerlitzen.com

5 FAAKER SEE

Der Faaker See ist ein Traum in Grün und Türkis. Dank der vielen Sonnenstunden auf der Südseite der Alpen klettert die Wassertemperatur im Sommer auf bis zu 28 Grad. So zählt die „Karibik Kärntens" am Fuß des pyramidenförmigen Mittagskogel (2 145 Meter) zu einem der wärmsten Badeseen in Österreich. Neben den campingplatzeigenen Stränden bieten die öffentlichen Strandbäder in Egg und Faak am See eine Möglichkeit, um ins Wasser zu springen. Kostenlose Seezugänge gewähren der Siedlerstand am Ostufer und die Badestelle am Ende der Halbinsel hinter dem Bundessportheim am Westufer.
www.visitvillach.at

Links, von oben: Auf dem Gipfel des Villacher Hausbergs, des Dobratsch, erheben sich gleich zwei Gotteshäuser./ Von der Aussichtsplattform Gams- und Gipfelblick bietet sich ein herrlicher Blick ins Dreiländereck Österreich, Italien und Slowenien./ Die Gerlitzen Alpe ist zu jeder Jahreszeit ein beliebtes Ausflugsziel. Rechts, von links: Von der Bergstation der Kanzelbahn führt der Traumbogen-Höhenrundweg einmal rund um den Gipfel der Gerlitzen Alpe./ Der Faaker See gilt als der südlichste Badesee in Österreich.

VILLACH UND SEINE SEEN

TIPP **DAS MAIBACHL** an der sogenannten Napoleonswiese am südwestlichen Stadtrand von Villach ist ein kleiner Natur-Whirlpool, der mit 29 °C warmem Wasser mitten im Wald zum erholsamen Bad einlädt. Die Chancen, dass die Thermalquelle fließt, stehen am besten zur Zeit der Schneeschmelze und nach starken Regenfällen. In der Kärnten Therme lässt sich rund ums Jahr im heilenden Thermalwasser entspannen.

a/ Seecamping Berghof

Weitläufiger Campingplatz mit modernen Sanitäranlagen und toller Lage auf mehreren Terrassen in einem parkartigen Gelände unter hohen alten Laubbäumen am Südufer des Ossiacher Sees mit Blick auf die Gerlitzen Alpe am Ufer gegenüber. Ob Kinderanimation, Adventure-Golf-Anlage, Mietbäder, Indoor-Spielplatz oder Badestrand mit Liegewiese – der insbesondere bei Familien beliebte Komfortplatz lässt keine Wünsche offen und selbst an eine platzeigene Anlegestelle für die Ossiacher-See-Schifffahrt wurde gedacht.

ART: Campingplatz
ANZAHL DER PLÄTZE: 380
KOSTEN: Kategorie 3
BEZAHLUNG: bar/EC-Kreditkarte
AUSSTATTUNG:
HAUSTIERE ERLAUBT: nur in der Nebensaison
RESERVIERUNG MÖGLICH: in Hauptsaison erst ab 7 Übernachtungen, in Nachsaison ab 3 Übernachtungen
BETRIEBSZEIT: April – Oktober
ADRESSE: Ossiacher See Süduferstraße 241, 9523 Villach/Landskron
www.seecamping-berghof.at

TIPP **LECKER ESSEN UND TRINKEN** mit der schönsten Aussicht über den Faaker See kann man auf der Taborhütte. Hinauf führt ein 2,5 Kilometer kurzer Wanderweg von Egg am Faaker See (etwa 30 Minuten). Noch ein Stück höher geht es auf einem der Kletterparcours im Waldseilgarten, wer weniger Action sucht, kann seine Treffsicherheit mit Pfeil und Bogen im 3D-Bogenparcours unter Beweis stellen oder den Schläger auf den 18 Adventure-Golf-Bahnen schwingen. www.hochhinauf.at

b/ Schlaferhof

Ankommen und Wohlfühlen. Dieser Panoramastellplatz an einem bewirtschaften Bauernhof punktet mit der fantastischen Aussicht ins Tal und supernetten Gastgebern, die bei Problemen oder Fragen gerne mit Rat und Tat zur Seite stehen. Statt Brötchenservice gibt es hier die Möglichkeit, frische Milch oder selbst produzierten Joghurt zu kaufen, und autarke Camper mit eigenem Sanitär an Bord (eine Entsorgung für Chemie-Toiletten gibt es nicht!), die die Nähe zur Natur suchen, stehen hier garantiert goldrichtig.

ART: Wohnmobilstellplatz
ANZAHL DER PLÄTZE: 5
KOSTEN: Kategorie 1
BEZAHLUNG: bar/EC-Kreditkarte/Sonstiges
AUSSTATTUNG:

HAUSTIERE ERLAUBT: ja
RESERVIERUNG MÖGLICH: am besten kurz vor der Anreise nach freien Plätzen erkundigen
BETRIEBSZEIT: ganzjährig
ADRESSE: Laas 28, 9712 Fresach

TIPP **LUST AUF SELBST GEBACKENES BROT,** duftenden Schokokuchen oder deftigem Gemüseauflauf? Im Campingfachhandel gibt es praktische Campingbacköfen in Form einer 3-teiligen Aluminiumform, die aus dem Gasherd einen Backofen mit Ober- und Unterhitze machen. So braucht niemand unterwegs auf frische Backwaren zu verzichten, egal in welchem Reisemobil er unterwegs ist.

c/ Alpencamp Kötschach-Mauthen

ART: Campingplatz
ANZAHL DER PLÄTZE: 200
KOSTEN: Kategorie 2/3
BEZAHLUNG: bar/EC-Kreditkarte

HAUSTIERE ERLAUBT: ja (€)
RESERVIERUNG MÖGLICH: ja
BETRIEBSZEIT: ganzjährig
ADRESSE: Kötschach 284, 9640 Kötschach-Mauthen
www.alpencamp.at

Überschaubarer, naturnaher Platz mit Blick auf die Gipfel der Karnischen Alpen, Wohlfühlstadl mit Wellness- und Saunalandschaft.

d/ Camping Arneitz

ART: Campingplatz
ANZAHL DER PLÄTZE: 400
KOSTEN: Kategorie 3
BEZAHLUNG: bar/EC-Karte

HAUSTIERE ERLAUBT: ja (€)
RESERVIERUNG MÖGLICH: nein
BETRIEBSZEIT: Mai–Sept.
ADRESSE: Seeuferlandesstraße 53, 9583 Faak am See
camping.arneitz.at

Riesiger, unkomplizierter Platz mit freier Stellplatzwahl unter hohen Kiefern direkt am See.

e/ Caravan- und Wohnmobilstellplatz Gailberghöhe

ART: Wohnmobilstellplatz
ANZAHL DER PLÄTZE: 36
KOSTEN: Kategorie 2
BEZAHLUNG: bar/EC-Kreditkarte/Sonstiges

HAUSTIERE ERLAUBT: ja
RESERVIERUNG MÖGLICH: nein
BETRIEBSZEIT: ganzjährig
ADRESSE: Gailberg 1, 9640 Kötschach-Mauthen
www.gailberg.at

Terrassenförmig angelegter Stellplatz an einem Gasthof mit Schranke (Anreise bis 21.30 Uhr).

REISE
25

GRAZ UND THERMENLAND

Die Steiermark ganz im Südosten ist Österreichs grünstes Bundesland. Die Erlebnisregion Thermen- und Vulkanland erwartet ihre Gäste mit einer sanften Hügellandschaft, heißen Quellen und kulinarischen Genüssen.

★★	★★★	★★	Steiermark

Neben einer der schönsten barocken Altstädte Europas hat Graz als lebendiges wirtschaftliches und kulturelles Zentrum der Steiermark auch jede Menge Museen, Theater und Galerien zu bieten und in den malerischen Gassen, die von historischen Gebäuden gesäumt werden, laden gemütliche Cafés und Restaurants zum Verweilen und Genießen ein.

ERFRISCHUNG FÜR KÖRPER UND GEIST

Südöstlich der Landeshauptstadt liegt mit dem steierischen Thermen- und Vulkanland ein Eldorado für Entspannung und Erholung. Die Region ist bekannt für das bis zu 110 °C heiße, gesundheitsfördernde Thermalwasser, welches aus einer Tiefe von bis zu 3 000 Metern in die Thermen in Bad Radkersburg, Bad Gleichenberg, Loipersdorf, Bad Blumau und Bad Waltersdorf sprudelt. Aufgrund der unterschiedlichen Mineralisierung der einzelnen Quellen hat sich jeder der fünf Thermenorte auf einen andern Behandlungsschwerpunkt spezialisiert. Aber egal, in welchem steierischen Thermalwasser Sie baden, der Stress hat keine Chance. Besonders familienfreundlich zeigt sich dagegen die Therme in Bad Waltersdorf mit der Doppelreifenrutsche „Blauer Blitz" und umfangreichem Wasserspielgarten.

AKTIVE ENTSPANNUNG

Der vulkanische Ursprung der Landschaft liegt lange zurück. Der erste Krater entstand vor rund 17 Millionen Jahren bei Bad Gleichenberg, als die afrikanische Kontinentalplatte begann, sich unter die europäische zu schieben. Aktive Vulkane gibt es schon längst nicht mehr und nur noch die verwitterten Überreste der ursprünglichen Vulkankegel ragen als weithin sichtbare Landmarken über die weite Landschaft mit sanften, saftig grünen Hügeln, Weinbergen, Obstgärten, Kürbisfeldern, dem ein oder anderen Schloss und so mancher Burg.

Die liebliche Landschaft des Thermen- und Vulkanlands lädt zum Wandern, Radfahren und Baden ein. Das Radwegenetz bietet mit über 3 000 Kilometern Länge mehr als genug Radel-Möglichkeiten für einen Sommerurlaub. Entspannten Natur-

genuss versprechen die gut beschilderten Themenradwege, auf denen Genussmanufakturen und Wirtschaften zum Zwischenstopp einladen. Empfehlenswert sind unter anderem die Gaumenfreuden-Tour bei Riegersburg (etwa 43 km), die Lucullus-Tour auf den Spuren der Römer rund um Bad Waltersdorf (etwa 13 km) oder die Wein- und Wassertour (etwa 42 km) durch das Radkersburger Teich- und Hügelland. Auch Wanderer finden eine Vielzahl von leichten Genusstouren bis zu sportlich-herausfordernden Etappen. Ganz im Zeichen des steierischen Weines steht der Weinweg der Sinne in Sankt Anna am Aigen. Die Wanderzeit für die gesamte Strecke von rund 14 Kilometer Länge beträgt etwa viereinhalb Stunden, es sind aber auch Abkürzungen möglich.

URLAUBSGLÜCK AUF DEM TELLER UND IM GLAS

Eine kulinarische Institution der Steiermark sind die Buschenschänken. Nirgendwo sonst lässt sich die regionale Kulinarik mit einer kalten Brettljause, Käferbohnensalat und einem Glas Weißburgunder besser genießen als in der urigen Winzerstube oder auf der Panoramaterrasse inmitten der Weingärten.

Graz und das Thermen- und Vulkanland bieten eine Fülle von Möglichkeiten für einen abwechslungsreichen und unvergesslichen Urlaub mit dem Wohnmobil. Dabei ist es in jedem Fall eine gute Idee, die WoMo-Küche einmal kalt zu lassen, um die lokalen Schmankerln und den guten Wein in authentischer Atmosphäre zu genießen.

Von oben: Wenn Wellness und Architektur verschmelzen: Das Rognerbad in Bad Blumau lädt dazu ein, Körper und Geist in einem einzigartigen Ambiente zu verwöhnen./ Ob Whisky, Käse oder Schokolade: Die Vulkanlandroute 66 ist dem Genuss auf der Spur.

1 SCHLOSSBERG UND ALTSTADT IN GRAZ

Die Hauptstadt der Steiermark ist zugleich Österreichs zweitgrößte Stadt und empfängt ihre Gäste mit einer spannenden Mischung aus Tradition, Moderne und Lebensfreude. Erbe aus Mittelalter und Renaissance, als Graz prächtige Residenz der Habsburger war, ist die prächtige, mittelalterliche Altstadt und seit 1999 steht das Labyrinth aus verwinkelten Gassen, Hinterhöfen und Parks auf der Liste des UNESCO-Weltkulturerbes. Einen reizvollen Kontrast zu den historischen Gemäuern schafft die Murinsel. Die an eine geöffnete Muschel erinnernde Stahlkonstruktion war ursprünglich als temporärer Hingucker anlässlich des Kulturhauptstadtjahres 2003 gedacht, mittlerweile gehört das extravagante Werk des New Yorker Künstlers Vito Acconci aber längst zum Stadtbild. Ebenso wie der Uhrenturm, der als Wahrzeichen oben auf dem Schlossberg thront. Hinauf, um den tollen Rundblick über die Dächer und Gärten der Stadt schweifen zu lassen, geht es entweder zu Fuß über 260 Stufen, per Schlossbergbahn oder am schnellsten mit dem Lift.

www.graztourismus.at

2 RIEGERSBURG

Wie eine Ritterburg aus dem Bilderbuch thront die wehrhafte Riegersburg fast 500 Meter hoch oben auf dem Basaltkegel eines erloschenen Vulkans. Wer die Festungsanlage erkunden möchte, kann dies entweder über den historischen Fußweg oder bequem mit dem Panoramalift an der Nordseite des Burghügels tun.
In der Burg (geöffnet von April bis Oktober) gibt es die historischen Prunkräume, die Innenhöfe sowie das Hexen-, Waffen- und Burgmuseum zu sehen und nach dem Rundgang kann man sich in der Burgtaverne stärken, den Burgwein kosten, der in den Weingärten auf dem Vulkanfelsen gedeiht und dabei die Aus-

TIPP
Geschwindigkeiten von bis zu 30 km/h erreichen große und kleine Rutschenfans auf der 170 Meter langen Abfahrt durch den Schlossbergstollen.

INFO

Tourismusinformation Region Graz
Herrengasse 16, 8010 Graz
Tel.: +43 31680750
www.graztourismus.at und
Tourismusverband Thermen- & Vulkanland
Hauptstraße 2a, 8280 Fürstenfeld
Tel. +43 338255100
www.steiermark.com/de/Thermen-Vulkanland

sicht auf das steierische Hügelland genießen. Abgerundet wird der Ausflug mit einem Besuch der faszinierenden Greifvogelschau.
www.dieriegersburg.at

3 ZOTTER ERLEBNISWELT

Die Zotter Erlebniswelt in Bergl ist ein Traum für alle kleinen und großen Naschkatzen. Bei der Schoko-Genuss-Tour durch das Schokoladen-Theater erlebt man in der gläsernen Manufaktur hautnah alle Produktionsschritte mit, die nötig sind, um aus einer Kakaobohne eine Tafel Schokolade entstehen zu lassen. Probieren dürfen Sie die Schokolade (soviel man möchte!) natürlich auch. Unter den rund fünfhundert Schokosorten finden sich auch jede Menge kreative Geschmacksrichtungen wie „Cola & Popcorn" oder „Waldbeer-Kokos mit Dattelzucker". Zum anschließenden Verdauungsspaziergang lädt der „Essbare Tiergarten" ein, in dem gefährdete Tierrassen leben und regionale Obst- und Gemüsesorten gedeihen. Riesenrutsche, Bauerngolf und Abenteuerspielplatz sorgen für Spaß bei den Kleinen.
www.zotter.at

4 ROGNER BAD BLUMAU

Das märchenhafte Rogner Bad Blumau mit den für die Architektur Friedensreich Hundertwasser so typischen runden, geschwungenen Formen ohne Ecken und Kanten, goldenen Kuppeln und grün bewachsenen Dächern ist ein Augenschmaus und verspricht Ruhe und Entspannung im Einklang mit der Natur. Die farbenfrohe Bade- und Saunalandschaft inmitten der lieblichen Parklandschaft umfasst 14 unterschiedliche Becken, die mit Thermalwasser aus bis zu 3 000 Meter Tiefe gespeist werden. Die Badetemperatur liegt bei angenehmen 21 bis 37 °C. Zum gemütlichen Spazierengehen lädt der im Stil einer natürlichen Auenlandschaft gestaltete Kurpark, der die Verbindung vom Ortskern zur Thermenlandschaft herstellt.
www.blumau.com

5 BAD GLEICHENBERG

Ruhig und beschaulich geht es im Kurort Bad Gleichenberg südlich von Feldbach zu. Schon seit der ersten Hälfte des 19. Jahrhunderts ist die wohltuende Wirkung der hiesigen Thermalquellen auf Erkrankungen von Atemwegen und Haut bekannt. Der etwa 20 Hektar große Kurpark mit seinen exotischen Bäumen und Sträuchern lädt zu entspannten Spaziergängen ein und in der „Therme der Ruhe" ist der Name Programm. Rund um den Ort laden zahlreiche Wanderwege zu schönen Ausflügen ein, zum Beispiel zur Ruine der Burg Gleichenberg auf 427 Metern Höhe.
www.bad-gleichenberg.at,
www.diethermederruhe.at

Von links: Der 28 Meter hohe Uhrenturm auf dem Schlossberg ist das Wahrzeichen von Graz./ Die goldenen Kuppeln des Rognerbads Blumau sind ein typisches Element der Hundertwasser-Architektur.

GRAZ UND THERMENLAND

TIPP **DER WEIN-ERLEBNIS-WEG** Bad Loipersdorf umfasst einen großen (16,7 km) und zwei kleine Rundwanderwege (10,6 bzw. 9 km), die Naturerlebnis und Genuss kombinieren. Entlang der Strecke laden Buschenschänken und Gastronomiebetriebe zur Einkehr ein. Die eigens eingerichteten „Wein-Rast-Platzln" ermöglichen die Verkostung der regionalen Produkte unabhängig von den Öffnungszeiten. www.loipersdorf.at

a/ Reisemobilstellplatz Graz

Großer, gut organisierter und unkomplizierter Platz neben dem Freibad im Ortsteil Straßgang. In etwa 20 Minuten gelangen Sie mit der Buslinie 32 (ca. 5 Minuten Fußweg bis zur Haltestelle) zum Jakominiplatz im Zentrum. Wer lieber mit dem Rad fahren möchte, nimmt den gut ausgeschilderten Radweg 11. Zur guten Infrastruktur des Platzes zählen zwei Sanitärgebäude und eine zentrale Entsorgungsanlage mit vier Bodenrinnen fürs Grauwasser sowie drei Entsorgungsstationen für Kassettentoiletten mit separatem Spülwasser. Vielfältige Einkaufsmöglichkeiten gibt es gleich ums Eck und auch an eine Hundeauslauffläche wurde gedacht.

ART: Wohnmobilstellplatz
ANZAHL DER PLÄTZE: 160
KOSTEN: Kategorie 2
BEZAHLUNG: bar
AUSSTATTUNG:
HAUSTIERE ERLAUBT: ja

RESERVIERUNG MÖGLICH: in der Hauptsaison (Ostern, August und von Weihnachten über Neujahr)
BETRIEBSZEIT: ganzjährig
ADRESSE: Martinhofstraße 3, 8054 Graz
www.reisemobilstellplatz-graz.at

TIPP **WÄHREND DER HIGHWAY 66** in den USA als Symbol für unendliche Weiten steht, i(s)st man auf der etwa 80 Kilometer langen Bundestraße 66 durch das steierische Thermen- und Vulkanland dem Genuss auf der Spur. Das Angebot der lokalen Manufakturen entlang der Strecke reicht von Käse über Pesto bin hin zum österreichischen Whisky.

b/ Stellplatz Jagerberg

Schönes, kostenloses Stellplatz-Kleinod mit acht Stromsäulen (Münzeinwurf) und Holiday-Clean-Anlage für Frischwasserversorgung und Entsorgung des Chemie-WCs in ruhiger Lage am abwechslungsreich gestalteten Mehrgenerationenpark mit vielfältigen Spiel-, Fitness- und Turngeräten. Direkt nebenan liegt das Naturschwimmbad mit dem kleinem Café Neptun. Abgerundet wird das Freizeitangebot durch vielfältige Wander- und Radfahrmöglichkeiten. Während der Badesaison im Juni und August stehen im Naturschwimmbad Duschen und Toiletten bereit.

ART: Wohnmobilstellplatz
ANZAHL DER PLÄTZE: 8
KOSTEN: kostenlos
AUSSTATTUNG:
HAUSTIERE ERLAUBT: ja
RESERVIERUNG MÖGLICH: nein
BETRIEBSZEIT: ganzjährig
ADRESSE: Jagerberg 141, 8091 Jagerberg
www.jagerberg.info

TIPP **EINE SIMPLE WÄSCHELEINE** bietet viele Vorzüge gegenüber einem Wäscheständer. Sie ist nicht nur weniger sperrig und daher leichter zu verstauen, sondern lässt sich, wenn es sein muss, bei Regenwetter auch im Innenraum des Wohnmobils aufspannen, um nasse Kleidung zum Trocknen aufzuhängen. Als besonders praktisch haben sich spezielle Campingwäsche-Leinen mit Saugnäpfen erwiesen, die sich leicht an jeder glatten Fläche anbringen lassen.

c/ Stellplatz Siniwelt

ART: Wohnmobilstellplatz
ANZAHL DER PLÄTZE: 17
KOSTEN: Kategorie 1
BEZAHLUNG: bar/Sonstiges
HAUSTIERE ERLAUBT: ja
RESERVIERUNG MÖGLICH: nein
BETRIEBSZEIT: ganzjährig
ADRESSE: Sinabelkirchen 320, 8261 Sinabelkirchen
www.wohnmobilstellplatz-siniwelt.com

Freundlicher, gut ausgestatteter Platz unweit des Bade- und Freizeitparks Siniwelt.

d/ St. Stefan im Rosental

ART: Wohnmobilstellplatz
ANZAHL DER PLÄTZE: 15
KOSTEN: kostenlos bis vier Nächte
HAUSTIERE ERLAUBT: ja
RESERVIERUNG MÖGLICH: nein
BETRIEBSZEIT: ganzjährig
ADRESSE: Schichenauerstraße 6, 8083 St. Stefan im Rosental
www.rosental.at

Gut ausgestatteter Gratis-Stellplatz der Gemeinde neben dem Freibad und der Kindererlebniswelt (Toilettencontainer).

e/ Genusscamping Bad Gleichenberg

ART: Wohnmobilstellplatz
ANZAHL DER PLÄTZE: 20
KOSTEN: Kategorie 2
BEZAHLUNG: bar/EC-Kreditkarte
HAUSTIERE ERLAUBT: ja (€)
RESERVIERUNG MÖGLICH: ja
BETRIEBSZEIT: ganzjährig
ADRESSE: Grazer Straße 35, 8344 Bad Gleichenberg
www.camping-badgleichenberg.at

Gepflegter Stellplatz mit gepflasterten, großzügigen Stellflächen neben dem Sportplatz hinter der Gleichenberghalle.

REISE

26

NEUSIEDLER SEE

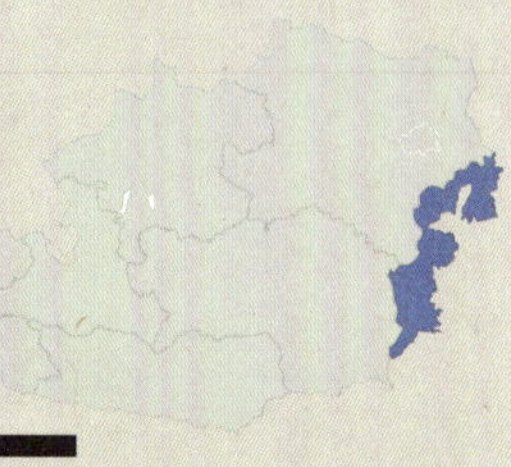

Der zwischen Alpen und Puszta gelegene Neusiedler See ist einer der größten Steppenseen in Europa und protzt mit über 2 000 Sonnenstunden im Jahr. Ideale Bedingungen für einen Urlaub an Land und auf dem Wasser.

★★	★★	★★	Burgenland

Hohe Berge suchen Sie im Burgenland vergeblich. Im Gegenteil: In der Nationalparkgemeinde Apetlon im Seewinkel am Ostufer des Neusiedler Sees liegt Österreichs tiefster Punkt (114 Meter). Etwa ein Viertel der Seefläche des rund 34 Kilometer langen Neusiedler Sees gehört zu Ungarn, der flächenmäßige Löwenanteil liegt in Österreich, was ihn zum zweitgrößten See der Alpenrepublik macht.

FERNGLAS NICHT VERGESSEN

Das „Meer der Wiener" oder die „Badewanne Österreichs" zählt, wie der Plattensee gut 100 Kilometer weiter südöstlich, zu den wenigen Steppenseen in Europa. Der Wasserstand wird maßgeblich durch Verdunstung und Niederschlag bestimmt und je nachdem, wie nass oder trocken der Sommer ausfällt, kann der Wasserpegel um mehr als einen halben Meter im Jahresverlauf schwanken.

Noch extremer in dieser Hinsicht sind die sogenannten Lacken im Seewinkel. Die seichten Gewässer, die regelmäßig im Sommer austrocknen und oft schon gegen Ende des Frühjahrs von einer weißen Salzkruste überzogen werden, sind Lebensraum für bedrohte Pflanzen wie Salzaster oder Queller und seltene Vogelarten wie Säbelschnäbler und Seeregenpfeifer. Im mächtigen Schilfgürtel des Sees sind Graureiher, Graugans oder Weißstorch zu Hause, sodass Vogelbeobachter bis zu 300 Arten entdecken können.

BADE- UND RADELFREUDEN

Baden können Sie im Neusiedler See natürlich auch, wobei angesichts einer Wassertemperatur von bis zu 30 °C die ersehnte Erfrischung mitunter ausbleibt. Schöne Seebäder, die zum Sonnenbaden, Plantschen und Stand-up-Paddeln einladen, finden sich u. a. in Illmitz, Rust, Neusiedl am See oder in Podersdorf.

Letzteres ist auch ein Topspot zum Windsurfen, denn Stehtiefe und konstante Windverhältnissen garantieren Anfängern ideale Bedingungen. Bläst es kräftiger, türmen sich schnell Wellen von bis zu einem Meter auf und so kommen auch routinierte Surfer auf ihre Kosten. Zahlreiche Surfschulen helfen mit geeignetem Material und hilfreichen Insider-Tipps.

TIPP
Idealer Ausgangspunkt für eine Erkundung des Neusiedler Sees mit dem Kanu ist das Paddelzentrum Rust. www.seekajak.at

Eine willkommene Abwechslung zum Strandurlaub eröffnet die flache Landschaft entlang der Ufer, die zum Radfahren ohne nennenswerte Steigungen einlädt. Eine komplette Umrundung ermöglicht der Neusiedler See-Radweg, von dessen insgesamt 125 Kilometern, knapp 42 Kilometer durch Ungarn verlaufen. Es gibt aber auch die Möglichkeit, die Strecke durch eine Schifffahrt von Illmitz am östlichen und Mörbisch am westlichen Ufer abzukürzen. Kürzere Ausflüge im Sattel ermöglichen zum Beispiel der Kirschblütenradweg (etwa 44 km), der Lackenradweg (etwa 52 km) oder der Windradweg (etwa 50 km). Auf Mountainbiker wartet im nahen Leithagebirge ein insgesamt 60 Kilometer langes Streckennetz mit fünf ausgeschilderten Trails auf mal breiteren, mal schmaleren Waldwegen durch die mit bis zu 484 Meter höchsten Berge im Nordburgenland.

WEIN- UND OPERNGENUSS

Ausreichend Feuchtigkeit im Frühling, heiße Temperaturen im Sommer und ein langer, milder Herbst: Das besondere Mikroklima des flachen Steppensees lässt auf den über 7 500 Hektar großen Rebflächen wohlschmeckende Trauben reifen, die die Winzer der Region zu fruchtigen Weißweinen und gehaltvollen Rotweinen veredeln. Das Ende der Weinlese wird um den 11. November mit dem Martiniloben gefeiert, wenn die Weinbauern zu Ehren des Hl. Martin, des burgenländischen Landespatrons, ihre Keller öffnen und zum Verkosten einladen.

Oben: Die Weißen Esel, von denen es weltweit nur noch rund 200 Tiere gibt, sind eine Besonderheit des Nationalparks am Neusiedler See.

Hochsaison für die Kultur sind die Seefestspiele Mörbisch im Juli und August. Jahr für Jahr zieht die einmalige Atmosphäre, wenn zur magischen Lichtstimmung des Sonnenuntergangs über dem Neusiedler See die Melodien populärer Operetten erklingen, über 200 000 Besucher in ihren Bann. Ein weiterer einzigartiger Treffpunkt für Musikliebhaber sind die Opernaufführungen im Steinbruch St. Margarethen, der von der UNESCO zum Welterbe erklärt wurde.

1 EISENSTADT

Die burgenländische Landeshauptstadt steht ganz im Zeichen des imposanten Schloss Esterhazy. Das prächtige Gebäude, teilweise im 19. Jahrhundert von Barock zum klassischen Stil umgebaut, war auch die Heimat des berühmten Komponisten Joseph Haydn, der hier 40 Jahre lang als Komponist und Dirigent gelebt hat. Auf jeden Fall einen Besuch wert ist auch der im Stil eines englischen Landschaftsparks angelegte Schlossgarten. Die beste Möglichkeit, um das Wohnmobil für die Dauer des Stadtbesuchs abzustellen, bietet der Tagesparkplatz Krautgarten. Alternativ können Sie den Campingplatz in Donnerkirchen ansteuern, von wo man unkompliziert mit Bus und Bahn nach Eisenstadt kommt.

www.eisenstadt-tourismus.at

2 BURG FORCHTENSTEIN

Kein Zweifel, die auf einem Dolomitfelsen über dem Wulkatal thronende Burg Forchtenstein mit ihren wehrhaften Mauern zählt zu den spektakulärsten Burganlagen in Österreich. Im Inneren der historischen Gemäuer, die seit dem 17. Jahrhundert im Besitz der Esterhazys sind, dokumentieren umfangreiche Waffensammlungen, Kunstwerke und weitere historische Gegenstände die Geschichte der Burg und der Fürstenfamile Esterhazy an der Seite der Habsburger. Prunkstück ist die historische Schatzkammer (Besichtigung nur

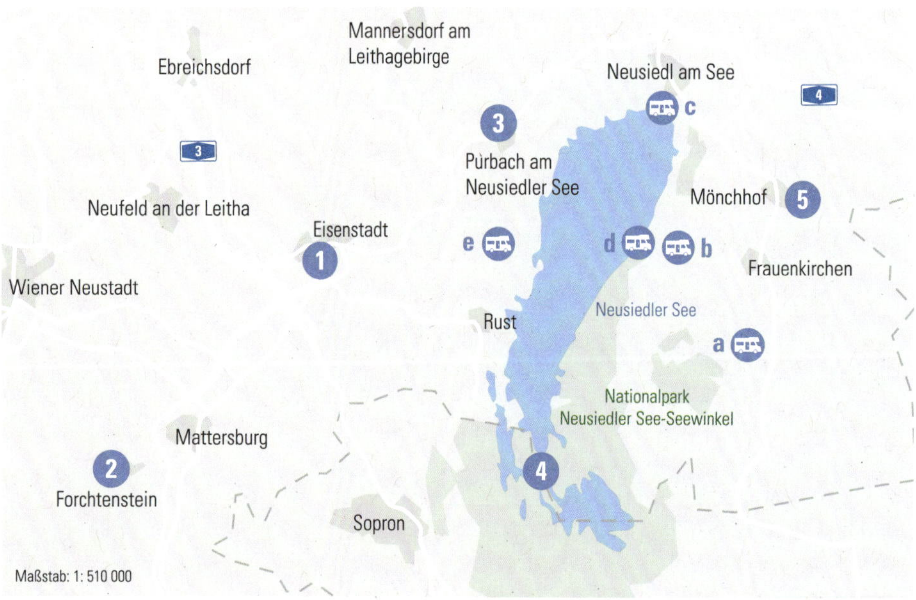

INFO

Neusiedler See Tourismus GmbH
Obere Hauptstraße 24
7100 Neusiedl am See
Tel. +43 21678600
www.neusiedlersee.com

zu festen Zeiten im Rahmen einer Führung), eine der wenigen an ihrem Originalstandort erhalten gebliebenen Kunstkammern in Europa.
www.burg-forchtenstein.at

3 HISTORISCHE KELLERGASSE IN PURBACH

Die Weinkeller in Purbach zu Füßen der sonnigen Hänge des Leithagebirges am Westufer des Neusiedler Sees wurden Mitte des 19. Jahrhundert von den hiesigen Winzern gebaut, da die tiefer gelegenen Winzerkeller im Dorf regelmäßig überflutet wurden. Heute sind noch rund 50 dieser Steinkeller erhalten und laden im historischen Ambiente zum Genuss bodenständiger Speisen und erlesener Weine ein. Besonders lebhaft geht es von Mai bis Oktober an jedem 1. Samstag im Monat zu, wenn die Winzer zum Ausschank des „Kellergassenheurigen" laden. Im Haus am Kellerplatz gleich zu Beginn der Kellergasse informieren die Mitarbeiter der Touristeninformation über Ausflugsmöglichkeiten in die Umgebung und in der Vinothek stehen mehr als 350 Weine aus der Region zum Verkauf.
www.haus-am-kellerplatz.at

4 NATIONALPARK NEUSIEDLER SEE-SEEWINKEL

Am Ostufer des Neusiedler Sees beginnt der grenzüberschreitende Nationalpark Neusiedler See-Seewinkel, der ungewöhnliche Lebensräume wie die regelmäßig austrocknenden Salzlaken umfasst. Er ist ein wertvolles Brutgebiet und unverzichtbarer Rastplatz für Abertausende Vögel. Beste Bedingungen für dessen Beobachtung verspricht eine Birdwatching-Safari unter der Anleitung eines geschulten Nationalpark-Rangers. Zahlreiche Anregungen für Erkundungstouren auf eigene Faust und Vorschläge für Wanderungen und Radtouren erhält man im Informationszentrum in Illmitz.
www.nationalparkneusiedlersee.at

5 MUSEUM MÖNCHHOF

Zu einer anschaulichen Zeitreise in die Welt des bäuerlichen Lebens anno dazumal lädt das Dorfmuseum in Mönchhof ein (von November bis März geschlossen). Ob Schusterwerkstatt, Tankstelle oder Postamt – das Freilichtmuseum umfasst ein komplettes Dorf und jedes der insgesamt 35 Gebäude wurde mit viel Liebe zum Detail und unzähligen antiken Gegenständen eingerichtet. Gegenüber dem Museumsareal können am ehemaligen Mönchhofer Bahnhof drei originalgetreu eingerichtete Waggons besichtigt werden. Rund ums Jahr wird, auch außerhalb der Öffnungszeiten, ein Veranstaltungsprogramm mit Musik und Handwerksvorführungen geboten. Besonders beliebt ist das traditionelle Wirtshaussingen im historischen Gasthaus.
www.dorfmuseum.at

Links, von oben: Unter dem Nordturm der Bergkirche in Eisenstadt hat der Komponist Joseph Haydn seine letzte Ruhestätte gefunden./ Mit der Burgenland-Card kann die Burg Forchtenstein kostenlos besichtigt werden. Rechts, von links: In der Kellergasse Purbach reihen sich etwa 50 historische Weinkeller aneinander./ Das Freilichtmuseum Mönchhof zeigt anschaulich, wie das Dorfleben früher ausgesehen hat.

NEUSIEDLER SEE

TIPP **EINE SCHÖNE, KNAPP NEUN KILOMETER** lange Wanderung führt vom Nationalpark-Infozentrum über den sandigen Seedamm zum Aussichtsturm am Illmitzer Sandeck. Der umgebaute ehemalige Grenzturm offenbart einen fantastischen Blick über den breiten Schilfgürtel entlang des Seeufers und unten grasen Weiße Esel, eine alte Haustierrasse, die hier vor dem Aussterben bewahrt werden soll.

a/ Camping am Zicksee

Ruhiger kommunaler Campingplatz östlich des Neusiedler Sees nahe der ungarischen Grenze ohne viel Remmidemmi. Auf dem weitläufigen Wiesengelände unmittelbar am Ufer des Zicksees spenden schöne Laubbäume Schatten. Die Sanitäranlagen sind nicht unbedingt schick, aber sauber und zweckmäßig. Der Zicksee ist wie der Neusiedler See ein Steppensee, der auf Regenwasser angewiesen ist. Der Wasserstand ist seit Jahren rückläufig und im Sommer 2022 war der See komplett ausgetrocknet. Auch bei Abwesenheit von Wasser schön sind die farbenprächtigen Sonnenuntergänge.

ART: Campingplatz
ANZAHL DER PLÄTZE: 315
KOSTEN: Kategorie 2
BEZAHLUNG: bar / EC-Kreditkarte
AUSSTATTUNG:

HAUSTIERE ERLAUBT: nein
RESERVIERUNG MÖGLICH: ja
BETRIEBSZEIT: April – Oktober
ADRESSE: Campingplatz 1, 7161 St. Andrä am Zicksee
www.zicksee-camping.at

TIPP **BEREITS AB EINER ÜBERNACHTUNG** in einer Partner-Unterkunft, zu denen auch viele Campingplätze zählen, erhält man die Burgenland-Card ausgehändigt. Die Gästekarte beinhaltet für die Dauer des Aufenthalts den Eintritt in alle Strandbäder rund um den See sowie in Schlösser, Museen und Ausstellungen und ermöglicht die kostenfreie Teilnahme an Stadtführungen und Exkursionen im Nationalpark Neusiedler See-Seewinkel.
www.burgenlandcard.info

b/ Stellplatz am Weingut Schaller

Idyllisch zwischen den Weinstöcken hinter einem Weingut am Ortsende Podersdorf gelegener Stellplatz für eine Hand voll autarker Reisemobile. Gastronomie ist fußläufig gut zu erreichen, zum Ufer des Neusiedler See braucht man mit dem Rad keine zehn Minuten. Weinverkostungen sind täglich nach Voranmeldung möglich und ab einem Einkauf von zwölf Flaschen ist die Übernachtung kostenlos. Die maximale Aufenthaltsdauer beträgt drei Nächte.

ART: Wohnmobilstellplatz
ANZAHL DER PLÄTZE: 5
KOSTEN: Kategorie 1
BEZAHLUNG: bar
AUSSTATTUNG:

HAUSTIERE ERLAUBT: ja
RESERVIERUNG MÖGLICH: ja
BETRIEBSZEIT: April–Nov.
ADRESSE: Frauenkirchner Straße 20, 7141 Podersdorf am See
www.schallervomsee.at

TIPP **EASY-PEASY GRILLREZEPT:** Zucchini, Paprikaschoten, Champignons waschen, putzen und in gleich große Stücke schneiden. Feta-Käse in Würfel schneiden und zusammen mit Knoblauch, Kräutern (erlaubt ist was schmeckt) und Gewürzen auf mehrere gleich große Stücke Alufolie verteilen. Die Portionen mit Olivenöl beträufeln, fest verschließen und dann die Gemüsepäckchen für etwa 20 Minuten auf den Grill legen. So einfach wie lecker – und das (fast) ohne Abwasch!

---

c/ Stellplatz „Am Hafen" in Neusiedl am See

ART: Wohnmobilstellplatz
ANZAHL DER PLÄTZE: 10
KOSTEN: Kategorie 2/3
BEZAHLUNG: bar/EC-Kreditkarte/Sonstiges

HAUSTIERE ERLAUBT: ja
RESERVIERUNG MÖGLICH: ja
BETRIEBSZEIT: April – Nov.
ADRESSE: Am Hafen 1, 7100 Neusiedl am See
www.neusiedlamsee.at

Durch Hecken geschützter Stellplatz auf Schotter in unmittelbarer Nähe zum großen Strandbad. Öffentliche Toilette und Dusche (Münzeinwurf) am Platz. Max. sechs Nächte.

d/ Strandcamping Podersdorf am See

ART: Campingplatz
ANZAHL DER PLÄTZE: 255
KOSTEN: Kategorie 3
BEZAHLUNG: bar/Kreditkarte

HAUSTIERE ERLAUBT: ja (€)
RESERVIERUNG MÖGLICH: ja
BETRIEBSZEIT: April – Nov.
ADRESSE: Strandplatz 19, 7141 Podersdorf am See
www.strandcamping-podersdorfamsee.at

Großer Platz direkt am See mit direktem Zugang zum Strandbad.

e/ Camping Oggau

ART: Campingplatz
ANZAHL DER PLÄTZE: 160
KOSTEN: Kategorie 3
ART DER BEZAHLUNG: bar

HAUSTIERE ERLAUBT: ja (€)
RESERVIERUNG MÖGLICH: ja
BETRIEBSZEIT: April–Oktober
ADRESSE: Campingplatz 1, 7063 Oggau am Neusiedler See
www.campingoggau.at

Gepflegter Platz auf einem Wiesengelände mit einigen hohen Laubbäumen neben dem öffentlichen Freibad, aber nicht direkt am Seeufer.

REISEN IN DER

SCHWEIZ

REISE

27

JURA UND DREI-SEEN-LAND

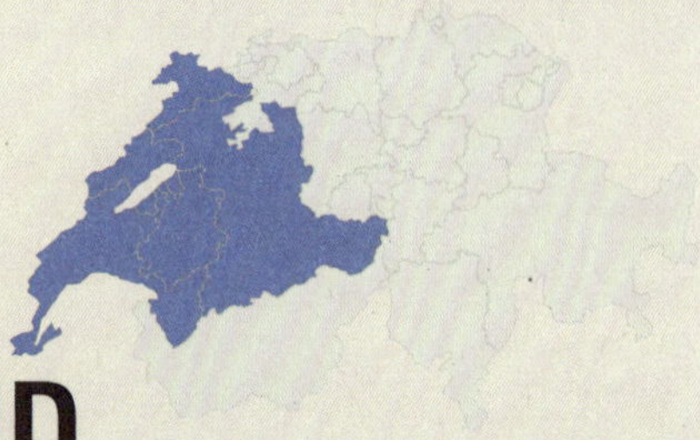

Schroffe Gipfel sucht man hier zwar vergebens, aber zum Wandern, Baden und Genießen ist man im Jura und Drei-Seen-Land im Westen der Schweiz goldrichtig.

★★	★★	★★	Neuchâtel, Jura, Bern, Freiburg, Waadt

Ans Wasser oder in die Berge? In der Westschweiz zwischen Zürich, Basel und Genfer See geht beides. In der Tourismusregion Jura und Drei-Seen-Land, die sich über gleich fünf Kantone erstreckt, treffen das Schweizer Juramassiv und die drei großen Seen Bieler-, Murten- und Neuenburgersee des Mittellands aufeinander. Gletscher und alpine Gipfel gibt es hier zwar nicht, aussichtsreiche Berge aber schon.

WANDERFREUDEN UND ERHOLUNG AUF DEM WASSER

Den Chasseral zum Beispiel. Von seinem Gipfel auf 1 607 Metern Höhe schweift der Blick von der weitläufige Aare-Ebene zur Rechten, die am Horizont von den Alpen begrenzt wird, bis zur Combe Grède in nördliche Richtung, einer tief eingeschnittenen Klamm, die über Eisenleitern auch begangen werden kann.

Mit seiner vielfältigen, attraktiven Landschaft und den sanft gewellten Kuppen, den Tälern, Bergen und blühenden Wiesen auf einer Höhe von um die 1 000 Meter bringt der Berner Jura alles mit, was ein abwechslungsreiches Wandergebiet braucht.

So richtig rund wird eine Reise hier aber erst mit einem Ausflug aufs Wasser. Klassiker ist die Drei-Seen-Rundfahrt, die dank gut erschlossenen Kanäle zwischen Bieler-, Murten- und Neuenburgersee möglich ist. Die Fahrt auf der Aare von Solothurn nach Biel gilt gemeinhin als schönster Schiffsausflug der Schweiz. Auf der etwa dreistündigen Fahrt von der prächtigen Barockstadt in die Uhrmacherstadt Biel wird im Übrigen auch der imaginäre Röstigraben gequert, wie die Sprachgrenze zwischen der deutschsprachigen Schweiz und dem frankophonen Landesteil umgangssprachlich genannt wird. Ob „Grüezi" oder „Bonjour", wer lieber auf eigenem Kiel in See stechen möchte, findet vielfältige Möglichkeiten zum Kanufahren und Stand-up-Paddeln.

KRÄUTERSCHNAPS UND KÄSE

Der Jura kann nicht nur mit schöner Natur, sondern auch mit einer Reihe von kulinarischen Spezialitäten aufwarten. Die Käsesorte Tête de Moine ist eine davon.

Bereits 1192, und damit ein Jahrhundert vor Gründung der Eidgenossenschaft als Urahn der gegenwärtigen Schweiz, stellten die Mönche im Kloster Bellelay einen sanft-aromatischen Käse aus der Milch der Jura-Kühe her.

Auch als Tal der grünen Fee bekannt, ist das Val de Travers oberhalb von Neuchâtel. Die Dame steht als Symbol für den aus Wermut gebrannten Absinth, der etwa ab der zweiten Hälfte des 19. Jahrhunderts zum Modegetränk unter Malern, Schriftstellern und Intellektuellen avancierte. Van Gogh, Toulouse-Lautrec, Baudelaire, Manet waren nur einige der Künstler, die dem Absinth zugeneigt waren und der hochprozentige Kräuterschnaps aus dem Val de Travers wurde nach ganz Europa exportiert.

Obwohl von 1910 bis 2005 verboten, hat man im Val de Travers nie vollständig aufgehört den hochprozentigen Wermutschnaps zu brennen. Im Gegenteil: Die Illegalität verhalf dem Getränk zum Kultcharakter und heute ist die „fée verte" sogar Werbeträger für den Tourismus in der Region.

ZENTRUM DER UHRMACHEREI

Der Schweizer Jura ist auch eine Hochburg der traditionellen Uhrmacherkunst und hat zahlreiche renommierte Uhrenmarken hervorgebracht, die den Ruf der mechanischen Schweizer Uhren für absolute Präzision und höchste Qualität begründet haben. Neben bekannten Uhrenmarken wie Tissot, Omega oder Swatch sind auch viele kleinere, unabhängige

Links, von oben: Mit etwas Glück trifft man am Creux du Van auf Steinböcke und Gämsen./ Die Gegend rund um den Felskessel im Neuenburger Jura ist das älteste Naturschutzgebiet der Schweiz./ Der spektakuläre „Grand Canyon der Schweiz" lädt zu aussichtsreichen Wanderungen ein. Rechts: Die malerische Steinbrücke ist der Höhepunkt einer Wanderung durch die Areuse-Schlucht im Val de Travers.

Uhrenmanufakturen ansässig. Wer ein Faible für Luxusuhren hat, sollte einen Besuch im Internationale Uhrenmuseum (Musée international d'horlogerie) im UNESCO-Welterbe La Chaux-de-Fonds einplanen. Wer möchte, kann seine Fingerfertigkeit in einem der angebotenen Workshops testen und seine eigene Uhr herstellen.

1 CREUX DU VAN

Hinauf an den Rand des Abgrunds führt der „Chemin des 14 Contours". Der schmale Wanderpfad windet sich steil durch den Wald bergauf und entlässt Wanderer nach rund 700 Höhenmetern am Creux du Van, einem gigantischen, halbrunden Felsenkessel, der über einen Kilometer im Durchmesser misst und den die Natur durch die hartnäckige Erosion von Wasser, Eis und Wind nach dem Abzug der Gletscher aus dem Kalkgestein geschliffen hat. Der „Grand Canyon" des Neuenburger Jura ist nicht nur spektakulär anzuschauen, sondern als bedeutendes Naturreservat auch Heimat für Steinböcke, Murmeltiere und Gämsen.

www.j3l.ch

2 SCHLOSS GRANDSON

Mit seinen hohen Mauern und Türmen macht Schloss Grandson aus dem 13. und 14. Jahrhundert am Südzipfel des Neuenburgersees mächtig Eindruck. Das symbolträchtige Bauwerk war Schauplatz der ersten von drei großen Schlachten der Burgunderkriege zwischen den Truppen des burgundischen Herzogs Karl des Kühnen und der Eidgenossen. Zurzeit wird das geschichtsträchtige Bollwerk renoviert und soll 2026, anlässlich der Gedenkfeier zum 550. Jahrestag der Schlacht von Grandson, mit einem neuen Geschichtsmuseum wieder eröffnen. Während der Übergangszeit können die Innenbereiche nur im Rahmen einer Führung besichtigt werden.

www.chateau-grandson.ch

TIPP
Von Ende April bis Anfang November lädt der rustikale Berggasthof Le Soliat zur zünftigen Einkehr bei Fondue oder Schinkenplatte mit selbstgebackenem Brot. www.lesoliat.ch

INFO

Jura & Drei-Seen-Land Marketing
Werkhofstrasse 11
2503 Biel/Bienne
Tel. +41 323284010
www.j3l.ch

3 NEUCHÂTEL/NEUENBURG

Neuenburg zu Füßen des Jura am Nordufer des gleichnamigen Sees verbindet den Charme einer Kleinstadt mit der Weltoffenheit einer Universitätsstadt. Zum Flanieren und Bummeln laden die schöne Uferpromenade ebenso ein wie der mittelalterliche Stadtkern, über dem das Schloss und die Kollegiatskirche aus dem 12. Jahrhundert thronen. Ein Anziehungspunkt für Kulturinteressierte ist das Kunsthistorische Museum (Musée d'Art et d'Histoire) unweit des Hafens mit verschiedenen Sammlungen zu bildender und angewandter Kunst sowie zu Geschichte und Numismatik. Zu einer Schifffahrt auf dem Neunenburgersee und einem nostalgischen Ausflug in die Zeit der Belle Époque lädt das historische Dampfschiff „Le Neuchâtel" aus den ersten Jahren des 20. Jahrhunderts.

www.ne.ch

4 MAISON DE L'ABSINTHE

Das 2014 eröffnete „Maison de l'Absinthe" im Örtchen Môtiers widmet sich mit viel Liebe zum Detail dem Absinth und seinem Mythos. Stilvoll untergebracht in der ehemaligen Polizeistation, in der einst die Schwarzbrenner verurteilt und eingesperrt wurden, zeigt es auf drei Stockwerken die unterschiedlichsten Facetten des Absinth, von historischen Trinkgefäßen aus der Hochzeit des Absinthkonsums während der Belle Époque über Plakate zum Volksentscheid über das Verbot und Kupferkessel in Badewannen, mit denen während der Prohibition weiter gebrannt wurde, bis hin zur ersten, 2005 wieder legal gebrannten Flasche Absinth. Zum Schluss kann man die „grüne Fee" dann stilecht an der Museumsbar verkosten.

www.maison-absinthe.ch

5 GORGES DE L'AREUSE

Trotz der überschaubaren Länge von nur gut 40 Kilometern nimmt die Areuse im Ranking der schönsten und spektakulärsten Flüsse der Schweiz einen der vordersten Ränge ein. In der wildromantischen Areuse-Schlucht ragen die Felswände an beiden Ufern steil nach oben und das Wasser rauscht in lautem Getöse über mehrere Stufen in die Tiefe. Bei Saut de Brot überspannt eine alte, gebogene Steinbrücke die Klamm an der engsten Stelle. Ausgangspunkt für die schöne Wanderung, die immer dicht am Wasser entlangführt, ist der kleine Ort Noiraigue im Val de Travers. Nach knapp 13 Kilometern, für die man etwa drei Stunden Wanderzeit benötigt, erreicht man den Bahnhof in Boudry SBB.

www.j3l.ch

Links: Die abwechslungsreiche Landschaft macht das Jura und Drei-Seen-Land zum Wanderparadies. Rechts, von links: Die Neuenburger Altstadt lädt zum Schlendern ein./ Wer beim Stadtbummel hungrig wird, findet viele Möglichkeiten zur stilvollen Einkehr./ Schloss Grandson am Ufer des Neuenburgersees blickt auf eine über tausendjährige Geschichte zurück.

JURA UND DREI-SEEN-LAND

a/ Place du Bugnon in Les Ponts-de-Martel
Der kleine Stellplatz mit vier markierten Flächen für Wohnmobile im hinteren Bereich des Parkplatzes an der Patinoire du Bugnon (Eissporthalle) ist einer der wenigen kostenlosen Stellplätze in der Schweiz und ein tolles Angebot der Gemeinde. Es gibt eine Eurorelais-Station für die Ver- und Entsorgung und den Stromanschluss. Bei Veranstaltungen in der Eishalle gibt es etwas Betrieb, ansonsten geht es hier ruhig und verschlafen zu. Die markierten Stellplätze sind zwar recht eng, dafür erstreckt sich unmittelbar vor den Windschutzscheiben eine weitläufige Wiese mit Picknicktischen, Grillstelle, Spielplatz und Beachvolleyball-Feld. Tipp: Die Wanderung durch das nahegelegene Hochmoor ist sehr zu empfehlen.

ART: Wohnmobilstellplatz
ANZAHL DER PLÄTZE: 4
KOSTEN: kostenlos
AUSSTATTUNG:

HAUSTIERE ERLAUBT: ja
RESERVIERUNG MÖGLICH: nein
BETRIEBSZEIT: ganzjährig
ADRESSE: Rue du Bugnon, 2316 Les Ponts-de-Martel

TIPP **DIE ANREISEMÖGLICHKEIT** rund um die Uhr unabhängig von den Öffnungszeiten der Rezeption ist einer der großen Vorzüge eines Stellplatzes gegenüber einem Campingplatz. Ausreichend Rücksichtnahme auf die Stellplatznachbarn vorausgesetzt, ist auch die Ankunft zu später Stunde kein Problem. Lange Rangierfahrten oder lautstarkes Zuschlagen der Tür verbieten sich aber quasi von selbst.

TIPP **DIE GEGEND UM DEN CHASSERAL** ist die Heimat des einzigartigen, runden Tête de Moine, der nicht geschnitten, sondern mithilfe einer Girolle zu hauchfeinen Rosetten abgehobelt wird. Jede Menge Interessantes über die Käsespezialität erfährt man zum Beispiel bei einem Besuch im Maison de la Tête de Moine mit Museum, Käserei, Café und Shop. www.maisondelatetedemoine.ch

b/ Ferien Village les Cerneux

Das Ferien Village les Cerneux auf 1 000 Meter Höhe bietet auf seinem terrassierten Gelände ruhigen Campinggenuss im Grünen inmitten von offen Weiden und Tannenwäldern auf einem Hochplateau. Pferdefreunde können die wunderschöne Umgebung bei einem geführten Ausritt auf dem Rücken der Tiere erkunden oder an einer Fahrt mit dem Planwagen teilnehmen. Wer lieber die Wanderschuhe schnürt oder sich aufs Rad schwingt, kann zwischen mehreren Wander- und Fahrradtouren wählen, die direkt am Platz vorbeiführen. Im Sommer eröffnet der idyllische Badeteich eine willkommene Möglichkeit, um sich abzukühlen.

ART: Campingplatz
ANZAHL DER PLÄTZE: ca. 60
KOSTEN: Kategorie 3
BEZAHLUNG: bar/EC-Kreditkarte/Sonstiges
AUSSTATTUNG:

HAUSTIERE ERLAUBT: ja (€)
RESERVIERUNG MÖGLICH: ja
BETRIEBSZEIT: April–Oktober
ADRESSE: 2345 Breuleux
www.lescerneux.ch

TIPP **BEI SCHWEIZ MOBIL** (www.schweizmobil.ch, auch als App fürs Smartphone) gibt es auf Grundlage der Landeskarten von swisstopo detaillierte Tourenvorschläge für diverse Outdoor-Aktivitäten wie Wandern, MTB-Fahren oder Paddeln in der gesamten Schweiz.

c/ Camping Saignelégier

ART: Campingplatz
ANZAHL DER PLÄTZE: ca. 60
KOSTEN: Kategorie 3
BEZAHLUNG: bar/EC-Kreditkarte

HAUSTIERE ERLAUBT: ja (€)
RESERVIERUNG MÖGLICH: ja
BETRIEBSZEIT: Mai–Oktober
ADRESSE: Sous la Neuvevie 5a, 2350 Saignelégier
www.campingsaignelegier.ch

Fühlt sich fast an, wie Wildcampen: Strom gibt es auf dem naturbelassenen Platz im Wald zwar nicht, dafür aber unzählige Feuerstellen und freie Platzwahl. Die Zufahrt ist auf 3,5 Tonnen beschränkt.

d/ Eurorelais-Station am Hafen Saint-Blaise

ART: Wohnmobilstellplatz
ANZAHL DER PLÄTZE: 12
KOSTEN: Kategorie 2
BEZAHLUNG: bar (nur CHF)/EC-Kreditkarte

HAUSTIERE ERLAUBT: ja
RESERVIERUNG MÖGLICH: nein
BETRIEBSZEIT: ganzjährig
ADRESSE: Chemin de Pêcheurs, 2072 Saint Blaise

Einfacher Stellplatz zwischen Bahnlinie und Autobahn in unmittelbarer Nähe zum öffentlichen Strand. Zufahrt nur für Wohnmobile bis 3,5 Tonnen.

e/ TCS Camping Gampelen Neuenburgersee

ART: Campingplatz
ANZAHL DER PLÄTZE: ca. 140
KOSTEN: Kategorie 3
BEZAHLUNG: bar/EC-Kreditkarte/Sonstiges

HAUSTIERE ERLAUBT: ja (€)
RESERVIERUNG MÖGLICH: ja
BETRIEBSZEIT: April–Oktober
ADRESSE: Seestraße 50, 3236 Gampelen
www.tcs.ch

Beliebter Platz in toller Lage direkt am See. Aus Naturschutzgründen droht Ende 2024 die Schließung des Platzes am derzeitigen Standort.

REISE

28

OBERES RHONETAL

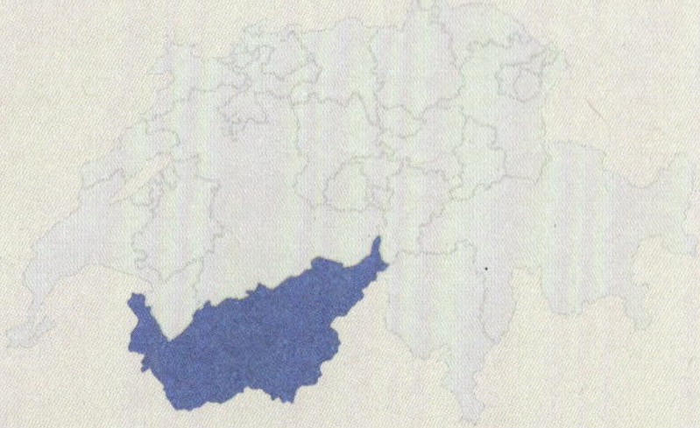

Das obere Rhonetal ist die Lebensader des Wallis. Es wird von den Berner Alpen im Norden und den Walliser Alpen im Süden eingerahmt und immer wieder zweigen Seitentäler in die oft ursprüngliche Bergwelt ab.

★★★	★★★	★★★	Wallis

Die hohen Berge links und rechts des Rhonetals sind es, die dem Kanton Wallis ein mediterranes Klima bescheren. Die Wolken aus dem Norden oder Süden regnen sich beim Aufstieg an den Gebirgsketten ab und wehen als warmer, trockener Föhn durch die Täler. Das Wallis ist zusammen mit dem Tessin die Sonnenstube der Schweiz. Die rund 300 Sonnentage im Jahr machen den Kanton zur bedeutendsten Weinbauregion des Landes mit einer Vielzahl unterschiedlicher Rebsorten. In den Obstplantagen auf der fruchtbaren Talsohle wachsen und gedeihen zwischen Äpfeln und Birnen auch Aprikosen.

SPEKTAKULÄR ÜBER DIE WOLKEN

Das touristische Pfund, mit dem das Wallis wuchert, ist aber natürlich die spektakuläre Alpenlandschaft, immerhin versammelt der Kanton die zehn höchsten Gipfel der Schweiz, alle deutlich über 4 000 Meter hoch. So kommen die Menschen aus der ganzen Welt, um das atemberaubende Naturschauspiel der schneegepuderten Gipfel und die grandiosen Gletscher zu bewundern. Im Sommer stehen Wanderungen, Radtouren oder Mountainbike-Trails auf dem Programm, im Winter locken dank der Höhenlage schneesichere Skigebiete.

Das höchstgelegene Skigebiet der Alpen mit 360 Pistenkilometern findet sich bei Zermatt am Fuß des Matterhorns. Die Erstbesteigung des legendären Gipfels im Jahre 1865 war die Geburtsstunde des Alpinismus und der Startschuss für die Entwicklung des ursprünglichen Bergdorfes zur mondänen Urlaubsdestination. Mit der Zahnradbahn gelangen Sie in gut einer halben Stunde von 1 600 Metern Höhe über dem Meer vom Bahnhof unten im Dorf bis hinauf zum Gornergrat (3 089 Meter). Das Bergpanorama von der Aussichtsplattform sucht seines gleichen: Schroffe, schneebedeckte Riesen, soweit das Auge reicht. Das Monte-Rosa-Massiv mit dem höchsten Schweizer Gipfel, der Dufourspitze (4 634 Meter), ist ebenso mit von der Partie, wie der zweitgrößte Gletscher der Alpen und auch das Matterhorn mit seiner charakteristischen Pyramidenform scheint zum Greifen nah.

AUTHENTISCHE DÖRFER UND GELEBTE TRADITIONEN

Das Mattertal ist zwar das bekannteste, aber bei weitem nicht das einzige Seitental des Rhonetals, das einen Abstecher wert ist. Im Haupttal selbst, in dem sich entlang der Rhone Städte und Industrie angesiedelt haben und in dem Gemüse und Obst angebaut werden, lohnt zum Beispiel Sion (Sitten) mit seiner sehenswerten Altstadt einen Besuch, um auf der Rue du Grand-Pont entlang der stolzen Patrizierhäuser zu flanieren und das prächtige Renaissance-Rathaus zu bewundern. Überragt wird das urbane Zentrum mit seinen rund 30 000 Einwohnern von zwei weithin sichtbaren Hügeln. Auf dem einen thront die Burgkirche Valeria, die eine der weltweit ältesten spielbaren Orgeln aus der ersten Hälfte des 15. Jahrhundert beherbergt, auf dem anderen erheben sich die Ruinen des Schlosses Tourbillon, in dem einst die Bischöfe von Sion ihre Sommer verbrachten.

In den abgelegeneren Seitentälern haben sich die traditionellen Dörfer mit ihren dunklen Holzhäusern den authentischen Charme „der guten alten Zeit" bewahrt. Ein beeindruckendes Zeugnis der traditionellen Walliser Baukultur liefert der Stadel aus dem Jahre 1617 im alten Dorfkern von Reckingen.

Ebenso wie die historischen Häuser haben auch die Sagen, Bräuche und Traditionen die Zeit überdauert. So ziehen bis heute an Fastnacht die „Tschäggätä" durch die Dörfer im Lötschental. Mit dem lauten Geläute der Kuhglocke an ihrem breiten Gürtel vertreiben die wilden, in Tierfelle gehüllten Gestalten, deren Gesichter von gruseligen, geschnitzten Masken verhüllt werden, den Winter.

Oben: Der prachtvolle Walliser Stadel in Goms stammt aus dem Jahr 1617.

1 LAC SOUTERRAIN DE SAINT-LÉONARD

Der Lac Souterrain de Saint-Léonard im Herzen des Wallis zählt zu den größten und eindrucksvollsten unterirdischen Seen in Europa. Bei einer etwa 30-minütigen Bootstour über den 300 Meter langen und etwa 20 Meter breiten See mit seinem smaragdgrünen, klaren Wasser lässt sich tief in die faszinierende Unterwelt der Weinberge eintauchen. Ein besonderes Erlebnis sind die einmal im Monat veranstalteten Konzerte tief im Inneren der Höhle. Reisende mit dem Wohnmobil finden während der Sommersaison direkt neben dem Besucherparkplatz einen Stellplatz für sechs Fahrzeuge.

www.lac-souterrain.com/de/

2 LÖTSCHENTAL

Das Lötschental im Oberwallis ist das größte nördliche Seitental der Rhone und hat sich fernab der großen Tourismuszentren seinen ursprünglichen Charme bewahrt. Vollen Wandergenuss mit wenig Höhenmetern, aber vielfältigen Ausblicken auf die umliegende Berglandschaft bietet der Lötschentaler Höhenweg. Von der Bergstation der Lauchernalp geht es über schöne Alpweiden auf der südexponierten und damit sonnenverwöhnten Talseite immer auf etwa 2 000 Metern Höhe bis zur am Ende der Talstraße gelegenen und von einer grandiosen Bergkulisse eingerahmten Fafleralp (9 km, 3 Stunden). Von dort bringt Sie ein Postauto zurück zur Talstation der Lauchernalp.

www.loetschental.ch

3 STOCKALPERSCHLOSS

Das imposante Stockalperschloss in Brig mit seinem palastartigen Haupttrakt und den drei wehrhaften Türmen mit vergoldeten Zwiebelhauben gilt als größter Profanbau aus der Zeit des Barocks in der Schweiz. Bauherr war der auch als „Fugger der Alpen" bekannte, vermögende Großunternehmer Kaspar Stockalper vom

INFO

Valais/Wallis Promotion
Avenue de Tourbillon 11
Postfach 607, 1951 Sion
Tel. +41 273273600
www.valais.ch

TIPP
In der interaktiven Ausstellung des Unesco World Nature Forum die hochalpine Natur-, Kultur- und Gletscherlandschaft des Weltkulturerbes erleben.
www.wnf.ch

Thurm (1609–1691). Der weitläufige Garten lädt mit Liegewiese, Bänken und einem Kinderspielplatz zum Verweilen ein. Der Schlosshof ist tagsüber frei zugänglich, die Räumlichkeiten können im Rahmen einer Führung besichtigt werden.

www.brig-simplon.ch

4 ALETSCH ARENA

Mit einer Länge von (noch) 23 Kilometern ist der große Aletschgletscher, der sich in einem weiten Bogen durch das Tal nordöstlich von Brig erstreckt, der längste und zugleich auch flächenmäßig größte Gletscher der Alpen und bildet das Rückgrat des UNESCO-Welterbes Swiss Alps Jungfrau-Aletsch. Die Ferienregion Aletsch Arena ist durch Seilbahnen auf die Riederalp, die Bettmeralp sowie die Fiescheralp gut erschlossen. Von den Aussichtspunkten Hohfluh, Moosfluh, Bettmerhorn und Eggishorn bieten sich spektakuläre Ausblicke auf den mächtigen Eisstrom und die über 4 000 Meter hohen Berge.

www.aletscharena.ch

5 FURKAPASS

Der Furkapass verbindet den Kanton Wallis mit dem Kanton Uri. Mit ihrer Verfolgungsjagd durch die Spitzkehren haben Sean Connery und Gerd Fröbe der spektakulären Passstraße im Bond-Klassiker „Goldfinger“ von 1964 ein filmisches Denkmal gesetzt. Mit 2 429 Metern zählt der Furkapass zu den höchsten Alpenpässen, kann aber im Sommer von etwa Juni bis Oktober problemlos mit dem Wohnmobil überquert werden. Beim legendären, inzwischen verwaisten Hotel Bélvèdere, etwa drei Kilometer unterhalb der Passhöhe auf Walliser Seite, hat man einen Blick auf den verbliebenen Rest des Rhonegletschers, auf der Passhöhe bietet sich ein weites Panorama über Gotthardmassiv und Urserental.

Links, von oben: Das Stockalperschloss in Brig wurde Mitte des 17. Jahrhunderts errichtet./ Der Lötschentaler Höhenweg verspricht hochkarätiges Bergerlebnis ohne viele Höhenmeter./ Der Lac Souterrain bietet eine Bootsfahrt der besonderen Art. Rechts, von links: Ein Abstecher zum Großen Aletschgletscher nordöstlich von Brig darf auf einer Tour durch das obere Rhonetal nicht fehlen./ Der Furkapass bildet die Grenze zwischen den Kantonen Uri und Wallis.

OBERES RHONETAL

a/ Gastro & Camping Fafleralp

Minimale Ausstattung, maximale Alpenkulisse. Die Straße durchs Lötschental endet an der Fafleralp mit einem einfachen Campingplatz auf einer idyllischen Bergwiese. Die Infrastruktur beschränkt sich auf einen Toiletten- und Duschcontainer, aber angesichts der einmaligen Lage und der grandiosen Aussicht fällt der Verzicht nicht schwer. Verpflegungsmöglichkeit bietet der Gastro nebenan, auch frische Backwaren für das Frühstück lassen sich dort erwerben. Im Übernachtungspreis inklusive ist die Lötschental Card, die u. a. die kostenlose Nutzung des Postautos Goppenstein – Fafleralp und der Seilbahn Wiler – Lauchernalp sowie den freien Eintritt ins World Nature Forum in Brig beinhaltet.

ART: Campingplatz
ANZAHL DER PLÄTZE: 39
KOSTEN: Kategorie 2/3
BEZAHLUNG: bar
AUSSTATTUNG:

HAUSTIERE ERLAUBT: ja
RESERVIERUNG MÖGLICH: nein
BETRIEBSZEIT: Juni – Oktober (wegen Umbau Sommer 2023 geschlossen)
ADRESSE: Gletscheralp 1–7, 3919 Blatten (Lötschen)
www.camping-fafleralp.ch

TIPP **SCHON DIE RÖMER** kannten die warmen Quellen auf 1 411 Meter Höhe und auch Johann Wolfgang von Goethe machte auf seiner Italienreise 1779 Station in Leukerbad. Heute bieten mit Leukerbad Therme, Walliser Alpentherme & Spa und Therme 51 °C gleich drei öffentliche Bäder die Möglichkeit zum Entspannen im mineralreichen Thermalwasser mit Blick auf die umliegenden Bergriesen. Parkplätze ohne Höhenbeschränkung zum Abstellen des Wohnmobils finden sich gleich am Ortseingang sowie an dessen oberen Ende. Für eine Übernachtung muss aber der Campingplatz an der Sportarena angesteuert werden. www.leukerbad.ch

TIPP **DAS LÖTSCHENTALER MUSEUM** in Kippel gibt mit diversen Holzmasken der „Tschäggättä", die während der Fastnachtszeit in den Bergddörfern ihr Unwesen treiben, festlichen Trachten und historische Uniformen einen tiefen Einblick in die Traditionen und Bräuche des Lötschentals. www.loetschentalermuseum.ch

b/ Seepark Augstbord

Schön angelegter Stellplatz mit großzügigen Stellflächen auf zwei asphaltierten Terrassen am nördlichen Dorfrand von Unterbäch mit tollem Ausblick auf die Berge und einer gepflegten WC- und Duschanlage. Gleich nebenan lädt ein kleiner See zum Baden und ein abwechslungsreich gestalteter Wasser- und Abenteuerspielplatz zum Spielen und Plantschen ein. Die Bezahlung erfolgt bargeldlos per QR-Code beim ParknSleep-Portal (www.parknsleep.eu).

ART: Wohnmobilstellplatz
ANZAHL DER PLÄTZE: 5
KOSTEN: Kategorie 3
BEZAHLUNG: Sonstiges
AUSSTATTUNG:
HAUSTIERE ERLAUBT: ja
RESERVIERUNG MÖGLICH: nein
BETRIEBSZEIT: ganzjährig
ADRESSE: 3944 Unterbäch
www.unterbaech.ch

TIPP **DA DIE SCHWEIZ** zwar mitten in Europa liegt, aber nicht zur EU gehört, kann die Nutzung eines ausländischen Smartphones je nach Anbieter und Vertrag im Schweizer Mobilfunknetz richtig teuer werden. Mit einer schweizerischen Prepaid-Sim lässt sich insbesondere beim mobilen Surfen viel Geld sparen. Um keine bösen Überraschungen zu erleben, empfiehlt es sich, das Roaming auf ihrem Gerät zu deaktivieren.

---

c/ Lambertji 6

ART: Wohnmobilstellplatz
ANZAHL DER PLÄTZE: 132
KOSTEN: Kategorie 2
BEZAHLUNG: Sonstiges
HAUSTIERE ERLAUBT: ja
RESERVIERUNG MÖGLICH: ja
BETRIEBSZEIT: ganzjährig (November bis März Duschen geschlossen und reduzierte Ver- & Entsorgung)
ADRESSE: Lampertji, 3945 Gampel-Bratsch
www.lampertji6.ch

Großer Stellplatz auf einer grünen Wiese mit zahlreichen Schatten spendenden Bäumen am Eingang zum Lötschental.

d/ Camping Lötschental

ART: Campingplatz
ANZAHL DER PLÄTZE: 20
KOSTEN: Kategorie 3
BEZAHLUNG: bar / EC-Kreditkarte
HAUSTIERE ERLAUBT: ja
RESERVIERUNG MÖGLICH: ja
BETRIEBSZEIT: ganzjährig
ADRESSE: An der Lonza, 3917 Kippel (Lötschental)
www.loetschental.ch

Kleiner, idyllisch am Fluss gelegener Campingplatz. Alle Parzellen sind großzügig bemessen und mit eigenem Stromanschluss ausgestattet.

e/ Waldstellplatz Rhodania

ART: Wohnmobilstellplatz
ANZAHL DER PLÄTZE: 37
KOSTEN: Kategorie 1
BEZAHLUNG: bar
HAUSTIERE ERLAUBT: ja
RESERVIERUNG MÖGLICH: nein
BETRIEBSZEIT: Mai – Oktober
ADRESSE: Rottenweg 189, 3998 Reckingen

Einfacher, naturnaher Stellplatz in einem Nadelwald. Die Zufahrt über die historische Holzbrücke in Reckingen ist in der Höhe auf 3,50 Meter beschränkt.

REISE
29

TESSIN

Das Tessin ist das Tor der Schweiz zum Süden. Lago Maggiore und Luganer See bestechen durch ihr mediterranes Flair und das gebirgige Hinterland lockt mit traumhaften Tälern.

★★★	★★★	★★★	Tessin

Hinter dem Gotthard fängt der Süden Europas an. Das Ticino, wie der südliche Teil der Schweiz hier heißt, reicht weit in die Lombardei hinein. Hier triff Gruezi auf Dolce Vita und stets liegt ein Hauch von Italien in der Luft. Durch die räumliche Nähe zu Italien und die lange, gemeinsame Geschichte mischen sich im Tessin Schweizer Präzision mit italienischer Lebensfreude zu einem ganz besonderen Urlaubsgefühl. Als wäre das noch nicht genug, wird das Tessin außerdem von der Sonne verwöhnt und lockt mit angenehm-sommerlichen Temperaturen von April bis September, denn der Hauptkamm der Alpen bietet einen natürlichen Schutz vor den kühlen und feuchten Luftmassen aus dem Norden.

EIN TRAUM VON BERGKULISSE

Hinter der Drei-Burgen-Stadt Bellinzona haben Reisende die Wahl zwischen dem Luganer See und dem Lago Maggiore. Ersterer liegt zu mehr als der Hälfe auf Schweizer Staatsgebiet und schmiegt sich mit seinen vielen Armen und Buchten zwischen die bewaldeten Berghänge. Lugano, die heimliche Hauptstadt des Tessins am Nordufer, ist pulsierende Businessmetropole mit internationalem Flair, Galerien, Boutiquen und Straßencafés und charmante Hafenstadt zugleich.

Durch die beliebten Ferienorte Locarno und Ascona am Lago Maggiore flanieren die Gäste aus der ganzen Welt und genießen das mediterrane Flair mit Panorama über das glasklare, dunkelblaue Wasser, das von grau-grünen Bergketten flankiert wird. Ein Bootsausflug gehört zu einem Urlaub im Tessin einfach dazu. Einer der schönsten Ausflüge auf dem Lago Maggiore führt von Locarno oder Ascona zu den Brissago-Inseln (von April bis Oktober täglich mehrere Abfahrten), wo man sich im botanischen Garten an Pflanzen aus allen Teilen der Erde erfreuen kann.

WO DIE ALPEN AUFS MITTELMEER TREFFEN

Zwischen dem Ufer des Lago Maggiore (192 Meter) und dem Rheinwaldhorn (3 402 Meter) als höchstem Punkt des Tessins liegen mehr als 3 200 Höhenme-

ter. So lässt sich vormittags durch ein abgelegenes, von schneebedeckten Gipfeln eingerahmtes Bergtal wandern und abends kann der Tag bei einem Aperitivo im Straßencafé an einer der mondänen Seepromenaden in Ascona, Locarno oder Lugano unter Palmen ausklingen.

Das gebirgige Hinterland der großen Seen wird von hinreißenden Tälern mit alten Kirchen und traditionellen Häusern in ursprünglichen Dörfern geprägt. Hier bieten sich von Frühjahr bis Herbst vielfältige Wandermöglichkeiten. Über 4 000 Kilometer Wanderwege durchziehen das gesamte Tessin entlang von Flüssen, durch märchenhafte Wälder und über blühende Alpweiden und laden zu erholsamen Spaziergängen ebenso ein wie zur alpinen Tour. Für den einfachen Aufstieg stehen 24 Bergbahnen bereit und 70 Berghütten sorgen unterwegs für das leibliche Wohl. Die Möglichkeiten zu Fahrrad- und Mountainbike-Touren sind nicht weniger vielfältig und es gibt zahlreiche lokale Anbieter, die geführte Touren anbieten.

In der Hochsaison kann sich der Verkehr in den beliebten Tessiner Tälern am Lago Maggiore bisweilen schon einmal stauen. Daher ist es eine gute Idee, das Wohnmobil auf dem Campingplatz zurückzulassen. Das ist dank des gut ausgebauten öffentlichen Nahverkehrs überhaupt kein Problem. Oft ist das Ticino Ticket, mit dem man kostenlos Bus fahren kann und Rabatte bei Bergbahnen, Schiffen und touristischen Attraktionen erhält, bereits im Übernachtungspreis enthalten.

Links, von oben: Die Uferstraße von Morcote wird von Arkaden gesäumt./ Das ehemalige Fischerdorf am Ufer des Luganer Sees ist ein beliebtes Ausflugsziel./ Steile Treppenstufen führen hinauf zur Kirche Santa Maria del Sasso. Rechts: Von der Wallfahrtskirche Madonna del Sasso über den Dächern Locarnos genießt man ein fantastisches Panorama über den Lago Maggiore.

1 BELLINZONA

Bellinzona, die Hauptstadt des Tessins, liegt in einem Tal unterhalb des Gotthard-Massivs. Die wohl italienischste Stadt der Schweiz lädt mit schmucken Gassen und Plätzen, die von reich verzierten Patrizierhäusern mit Arkadenbögen gesäumt werden, zum Bummeln, Shoppen und Verweilen ein. Besonders bunt geht es an Samstagen auf dem großen Wochenmarkt im historischen Stadtzentrum zu, auf dem die Händler regionale Spezialitäten, Obst, Gemüse, aber auch kunsthandwerkliche Erzeugnisse, Kleidung und Antiquitäten feilbieten. Wahrzeichen und Hauptattraktion von Bellinzona sind die „Tre Castelli" Castelgrande, Montebello und Sasso Corbaro. Das einzigartige Ensemble der drei mächtigen Burgen aus dem Mittelalter samt Stadtmauer und Schutzwällen steht seit 2000 auf der Weltkulturerbeliste der UNESCO.

www.bellinzonaevalli.ch/de/

2 LOCARNO UND ASCONA

Alle Gassen der Altstadt von Locarno am Nordufer des Lago Maggiore laufen auf die lang gestreckte und von Arkaden gesäumte Piazza Grande zu, die durch das jährlich stattfinde Filmfestival bekannt ist. Vom Stadtzentrum, in dem Palmen und Zitronenbäume gedeihen, gelangt man mit der historischen Standseilbahn (oder zu Fuß über den Kreuzweg) zur berühmten Wallfahrtskirche Madonna del Sasso, mit einer fantastischen Aussicht auf die Stadt, den See und die Berge. In Nachbarschaft zu Locarno warten die malerischen Gassen der Altstadt von Ascona auf einen Besuch. Am schönsten zeigt sich das ehemalige Fischerdorf entlang der breiten Seepromenade am Hafen, wo zahlreichen Straßencafés und Restaurants zum Verweilen und Genießen mit Blick auf den Lago Maggiore und viel mediterranem Flair einladen.

www.ascona-locarno.com/de/

INFO

Ticino Turismo,
Via C. Ghiringhelli 7
Casella Postale 1441
6501 Bellinzona
Tel. +41 918257056
www.ticino.ch

3 VALLEMAGGIA

Das Vallemaggia nordwestlich von Locarno und seine weit verzweigten Seitentäler nehmen etwa ein Fünftel der Fläche des Tessins ein. Viel Platz also für einmalige Naturerlebnisse und spannende Entdeckungen. Einer der spektakulärsten Wasserfälle stürzt beim Bergdorf Foroglio mit seinen malerischen Steinhäusern über 100 Meter an der steilen Wand des Val Bavona herunter. Unbedingt einen Zwischenstopp wert ist auch Cevio, um einen Streifzug durch den alten Dorfkern mit seinen imposanten Bürgerhäusern aus dem 17. Jahrhundert zu unternehmen und im Museo di Valmaggia mehr über das harte Leben der Talbewohner in früheren Jahrhunderten und das kulturelle Erbe der Region zu erfahren.

www.vallemaggia.ch

4 VERZASCATAL

Ein weiteres Tal, das sich seine Ursprünglichkeit bewahrt hat und mit seiner Bergwelt zu verschiedensten Outdoor-Abenteuern einlädt, ist das etwa 25 Kilometer lange Verzascatal. Alles andere als natürlich, aber dennoch eindrucksvoll ist die gigantische Staumauer Diga di Vorgono am Talausgang. Ein beliebtes Ausflugsziel ist der Ort Lavertezzo mit seiner instagrammtauglichen doppelbögigen Ponte dei Salti aus dem 17. Jahrhundert. Frei stehen ist im Verzascatal streng verboten. Die Übernachtung mit Wohnmobilen ist nur an den mit „Verzasca Campercard" (24 Stunden/ca. 24 Euro) beschilderten Stellplätzen in Brione (40 Fahrzeuge) und am Ende des Tals in Sognogo (50 Fahrzeuge) gestattet. Alternativ kann man auch einen der großen Campingplätze am Nordufer des Lago Maggiore ansteuern und das Tal mit öffentlichen Verkehrsmitteln erkunden.

www.ascona-locarno.com/de/entdecken/valle-verzasca

5 MORCOTE

Morcote ist ein gemütlicher ehemaliger Fischerort an der Südspitze der Landzunge Ceresio. Überragt wird er von der mächtigen, auf einer Klippe thronenden Wallfahrtskirche Santa Maria del Sasso. Der steile Aufstieg über die mehr als 400 Stufen der in der ersten Hälfte des 18. Jahrhunderts angelegte Freitreppe wird mit einem tollen Ausblick über den Luganer See und die Berge belohnt. Stilvoll einkehren lässt sich in den gemütlichen Cafés in den kühlen Laubengängen der prächtigen Patrizierhäuser mit kunstvoll verzierten Fassaden entlang der romantischen Seepromenade. Aufgrund der engen Straßenverhältnisse und der knappen Parkmöglichkeiten empfiehlt es sich, den Besuch von Morcote als Tagesausflug zu unternehmen und aus Lugano-Paradiso per Bus oder Schiff anzureisen.

www.visitmorcote.ch

TIPP
Wie einst James Bond in „Golden Eye": Wagemutige können sich am Bungee-Seil von der Staumauer in die Tiefe stürzen. www.007bungy.ch

Links, von oben: Im kleinen Weiler Forogolio tief im Val Bavona scheint die Zeit stillzustehen./ Castello di Montebello in Bellinzona/ Der Walk of Fame in den Rusca-Gärten von Locarno versammelt die bronzenen Handabdrücke weltbekannter Musiker. Rechts, von links: Der Verzasca-Staudamm zählt zu den höchsten Staumauern Europas./ Der Wasserfall von Foroglio ist einer der spektakulärsten im Tessin.

CAMPING- UND STELLPLATZ-TIPPS

TESSIN

a/ Stellplatz Locarno

Idyllisch ist der Stellplatz auf Schotterflächen an einem verfallenen Schlachthofgebäude im Zentrum zwar nicht unbedingt, dafür punktet er mit einer guten Entsorgungsmöglichkeit, ist nachts ruhig und sowohl Lago Maggiore wie auch die Altstadt von Locarno sind fußläufig erreichbar. Strom gibt es allerdings nicht und der Aufenthalt ist auf maximal 24 Stunden begrenzt. Dafür ist der Platz für Schweizer Verhältnisse schon beinahe preiswert. Auf den nahegelegenen Campingplätzen ist für die Übernachtung mit dem Wohnmobil mindestens das Dreifache zu berappen. Entspannung pur verspricht das nahegelegene Wellness- und Spa-Center Termali Salini & Spa.

ART: Wohnmobilstellplatz
ANZAHL DER PLÄTZE: 37
KOSTEN: Kategorie 2
BEZAHLUNG: bar/Sonstiges
AUSSTATTUNG:

HAUSTIERE ERLAUBT: ja
RESERVIERUNG MÖGLICH: nein
BETRIEBSZEIT: ganzjährig
ADRESSE: Via Luigi Lavizzari, 6600 Locarno

TIPP

AUSGANGSPUNKT EINER ABWECHSLUNGSREICHEN, ETWA VIERSTÜNDIGEN WANDERUNG ist Monte Carasso westlich von Bellinzona. Wer sich den steilen Aufstieg ins Bergdorf Curzútt sparen möchte, kann mit der Monera-Seilbahn hinauffahren. Oben führt der Weg vorbei an malerischen Steinhäusern, einer kleinen Kirche mit jahrhundertealten Fresken und Weingütern. Spektakulärer Höhepunkt ist die Überquerung der 270 Meter langen Hängebrücke Carasc, die in der luftigen Höhe von 130 Metern über den Bergbach führt und eine überwältigende Aussicht auf die Magadino-Ebene und Bellinzona eröffnet. Sie gehört zu den längsten ihrer Art in der Schweiz, aber die Überquerung ist völlig ungefährlich – nur schwindelfrei sollte man sein.

TIPP

NIRGENDWO SPEIST MAN IM TESSIN authentischer als im Grotto. So heißen die rustikalen Gaststätten an den ursprünglich für die Aufbewahrung von Wein und Lebensmitteln errichteten Felskellern. Sie kombinieren eine meist idyllische Lage am Fuß eines Wasserfalls, mitten im Wald oder am Ufer eines Flusses mit den Spezialitäten der heimischen Küche wie Minestrone, Polenta oder Alpkäse. Der Merlot dazu wird im Boccalino, einem kleinen bauchigen Tonkrug, serviert.

b/ Stellplatz Bignasco

Biagnasco an der Mündung der Bavona in die Maggia ist ein idealer Ausgangspunkt, um das Vallemaggia zu erkunden. Seit 2020 betreibt die Gemeinde auf einer großen Wiese neben dem Sportplatz etwas außerhalb des Ortes einen Stellplatz, derzeit noch im Probebetrieb – die dauerhafte Genehmigung steht noch aus. Strom gibt es zwar nicht, aber einen Toilettenwagen. Nicht versäumen sollte man den kurzen Abstecher zum „Cascata Grande", einem prachtvollen Wasserfall, der sich in einer breiten Kaskade über 75 Meter in die Tiefe stürzt. Keine hundert Meter vom Platz entfernt lädt die Bar Chignolasc zu einem leckeren Imbiss ein.

ART: Wohnmobilstellplatz
ANZAHL DER PLÄTZE: 30
KOSTEN: Kategorie 2
BEZAHLUNG: bar/Sonstiges
AUSSTATTUNG:

HAUSTIERE ERLAUBT: ja
RESERVIERUNG MÖGLICH: nein
BETRIEBSZEIT: März–Nov.
ADRESSE: Via Centro Sportivo, 6676 Bignasco

TIPP **OB KLEINE ODER GROSSE KRÜMELMONSTER:** Wenn es im Wohnmobil unter den Füßen knirscht, ist Reinemachen angesagt. Noch besser als mit Handfeger und Kehrschaufel lässt sich dem Dreck mit einem handlichen, leistungsstarken Akkustaubsauger zu Leibe rücken. Damit sind selbst Zwischenböden und Bodenschienen im Handumdrehen wieder sauber.

c/ Stellplatz Bellinzona

ART: Wohnmobilstellplatz
ANZAHL DER PLÄTZE: 7
KOSTEN: Kategorie 2
BEZAHLUNG: bar/Sonstiges

HAUSTIERE ERLAUBT: ja
RESERVIERUNG MÖGLICH: nein
BETRIEBSZEIT: ganzjährig
ADRESSE: Via Brunari 46, 6500 Bellinzona

Die Lage nicht so einladend, dafür ist man mit dem Rad in nicht einmal zehn Minuten in der historischen Altstadt. Für Strom und Frischwasser werden Jetons benötigt, die der Automat nur gegen Schweizer Franken herausgibt.

d/ Stellplatz Lugano

ART: Wohnmobilstellplatz
ANZAHL DER PLÄTZE: 8
KOSTEN: Kategorie 2
BEZAHLUNG: bar/Sonstiges

HAUSTIERE ERLAUBT: ja
RESERVIERUNG MÖGLICH: nein
BETRIEBSZEIT: ganzjährig
ADRESSE: Via Tassino, 6900 Lugano
https://www.lugano.ch/vivere-lugano/muoversi-lugano/posteggi/area-camper.html

Ruhiger, zentrumsnaher Platz an einer Sportanlage für bis zu 48 Stunden. Schöner, schattiger Picknickplatz mit Marmortisch und -bänken.

e/ Camper Area Tamaro

ART: Wohnmobilstellplatz
ANZAHL DER PLÄTZE: 80
KOSTEN: Kategorie 3
BEZAHLUNG: bar/EC-Kreditkarte

HAUSTIERE ERLAUBT: ja
RESERVIERUNG MÖGLICH: nein
BETRIEBSZEIT: ganzjährig
ADRESSE: 6802 Rivera-Monteceneri
www.camperareatamaro.ch/de/

Der größte Stellplatz im Tessin auf dem Monte-Ceneri-Pass eignet sich gut für die einmalige Übernachtung, ist aber nichts, um dort die gesamten Ferien zu verbringen.

REISE
30

BÜNDNER ALPEN

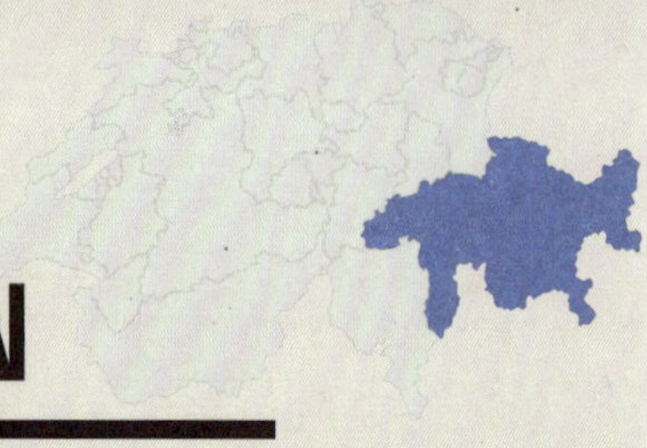

Mit dem Wohnmobil die Heimat von Heidi und Steinböcken erkunden: Der Südosten der Schweiz lockt mit spektakulären Schluchten, hohen Gipfeln bis zu über 4 000 Metern und malerischen Bergdörfern.

★★★	★★	★★★	Graubünden

Graubünden ist der flächenmäßig größte und am dünnsten besiedelte Kanton der Schweiz. Noch eindrücklicher als seine ausgewachsene Fläche ist aber vor allem die große Höhe. Im östlichsten Zipfel scheint die Schweiz den Himmel zu berühren und entführt ihre Gäste in eine weitläufige, faszinierende Bergwelt.

HEIMAT DES STEINBOCKS

Angesichts der Bilderbuch-Landschaft wundert es nicht, dass am Lai da Vons im Naturpark Beverin 2014 die Alpszenen der Neuverfilmung des Kinderbuchklassikers „Heidi"gedreht wurden. Der Naturpark im Herzen Graubündes ist aber vor allem ein Traum für Naturliebhaber und Wanderfreunde. Das steile Felsgelände rund um den Piz Beverin (2 998 Meter) im Zentrum des Naturparks ist Heimat für eine große Steinbockkolonie mit rund 350 Tieren. Im Alperschälli hoch über dem Wergenstein wurden zwei Wildtierbeobachtungspunkte eingerichtet, an denen die Chance auf eine Sichtung der Tiere hoch ist und Feldstecher für die Beobachtung bereit liegen.

AKTIV ZU JEDER JAHRESZEIT

Neben den Gipfeln und Tälern prägen vor allem die beiden großen Flüsse Inn und Rhein die Landschaft. Die Quellflüsse des noch jungen Rheins haben mit der Via Mala und der Rheinschlucht zwei besonders eindrucksvolle Naturwunder geschaffen. Voll auf ihre Kosten kommen Outdoorsportler etwa in der Ferienregion Flims Laax Falera am Vorderrhein hinter Chur, wo über 250 Kilometer beschilderte Wanderwege und mehr als 300 Kilometer Mountainbike-Routen für jeden Geschmack zu Entdeckungen der schönen Natur einladen. Ein Tipp ist die UNESCO-Weltnaturerbestätte der Tektonikarena Sardona, denn an der Glarner Hauptüberschiebung werden die gewaltigen Kräfte, mit der die Natur die Alpen aufgetürmt hat, eindrucksvoll sichtbar.

Im Winter ist Flims Laax Falera ein beliebtes Wintersportgebiet mit vielfältigen Pisten von leicht bis schwer und wer weder Skifahren noch Snowboarden möchte, findet vielfältige Alternativen wie Schneeschuhtouren und die besten Rodelmöglichkeiten der Schweiz. Ein Klassiker unter

Rechts: Das Landwasserviadukt bei Filisur ist ein beeindruckendes Meisterwerk der Ingenieurskunst.

den Rodelpisten in Graubünden ist etwa die kurvenreiche Abfahrt auf der für Autos im Winter gesperrten Passstraße vom Örtchen Preda hinab nach Bergün. Von Dienstag bis Sonntag wird die Strecke abends sogar beleuchtet.

RUNDREISE DURCH DIE ALPEN

Um die Planung einer Rundreise zu den herausragenden Sehenswürdigkeiten des Bündnerlands zu erleichtern, hat Graubünden Ferien, die touristische Marketingorganisation des Kantons, den Alpine Circle ins Leben gerufen. Zur Auswahl stehen die drei Routenvorschläge „focus", „centrala" und „cumpleta". Für die Königsrunde, die auf über 450 Kilometern und insgesamt 13 Alpenpässen die ganze Vielfalt Graubündens inklusive Schweizerischem Nationalpark, Gletscherwelt Diavolezza, Landwasserviadukt und Rheinschlucht erschließt, sollten Sie sich mindestens eine Woche Zeit nehmen, besser sind 10 Tage.

1 RHEINSCHLUCHT

Auf einer Länge von 14 Kilometern hat der Vorderrhein zwischen Reichenau und Illanz eine bis zu 400 Meter tiefe Schlucht geschaffen. Das dichte Netz von Wanderwegen eröffnet vielfältige Möglichkeiten, um die spektakuläre Landschaft des „Grand Canyon der Schweiz" zu erleben und auch Radfahrer finden vielfältige Möglichkeiten, um die Rheinschlucht auf zwei Rädern zu erkunden. Eine kurzweilige, etwa einstündige Wanderung auf einfachen Wegen führt von Waldbad-Flims vorbei am Cauma-See und dem Ausflugslokal Conn zur spektakulären Aussichtsplattform Il Spir mit einem wahrlich „tiefen" Einblick in die Rheinschlucht.
www.rheinschlucht.ch

2 VIA-MALA-SCHLUCHT

Etwa 30 Kilometer südlich von Chur haben Gletschereis und Hinterrhein sich über 300 Meter tief in den massiven Schiefer geschnitten. Die grandiose Klamm ist

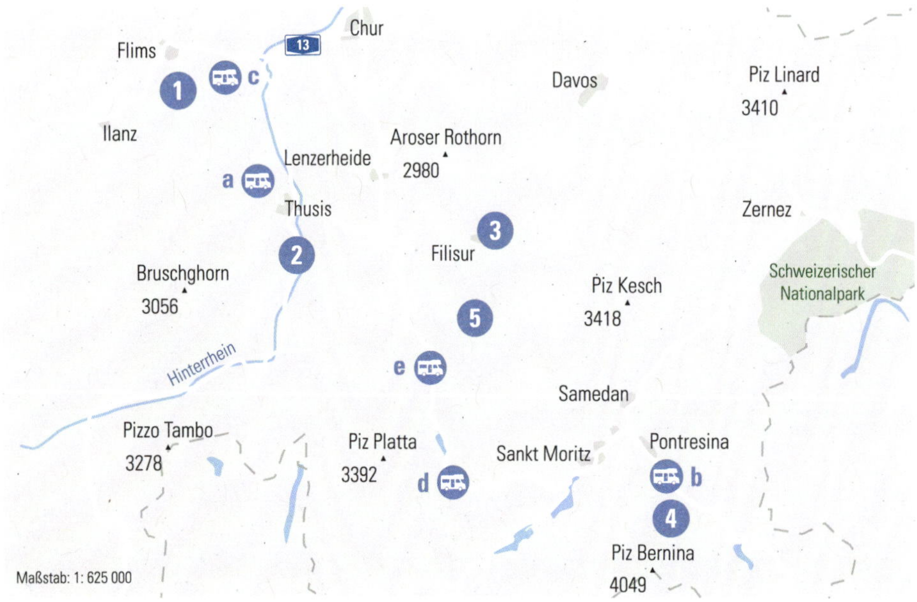

INFO

Graubünden Ferien
Alexanderstrasse 24, 7001 Chur
Tel. +41 812542424
www.graubuenden.ch

TIPP
Die Rheinschlucht gehört zu den spektakulärsten Paddelrevieren Europa: www.wasserchraft.ch, www.swissriveradventures.ch und www.kanuschule.ch

ein beliebtes Ausflugsziel und vom kleinen Besucherzentrum (April bis Oktober) führen rund 350 Betonstufen hinab zu brodelnden Strudeltöpfen am Fuß der steil aufragenden Felswände. Am Besucherzentrum startet auch ein schöner Rundweg zur Hängebrücke Punt da Suransuns über den Hinterrhein. Da die Parkmöglichkeiten am Besucherzentrum knapp sind, sollte man früh kommen.
www.viamala.ch

3 LANDWASSERVIADUKT FILISUR

Das 1902 errichtete Landwasserviadukt bei Filisur ist eines der berühmtesten Bauwerke Graubündens und ein Meisterwerk der Ingenieursbaukunst. Die 142 Meter lange und 65 Meter hohe sechsbogige Brücke führt in einer engen Kurve über das Landwassertal und direkt im Anschluss verschwindet die Bahnlinie in einem Tunnel am steilen Felshang. Es ist eine von zahlreichen kühnen Tunnel- und Brückenkonstruktionen aus der Pionierzeit der Eisenbahn. Die Bernina- und Albulalinie der Rhätischen Bahn (UNESCO-Welterbe seit 2008) klettert von Thusis aus das Albutaltal hoch in Richtung St. Moritz.
www.rhb.ch und www.glacierexpress.ch

4 GLETSCHERWEG MORTERATSCH

Südöstlich von Pontresina zweigt das acht Kilometer lange Morteratschtal vom Val Bernina ab. Vom Parkplatz am Talausgang führt ein einfacher Schotterweg (rund 3 Kilometer, knapp 1 Stunde Gehzeit) bis zur Schwemmebene am Fuß des drittlängsten Gletschers der Ostalpen. Unterwegs zeigen 16 Stationen die Ausdehnung des Gletschers in den letzten Jahrzehnten und machen so den kontinuierlichen Gletscherschwund eindrucksvoll sichtbar. Nach dem Ausflug an den Rand des ewigen Eises lockt auf der Alp Morteratsch die Alp-Schaukäserei mit Käsespezialitäten aus eigener Produktion zur Einkehr.
www.pontresina.ch, www.bernina-glaciers.ch, www.sennerei-pontresina.ch

5 PARC ELA

Der Parc Ela ist der größte Naturpark der Schweiz und umfasst vielseitige Landschaften rund um die Alpenpässe Albula, Julier und Septimer. Besonders schön ist die Alp Flix oberhalb von Sur. Die Landschaft des Hochplateaus auf knapp 2 000 Metern wird geprägt von einer intakten Moorlandschaft, Bergseen und dem freien Blick auf den Piz Platta (3 392 Meter). Die wunderbare Landschaft lässt sich auf Wanderwegen und Mountainbike-Routen, aber auch auf dem Rücken von Pferden erkunden. Die Straße von Sur hinauf zum öffentlichen Parkplatz an der Alp Flix ist recht schmal. Einfacher und stressfreier ist die Fahrt mit dem Bus alpin (www.busalpin.ch) hinauf.
www.parc-ela.ch/de

Links, von oben: Über 2 000 Pflanzenarten sind auf der zauberhafte Alp Flix im Parc Ela heimisch./ Der Gletscherweg Morteratsch folgt Schritt für Schritt der Spur des ewigen Eises. Rechts, von links: Die Veia Traversina führt von Thusis zum Besucherzentrum der Via-Mala-Schlucht./ Den besten Blick auf die Rheinschlucht bietet die Aussichtsplattform Il Spir.

BÜNDNER ALPEN

a/ Stellplatz +plus+ in Sarn-Heinzenberg

Auf dem terrassierten Stellplatz am Skilift Lescha am Heinzenberg in Sarn macht das Campen einfach Spaß. Die Anfahrt auf den Serpentinen aus Thusis ist auch mit größeren Wohnmobilen gut machbar und man wird von den Betreibern herzlich empfangen. Auf Wunsch gibt es den Schlüssel für den topausgestatteten Dusch- und WC-Container und der kleine Kiosk mit Sonnenterrasse ist ein beliebter Treffpunkt für den Camperplausch. Angesichts der vielen Vorzüge lässt sich die fehlende Bodenrinne für die Grauwasserentsorgung ebenso verschmerzen wie die Tatsache, dass Frischwasser in der Gießkanne zum Wohnmobil getragen werden muss.

ART: Wohnmobilstellplatz
ANZAHL DER PLÄTZE: 15
KOSTEN: Kategorie 3
BEZAHLUNG: bar/Kreditkarte
AUSSTATTUNG:

HAUSTIERE ERLAUBT: ja
RESERVIERUNG MÖGLICH: ja
BETRIEBSZEIT: Mai–Oktober
ADRESSE: Heinzenberg-Lescha, 7423 Sarn-Heinzenberg
www.stellplatzplus-heinzenberg.ch

TIPP **LUST AUF MEHR SCHWEIZ?** Die Grand Tour of Switzerland führt als Rundtour auf über 1 600 Kilometern zu den urigsten Dörfern, den mächtigsten Gletschern und über die spektakulärsten Pässe in der ganzen Schweiz. Natürlich liegen auch alle elf UNESCO-Welterbestätten an dieser Traumstraße der Superlative. Hilfreich für Planung, Navigation und um unterwegs mehr über die Sehenswürdigkeiten zu erfahren, ist die Grand-Tour-App fürs Smartphone. www.myswitzerland.com/grandtourapp

TIPP **FRÜHER ARME-LEUTE-ESSEN, HEUTE EINE SPEZIALITÄT:** Capuns sind einer der populärsten Klassiker aus der Bündner Küche. Die Grundlage der Füllung für die Mangoldblätter bilden Fleisch und Spätzleteig. Das eine Rezept für die traditionellen Krautwickel gibt es aber nicht, vielmehr kreiert jeder Koch seine eigene Variante und experimentiert mit den Zutaten.

b/ Camping Morteratsch

Der 12 Hektar große Camping Morteratsch etwa 5 Kilometer südlich von Pontresina ist ein wahres Naturparadies. Geprägt wird die Atmosphäre des weitgehend naturbelassenen Platzes von den schroffen Gipfeln des Bernina-Massivs sowie dem Ausblick auf die Zunge des Morteratschgletschers. Der Platz bietet eine große Auswahl an individuellen Stellplätzen, mal am Seeufer, mal am Bächlein oder im kleinen Wäldchen. Entspannung inmitten der einmaligen Bergkulisse bietet die platzeigene Sauna.

ART: Campingplatz
ANZAHL DER PLÄTZE: 250 (Sommer), 150 (Winter)
KOSTEN: Kategorie 3
BEZAHLUNG: bar/EC-Kreditkarte
AUSSTATTUNG:

HAUSTIERE ERLAUBT: ja (€)
RESERVIERUNG MÖGLICH: ja
BETRIEBSZEIT: ganzjährig
ADRESSE: Plauns 13, 7504 Pontresina
www.camping-morteratsch.ch

TIPP **GEBRATENE BANANEN** sind der krönende Abschluss einer Grill-Session. Das gilt umso mehr für die Deluxe-Version: Einfach die ungeschälte Banane längs einschneiden und mit Schokostücken und Marshmallows füllen, dann ab auf den Grill oder in die Glut des Lagerfeuers und warten, bis sich die Schale schwarz verfärbt hat und Schokolade sowie Marshmallows geschmolzen sind.

---

c/ Parkplatz am Naturschutzgebiet Ziavi bei Bonaduz

ART: Wohnmobilstellplatz
ANZAHL DER PLÄTZE: 10
KOSTEN: kostenlos

HAUSTIERE ERLAUBT: ja
RESERVIERUNG MÖGLICH: nein
BETRIEBSZEIT: ganzjährig
ADRESSE: Versamerstrasse, 7402 Bonaduz

Der Parkplatz im Grünen hinter Bonaduz ist einer der wenigen in der Schweiz, an dem die Übernachtung ausdrücklich erlaubt ist.

d/ Bivio Stellplatz Tua

ART: Wohnmobilstellplatz
ANZAHL DER PLÄTZE: 18
KOSTEN: Kategorie 1
BEZAHLUNG: bar

HAUSTIERE ERLAUBT: ja
RESERVIERUNG MÖGLICH: nein
BETRIEBSZEIT: ganzjährig
ADRESSE: Tua, 7457 Bivio
www.schneesportbivio.ch

Gut ausgestatteter Platz unterhalb des Julierpasses mit stimmigem Preis-Leistungs-Verhältnis und schönem Ausblick ins Tal.

e/ Stellplatz Rona

ART: Wohnmobilstellplatz
ANZAHL DER PLÄTZE: 30
KOSTEN: Kategorie 3
BEZAHLUNG: bar

HAUSTIERE ERLAUBT: ja
RESERVIERUNG MÖGLICH: nein
BETRIEBSZEIT: ganzjährig
ADRESSE: Tgaglias 2, 7454 Rona
www.wohnmobilstellplatz-rona.com

Zentral im Parc Ela gelegener Stellplatz auf dem Gelände eines ehemaligen Sägewerks mit guter Gaststätte am Platz.

DIE PLANUNG

ZWÖLF BIS SECHS MONATE VOR DER ABREISE

Damit die Wohnmobilreise zum Traumurlaub wird, lohnt es sich, früh mit der Vorbereitung zu starten. Besonders viel Freude macht die Planung der Route.

VORFREUDE IST DIE SCHÖNSTE FREUDE – DIE REISE PLANEN

Nun ist es also endlich so weit. Der erste Urlaub mit dem Wohnmobil steht an und die Vorfreude ist riesengroß. Was aber ist im Vorfeld eigentlich alles zu bedenken? Für einen Kurztrip übers Wochenende ist wie bereits erwähnt nicht unbedingt eine akribische Vorbereitung erforderlich und man kann einfach ein paar Kleidungsstücke, einige Lebensmittel und das benötigte Sportequipment ins Wohnmobil laden, sich hinter das Lenkrad setzen, das Ziel ins Navi eintippen und den Zündschlüssel umdrehen.

Ein Roadtrip ist aber kein Pauschalurlaub und bei längeren Reisen zahlt es sich daher erfahrungsgemäß aus, im Voraus etwas Zeit in die Organisation der Reise zu investieren und rechtzeitig mit der Planung zu beginnen. So sind unterwegs keine bösen Überraschungen wie geschlossene Campingplätze oder gesperrte Gebirgspässe zu befürchten und die schönste Zeit des Jahres lässt sich ganz relaxt genießen. Außerdem brauchen Sie keine Angst davor zu haben, unterwegs etwas Großartiges zu verpassen.

Ein universelles Patentrezept, welches Maß an Planung das richtige ist, gibt es allerdings nicht. Wie detailliert und wie umfangreich geplant werden sollte, hängt neben der Dauer und dem Ziel der Reise (für einen Roadtrip durch Albanien ist sicherlich etwas mehr Recherche erforderlich als für ein Campingwochenende in den Niederlanden) auch von der persönlichen Einstellung ab.

Während es die einen lieben, zu improvisieren und sich spontan anhand der Wettervorhersage oder eines Wegweisers am Straßenrand zu einem verlockenden Ziel von Tag zu Tag leiten zu lassen, können andere gar nicht genug davon bekommen, jede erdenkliche Information über das Reiseziel in Erfahrung zu bringen, und empfinden bereits bei der Planung große Vorfreude auf die eigentliche Reise.

PERFEKTE REISEPLANUNG

Vom Ziel Ihrer Reise hängen alle folgenden Überlegungen ab: die Reiseroute und der genaue Routenverlauf ebenso wie die einzelnen Etappen. Auch Fragen zum Budget und zur Buchung von Stellplätzen und Fährpassagen sollten rechtzeitig in Ihre Planungen miteinfließen.

WOHIN SOLL DIE REISE GEHEN?

Ein Roadtrip bietet die Qual der Wahl unter den schönsten Reisezielen. Durch geschicktes Planen stimmen Sie Ihren Urlaub ganz auf die eigenen Bedürfnisse und Wünsche ab. Mit dem Wohnmobil stehen Ihnen Deutschland, Europa und die ganze Welt offen. Die große Freiheit

macht schon den ersten Schritt der Reiseplanung, die Entscheidung für das Reiseziel, äußerst spannend. Allerdings kann die schier unbegrenzte Vielfalt an Destinationen zu einer echten Herausforderung werden. Eine Auswahl an schönen Reisezielen in Deutschland, Österreich und der Schweiz samt Stell- und Campingplatzempfehlungen finden Sie im ersten Teil des Buches.

Dank der komfortablen Ausstattung, einem großzügigen Raumangebot und einer leistungsstarken Gasheizung lässt sich mit einem Wohnmobil zu jeder Jahreszeit und bei jedem Wetter auf Tour gehen. Mehr Spaß macht es aber ohne Regen und wenn die Sonne lacht.

Insbesondere für den ersten Wohnmobilurlaub ist daher eine Reise in Gefilde mit angenehmen Temperaturen und geringer Niederschlagswahrscheinlichkeit eine gute Idee. Denn es ist deutlich entspannter, zum Beispiel im Frühsommer in der Bretagne unter schattigen Pinienbäumen auf einem idyllischen Campingplatz direkt hinter dem Strand zu parken und sich von Zeit zu Zeit im Meer abzukühlen, als sich bei herbstlichem Dauerregen in Norwegens Fjorden im Wohnmobil einigeln zu müssen und gefrustet in den wolkenverhangenen grauen Himmel zu blicken. Vom Ärger mit den nassen Regenklamotten, die ständig die Nasszelle blockieren, mal ganz zu schweigen.

Umgekehrt bringen sehr hohe Temperaturen im Hochsommer ebenfalls einige Probleme mit sich. Daher ist eine bewusste Auswahl der Reisezeit das A und

TIPP

Anhaltspunkte dafür, welche Ziele sich je nach Jahreszeit besonders gut für eine Wohnmobilreise eignen, liefert Ihnen die folgende Übersicht:
Frühling: Niederlande, Belgien, Luxemburg, Südtirol, Côte d'Azur, Oberitalienische Seen
Sommer: Deutschland, Skandinavien, Baltikum
Herbst: Frankreich, Griechenland, Andalusien
Winter: Österreich, Schweiz, Kroatien, Algarve

CHECKLISTE REISEPLANUNG

Als Hilfestellung zur Auswahl eines Reiseziels können Sie sich an folgendem Fragenkatalog orientieren:

- → Möchten Sie die eigene Heimat besser kennen lernen oder zieht es Sie in fremde Länder?
- → Wollen Sie lieber ans Meer oder in die Berge?
- → Was möchten Sie im Urlaub unternehmen (Radfahren, Wandern, Wassersport usw.)?
- → Fühlen Sie sich in der Natur oder in der Stadt wohler? Oder wäre Ihnen ein Mix aus beidem das Liebste?
- → Wie viel Zeit haben Sie zur Verfügung und wie weit möchten Sie überhaupt fahren?
- → Wann können Sie unterwegs sein?

O für einen gelungenen Urlaub. Natürlich wird auch umgekehrt ein Schuh daraus und Sie können das zur Jahreszeit passende Reiseziel wählen, wenn Sie durch Schulferien oder aufgrund Ihrer Arbeitssituation nur zu einem bestimmten Termin Urlaub machen können.

Wann wohin in Europa? Ob Tulpenblüte in den Niederlanden im Frühling, Abkühlung in den Seen der Mecklenburgische Seenplatte im Sommer oder goldener Oktober in Südtirol, wenn sich die Wälder bunt färben und die tief stehende Sonne die Landschaft in ein warmes Licht hüllt – viele Reiseziele zeigen sich zu bestimmten Zeiten besonders attraktiv und im Winter eröffnet Ihnen ein Wohnmobil sogar eine tolle Wahlmöglichkeit. Locken Sie kalte Abenteuer im Schnee oder möchten Sie lieber der Sonne nach Südeuropa hinterherfahren?

Nicht zu vernachlässigen im Hinblick auf Reiseziel und Reisezeit sind die Art und die Ausstattung des Fahrzeugs. So ist ein Campingbus aufgrund des beschränkten Platzangebots nur eingeschränkt für Reisen in regenreiche Regionen oder für den Skiurlaub geeignet. Letzterer aber lässt sich deutlich komfortabler gestalten, indem man gezielt nach einem Campingplatz mit Trockenraum sucht, um Ski oder Snowboard, Schuhe und Kleidung nach dem Tag auf der Piste wieder trocken zu bekommen.

DIE REISEROUTE FESTLEGEN

Sobald Sie sich für ein Reiseziel entschieden haben, können Sie mit der Planung der eigentlichen Route beginnen. Suchen und notieren Sie spannenden Aktivitäten, lohnende Zwischenstopps und alles, was unterwegs sonst noch von Interesse sein könnte, zum Beispiel besonders attraktive Wanderwege, einsame Strände, herausfordernde Hochseilgärten etc. Folgen Sie Ihren persönlichen Vorlieben.

Sammeln Sie grundsätzlich lieber zu viele Ziele als zu wenige. Sie müssen sich später im Urlaub nicht zwingend an die Liste halten und Ort für Ort abklappern. Vielmehr geht es darum, möglichst viele Optionen zur Auswahl zu haben. Wenn es mehrere Tage am Stück regnet, ist es hilfreich, eine Reihe von Schlechtwetterzielen wie ein Museum oder eine Nationalparkausstellung in der Nähe parat zu haben, um die Stimmung zu heben. Umgekehrt können Sie bei strahlendem Sonnenschein die Schwimmhalle links liegen lassen und besser die idyllische Badestelle am See ansteuern, die Sie bei der Urlaubsvorbereitung in einem Instagrampost entdeckt haben.

Um die benötigten Informationen zusammenzutragen, steht Ihnen eine große Auswahl an Informations- und Inspirationsquellen zur Verfügung. Naheliegend und erstaunlich hilfreich sind Suchanfragen wie „ungewöhnliche Dinge tun in …" oder „beste Aktivitäten in …". Auch bei Google Maps lassen sich viele coole Unternehmungen und Sehenswürdigkeiten in einem bestimmten Gebiet finden und durch die Bewertungen von anderen Reisenden können Sie oft besser abschätzen, was Sie vor Ort wirklich erwartet.

Halten Sie zusätzlich zu Sehenswürdigkeiten, Aktivitäten und lohnenden Ausflügen stets auch Ausschau nach geeigneten Übernachtungsplätzen. Achten Sie etwa auf besonders familienfreundliche Campingplätze mit Animationsprogramm, umfangreicher Spielplatzlandschaft und einem Swimmingpool, wenn Sie mit Kindern unterwegs sind, beziehungsweise stellen Sie, wenn ein Vierbeiner mit an Bord sein wird, sicher, dass Hunde auf dem ausgewählten Platz zum Zeitpunkt der Reise erlaubt sind und es dort ausreichend Auslaufflächen gibt.

Wer statt der vielen digitalen Angeboten lieber auf klassische gedruckte Reiseführer zurückgreifen möchte, findet im Buchhandel ein reichhaltiges Angebot, das sich speziell an die Interessen und Bedürfnisse von Wohnmobilreisenden richtet. So finden Sie umfangreiche Stellplatzverzeichnisse ebenso wie Tourenguides mit ausgearbeiteten Routenempfehlungen zum Nachfahren.

Ob Sie in einem opulenten Bildband eine besonders interessante Kirche entdeckt haben oder in einem privaten Blog auf einen vielversprechenden versteckten Stellplatz gestoßen sind – alle Orte und Stationen, die Ihnen einen Besuch wert zu sein scheinen, sollten Sie festhalten. Das lässt sich entweder mit Textmarker und Kugelschreiber in einer Straßenkarte erledigen oder Sie nutzen dafür eine digitale Landkarte. Deutlich besser geeignet als Googles weithin bekannter Kartenservice Maps ist die völlig zu Unrecht nur wenig beachtete Plattform Google My Maps, mit der sich im Handumdrehen eigene Karten erstellen lassen.

Die Bedienung ist einfach und unterwegs können Sie auch auf dem Tablet oder am Smartphone auf ihre gespeicherten Orte zugreifen und neue anlegen, falls Sie im Urlaub von anderen Reisenden oder Einheimischen besondere Tipps erhalten. Die sind oft Gold wert und stehen in keinem Reiseführer.

Die Nutzung des Service ist zwar kostenlos, erfordert aber wie die anderen Angebote des US-Anbieters oder auch die Nutzung eines Android-Smartphones ein eigenes Google-Konto. Falls Sie noch kein Konto besitzen, könnten Sie es anlegen unter https://accounts.google.com/signin.

ROUTENVERLAUF ANALYSIEREN UND PLANEN

In vielen Fällen stellt sich bei der Streckenwahl die Frage nach der Höhe der anfallenden Mautgebühren. Keine beziehungsweise nur wenige Gedanken dazu müssen Sie sich machen, wenn Sie in Deutschland, Belgien, Dänemark oder Schweden unterwegs sind. In den meisten Ländern Europas dagegen werden Mautgebühren fällig. So erheben acht Länder der Europäischen Union eine streckenabhängige Mautgebühr und in Frankreich, Griechenland, Irland, Italien, Kroatien, Polen, Portugal und Spanien bemisst sich die Höhe der Mautgebühren nach den zurückgelegten Kilometern. In Österreich und der Schweiz sowie in Rumänien, Bulgarien, der Slowakei, Slowenien, Tschechien und Ungarn ist dagegen eine Vignette erforderlich, die je nach Land für einen bestimmten Zeitraum gültig ist. Zusätzlich zu diesen beiden Mautvarianten erheben einige Länder, darunter Österreich, die Schweiz, Italien, Frankreich, Dänemark sowie Schweden, noch eine Sondermaut für die Nutzung bestimmter Brücken, Tunnel oder Pässe.

TIPP

Gute Anlaufstellen für Tipps und Empfehlungen anderer Reisender sind Reiseblogs, YouTube und Instagram. Bei der Suche nach schönen Wanderungen und lohnenden Radtouren haben sich Tourenportale wie Komoot oder Outdooractive bewährt. Deren rege Community hat viele tolle Vorschläge für unterschiedliche Outdooraktivitäten zusammengetragen und später im Urlaub macht die jeweilige App das Smartphone zum digitalen Reiseführer, der Sie per GPS-Funktion einfach und ohne Orientierungsprobleme durchs Gelände leitet. Übrigens: Eine Übersicht zu empfehlenswerten Smartphone-Apps für Camper finden Sie ab Seite 222.

SCHRITT FÜR SCHRITT: DIGITALE KARTEN MIT GOOGLE MY MAPS ERSTELLEN

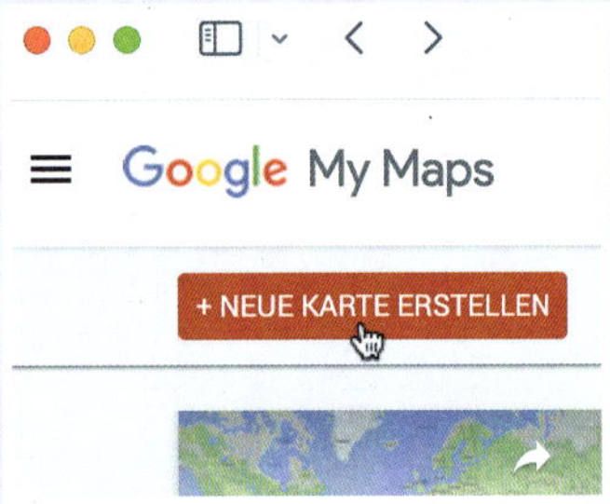

1 **Geben Sie** die URL www.google.com/mymaps/ in die Adresszeile Ihres Internetbrowsers ein, um Google My Maps zu starten. Wichtig: Neu erstellte Karten sind standardmäßig privat, das heißt, niemand anderes kann sie aufrufen. Wenn Sie möchten, können Sie die Karten aber auch öffentlich einsehbar machen oder einen Link zur Karte mit ausgewählten Personen teilen.

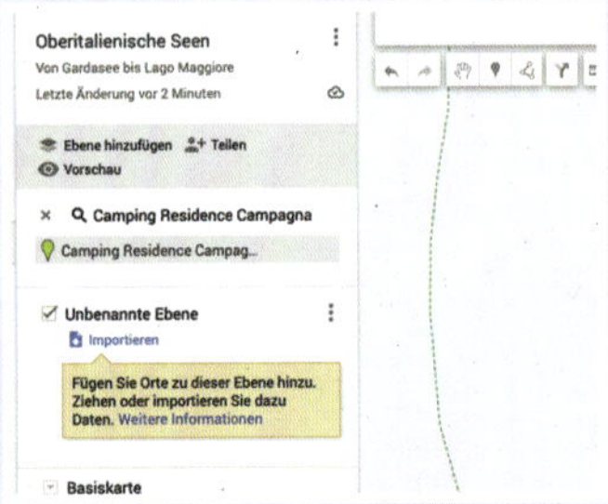

4 **Sie können** den angezeigten Kartenausschnitt nun beliebig verändern und verschieben. Alternativ geben Sie den Namen eines Landes, einer Region oder einer Stadt ein, um den Kartenausschnitt direkt auf ein bestimmtes Ziel zu zoomen.

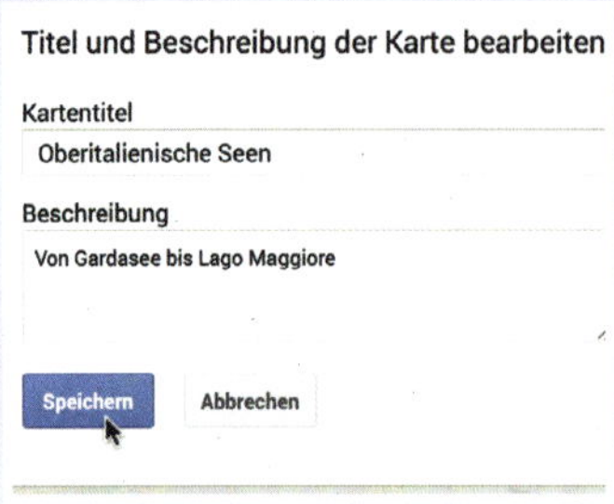

2 **Klicken Sie** dann in der linken oberen Ecke auf die Schaltfläche „+ Neue Karte erstellen", um ein neues Projekt mit einer „leeren" Karte anzulegen.

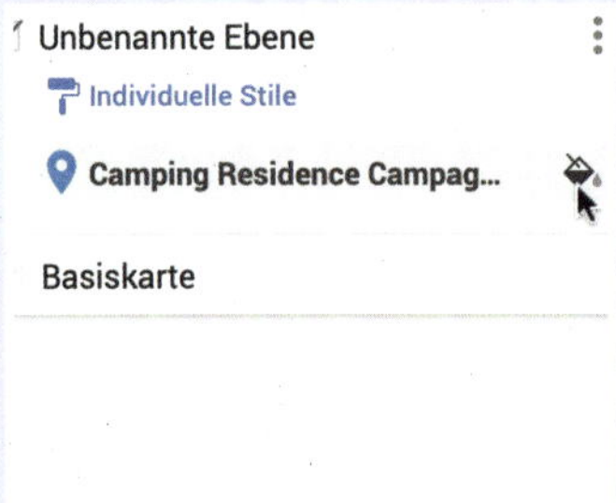

5 **Um die gewünschten Orte** wie Campingplätze, Museen oder Sehenswürdigkeiten in der Karte zu speichern, können Sie entweder aus der Werkzeugleiste am oberen Bildschirmrand die Funktion „Markierung hinzufügen" auswählen und direkt an die entsprechende Stelle in der Karte klicken. Oder Sie geben die Ortsbezeichnung in die Suchleiste ein und bestätigen mit der Enter-Taste. Daraufhin erscheint an der entsprechenden Position ein blauer Pin und es öffnet sich ein Fenster mit weiteren Informationen zum jeweiligen Ort. Mit einem Klick auf die Schaltfläche „+ Zur Karte hinzufügen" speichern Sie den aktuellen Ort in Ihrer eigenen Karte und er taucht in der Auflistung am linken Rand auf.

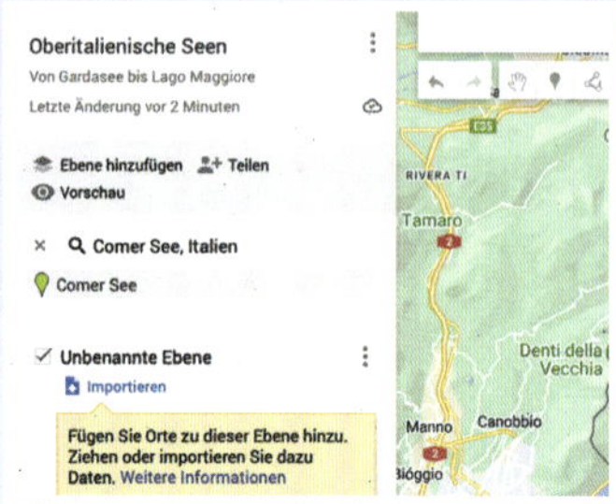

3 **Nach einem Klick** auf den Eintrag „Unbenannte Karte" am linken Rand öffnet sich ein neues Fenster, in dem Sie Ihrer Karte eine eindeutige Bezeichnung und eine ergänzende Beschreibung zuweisen können. Das ist hilfreich, um später, wenn Sie mehr als eine Karte erstellt haben, einen besseren Überblick zu behalten.

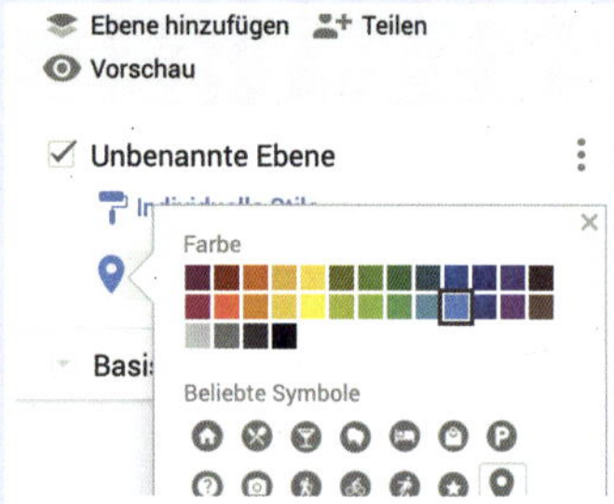

6 **Je nachdem,** wie viel Freude und Kreativität Sie in die Gestaltung der Karte stecken möchten, können Sie nach einem Klick auf den Farbeimer in der Auflistung hinter dem Eintrag auch unterschiedliche Farben oder Symbole zuweisen. So legen Sie fest, ob es sich um einen Campingplatz, ein Restaurant, einen Zoo, eine Burg oder ein besonderes Naturschauspiel handelt, und Sie gestalten die Karte übersichtlicher.

Die Bestimmungen sind je nach Land sehr unterschiedlich und hängen zusätzlich von den technischen Daten des Fahrzeugs ab. Während Kastenwagen und kompakte Teilintegrierte bis zu einem zulässigen Gesamtgewicht von 3,5 Tonnen in der Regel wie Pkw behandelt werden, fällt die Maut für größere beziehungsweise schwerere Wohnmobile um ein Vielfaches höher aus oder wird gesondert berechnet. Statt mit einer einfachen Vignette müssen etwa Wohnmobile über 3,5 Tonnen in Österreich mit einer speziellen Mautbox versehen sein und in der Schweiz wird eine pauschale, leistungsabhängige Schwerverkehrsabgabe fällig. In jedem Fall sollten Sie sich rechtzeitig vor Urlaubsantritt zu den genauen Bestimmungen und Vorgaben aller bereisten Länder informieren, damit Sie in Ruhe die erforderlichen Geräte und/oder Vignetten besorgen können.

→ Detaillierte Informationen zu den **aktuellen Mautgebühren** im jeweiligen Land finden Sie zum Beispiel auf der Webseite des Auto Club Europa: www.ace.de.

Wenn die Kosten durch die Mautgebühren keine Rolle spielen und Sie möglichst schnell an einem Ziel ankommen möchten, spricht natürlich nichts dagegen, die Autobahn zu nehmen. Autobahnen und Schnell-straßen verheißen zwar eine reibungslose Fahrt, die landschaftlichen Reize allerdings halten sich meist in Grenzen. Wenn Sie ausreichend Zeit haben, empfiehlt es sich daher, auf Landstraßen zu reisen, wo sich quasi ganz nebenbei Attraktionen jenseits der ausgetretenen Pfade entdecken lassen. Bei der Streckenplanung in Google Maps ist die Option „Autobahn deaktivieren" daher immer eine gute Idee.

Deutlich ausgefeilter für die Planung eines Roadtrips zeigt sich der Online-Routenplaner des ADAC (https://maps.adac.de/), der auch für Nichtmitglieder des Autoclubs kostenlos zugänglich ist. Unter anderem können Sie bei der Routenplanung gezielt nach wohnmobilgeeigneten Strecken suchen. Sie erhalten detaillierte Angaben zu den erwarteten Kosten für Kraftstoffverbrauch und Maut und können ganze Länder oder einzelne Strecken wie Autobahnen oder Fährpassagen ausschließen.

ETAPPEN FESTLEGEN

Mit den Mautkosten im Hinterkopf geht es dann daran, einen groben Routenverlauf abzustecken und den Reiseplan zum Beispiel in einer Excel-Tabelle festzuhalten. Dabei gilt: Weniger ist mehr. Als Anhaltspunkt für die maximale Länge der einzelnen Tagesetappen können Sie sich an einer Strecke von etwa 200 Kilometern orientieren. So stellen Sie sicher, nicht den ganzen Tag hinter dem Steuer zu verbringen, und es bleibt genug Zeit für Entdeckungen rechts und links der Straße. Je nach Landschaft und Straßenverhältnissen kann es aber sinnvoll sein, von der Faustregel abzuweichen und deutlich kürzere Tagesetappen zu planen, um die Schönheit der Natur in vollem Umfang zu genießen. Auch Familien mit Kindern werden mit kürzeren Fahrzeiten und längeren Pausen mehr Spaß an der Tour haben.

Übertreiben müssen Sie es mit der Planung aber nicht. Legen Sie sich nicht zu sehr im Detail fest und achten Sie auf ausreichend Puffer für spontane Abstecher, denn es ist ja gerade die enorme Flexibilität, die einen Roadtrip mit dem Wohnmobil auszeichnet. Sehen Sie den Reiseplan als praktisches Mittel zum Zweck, der das Rückgrat Ihrer Reise bildet. Sie können jederzeit davon abwei-

TIPP

Informieren Sie sich auch über regionale und saisonale Straßensperrungen entlang der geplanten Reiseroute, wie zum Beispiel die Wintersperren von Gebirgspässen, und achten Sie auf regionale Besonderheiten. So sperren beispielsweise die Behörden der österreichischen Bundesländer Tirol und Salzburg im Sommer die Stau-Ausweichrouten entlang der wichtigen Transitstrecken, um die Anwohner im Fall eines Staus auf der Autobahn vor dem Ausweichverkehr zu schützen.

INFO

In die Budgetplanung für eine Wohnmobilreise gehören unbedingt:

- Wohnmobilmiete (wenn nötig)
- Übernachtungskosten (Stellgebühren, eventuelle Nutzungskosten von Sanitäranlagen, Kurtaxe)
- Kraftstoff
- Maut- und Fährgebühren
- Freizeitaktivitäten
- Lebensmittel (inkl. Restaurantbesuche)

chen und länger bleiben, wenn es Ihnen irgendwo besonders gut gefällt. Oder aber die Einstiegsstufe des Wohnmobils einfahren und der Sonne hinterherfahren wenn der Wetterbericht für die nächsten Tage an Ihrem aktuellen Standort Dauerregen prophezeit.

BUDGET PLANEN

Was kostet der Roadtrip und reicht mein Geld? Sich vorab einen Überblick über die zu erwartenden Ausgaben zu verschaffen ist unbedingt zu empfehlen. Wer kein eigenes Fahrzeug besitzt, muss allem voran die Wohnmobilmiete als größten Posten schultern.

Dazu gesellen sich die täglichen Übernachtungskosten und die Preislisten der Campingplätze können je nach Ausstattung, Standort und Saison sehr unterschiedlich ausfallen. Auch wenn sich mit etwas Suchen noch immer kostenlose Stellplätze und gut ausgestattete Campingplätze in traumhafter Lage zum fairen Preis finden lassen, können die beiden Begriffe „Campingurlaub“ und „günstig“ nur noch bedingt in einem Atemzug genannt werden. In vielen Fällen ist die Parzelle auf einem Luxus-Campingplatz in einem der beliebten Ferienorte kaum günstiger zu haben als die Nacht im Hotel.

Darüber hinaus setzen insbesondere die Ausgaben für Kraftstoff und je nach Reiseland auch die Mautgebühren der Reisekasse stark zu. Bei knappem Budget kann es daher ratsam sein, sich auf eine kürzere Strecke zu beschränken, anstatt viele Orte anzufahren, um Kilometer und damit Kosten zu sparen.

Auf keinen Fall sollten Sie die Aufwendungen für die unterschiedlichen Arten der Freizeitgestaltung aus dem Blick verlieren, da diese sich je nach Aktivität zu einem beträchtlichen Betrag summieren. Während Wanderungen und Radtouren praktisch nichts kosten (zumindest, wenn Sie die eigenen Fahrräder auf dem Heckträger oder in der Heckgarage dabeihaben), gehen die Eintritte für Museen und Sehenswürdigkeiten sowie Sommerrodelbahnen, Seilbahnen oder Schiffsausflüge schnell ins Geld.

Die Möglichkeit, sich in der Küche an Bord des Reisemobils mit Lebensmitteln aus dem Supermarkt selbst zu verpflegen, birgt enormes Sparpotenzial. Gerade im Urlaub möchte man aber dennoch von Zeit zu Zeit in einem Restaurant oder Lokal einkehren, um die lokale Küche des Reiselandes kennenzulernen und zu genießen. Hier muss jeder selbst entsprechend seinen finanziellen Möglichkeiten und individuellen Vorlieben die richtige Mischung zwischen Auswärtsessen und Selberkochen finden.

CAMPINGPLÄTZE UND FÄHRPASSAGEN BUCHEN

Den Campingplatz im Voraus buchen oder nicht? Die in Camperkreisen heiß und kontrovers diskutierte Gretchenfrage hat in den letzten Jahren noch einmal deutlich an Brisanz gewonnen. Denn da die Zahl an neu entstandenen Camping- und Stellplätzen der stetig wachsenden Zahl an Wohnmobilen auf den Straßen deutlich hinterherhinkt, werden stellenweise die Übernachtungsplätze knapp, zumindest saisonal und an den beliebten Campingzielen.

Egal, ob Ostsee oder Gardasee: Der Ansturm ist groß und wächst weiter, und in der Hochsaison wird es schwer bis unmöglich, kurzfristig eine freie Parzelle (und auch noch auf dem Wunschcampingplatz) zu ergattern. In der Vor- oder Nachsaison reist man dagegen deutlich entspannter und an den weniger touristischen Zielen ist in der Regel auch im

Sommer eine spontane Anreise nach wie vor durchaus möglich.

Wenn Sie allerdings an die Ferienzeiten gebunden sind und während des Roadtrips einen Zwischenstopp für mehrere Tage auf einem der beliebten Familiencampingplätze mit umfangreichem Freizeitangebot einlegen möchten, dann ist eine möglichst frühzeitige Reservierung des Traumplatzes zum Wunschdatum dringend angeraten. Einige der großen und bekannten Plätze sind oft schon Monate im Voraus und lange vor dem Beginn der Urlaubszeit bis auf den letzten Platz belegt!

Auch den Fährpassagen entlang der geplanten Route sollten Sie möglichst früh Ihre Aufmerksamkeit schenken. Gerade bei stark frequentierten Strecken, die von mehreren Reedereien bedient werden, zahlt sich ein Preisvergleich praktisch immer in barer Münze aus. Erfahrungsgemäß lohnt sich eine frühzeitige Buchung insbesondere für längere Strecken und auf beliebten Urlaubsrouten, da sich der Ticketpreis der Anbieter nach Angebot und Nachfrage richtet. Beachten Sie je näher die Ferien rücken, desto knapper werden die freien Kapazitäten auf den Fähren – das gilt insbesondere für die Plätze mit ausreichender Höhe für Wohnmobile. Entsprechend steigt dann der Preis für die verbleibenden Restplätze. Auch durch die gleichzeitige Buchung von Hin- und Rückfahrt lässt sich oft etwas Geld sparen.

Bei kurzen Strecken mit engem Fährtakt, etwa bei der Überfahrt von Dänemark nach Schweden über den Øresund, ist eine frühzeitige Buchung dagegen in der Regel nicht erforderlich. Dennoch ist der Kauf über die Webseite der Fährgesellschaft häufig günstiger, als wenn man erst direkt am Schalter im Hafen ein Fährticket löst.

BESSER EIN WOHNMOBIL MIETEN?

Der Kauf eines Wohnmobils ist eine heftige Investition, die sich nur bei häufiger und regelmäßiger Nutzung lohnt. Neueinsteiger oder Gelegenheitscamper fahren mit einem Mietfahrzeug daher meist deutlich günstiger in den Urlaub.

Selbstverständlich gibt es auch die Miete eines Wohnmobils nicht zum Nulltarif. Aber im Vergleich zum Kauf bleiben die Kosten überschaubar und Sie müssen nur zahlen, wenn Sie das Fahrzeug wirklich nutzen. Bei einem eigenen Fahrzeug dagegen müssen Sie neben den hohen Anschaffungskosten auch laufende Kosten für Versicherung, Kfz-Steuer, TÜV-Gebühren und Reparaturen sowie Verschleißteile einkalkulieren. Auch die Suche nach einer geeigneten und unter Umständen mit weiteren Kosten verbundenen Abstellmöglichkeit (besonders problematisch für Stadtbewohner) oder einem Hallenstellplatz für den Winter entfällt bei Miete des Fahrzeugs.

Als Mieter kommen Sie außerdem in den Genuss der neuesten Technik, da die meisten Vermieter auf einen modernen Fuhrpark achten und die gebrauchten Fahrzeuge regelmäßig im Herbst auf dem Gebrauchtmarkt anbieten, um die Flotte zu verjüngen. In Kombination mit einer regelmäßigen und professionellen Fahrzeugwartung ergeben sich daher beste Voraussetzungen für einen sorgenfreien Urlaub, denn das Risiko von lästigen Fahrzeugpannen oder Technikdefekten ist minimal.

Auch können Sie das optimale Fahrzeug für die geplante Tour auswählen und zum Beispiel für einen entspannten Urlaub mit der ganzen Familie ein großes Alkovenmobil mit ausreichenden festen Schlafplätzen für alle mitreisenden Personen buchen. So müssen Sie nicht Abend

INFO

Während einige Campingplätze Buchungen nur ab einer Mindestaufenthaltsdauer (je nach Saison und Platz bis zu einer Woche!) vornehmen, zeigt sich die Situation bei Wohnmobilstellplätzen recht uneinheitlich. Bei klassischen Plätzen gilt zwar nach wie vor das Prinzip „Wer zuerst kommt, parkt zuerst", allerdings bieten angesichts der hohen Nachfrage auch immer mehr Betreiber zumindest für einen Teil der zur Verfügung stehenden Standplätze eine Reservierungsmöglichkeit.

TIPP

Familien, die nur während der Ferienzeiten verreisen können, sollten sich auch bei Wohnmobil-Vermietern in einem Nachbar-Bundesland mit abweichenden Ferienterminen umschauen, denn mit etwas Glück macht der niedrigere Tagesmietpreis die längere Anreise mehr als wett.

für Abend aufwendig die Sitzgruppe zum (Not-)Bett umbauen. Oder aber Sie entscheiden sich für den Städtetrip oder einen Roadtrip durch die Alpen angesichts der in der Innenstadt und auf den Serpentinenstraßen zu erwartenden engen Straßenverhältnisse bewusst für einen kompakten Kastenwagen.

Wie viel das Mietmobil kostet, hängt zum einen davon ab, welchen Fahrzeugtyp Sie bevorzugen, und zum anderen davon, wann Sie in den Urlaub fahren möchten. Klar, ein Integrierter kostet (deutlich) mehr als ein Campingbus und in den Sommerferien, wenn alle mit dem Wohnmobil verreisen wollen, ist es am teuersten. Grober Richtwert: In der Hochsaison beträgt der Tagesmietpreis bei gewerblichen Vermietern mindestens 120 Euro.

Als Alternative zu den klassischen Wohnmobilvermietern hat sich in den vergangenen Jahren die Wohnmobilmiete von privat entwickelt. Dank komfortabler Buchungsplattformen im Internet wird die Suche nach dem geeigneten Mietmobil zum Kinderspiel und Sie können sicher sein, dass die notwendigen Versicherungsleistungen vorhanden sind. Hier liegen die Preise niedriger, aber die Fahrzeuge sind auch deutlich älter.

In der Ausgabe 1/2022 hat Stiftung Warentest zehn gewerbliche Anbieter wie McRent, Tui Camper oder CamperDays und die beiden Plattformen PaulCamper und Yescapa für die Vermittlung von privaten Campingfahrzeugen unter die Lupe genommen. Dabei wurde anhand von drei unterschiedlichen Urlaubsszenarien (zweiwöchiger Familienurlaub mit zwei Kindern in Schweden / junges Pärchen fährt zum Aktivurlaub von München an den Gardasee / älteres Paar mit Hund macht eine Woche Urlaub an der Ostsee) untersucht, wie gut die Fahrzeugsuche sowie Buchung und Stornierung klappen. Auch wenn die Mietpreise nicht bewertet wurden, weil der Umfang der angebotenen Pakete zu unterschiedlich war, kommt der Test zu dem Schluss, dass sich der Preisvergleich auszahlt und dass viel Geld spart, wer zeitlich flexibel ist. So kostete in einem Beispiel der Kastenwagen im Herbst nur etwa die Hälfte im Vergleich zur Hochsaison.

WAS NOCH IN DEN PREIS EINFLIESST

Beim Preisvergleich sollten Sie neben dem Tagesmietpreis auch die sogenannte Servicepauschale im Blick haben, die die meisten Vermieter für die gründliche Einweisung in das Fahrzeug sowie für die Ausstattung mit einem passenden Landstromkabel, Auffahrkeilen und mit einer gefüllten Gasflasche sowie der für die Kassettentoilette benötigten Sanitärzusätze in Rechnung stellen. Die Pauschale beträgt je nach Anbieter rund 150 Euro und wird einmalig berechnet, egal wie lange Sie das Fahrzeug mieten. Üblicherweise ist die Fahrzeug-Außenwäsche am Ende der Mietdauer enthalten. Die Innenreinigung am Ende der Fahrzeugmiete dagegen ist nicht dabei und wer sich das Putzen vor der Fahrzeugrückgabe am Urlaubsende sparen möchten, muss extra zahlen.

Eine große Rolle für die Mietpreishöhe spielt auch die gewählte Versicherungspolice. Im Standardtarif beträgt die Selbstbeteiligung oft 1 500 Euro. Hierzu sollte man wissen, dass die Selbstbeteiligung je Schadensfall fällig wird! Unter Umständen kann es sich daher lohnen, eine Zusatzversicherung abzuschließen, um die Höhe der Selbstbeteiligung und damit das Risiko unerwarteter Kosten nach dem Urlaub zu vermeiden, denn gerade „Parkrempler" sind durch die ungewohnten Fahrzeugabmessungen eines Wohnmobils schnell passiert. Trotzdem gilt es auch hier, ganz genau zu rechnen. Die Zusatzversicherungen werden meist pro Miettag berechnet und lohnen sich daher in der Regel nur bei kürzeren Mietzeiten.

Ein spürbarer Kostenfaktor betrifft die weitere Ausstattung. Üblicherweise wird nur das Fahrzeug vermietet, das heißt, es sind weder Bettzeug noch Küchenutensilien oder Campingmöbel an Bord. Bettlaken, Bratpfanne und Co kann man natürlich von zu Hause mitbringen, sollen dagegen Fahrräder oder Surfbretter mit in den Urlaub fahren, ist man auf einen zum Fahrzeug passenden Träger des Vermieters angewiesen und auch Campingmöbel hat nicht jeder im Keller.

Je nachdem wohin und wie weit Sie im Urlaub wegfahren möchten, sollten Sie zu guter Letzt einen Blick auf die enthaltenen Freikilometer werfen. Typischerweise sind zwischen 200 und 300 Kilometer pro Tag inklusive. Jeder zusätzliche Kilometer, den Sie mit dem Wohnmobil zurücklegen, schlägt dann je nach Anbieter mit 0,15 bis 0,25 Euro extra zu Buche.

Um einen guten Anbieter mit fairem Preis zu finden, kommen Sie daher leider nicht umhin, die unterschiedlichen Angebote miteinander zu vergleichen. Achten Sie außerdem auf das Kleingedruckte in den Mietverträgen.

Der Aufwand lohnt sich auf jeden Fall und wenn Sie ein gutes Angebot gefunden haben, gilt es, schnell zu handeln. Der Trend zum Verreisen mit dem Wohnmobil ist ungebrochen; gerade im Sommer ist das Angebot daher knapp und besonders beliebte Modelle sind schnell ausgebucht. Wer bereits zum Ende eines Jahres für die kommende Saison bucht, kann dank Frühbucherrabatt ein paar Euro sparen.

FUNKTIONSPRÜFUNG DES WOHNMOBILS

Der einwandfreie Zustand des Wohnmobils ist nicht nur eine Frage des Komforts, sondern auch der Sicherheit. Falls Sie es nicht bereits am Ende der Winterpause erledigt haben, sollten Sie unbedingt ausreichend Zeit einplanen, um das Wohnmobil vor dem Urlaub fit für die große Tour zu machen.

Insbesondere die Kontrolle der sicherheitsrelevanten Funktionen wie zum Beispiel der Bremsen sowie die Funktionsprüfung der Bordtechnik sollten Sie möglichst frühzeitig in Angriff nehmen, damit ausreichend Zeit bleibt, um die Mängel zu beheben. Je näher die Ferienzeit rückt, desto mehr haben spezialisierte Caravanwerkstätten zu tun und desto schwieriger wird es, einen freien Termin für die Reparatur zu ergattern. Werfen Sie außerdem einen Blick auf die anstehenden Termine für die vorgeschriebene Hauptuntersuchung sowie für empfohlene Inspektionen und Dichtigkeitsprüfungen, damit Sie unbesorgt in den Urlaub fahren können.

Eine solide Basis für das weitere Vorgehen bildet eine gründliche Außenwäsche des Fahrzeugs, um Staub und Schmutz abzuspülen und so Schäden am Lack und an der Fahrzeughaut besser erkennen zu können. Da schon eine kleine undichte Stelle am Wohnaufbau teure Reparaturen nach sich ziehen kann, wenn Sie sich nicht sofort darum kümmern, sollten Sie aber zunächst alle Dichtungen an Dachluken, Be- und Entlüftungen sowie den Fenstern und Türen von innen und außen auf Beschädigungen prüfen. Nutzen Sie die Gelegenheit auch gleich, um die Dichtungen und Gummis zu säubern und um etwaiges Moos zu entfernen. Achten Sie außerdem während der gesamten Fahrzeugwäsche darauf, dass kein Wasser ins Innere gelangt.

INFO

Bei neuen Wohnmobilen und Wohnwagen bieten viele Hersteller eine sogenannte Dichtigkeitsgarantie an. Voraussetzung für die kostenlose Behebung von Feuchtigkeitsschäden während der Laufzeit (üblicherweise fünf bis sechs Jahre) sind allerdings regelmäßige (und leider kostenpflichtige) Prüfungen entsprechend den Herstellervorgaben. Notieren Sie das Kontrollintervall im Kalender und vereinbaren Sie rechtzeitig einen Termin mit einer autorisierten Servicewerkstatt.

Die Fristen für die Abstände der Haupt- und Abgasuntersuchung hängen von der Gewichtsklasse des Wohnmobils ab:

Wohnmobile bis 3,5 Tonnen: wie Pkws erstmalig drei Jahre nach der Erstzulassung, danach alle zwei Jahre

Fahrzeuge zwischen 3,5 und 7,5 Tonnen: in den ersten vier Jahren alle 24 Monate, danach jährlich

Liner über 7,5 Tonnen: jährlich

INFO

Das Alter der Reifen lässt sich an der sogenannten DOT-Nummer ablesen. Sie ist auf der Reifenflanke zu finden und die letzten vier Ziffern stehen für Produktionswoche und -jahr. Die Angabe „0522" sagt somit aus, dass der Reifen in der 5. Woche des Jahres 2022 hergestellt wurde.

Steuern Sie dann eine Tankstelle oder einen entsprechenden Waschplatz an und rücken Sie zunächst dem groben Dreck mithilfe des Hochdruckreinigers auf den Leib. Arbeiten Sie bei der Fahrzeugwäsche grundsätzlich von oben nach unten und achten Sie darauf, den Wasserstrahl nicht direkt auf Dichtungen und Lüftungsgitter zu richten. Anschließend ist die Schaumbürste an der Reihe und nachdem im letzten Schritt alles gründlich abgespült worden ist, erstrahlt das Wohnmobil in neuem Glanz. Denken Sie auch an die Solarzellen auf dem Dach, sofern vorhanden, damit diese ihre volle Leistung erbringen können, und vergessen Sie nicht, auch die Windschutzscheibe zu reinigen. Gerade bei Gegenlicht und ungünstigen Lichtverhältnissen können Schlieren und Schmutz die Sicht und damit die Verkehrssicherheit stark beeinträchtigen.

VERKEHRSSICHERHEIT DES FAHRZEUGS

Eine gründliche Fahrzeuginspektion, bei der alle sicherheitsrelevanten Anlagen wie Bremsen, Reifen, Lenkung, Achsen, Fahrgestell und Aufbau auf Herz und Nieren geprüft werden, bleibt selbstverständlich den Fachleuten von TÜV-Prüfstellen und Kfz-Werkstätten vorbehalten. Einen grundlegenden Sicherheits- und Funktionscheck können Sie aber auch als Laie selbst durchführen, um etwaige Mängel und Schäden möglichst frühzeitig zu erkennen. Es wäre doch ausgesprochen ärgerlich, wenn der Urlaub wegen eines Fahrzeugdefekts ins Wasser fällt, der durch eine einfache Sichtprüfung mit bloßem Auge zu erkennen gewesen wäre und durch eine kleine Reparatur hätte verhindert werden können.

Obwohl sie im wahrsten Sinn des Wortes eine tragende Rolle spielen, wird die Kontrolle der Reifen oft vergessen oder verschoben. Das kann sich schnell rächen, denn Wohnmobilreifen wird durch das hohe Fahrzeuggewicht einiges abverlangt und überalterte Reifen und/oder ein zu geringer Luftdruck sind häufige Schadensursachen.

Die Reifen verdienen also etwas Aufmerksamkeit. Nehmen Sie die Messung des Luftdrucks immer vor Fahrtantritt vor, denn durch die Erwärmung im Fahrbetrieb steigt der Luftdruck in den Reifen an. Die Angaben des Herstellers zum empfohlenen Luftdruck finden Sie entweder in der Fahrertür oder in der Bedienungsanleitung des Basisfahrzeugs.

Kontrollieren Sie außerdem den allgemeinen Zustand der Reifen. Achten Sie neben der empfohlenen Profiltiefe von 4 mm (vorgeschrieben sind mindestens 1,6 mm) auch auf das Alter der Reifen, denn durch die UV-Strahlung wird das Gummi im Lauf der Zeit hart und spröde. Daher sollten auch Reifen mit geringer Laufleistung und ausreichend Profil nach spätestens sechs Jahren durch neue ersetzt werden.

Überprüfen Sie abschließend den festen Sitz der Radmuttern und ziehen Sie diese gegebenenfalls nach. Vergessen Sie nicht, auch das Ersatzrad und den Wagenheber beziehungsweise das Mindesthaltbarkeitsdatum des Pannensets zu kontrollieren.

Neben den Reifen spielen die Bremsen eine wichtige Rolle für die Verkehrssicherheit. Unternehmen Sie daher bei einer Probefahrt einige vorsichtige Probebremsmanöver, um eventuelle Probleme zu erkennen. Sollte die Bremswirkung zu gering ausfallen oder bemerken Sie etwas Auffälliges (quietschende Bremsen, das Wohnmobil zieht beim Bremsen nach links oder rechts, Lenkrad beginnt beim Treten des Bremspedals zu vibrieren oder pulsieren), ist unverzüglich eine Werkstatt aufsuchen.

Eine Routineaufgabe, die Sie selbst gut durchführen können, ist die Kontrolle der Füllstände und gegebenenfalls das Auffüllen der unterschiedlichen Flüssigkeiten im Motorraum. Zur Prüfung gehören neben dem Motorenöl auch der Check für die Kühlerflüssigkeit und das Wischwasser für die Scheibenwaschanlage. Denken Sie vor einer größeren Tour unbedingt an einen Ölwechsel und auch die Bremsflüssigkeit sollte regelmäßig gewechselt werden.

Einen großen Beitrag zur Verkehrssicherheit leistet eine ordnungsgemäß funktionierende Lichtanlage. Nehmen Sie sich dazu am besten eine zweite Person zu Hilfe und kontrollieren Sie Blinker, Bremslicht sowie Stand-, Abblend- und Fernlicht; tauschen Sie defekte Lampen umgehend aus.

Für den reibungslosen Betrieb und die Sicherheit des Wohnmobils sind neben der Wartung von eigener Hand auch der Scheckheft-Service durch eine autorisierte Werkstatt sowie der Austausch von Verschleißteilen wie zum Beispiel dem

TIPP

Im Ratgeber „Das große Wohnmobil-Handbuch" gibt Ihnen der Autor Michael Hennemann umfassende Hilfe zu allen Fahrzeugtypen, Kosten bei Kauf und Miete, zu Technik und zur Ausstattung . Erschienen ist er im Buchprogramm der Stiftung Warentest, 288 Seiten, 29,90 €.

CHECKLISTE SICHERHEITS- UND FUNKTIONSCHECK

Mit einem Sicherheits- und Funktionscheck machen Sie Ihr Basisfahrzeug fit für die Reise. Beachten Sie die folgenden sicherheitsrelevanten Punkte und Tipps:

Reifen

→ Druck

→ Alter (DOT-Nummer)

→ allgemeiner Zustand

→ Profiltiefe (mind. 1,4 mm / empfohlen 4 mm)

→ Ersatzrad/Wagenheber bzw. Reifenpannenset

→ Radmuttern kontrollieren und nachziehen

Füllstände

→ Motoröl

→ Bremsflüssigkeit

→ Kühlflüssigkeit

→ Wischwasser

Funktionstest

→ Fahrzeugbeleuchtung (Abblend-/Fernlicht, Blinker/Warnblinker, Bremslicht, Rückfahrlicht, Nebelscheinwerfer/-schlussleuchte)

→ Scheibenwischer (Wischerblattgummis tauschen, wenn nötig)

→ Seiten- und Rückspiegel

→ Hupe

→ Feststellbremse

→ Bremsen

Papiere

→ Fahrzeug- und Versicherungspapiere vorhanden/aktuell

→ gelbes Heft für Gasprüfung

→ Allgemeine Betriebserlaubnis (ABE) für besonderes Zubehör und Anbauten

→ Gültigkeit der HU-Plakette

→ wenn nötig, Inspektion durchführen lassen

Unfallbedarf

→ Verbandskasten

→ Warnweste und Pannendreieck vorhanden?

→ Feuerlöscher (Ablaufdatum)

INFO

Im Campingfachhandel finden Sie eine große Auswahl an unterschiedlichen Reinigungsmitteln zur Bekämpfung von gesundheitsschädlichen Algen, Keimen, Pilzen und Bakterien. Befolgen Sie bei deren Verwendung stets die Herstellerangaben zu Dosierung und Einwirkzeit des jeweiligen Präparats und vergessen Sie zum Schluss nicht, alles gründlich durchzuspülen, um die Reste des Reinigungsmittels zu entfernen.

Zahnriemen erforderlich, um sorglos in den Urlaub fahren zu können, kann es unter Umständen sinnvoll sein, den Termin einer Inspektion vorzuziehen.

Zu den regelmäßigen Pflichtterminen zählen Hauptuntersuchung (HU) und Abgasuntersuchung (AU). Wann es an der Zeit ist einen Termin bei einer TÜV-, Dekra- oder GTÜ-Prüfstelle zu machen, ist im Fahrzeugschein vermerkt und lässt sich auch einfach von der TÜV-Plakette auf dem hinteren Kennzeichen ablesen: Die beiden Ziffern in der Mitte stehen für das Jahr, die Zahl, die im Außenkreis oben steht, kennzeichnet den Monat, an dem die Prüfung fällig ist.

Zusätzlich zu HU/AU ist bei Wohnmobilen eine eigenständige Gasprüfung vorgeschrieben. Zurzeit arbeitet das Bundesministerium für Digitales und Verkehr zwar noch an der endgültigen Neufassung der Rechtsgrundlage für die Prüfung von Flüssiggasanlagen in Fahrzeugen, zur eigenen Sicherheit und aus versicherungsrechtlichen Gründen sollten Sie aber unabhängig davon regelmäßig alle zwei Jahre eine Prüfung der Gasinstallation im Wohnmobil durch einen Sachkundigen vornehmen lassen.

FUNKTIONSCHECK DER BORDTECHNIK

Nachdem das Wohnmobil von außen in neuem Glanz erstrahlt und das Basisfahrzeug optimal auf die große Reise vorbereitet ist, ist der Wohnraum an der Reihe. Eine gute Grundlage bildet auch hier der gründliche (Frühjahrs-)Putz mit Staubsaugen, Auswischen der Schränke, Regale und Staufächer sowie der Reinigung von Küchenzeile und Nasszelle. Dabei nicht vergessen, gut zu lüften, damit alles richtig durchtrocknen kann.

Prüfen Sie als Erstes die ordnungsgemäße Funktion der elektrischen Stromversorgung. Schalten Sie zunächst die 12-V-Bordstromversorgung am zentralen Bedienpanel ein und kontrollieren Sie die Funktion aller Verbraucher wie Innenraumbeleuchtung, USB-Steckdosen und Kühlschrank. Lediglich mit der Prüfung der Wasserpumpe sollten Sie warten, bis die Wasseranlage wieder befüllt und einsatzbereit ist. Dazu gleich mehr. Schließen Sie das Wohnmobil außerdem an die externe Stromversorgung an und stecken Sie probeweise einen 230-V-Verbraucher in eine der Steckdosen im Wohnraum, um zu prüfen, ob das Landstromkabel

CHECKLISTE BORDTECHNIK

Die Kontrolle der Bordtechnik schließt die Funktionsprüfung für Ihr Wohnmobil ab. Dabei kommt es auf folgende Punkte an:

- Füllstand der Gasflasche(n)
- keine sichtbaren Schäden/Risse an den Gasleitungen
- Verfallsdatum Gasregler/-schläuche
- Herd (Abschaltsicherung: Nach dem Ausblasen der Flamme muss die Gaszufuhr innerhalb von 20 Sekunden selbstständig stoppen.)
- Elektrik (Beleuchtung im Innenraum)
- Wasseranlage spülen und auf Dichtigkeit und Funktion prüfen
- Heizung
- Warmwasser
- Kühlschrank
- Kassettentoilette und Dichtungen

und die CEE-Außenanschlussdose in Ordnung sind.

Als Nächstes ist die Wasseranlage an der Reihe. Falls Sie die Tanks und Leitungen bislang noch nicht gereinigt haben, ist es spätestens vor der großen Sommerreise an der Zeit. In der Praxis hat sich für die besonders gründliche Reinigung und Desinfektion der Frischwasseranlage ein dreistufiges Vorgehen bewährt. Als Erstes wird mit einer Grundreinigung der Biofilm (d. h. der Belag von Mikroorganismen) an den Tankinnenwänden, den Leitungen sowie der Pumpe beseitigt. Bei besonders hartnäckigen Belägen können Sie auch die Serviceöffnung des Frischwassertanks öffnen, um den Tank mit einer Reinigungsbürste sauber zu schrubben. Die anschließende Desinfektion tötet eventuell vorhandene Bakterien ab und zu guter Letzt steht die Entkalkung an. Kalk selbst ist zwar nicht gesundheitsschädlich, aber ein guter Nährboden für die Neuansiedlung von Bakterien.

Nun können Sie den Frischwassertank befüllen und mit einem ersten Funktionstest kontrollieren, ob die Wasserpumpe noch arbeitet und die Leitungen den Winter unbeschadet überstanden haben. Öffnen Sie daher alle Wasserhähne in Küche und Bad; nehmen Sie insbesondere die Bereiche rund um den Wassertank, die Küchenzeile und das Bad in Augenschein und achten Sie penibel auf einen möglichen Wasseraustritt. Das gilt insbesondere für den Fall, dass Sie vor der Einlagerung vergessen haben, den Wasserkreislauf vollständig zu entleeren, und durch den Frost geplatzte Leitungen zu befürchten sind.

Nach der Wasseranlage ist die Gasversorgung an der Reihe. Werfen Sie zunächst einen sorgfältigen Blick in den Gaskasten und kontrollieren Sie das aufgedruckte Verfallsdatum von Gasregler und -schläuchen. Ergibt die weitere Sichtprüfung keine offensichtlichen Schäden und Risse an Leitungen und Schläuchen, können Sie die Gaszufuhr öffnen und alle Verbraucher wie Herd, Heizung, Warmwasserboiler und Kühlschrank auf eine korrekte Funktionsweise hin überprüfen. Vergessen Sie nicht, die automatische Abschaltsicherung des Gasherds zu testen, und pusten Sie die Gasflamme aus. Nun sollte die Gaszufuhr innerhalb der nächsten 20 Sekunden selbstständig unterbrechen.

Schließlich steht noch die Kontrolle der Anbauten und des Fahrzeugzubehörs sowie der Campingausrüstung an: Lässt sich die Markise problemlos herauskurbeln? Liegen die Auffahrkeile in der Heckgarage bereit?

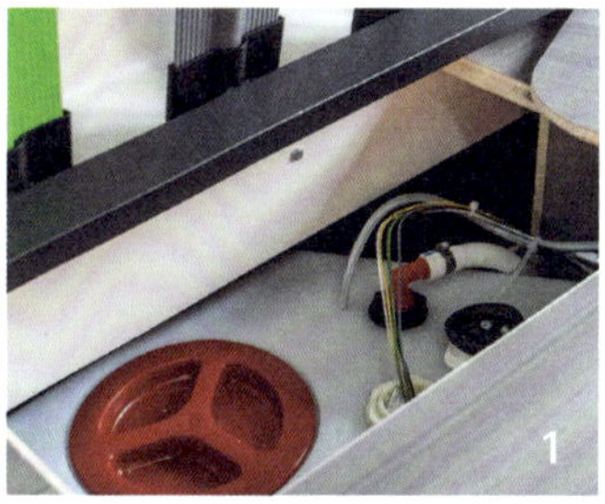

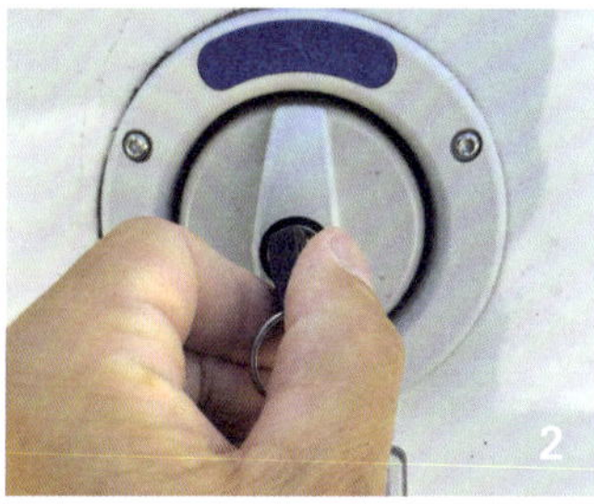

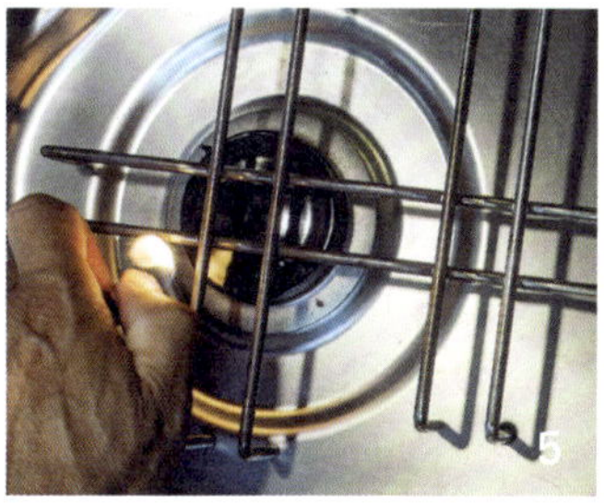

1 Die Revisionsöffnung des Frischwassertanks ist je nach Modell mehr oder weniger gut zugänglich. Die genaue Position entnehmen Sie der Bedienungsanleitung ihres Fahrzeugs.
2 Um den Verschlussdeckel des Wasser-Einfüllstutzens entfernen zu können, müssen Sie den Schlüssel in den Schließzylinder stecken und eine Vierteldrehung entgegen dem Uhrzeigersinn drehen.
3 Damit die Wasserpumpe arbeitet, muss die Stromversorgung am zentralen Bedienpanel eingeschaltet sein.
4 Beachten Sie beim Öffnen und Schließen die Pfeilrichtung am Hauptabsperrventil der Gasflasche.
5 Bei Einsteigerwohnmobilen wird häufig ein Feuerzeug benötigt, um die Herdflamme zu entfachen.

SECHS MONATE BIS EINEN MONAT VOR DER ABREISE

Wenn Sie erst kurz vor der Abfahrt feststellen, dass der Personalausweis seit Langem abgelaufen ist, ist Stress vorprogrammiert.

Die Ausstellung eines neuen Personalausweises dauert mehrere Wochen und gerade bei einer geplanten Reise ins Ausland sollten Sie daher unbedingt frühzeitig damit beginnen, sich um die Formalitäten zu kümmern.

Verschaffen Sie sich daher einen Überblick über die benötigten Reisedokumente und Zahlungsmittel sowie deren Gültigkeitsdauer, damit ausreichend Zeit bleibt, um zum Beispiel die erforderlichen Impfungen durchführen zu lassen oder einen internationalen Führerschein, ein Visum oder eine neue Kreditkarte zu beantragen.

EINREISEBESTIMMUNGEN UND REISEDOKUMENTE

Für Reisen innerhalb des Schengenraums brauchen Sie keinen Reisepass, der Personalausweis reicht aus. Auch wenn es innerhalb der Europäischen Union keine Grenzkontrollen mehr gibt, sollten Sie nicht ohne gültigen Personalausweis verreisen, zum einen für den Fall einer Polizeikontrolle im Land, bei der Sie die Identität nachweisen müssen; zum anderen haben einige Länder vorübergehend wieder Grenzkontrollen eingeführt. Auch Kinder benötigen, unabhängig von ihrem Alter, ein eigenes Reisedokument – für Reisen außerhalb der EU sogar einen biometrischen Reisepass.

Während viele europäische Länder Sie sogar noch mit einem Personalausweis oder Reisepass einreisen lassen, der seit bis zu einem Jahr abgelaufen ist, verlangen zahlreiche Nicht-EU-Staaten, dass der Pass zum Zeitpunkt der geplanten Ausreise noch mindestens sechs Monate gültig sein muss. Und sicher ist nichts ärgerlicher als die Rückreise wegen einer solchen unnötigen Nachlässigkeit antreten zu müssen.

Führerscheine, die in Deutschland gültig sind, werden in allen Mitgliedsstaaten der Europäischen Union (EU) sowie des Europäischen Wirtschaftsraums (EWR) (Norwegen, Island, Liechtenstein) und in der Schweiz anerkannt. Einen internationalen Führerschein benötigen Sie also nur, wenn Sie in ein Land reisen, das nicht zu diesen Ländern gehört.

Vergessen Sie nicht zu prüfen, wie es um den Status der Kfz-Haftpflicht für das Wohnmobil im Ausland bestellt ist. Während die sogenannte Grüne Karte als Nachweis in den meisten EU-Ländern nicht mehr mitgeführt werden muss, ist sie als Versicherungsnachweis in einigen osteuropäischen Ländern und auch in der Türkei nach wie vor Pflicht! Übrigens ist die Karte seit dem 1. Juli 2020 nicht mehr grün, sondern weiß. Daher können Sie sie auch einfach online oder per Mail bei Ihrem Autoversicherer anfordern und selbst ausdrucken.

INFO

Die aktuellen Einreisebestimmungen der einzelnen Länder finden Sie auf der Website des Auswärtigen Amts unter den jeweiligen Länder- und Reiseinformationen: www.auswaertiges-amt.de/de/aussenpolitik/laender

REISEKASSE

Informieren Sie sich rechtzeitig vor Reiseantritt über die gebräuchlichen Zahlungsmittel im Reiseland. Die Unterschiede sind gewaltig und während zum Beispiel in den skandinavischen Ländern Kartenzahlung weitverbreitet ist (und vielerorts kein Bargeld mehr akzeptiert wird), kommen Sie in anderen Ländern, darunter beispielsweise die Schweiz, ohne Bargeld nicht besonders weit.

Grundsätzlich ist es daher eine gute Idee, die Reisekasse zu mischen und zusätzlich zu einer überschaubaren Menge Bargeld eine Girocard (früher EC-Karte) sowie eine geeignete Kreditkarte mitzunehmen. Denken Sie bei dieser Gelegenheit auch gleich daran, den Verfügungsrahmen zu überprüfen und gegebenenfalls anzupassen sowie die Bank über die geplante Auslandsreise zu informieren, da viele Banken Kreditkarten vorsorglich für den (außereuropäischen) Auslandseinsatz sperren.

Gerade im Ausland ist die Akzeptanz von Kreditkarten aber höher und deren Nutzung oftmals sogar günstiger als die Bezahlung per Girocard. Ein Blick ins Preis- und Leistungsverzeichnis der jeweiligen Karte schafft Klarheit. Allerdings berechnen viele Anbieter eine Fremdwährungsgebühr, wenn Sie die Kreditkarte außerhalb der Eurozone einsetzen. Zusätzlich zu den Gebühren, die die Bank berechnet, kann auch der Betreiber des Geldautomaten Gebühren verlangen.

Der Kreditkarten-Vergleich von Finanztest (Ausgabe 4/2022) hat große Unter-

TIPP

Achten Sie im Nicht-Euro-Raum sowohl beim Abheben am Automaten als auch beim Bezahlen im Geschäft stets darauf, dass in der jeweiligen Landeswährung abgerechnet wird, und verzichten Sie auf die „Abrechnung in Euro“, um zu vermeiden, dass der Anbieter einen schlechteren Wechselkurs berechnen kann.

INFO

Lassen Sie Ihre Karte(n) bei Verlust sofort sperren. Am einfachsten geht das mit der zentralen Sperrnotruf-Nummer: 116 116. Bei Anrufen aus dem Ausland müssen Sie die Ländervorwahl für Deutschland (00 49 bzw. +49) ergänzen.

schiede bei den Kosten der einzelnen Anbieter ergeben und ein Sparpotenzial von bis zu 136 Euro pro Jahr zwischen der teuersten und der günstigsten Kreditkarte ermittelt. Am besten abgeschnitten haben die neue Visa Debitkarte der DKB sowie die Visa World Card von ICS, die Visa-Karte von Barclays, Genialcard und Awa7 der Hanseatic Bank sowie die Deutschland-Kreditkarte Classic von Paysol.

Bei den unabhängig von einem Girokonto erhältlichen Kreditkarten ist aber unbedingt darauf zu achten, die bei der Bestellung voreingestellte Ratenzahlung mit deftigen Zinsen im Onlinebanking umgehend auf vollen Ausgleich umzustellen.

→ Eine Übersicht der Ergebnisse der 33 **getesteten Kreditkarten** finden Sie unter test.de/kreditkarten (für Flatratekunden kostenlos).

GESUNDHEITSVORSORGE

Ein Blick in den Impfpass ist nicht nur vor der Expedition nach Afrika oder Asien angesagt, sondern auch für die Wohnmobiltour durch Europa anzuraten. Selbst wenn keine Impfungen vorgeschrieben sind, sollten Sie bei sämtlichen Standardimpfungen prüfen, ob eine Auffrischung nötig ist. Das gilt insbesondere für ältere Reisende über 60 Jahren, die besonders gefährdet sind. So empfiehlt die Ständige Impfkommission des Robert Koch-Instituts allen Menschen über 60 Jahren regelmäßige Impfungen gegen Grippe und Pneumokokken.

Wenn es sein muss, lassen sich Schutzimpfungen für Tetanus oder Hepatitis zwar selbst noch am Abreisetag verabreichen, empfehlenswert ist das aber nicht. Machen Sie daher bis spätestens etwa sechs Wochen vor dem Abfahrtstermin einen Termin bei Ihrem Hausarzt, um die sinnvollen und erforderlichen

CHECKLISTE REISEDOKUMENTE

Die folgende Packliste hilft Ihnen dabei, Ihren „Papierkram" zusammenzuhaben und nichts Entscheidendes zu vergessen:

- → gültige (!) Reisepässe, Personal- oder Kinderausweise für alle Mitfahrenden (abhängig vom Reiseziel)
- → Impfpass und andere wichtige medizinische Unterlagen
- → Krankenversicherungskarte/ Auslandskrankenversicherung
- → (internationaler) Führerschein
- → Fahrzeugschein
- → Girocard und Kreditkarte(n)
- → Mitgliedsausweis Automobilclub
- → Fährtickets
- → Europäischer Unfallbericht (Vorlagen zum Ausdrucken z. B. beim ADAC)
- → Unterlagen für Campingplatzbuchungen
- → Liste mit Notfallkontakten
- → Hundeausweis/Versicherungspapiere
- → Tauchschein
- → Bedienungsanleitungen für Basisfahrzeug, alle technischen Geräte im Wohnaufbau sowie Anbauten
- → wenn nötig: Visum

Impfungen zu besprechen und rechtzeitig vor der Abfahrt durchzuführen, damit Sie nicht geschwächt von einer Impfung auf den letzten Drücker mit Fieber, Kopfschmerzen oder Müdigkeit in den Urlaub starten müssen.

Erkundigen Sie sich außerdem bei Ihrer Krankenkasse, in welchem Umfang Sie während des Urlaubs im Ausland krankenversichert sind. Natürlich möchte niemand im Urlaub zum Arzt gehen, manchmal lässt es sich aber nicht vermeiden. Grundsätzlich sind Sie mit der Europäischen Krankenversicherungskarte im Urlaub auch in allen Mitgliedsstaaten der EU sowie in Island, Liechtenstein, Norwegen und der Schweiz versichert. Auch in Ländern wie Tunesien oder der Türkei, die Sozialversicherungsabkommen unterzeichnet haben, können Sie medizinisch notwendige Leistungen in Anspruch nehmen.

Allerdings erstatten die gesetzlichen Krankenkassen nur, was auch die Bürger des jeweiligen Urlaubslandes von ihrer Krankenversicherung bekommen würden. Zusatzleistungen werden oft privat abgerechnet und in vielen Fällen erstatten die deutschen Krankenkassen nur einen Teil der Kosten, sodass Sie auf einem Teil der Rechnung sitzen bleiben.

Der Abschluss einer zusätzlichen Auslandskrankenversicherung ist daher in Ländern ohne Sozialabkommen quasi ein Muss und auch in vielen weiteren Fällen sinnvoll, damit die Kosten abgedeckt sind, die die gesetzlichen Krankenkassen nicht übernehmen, zum Beispiel im schlimmsten Fall einen erforderlichen Rücktransport im Krankheitsfall. Einen umfangreichen Vergleich von 97 Auslandskrankenversicherungen für Urlaubsreisen mit unterschiedlicher Dauer finden Sie in Finanztest-Ausgabe 5/2020.

PACKLISTE: UNTERLAGEN, DOKUMENTE UND PAPIERE

Ob Ausweis, Impfpass oder Bestätigung der Fährbuchung – es gibt eine ganze Reihe wichtiger Dokumente, die Sie auch im Urlaub mit dem Wohnmobil griffbereit dabeihaben sollten. Tickets, Buchungsbestätigungen und andere weniger „kritische" Papiere deponiert man am besten gut zugänglich im Handschuhfach, der Mittelkonsole oder in einer der Türablagen. Wichtige Ausweise, die aufgrund ihrer Größe nicht ins Portemonnaie passen, etwa der Reisepass, der Impfpass oder das Tauchbrevet, lassen sich übersichtlich sortiert in einer speziellen Dokumententasche aufbewahren und wenn das Wohnmobil mit einem fest verbauten Tresor ausgestattet ist, sollte man diesen auch nutzen.

Die Probleme, die es nach sich zieht, wenn ein wichtiges Dokument wie der Personalausweis zu Hause vergessen wird, können schnell die Urlaubsstimmung trüben. Platzieren Sie daher alle wichtigen Unterlagen bereits ein paar Tage vor Urlaubsbeginn gut sichtbar in der Nähe der Wohnungstür, sodass Sie beim Verlassen des Hauses am Abreisetag zwangsläufig an sie erinnert werden.

TIPP

Wenn Personalausweis und Co im Urlaub verloren gehen oder gestohlen werden, ist das ein ziemlicher Albtraum. Um Aufwand und Papierkrieg für die Wiederbeschaffung bei Behörden, Botschaft oder Konsulat möglichst gering zu halten, ist eine digitale Kopie der wichtigsten Dokumente wie Personalausweis, Führerschein und Impfausweis sehr hilfreich. Speichern Sie Scans oder Fotos Ihrer Papiere online in der Cloud oder schicken Sie sich die Kopien selbst als Anhang in einer Mail, so können Sie sie von überall aus auf der Welt abrufen, solange Sie Zugang zu einem Computer oder Mobilgerät und eine Internetverbindung haben. Um Missbrauch zu vermeiden aber unbedingt auf ein starkes Passwort für den Cloudspeicher beziehungsweise E-Mail-Zugang achten und einen deutschen oder europäischen Anbieter auswählen, damit das deutsche/europäische Datenschutzrecht gilt.

EINEN MONAT BIS ZWEI WOCHEN VOR DER ABREISE

Der Urlaubsbeginn rückt näher und die Vorfreude wächst. Allerdings nimmt auch die Unsicherheit zu, was in den letzten Wochen vor der Abfahrt noch alles zu erledigen ist.

Damit die Reise reibungslos verläuft, ist es jetzt an der Zeit, die endgültige Route festzulegen und sich eingehender mit den Besonderheiten im Straßenverkehr der Länder vertraut zu machen, die Sie mit dem Wohnmobil bereisen wollen.

Je nach Reiseziel müssen unter Umständen noch spezielle Warnschilder besorgt werden. Außerdem ist jetzt ein guter Zeitpunkt, die verschiedenen Apps zu installieren beziehungsweise auf den aktuellen Stand zu bringen, die das Smartphone unterwegs zum hilfreichen Reiseführer machen.

Zu guter Letzt sollten Sie außerdem daran denken, rechtzeitig eine vertraute Person aus der Nachbarschaft, dem Freundes- oder Angehörigenkreis zu finden, die sich während der Abwesenheit um Ihr Zuhause kümmert.

BESONDERE VERKEHRSVORSCHRIFTEN RECHERCHIEREN

Die Verkehrsregeln in Europa sind alles andere als einheitlich. Hätten Sie zum Beispiel gewusst, dass es unter anderem in den Niederlanden, Frankreich und Italien keine orangefarbene Ampelphase gibt und die Ampeln direkt von Grün auf Rot (oder umgekehrt zurück von Rot auf Grün) springen?

Auch hinsichtlich der Lichtpflicht haben die einzelnen Länder unterschiedliche Ansichten. Zwar hat sie sich, ausgehend von Skandinavien, inzwischen in vielen weiteren europäischen Ländern durchgesetzt, ist bisweilen aber nur in der dunklen Jahreszeit vorgeschrieben. In Deutschland gibt es nur eine Empfehlung, im Zweifel sollte man das Abblendlicht tagsüber einfach einschalten, falsch macht man damit nichts und verboten ist es nirgendwo.

Relative Einmütigkeit herrscht bei der zulässigen Höchstgeschwindigkeit in geschlossenen Ortschaften. Fast in allen europäischen Staaten sind maximal 50 km/h erlaubt. Anders sieht es außerorts und auf Autobahnen aus. Hier variiert die maximal zulässige Geschwindigkeit je nach Land, Straßentyp und zulässigem Gesamtgewicht des Wohnmobils. Und auch sonst gelten in beliebten Urlaubsländern wie Frankreich, Italien, Portugal oder Spanien andere Regeln für Wohnmobile im Straßenverkehr als in Deutschland.

Die Verkehrszeichen sind zwar weitgehend standardisiert und sehen überwiegend vertraut aus, was aber nicht zwangsläufig bedeutet, dass man unterwegs nicht doch auf ungewohnte Schilder stößt, deren Bedeutung sich nicht

INFO

Strafen für Verkehrsdelikte fallen im Ausland oft höher aus als hierzulande. Um Ärger über Strafzettel zu vermeiden, entspannt unterwegs zu sein und die Urlaubskasse nicht unfreiwillig zu plündern, informieren Sie sich am besten vor Urlaubsbeginn möglichst umfassend über die jeweiligen Verkehrsvorschriften und Besonderheiten, und zwar sowohl für Ihr Urlaubsland als auch für alle Länder, die Sie auf dem Weg dorthin passieren. Schließlich gilt auch im Straßenverkehr der altbekannte Grundsatz „Unwissenheit schützt vor Strafe nicht".

auf Anhieb und intuitiv erschließt. So signalisiert in der Schweiz zum Beispiel ein viereckiges Zeichen mit gelbem Posthorn auf blauem Untergrund, dass Sie auf einer sogenannten Bergpoststraße unterwegs sind, auf der Post- und Linienbusse stets Vorfahrt haben.

Auch das korrekte Parken kann, selbst wenn ausreichend Parkraum zur Verfügung steht, aufgrund der vielfältigen lokalen Parkregelungen zu einer ziemlichen Herausforderung werden. So treffen Sie neben den vertrauten Parkschildern oft auf abweichende Zusatzbeschilderungen oder Park- und Halteverbote werden durch gelbe Markierungen am Fahrbahnrand oder auf der Bordsteinkante signalisiert. Es ist also gar nicht so einfach, das Wohnmobil im Urlaub für einen Stadtbesuch richtig abzustellen, ohne eine hohe Strafe für das Falschparken zu riskieren.

Während sich abweichende Verkehrsregeln oder die Bedeutung eines unbekannten Verkehrszeichens im Zweifelsfall kurzfristig vor Ort per Smartphone herausfinden lassen, gibt es je nach Urlaubsland einige weitere Besonderheiten, die zu beachten sind. Sie sollten sich ausreichend früh darüber informieren, damit Zeit bleibt, um die benötigten Warnaufkleber oder Kennzeichnungstafeln zu besorgen oder eventuell erforderliche Umweltplaketten im Ausland zu beantragen.

So zeigen sich beispielsweise Italien, Spanien und Portugal besonders streng, wenn es darum geht, Ladung zu kennzeichnen, die über die im Fahrzeugschein eingetragene Fahrzeuglänge hinausragt.

TIPP

Detaillierte Informationen zu den Vorschriften und Besonderheiten im Straßenverkehr des jeweiligen Landes finden Sie unter anderem auf den Länder-Übersichtsseiten der Automobilclubs (z. B. www.ace.de/reisen/laenderinfos/ oder www.adac.de/reise-freizeit/reiseplanung/reiseziele/) sowie bei den jeweiligen Fremdenverkehrsämtern.

Hier muss sogar der eingeklappte Heckträger ohne Fahrräder darauf mit einer speziellen Warntafel versehen sein. Während zwischen den Ländern zwar Einigkeit über die Abmessung besteht (50 Zentimeter x 50 Zentimeter), sollen es in Italien fünf rote und vier weiße Diagonal-Streifen sein, während in Spanien drei rote und drei weiße Streifen samt einer schwarzen Außenumrandung vorgeschrieben sind. Immerhin kann man die in Spanien zugelassene Warntafel auch in Portugal nutzen. Wer häufig in Italien und Spanien unterwegs ist, findet im Campingfachhandel auch Kombischilder, die auf der einen Seite mit der Variante für Italien bedruckt sind und auf der anderen die für Spanien zeigen.

Wer Frankreich mit einem großen Wohnmobil jenseits der 3,5-Tonnen-Grenze bereisen möchte, muss seit Anfang 2021 spezielle „Toter Winkel"-Warnhinweise (französisch: Angles Morts) jeweils links und rechts vorn am Fahrerhaus sowie einen dritten hinten am Heck anbringen. Damit sollen Fahrradfahrer, Motorradfahrer und Fußgänger vor der Gefahr des toten Winkels gewarnt werden. Wer ohne die gelben Aufkleber unterwegs ist (für Wohnmobile als Personenfahrzeuge wird die Variante mit dem Omnibussymbol empfohlen), riskiert ein Bußgeld in Höhe von 135 Euro und im Falle eines Unfalls fällt die Strafe sogar erheblich höher aus.

HERAUSFORDERUNG: UMWELTZONEN

Besondere Aufmerksamkeit bei der Reiseplanung und mitunter auch etwas bürokratischen Aufwand, um den erforderlichen Berechtigungsnachweis zu beantragen, erfordern die verschiedenen Umweltzonen, die zahlreiche europäische Länder eingerichtet haben und zukünftig ausweiten werden, um die Luftqualität in den Städten zu verbessern. Mal sind nur größere Wohnmobile mit einem zulässigen Gesamtgewicht von über 3,5 Tonnen betroffen, mal hängen die Einschränkungen von den Abgaswerten des Fahrzeugs ab. Manchmal reicht eine Onlineregistrierung, anderswo ist eine bestimmte Vignette erforderlich. In jedem Fall ist es dringend angeraten, sich rechtzeitig vor dem Urlaub mit dem Thema zu beschäftigen und schlau zu machen. Beispielsweise kann die für die Einfahrt in die französischen Umweltzonen erforderliche Crit'Air-Vignette ausschließlich online beantragt werden und die Lieferzeit auf dem Postweg bis zu drei Wochen in Anspruch nehmen.

Ob Tempolimit oder Umweltplakette: Damit Sie sich optimal vorbereitet auf die Reise begeben können und unterwegs keine bösen Überraschungen erleben, lohnt es sich, die vielfältigen unterschiedlichen Bestimmungen des jeweiligen Urlaubslandes genau zu studieren.

→ Eine sehr hilfreiche zentrale Anlaufstelle mit allen nützlichen Informationen, um sicher auf den Straßen unserer europäischen Nachbarn (neben allen Ländern der EU auch Island, Norwegen, die Schweiz und viele andere) unterwegs zu sein, ist die Website **„Mit dem Auto ins Ausland" des Zentrums für Europäischen Verbraucherschutz** (https://auto-app.eu). Sie lässt sich als Webapp auch sehr gut unterwegs mit dem Smartphone aufrufen und lesen.

MANCHMAL MIT TÜCKEN: TANKEN

Dort finden Sie auch sehr aufschlussreiche Angaben zum Tanken in den einzelnen Ländern, denn oft ist es im Ausland gar nicht so leicht, die passende Zapfpistole mit der richtige Kraftstoffsorte zu wählen. Bisweilen sind auch länderspezifische Besonderheiten zu beachten: An norwegischen Tankstellen zum Beispiel sollten Sie einen Bogen um Zapfsäulen mit der Aufschrift „avgiftsfri" machen. Dieser günstige, steuerfreie Dieselkraftstoff bleibt landwirtschaftlichen, militärischen, fischereiwirtschaftlichen und gewerblichen Fahrzeugen vorbehalten und ist nicht für Touristen gedacht.

Im Notfall lässt sich die richtige Zapfsäule aber auch ausmachen, wenn Sie die Bezeichnung der unterschiedlichen Kraftstoffe in der jeweiligen Landessprache nicht parat haben. Seit ein paar Jahren kommen europaweit die gleichen Symbole zum Einsatz. Die Dieselsäule ist mit einem Quadrat gekennzeichnet. Die geometrische Form für Benzin ist ein Kreis, und die 90-Grad-Route steht für die gasförmigen Kraftstoffe.

FÜLLSTAND DER GASFLASCHE(N) CHECKEN

Heizen, Kochen, Kühlen: Als effiziente Energiequelle sorgt Flüssiggas im Wohnmobil für den von zu Hause gewohnten Komfort. Gasflaschen dürfen ausschließlich im sogenannten Gaskasten mitgeführt werden. Dabei handelt es sich um ein zum Wohnraum hin abgedichtetes Staufach. Es muss mit einer Zwangsentlüftung am Boden ausgestattet sein, damit das Gas im Falle eines Lecks nicht in den Wohnraum gelangen kann. In den meisten Fällen befindet sich der Gaskasten, der in der Regel Platz für zwei große Gasflaschen bietet, im hinteren Teil des Wohnmobils und ist von außen gut zugänglich.

Der mit Abstand größte Verbraucher ist die Heizung. Im Sommer, wenn das Gas nur zum Erwärmen des Wassers, für den Kühlschrank und zum Kochen gebraucht wird, reicht die 11-Kilogramm-Gasfüllung einer großen Flasche gut und gerne für drei bis vier Wochen. Bei einer Tour durch Deutschland brauchen Sie dem Füllstand der Flasche ohnehin keine allzu große Beachtung zu schenken, denn in praktisch jedem Baumarkt und auf vielen Campingplätzen können Sie eine leere unkompliziert und schnell gegen eine volle Flasche tauschen.

Bei einer Auslandsreise sieht es allerdings anders aus, da viele unterschiedliche und nicht zueinander kompatible Anschlüsse das Tauschen oder Auffüllen einer Flasche erschweren. Wenn Sie sich nicht weiter mit den erforderlichen Adaptern beschäftigen wollen, ist es daher sinnvoll, mit einer vollen Flasche in den Urlaub zu starten.

Anders als beim Wassertank wird der Inhalt der Gasflasche nicht auf dem zentralen Bedienpanel des Wohnmobils angezeigt. Wenn Sie sich nicht auf eine grobe Schätzung von Ihnen durch das Anheben der Flasche verlassen und ganz genau wissen wollen, wie voll die Flasche noch ist, müssen Sie sie ausbauen und wiegen.

Mit einem sogenannten Gaschecker aus dem Campingfachhandel können Sie den Füllstand der Gasflasche ermitteln, ohne diese ausbauen und aus dem Gaskasten hieven zu müssen. Das Gerät im Stiftformat funktioniert mit Ultraschall, wird von außen seitlich auf die Flaschenwand gedrückt und symbolisiert mit einer aufleuchtenden Diode die Höhe des Flüssiggaslevels im Inneren. Den meisten Komfort bietet eine Gaswaage. Sie wird unter der Flasche angebracht und übermittelt den aktuellen Füllstand per Bluetooth aufs Smartphone. So sind Sie jederzeit darüber informiert, wann sich der Gasvorrat dem Ende entgegen neigt.

INFO

So heißt Diesel an der Tanksäule in …

Dänemark: Diesel
Frankreich: Gasoil/Gazole
Griechenland: Diesel
Italien: Gasolio/Carburante
Kroatien: Dizel/Eurodiesel
Niederlande: Diezel
Norwegen: Diesel
Polen: ON/Olej Napedowy
Portugal: Diesel/Gasóleo
Schweden: Diesel/Eurosuper
Slowenien: Nafta/Diesel
Spanien: Gasóleo/Diésel Aceite Diésel
Tschechien: Nafta

CAMPING-APPS INSTALLIEREN UND AKTUALISIEREN

Digitaler Reiseführer, Dolmetscher und Navigationsgerät, Stellplatzführer, Wanderguide und Sternenhimmelerklärer: Mit den richtigen Apps werden Smartphone oder Tablet zum hilfreichen Reisebegleiter, der das Campingleben einfacher macht und bei (fast) allen Fragen weiterhelfen kann. Damit Sie sich besser in der enormen, mit unter sehr guten Angebotsfülle zurechtfinden, geben die folgenden Seiten nun einen kleinen Überblick, welche Apps für einen Urlaub mit dem Wohnmobil nützlich sind. Die Auswahl wurde auf Basis der Erfahrungen des Autors getroffen.

Am besten installieren Sie die Apps, die Ihnen gefallen, schon vor dem Urlaub im heimischen WLan auf Ihrem Smartphone. So brauchen Sie unterwegs keine Angst davor zu haben, dass Sie Ihr mobi-

CHECKLISTE GASFLASCHE AUSTAUSCHEN

Wenn der Herd im Wohnmobil beim Kochen einfach ausgeht, ist es Zeit für eine neue Gasflasche. Dass während des Wechselns auf offene Flammen verzichtet und nicht geraucht wird, versteht sich eigentlich von selbst. Gehen Sie folgendermaßen vor, um die Gasflasche zu tauschen:

- Öffnen Sie die Außenklappe des Gaskastens.
- Schließen Sie das Hauptabsperrventil der Gasflasche. Achten Sie dabei auf die Pfeilrichtung.
- Öffnen Sie die Rändelmutter des Schlauchanschlusses. Sie ist mit einem Linksgewinde ausgestattet, das heißt, Sie müssen zum Lösen im Uhrzeigersinn drehen.
- Entfernen Sie den Gasschlauch von der Gasflasche.
- Lösen Sie die Befestigungsgurte und heben Sie die Gasflasche heraus.
- Setzen Sie anschließend sofort die rote Schutzkappe, mit der die Flasche ausgeliefert wurde, wieder auf den Flaschenkopf.
- Tauschen Sie die leere Flasche an der Rezeption des Campingplatzes, in einem Baumarkt oder einer anderen Gasverkaufsstelle gegen eine volle.
- Entfernen Sie erst die rote Schutzkappe von der neuen, vollen Gasflasche. Sie ist durch einen kleinen Metallbügel gesichert. Zieht man ihn heraus, lässt sich die Kappe einfach abnehmen. Drehen Sie danach auch die schwarze Gummischutzkappe vom Gasflaschenventil ab.
- Stellen Sie die Gasflasche nun zurück in den Gaskasten und befestigen Sie sie mit den Befestigungsgurten.
- Setzen Sie den Gasschlauch wieder an die Gasflasche und drehen Sie die Rändelmutter gegen den Uhrzeigersinn von Hand fest zu.
- Stellen Sie sicher, dass der Schlauch weder geknickt noch gequetscht wird.
- Schließen Sie die Außenklappe des Gaskastens.

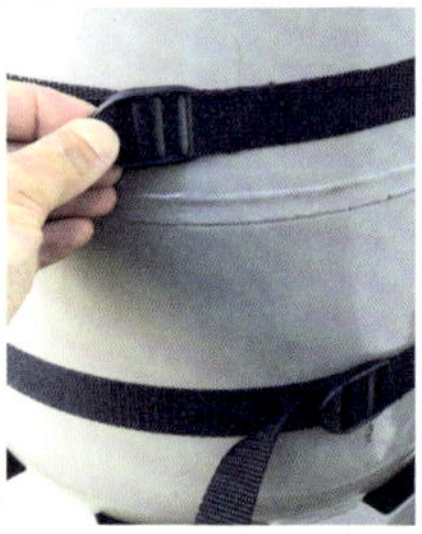

les Datenguthaben sprengen, und müssen sich nicht mit langsamen WLan-Verbindungen auf dem Campingplatz herumärgern.

Falls Sie die eine oder andere App bereits nutzen, empfiehlt es sich, diese bereits vor der Abreise zu Hause auf den neuesten Stand zu bringen und zum Beispiel aktuelle Stellplatzdaten oder Kartenmaterial für die spätere Offlinenutzung herunterzuladen.

STELLPLATZFÜHRER

Das Angebot an Stellplatz-Apps ist wahrlich sehr groß. Nachfolgend finden Sie drei gängige Vertreter für die Suche nach Übernachtungsplätzen in Europa, die sowohl für Smartphones mit iOS wie auch für solche mit Android-Betriebssystem erhältlich sind.

→ **Promobil Stellplatzradar** (iOS/Android, kostenlose Version eingeschränkt, Plusversion 1,99 Euro/Monat bzw. 8,99 Euro/Jahr): Die App bietet eine umfangreiche Stellplatz- und Campingplatzdatenbank für ganz Europa; Fotos, ergänzt um umfangreiche Nutzerbewertungen, helfen bei der Platzwahl. Die kostenlose Plusversion kommt ohne Werbung aus und bietet ausgefeilte Filterfunktionen zum Beispiel nach Platztyp, Bewertung, Eignung, Umweltzone, Preis und Ausstattung sowie einen Tourenplaner.

→ **camping.info-App** (iOS/Android, 9,99 Euro/Jahr): Die App umfasst ausführliche Beschreibungen mit Fotos und authentischen Gästebewertungen zu über 23 000 Campingplätzen in Europa. Neben der gezielten Suche nach bestimmten Plätzen lassen sich auch zu einem gewünschten Datum verfügbare Plätze finden und gleich in der App buchen.

→ **ADAC Camping/Stellplatz** (iOS/Android, 9,99 Euro): Dieser digitale Guide des ADAC listet und beschreibt über 22 000 Camping- und Stellplätze in Europa. Neben den Bewertungen der professionellen ADAC-Inspekteure sind auch die Meinungen anderer Gäste einsehbar. Für etwa 3 000 der Plätze werden Verfügbarkeit und Preis in Echtzeit angezeigt. Die App erscheint jedes Jahr in einer aktualisierten Version inklusive der ADAC Campcard, mit der es im jeweiligen Jahr Rabatte gibt. Die Vorversionen lassen sich aber weiter nutzen.

ALTERNATIVE STELLPLATZFÜHRER

Als Alternative zu vollen Stell- und Campingplätzen sind in den vergangenen Jahren verschiedene hilfreiche Plattformen für die Vermittlung von privaten Stellplätzen entstanden.

→ **Vansite** (iOS/Android, kostenlos): Frei stehen, aber nicht wild. Die App des Paderborner Start-ups Vansite eröffnet den Zugang zu über 800 privaten Stellplätzen in Deutschland, Österreich und der Schweiz. Mit der Filterfunktion für Fahrzeugtyp, Umgebung und Aktivitäten lässt sich der passende Übernachtungsplatz schnell finden und auch gleich buchen. Bei Rückfragen tritt man über den integrierten Messenger unkompliziert mit den Gastgebern in Kontakt.

→ **Roadsurfer Spots** (iOS/Android, kostenlos): Die Onlineplattform Roadsurfer Spots des bekannten Campingbus-Vermieters verzeichnet europaweit über 1 200 Übernachtungsplätze für Campervans und Wohnmobile abseits der traditionellen Camping- und Stellplätze. In der App lassen sich die Plätze auf der Karte aussuchen

TIPP

Wenn Sie als Abonnement eines Streaming-Service wie Netflix, Amazon Prime oder YouTube Premium Ihre Filme und Serien auch unterwegs im Urlaub schauen wollen, können Sie diese im Voraus herunterladen, um sie zu einem späteren Zeitpunkt ohne Internetverbindung anzuschauen. Auch beim Hören Ihrer Lieblingsmusik können Sie das mobile Datenvolumen durch das Herunterladen der Playlist(s) schonen, wenn Sie ein Abonnement bei einem Musikdienst wie Apple Music oder Spotify abgeschlossen haben.

oder nach Lage und diversen weiteren Kriterien filtern und auch spontan buchen, wenn einem Beschreibung, Fotos und Bewertungen der anderen Gäste zusagen.

→ **Landvergnügen** (iOS/Android, nur mit kostenpflichtigem Buch nutzbar): Die App ist kein eigenständiges Stellplatzverzeichnis, sondern die digitale Ergänzung zum gedruckten Landvergnügen-Stellplatzführer. Die Nutzung setzt den Kauf des aktuellen Buchs (2023: 49,90 Euro) voraus und mit der enthaltenen Jahresvignette darf man nach vorheriger Anmeldung für eine Nacht kostenlos auf den meist einfachen, naturnahen Plätzen bei Bauernhöfen und landwirtschaftlichen Betrieben in ganz Deutschland mit dem Wohnmobil übernachten.

NAVIGATION & REISE

Das Smartphone erleichtert nicht nur die Campingplatzsuche, sondern hilft auch bei Reisevorbereitung und Routenplanung, findet die günstigste Tankstelle und die nächstgelegten Toilette, weiß was im Notfall zu tun ist, springt bei Bedarf als Dolmetscher ein und assistiert beim Gerade-Ausrichten des Wohnmobils auf dem Stellplatz.

→ **Sicher Reisen** (iOS/Android, kostenlos): Damit der Urlaub möglichst sicher und reibungslos verläuft, liefert die App des Auswärtigen Amts alle wichtigen und vor allem aktuelle Informationen zu den geltenden Einreisebedingungen und -bestimmungen sowie über erforderliche Impfungen und eventuelle Gefahren im jeweiligen Reiseland. Treten vor Ort Probleme auf, liefert die App Infos für Notfälle und die Adressen der deutschen Vertretungen im Reiseland.

→ **HERE WeGo Karten & Navigation** (iOS/Android, kostenlos): Der Nachfolger von Nokias Kartendienst Here Maps erlaubt nicht nur die Routenplanung für Autofahrten, sondern auch für Radfahrer und mit öffentlichen Verkehrsmitteln. Die App führt auch ohne Internetverbindung ans Ziel; die Verwaltung der Offlinekarten erfolgt nach Ländern und gestaltet sich somit einfacher als beim Konkurrenten Google Maps, wo sich nur begrenzte Kartenausschnitte vorab herunterladen lassen.

→ **ADAC Spritpreise** (iOS/Android): Die App greift in Echtzeit auf die Daten der Markttransparenzstelle für Kraftstoffe zurück und verschafft einen schnellen Überblick über die aktuellen Preise für Diesel und andere Treibstoffsorten, sodass sich einfach die günstigste Tankstelle in der Nähe ansteuern lässt. Zusätzlich ist ein vollwertiger Routenplaner integriert, der umfassend über Mautbestimmungen, Verkehrsbehinderungen und Tankstellen entlang der Strecke informiert.

→ **ADAC Pannenhilfe** (iOS/Android, kostenlos): Im Falle einer Fahrzeugpanne oder eines Unfalls spart die ADAC Pannenhilfe-App Zeit und Nerven beim Anfordern von Hilfe. Mit einem Fingertipp wird der Pannendienst angerufen und bei Bedarf kann automatisch der aktuelle GPS-Standort übermittelt werden. Als Hilfestellung für das richtige Verhalten bei einem Unfall ist außerdem eine umfangreiche Unfall-Checkliste integriert, die Sie schnell aufrufen können. Die Nutzung der App steht auch Nichtmitgliedern offen, kostenlose Pannenhilfe durch den ADAC in Deutschland gibt es aber nur für Mitglieder (bzw. europaweit bei Plus-Mitgliedschaft).

- → **Google Übersetzer** (iOS / Android, kostenlos): Die bekannte Google-Anwendung macht das Smartphone zum universellen Sofort-Dolmetscher für über 100 Sprachen. Praktisch für Warnhinweise und Schilder in einer fremden Sprache ist die Texterkennung per Kamera. Den Testern der Stiftung Warentest gefielen vor Längerem im Vergleich von Übersetzungs-Apps (05 / 2020) die gute Nutzerführung, intuitive Bedienung sowie die Offlinefunktionen. Eine Abwertung gab es lediglich für die lange, intransparente und lückenhafte Datenschutzerklärung.
- → **Toilet Finder** (iOS / Android, kostenlos): Die App ist besonders hilfreich für Besitzer von Campingbussen ohne eigenes WC an Bord. Aber auch Wohnmobilisten mit autarken Fahrzeugen freuen sich beim Stadtrundgang in einer fremden Stadt darüber, per Fingertipp den Weg zur nächsten öffentlichen Toilette zu finden.
- → **WoMo Set** (iOS, 5,99 Euro): Nicht ganz günstig, aber praktisch. Die App WoMo Set macht das gerade Ausrichten des Wohnmobils zum Kinderspiel. Nach der einmaligen Eingabe von Radstand und Spurweite des Fahrzeugs braucht am Stellplatz nur das Smartphone auf den Tisch oder eine andere Fläche gelegt zu werden, die horizontal ausgerichtet sein soll, schon wird angezeigt, wo und in welchem Abstand die Auffahrkeile vor den Rädern platziert werden müssen.

FREIZEIT-TOURENFÜHRER

Am Stellplatz angekommen, hilft die richtige App dabei, die Umgebung zu Fuß oder mit dem Rad auf schönen Wegen zu entdecken. Auch bei der Frage, welcher Gipfel dort am Horizont zu sehen ist oder welches Sternenbild sich am Nachthimmel über dem Wohnmobil aufspannt, erweist sich das Smartphone als zuverlässige Orientierungshilfe. Ganz abgesehen von dem Spaß, die Welt um sich herum digital zu erkunden.

- → **Komoot** (iOS/Android, Basisversion kostenlos, verschiedene Kartenpakete 4 bis 30 Euro einmalig, Premium 60 Euro / Jahr): Die App erhielt im Vergleich von Wander-Apps der Stiftung Warentest (10 / 2021) die Testnote „gut" und umfasst sehr viele Tourenvorschläge, die sich nach Sportart, Dauer oder Startpunkt filtern lassen. Unterwegs helfen Navigationspfeil und präzise Sprachansagen bei der Orientierung und sorgen dafür, dass man nicht vom rechten Weg abkommt und ohne unfreiwillige Umwege ans Ziel gelangt.
- → **Peak Finder** (iOS / Android, 5,99 Euro / 4,69 Euro): Sich von Bergen beeindrucken zu lassen, ist nicht weiter schwer. Zu wissen, welche Gipfel genau sich da im Einzelnen im Panorama vor einem auftürmen, ist aber eine ganz andere Sache. Die Datenbank von Peak Finder ist mit Informationen zu über 350 000 Bergen bestückt und blendet per AR-Overlay die Konturen, Namen und Höhen der Gipfel sowie die Entfernung zum aktuellen Standort ein. Die App funktioniert offline und an jedem Punkt der Erde; der Kaufpreis von rund 5 Euro macht sich für Bergliebhaber schnell bezahlt. Wer möchte, kann das beschriftete Panorama auch als Foto abspeichern.
- → **Sternatlas** (iOS / Android, Grundversion kostenlos, In-App-Käufe für vollen Funktionsumfang erforderlich): Selbst wer nicht daran glaubt, dass eine Sternschnuppe Wünsche erfüllt, gerät beim Anblick von Milchstraße

CHECKLISTE NOTRUFNUMMERN

Gehen Sie auf Nummer sicher und notieren Sie sich wichtige Notfallnummern. Auch wenn niemand den Teufel an die Wand malen möchte, ist man besser auf das Schlimmste vorbereitet, um im Falle des Falles schnell reagieren zu können. Speichern Sie daher die folgenden Notfallnummern im Handy, drucken Sie die Liste zusätzlich aus und bewahren Sie sie getrennt von den übrigen Reisedokumenten im Wohnmobil auf.

- → europaweite Notrufnummer: 112
- → zentraler Sperrnotruf für Kredit- und Girokarten: +49 116 116 (kostenfrei aus Deutschland)
- → Zentrale des Auswärtigen Amts: +49 30 181 70 (weltweit rund um die Uhr erreichbar)
- → Giftnotruf: +49 30 19240 (24-Stunden-Notfallberatung)
- → Deutsche Rettungswacht: +49 711 701070
- → Internationales Rotes Kreuz: +41 30 4222 (Zentrale Schweiz)

Zusätzlich sollten Sie die folgenden individuellen Telefonnummern ergänzen:

- → Auslandskrankenversicherung
- → Hausarzt
- → Hotline des eigenen Mobilfunkanbieters (zum Sperren der SIM-Karte bei Verlust des Handys)

und funkelnden Sternen in einer klaren Nacht in ehrfürchtiges Staunen. Mit Sternatlas wird die Orientierung am Nachthimmel kinderleicht. Einfach Smartphone gen Himmel richten, schon erklärt Ihnen die Astronomie-App, welche Sterne, Sternbilder, Planeten und andere Himmelskörper über dem Wohnmobil zu sehen sind.

WAS SONST NOCH ZU TUN IST

Die beliebten Sehenswürdigkeiten und Attraktionen der europäischen Metropolen vom Miniaturwunderland in Hamburg bis zum Louvre in Paris sind wahre Touristenmagneten. Daher ist es für eine Städtereise keine schlechte Idee, die Tickets für die bekannten Sehenswürdigkeiten bereits im Voraus zu buchen. So laufen Sie nicht Gefahr, dass die Andalusientour ohne Besuch der Alhambra unvollständig bleibt oder in Rom ein halber Urlaubstag für das Warten in der Schlange vor den Vatikanischen Museen draufgeht. Das Vorbuchen der Tickets spart nicht nur Stress, sondern auch Zeit vor Ort, und Sie vermeiden das Anstehen an der Ticketkasse.

Die beste Anlaufstelle für den Onlineticketkauf sind dabei stets die offiziellen Webseiten der Museen, Kirchen etc. Wenn Sie die Vorabbuchung versäumt haben oder sich nicht auf ein bestimmtes Datum festlegen wollen, können Sie Ihr Glück natürlich auch vor Ort versuchen und es gibt meist noch ein kleines Kontingent an Eintrittskarten. Nur sollten Sie aus Not nicht auf dubiose Anbieter hereinfallen – weder vor Ort noch im Internet.

INFORMIERT REISEN

Wenn Ihre große Urlaubsreise ins Ausland führt und die Abfahrt in greifbare Nähe gerückt ist, sollten Sie außerdem die aktuellen Reise- und Sicherheitshinweise des Auswärtigen Amts abrufen. Auf der Website des Auswärtigen Amts (www.auswaertiges-amt.de/de/ReiseUndSicherheit/reise-und-sicherheitshinweise/) können Sie gezielt nach dem Land beziehungsweise den Ländern suchen, die Sie bereisen möchten, und Sie erhalten die laufend aktualisierten Informationen zu Sicherheitsrisiken, politischer Lage, Gesundheitsrisiken und konsularischen Angelegenheiten.

Werfen Sie beim Lesen der Länderseiten auch einen Blick auf den Abschnitt „Einreise und Zoll". Zwar gibt es, Schengen-Abkommen sei Dank, in der EU keine Zölle mehr und selbst der Langzeitaufenthalt mit dem Wohnmobil im Ausland stellt in der Regel kein Problem dar. Anders sieht es aus, wenn Sie Länder außerhalb der EU ansteuern, hier ist in den meisten Fällen ein zollfreier Aufenthalt von bis zu sechs Monaten erlaubt. In Norwegen dürfen Sie sich bis zu 12 Monate aufhalten.

Beachtung verdienten in diesem Zusammenhang die Freimengen an Alkoholika und Tabakwaren, die Sie zollfrei einführen dürfen. Checken Sie unbedingt die genauen Einfuhrbestimmungen, damit es an der Grenze bei Ein- und Ausreise keinen Ärger gibt. Besonders streng sind zum Beispiel die norwegischen Zollbestimmungen. Schon kleine Überschreitungen der erlaubten Menge an Alkohol und Tabak werden geahndet. Sie dürfen außerdem maximal 10 Kilogramm Fleisch, Fleischprodukte, Käse und Nahrungsmittel aus EU- und EWR-Ländern an Bord haben. Die Einfuhr von rohen Kartoffeln ist grundsätzlich nicht gestattet, um die Ausbreitung von Krankheiten zu unterbinden, die durch die Kartoffelschale übertragen werden könnten.

Angesichts der vielen Dinge, an die man bei einer Reise denken muss, gerät die Reiseapotheke schnell ins Abseits, und für den Notfall gibt es ja eh einen Verbandskasten im Wohnmobil. Der ist aber kein Ersatz für eine gut sortierte Reiseapotheke, die im Falle einer Verletzung, Erkrankung oder bei anderen gesundheitlichen Problemen eine schnelle und angemessene Behandlung ermöglicht, ohne dass Sie auf eine unter Umständen teure medizinische Versorgung im Ausland angewiesen sind. Eine zuverlässige Anlaufstelle, egal ob für die Erstausstattung oder Auffrischung der Reiseapotheke, ist die Apotheke.

CHECKLISTE REISEAPOTHEKE

Prüfen Sie vor der Abfahrt, ob in Ihrer Reiseapotheke alles vorhanden ist. Prüfen Sie auch das Mindeshaltbarkeitsdatum und ersetzen Sie gegebenenfalls das eine oder andere.

- → Verbandszeug, Mullbinden, Pflaster und Kompressen
- → Klammern oder Rollenpflaster, um die Verbände zu fixieren
- → Dreieckstuch
- → kleine Schere
- → Pinzette, die sich zum Entfernen von Splittern und Zecken eignet
- → Sonnenhut/-brille/-creme
- → Fieberthermometer
- → Wunddesinfektionsmittel (Povidon-Jod, z. B. Betaisodona)
- → Mittel gegen Schmerz und Fieber
- → Mücken-/Zeckenschutzmittel

Extras: Das Folgende sollten Sie je nach Reiseland, Aktivitäten und persönlicher Krankheitsanfälligkeit einpacken:

- → Medikamente gegen Reiseübelkeit
- → Mittel gegen Durchfall
- → Pulver mit Elektrolyten
- → Mittel bei Verstopfung
- → Schnupfenmittel, wie Nasenspray
- → Mittel gegen Allergien
- → Mittel bei Sonnenbrand
- → Ohrenstöpsel

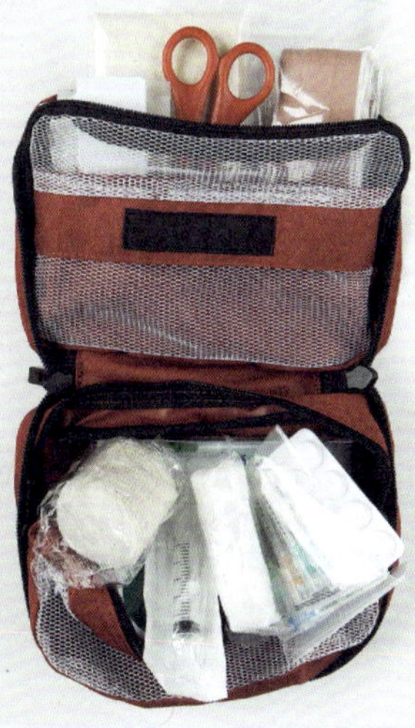

ZWEI WOCHEN BIS EINEN TAG VOR DER ABREISE

Es wird langsam ernst. Der Abfahrtstermin rückt in greifbare Nähe und es ist an der Zeit, die letzten Vorbereitungen für einen gelungenen Urlaub zu treffen, den Sie von Anfang an stressfrei genießen können.

Sind die Reiseunterlagen vollständig? Auch wenn Sie sich bewusst gegen eine detaillierte Routenplanung entschieden haben, sollten Sie zumindest die ersten Stationen vorplanen und einige potenzielle Übernachtungsplätze heraussuchen.

Halten Sie sich einen Tag vor der Abfahrt frei, um das Wohnmobil zu beladen. Wenn Sie dann noch eine vertrauenswürdige Person organisieren, die den Briefkasten leert und zu Hause nach dem Rechten sieht, während Sie unterwegs sind, steht einer entspannten Reise mit dem Wohnmobil nichts mehr im Wege.

DEN HAUSSTAND INS WOHNMOBIL EINRÄUMEN

Fangen Sie rechtzeitig an, alle Kleidungsstücke beiseitezulegen, die Sie mit in den Urlaub nehmen möchten. Beim Zusammenstellen der optimalen Reisegarderobe sind eine Reihe verschiedener Faktoren zu berücksichtigen. Ein Campingplatz ist keine Modenschau, es kommt auf funktionelle Kleidung an. Sie sollten mehr oder weniger für jedes Wetter gerüstet sein, brauchen aber ganz bestimmt nicht alles in dreifacher Ausführung.

Selbstverständlich spielt es auch eine Rolle, in welche Region Sie reisen. Für Südeuropa im Sommer brauchen Sie leichte, luftige Kleidung, die durch eine Strickjacke oder einen Fleecepullover für kalte Abende ergänzt wird. Für eine Skandinavienreise dagegen darf, egal zu welcher Jahreszeit, eine wind- und wasserfeste Outdoor-Funktionsjacke im Kleiderschrank des Wohnmobils nicht fehlen.

Was das Schuhwerk angeht, so reicht ein Paar feste Schuhe erfahrungsgemäß völlig aus. Eine gute Ergänzung dazu sind Sandalen oder einfache Schlappen, für Kinder können unter Umständen zusätzlich Gummistiefel, etwa für Wasserspiele im Bach, sinnvoll sein.

Abgesehen von der Bekleidung benötigen Sie für den Urlaub im Wohnmobil einen kompletten Hausstand vom Küchenzubehör über einen Grundstock an Lebensmitteln sowie Produkte zur Körperpflege und Kosmetika bis hin zu Campingausstattung wie einer Kabeltrommel, um das Wohnmobil auf dem Stell- oder Campingplatz an den Strom anzuschließen, und Campingmöbel, um es sich bei gutem Wetter unter der Markise vor dem Wohnmobil bequem zu machen. Es kommt also einiges zusammen. Orientieren Sie sich an der Packliste auf Seite 232, und legen Sie sämtliche Teile bereit, die Sie mitnehmen möchten. Gehen Sie dann in Ruhe Gegenstand für Gegenstand durch und überlegen Sie sich bei jedem, ob Sie ihn im Urlaub auch wirklich brauchen. Verstauen Sie alles,

Nur noch Betten beziehen, dann kann es losgehen ...

was mit soll, sortiert nach den einzelnen Bereichen des Wohnmobils (Küche, Bad, Kleiderschrank, Schlafzimmer, Heckgarage) in Faltkisten oder Euroboxen. Parken Sie zum Beladen nach Möglichkeit vor der Haustür, und tragen Sie Kiste für Kiste zum Wohnmobil, um die Sachen gleich an Ort und Stelle zu verstauen.

Letztendlich ist es nicht nur wichtig, was an Gepäck anfällt, sondern auch, wo es im Wohnmobil verstaut wird. Prinzipiell gehören schwere Gegenstände so weit wie möglich nach unten, um den Schwerpunkt des Fahrzeugs niedrig zu halten, und die Ladung sollte gleichmäßig über die gesamte Fahrzeugbreite sowie in Längsrichtung auf beide Achsen verteilt werden, um die Fahreigenschaften nicht negativ zu beeinflussen.

Leichte Gegenstände wie Kleidung und Textilien sind gut in den Dachstauschränken aufgehoben. Der Kleiderschrank ist der richtige Ort, um Jacken, Hosen und Pullover aufzuhängen. Die Küchenzeile mit ihren zahlreichen Fächern, Schubladen und Auszügen bietet vielfältige Unterbringungsmöglichkeiten für Gläser, Becher, Geschirr, Besteck, Kochutensilien und Lebensmittelvorräte.

Für einen Roadtrip durch Europa brauchen Sie das Wohnmobil aber nicht mit einem Wochenvorrat an schweren Konserven zu beladen und auch der Kasten Bier kann getrost zu Hause bleiben. Bewährt hat sich die Mitnahme einer grundlegenden Küchenausstattung mit Salz, Pfeffer und den gebräuchlichsten Gewürzen sowie Öl, Kaffee oder Tee.

INFO

Was soll mit auf die Reise? Wo findet jedes Ding seinen Platz? Das sind keine trivialen Fragen. Sie betreffen am Ende nicht nur die Fahrtauglichkeit des Wohnmobils, sondern auch die Vorschriften für die Zuladungsgrenze und damit die Verkehrssicherheit.

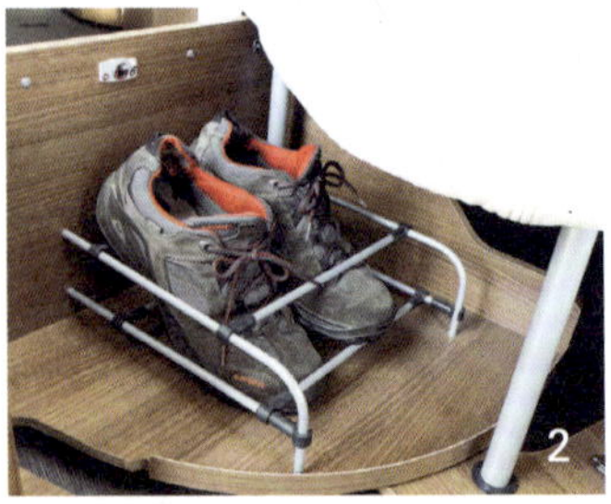

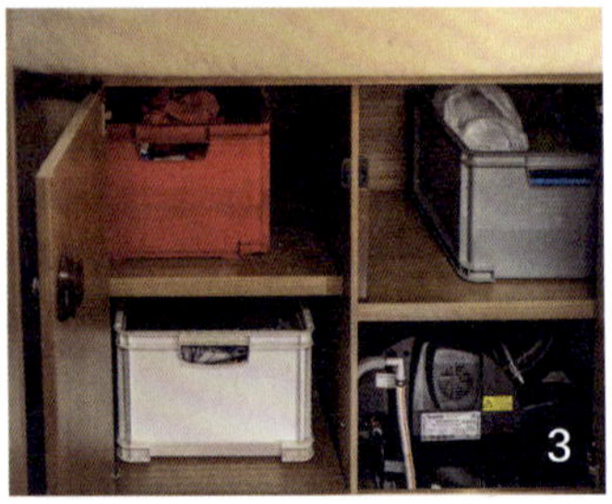

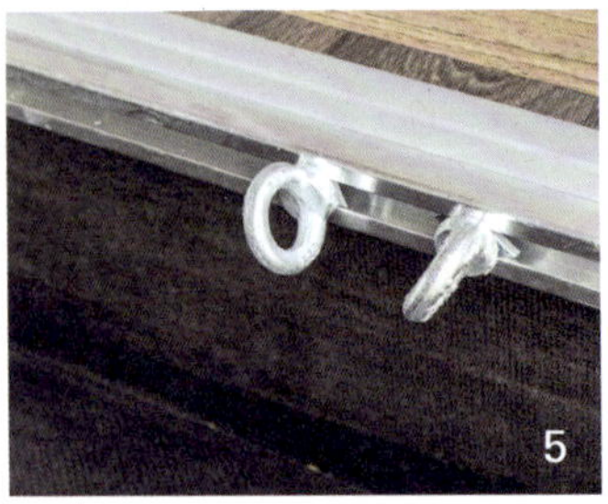

Empfehlenswert ist außerdem eine Lebensmittelbevorratung für etwa drei bis vier Tage. So beginnen Sie die Reise entspannt und müssen nicht gleich nach der Ankunft auf dem ersten Camping- oder Stellplatz in den Supermarkt eilen. Zutaten für Leibspeisen, die im Urlaubsland nicht erhältlich sind, sollten Sie allerdings in ausreichender Menge mitnehmen.

Handtücher, Waschzeug, Seife und Zahnbürsten sowie die weiteren Artikel der persönlichen Hygiene räumen Sie in die Badezimmerschränke. Schwere Getränkeflaschen und Konservendosen schließlich finden Platz unter der Sitzbank, in den Bodenstaufächern oder im Doppelboden.

Achten Sie insbesondere beim Einräumen von Bechern, Gläsern und Geschirr darauf, diese gut zu sichern und gegebenenfalls den Schrank zum Beispiel mit Geschirrtüchern auszupolstern. So kann während der Fahrt nichts zu Bruch gehen. Stellen Sie außerdem sicher, dass alle Türen und Möbelklappen ordnungsgemäß geschlossen und verriegelt sind (Kühlschranktür nicht vergessen!), damit sich der Schrankinhalt nicht in der ersten schärferen Kurve aus dem Schrank ins Fahrzeuginnere ergießt.

Kontrollieren Sie am Ende des Beladens, ob keine Gegenstände mehr lose und offen im Wohnmobil herumliegen. Sonst ist die Gefahr groß, dass diese während der Fahrt ein Eigenleben entwickeln und Schaden anrichten oder im schlimmsten Fall bei einem stärkeren Bremsmanöver zu gefährlichen Geschossen mutieren, die durchs Fahrzeug fliegen und die Insassen verletzen.

Die geräumige Garage im Heck des Wohnmobils eignet sich hervorragend für die Unterbringung von sperrigen Gegenständen wie Campingmöbeln, Grill und eventuell Fahrrädern. Auch hier gilt ein besonderes Augenmerk der Ladungssicherung. Bei Bedarf finden Sie im Campingfachhandel unterschiedliche Befestigungsmöglichkeiten in Form von Schienen und Zurrösen, Fahrradhaltern oder ganzen Regalsystemen. Falls Sie einen schweren Motorroller oder auch mehrere E-Bikes in der Heckgarage transportieren möchten, sollten Sie vorher unbedingt prüfen, ob sowohl die Hinterachslast als auch die Tragfähigkeit des Garagenbodens dafür ausreichen.

DIE ZULADUNG IM BLICK BEHALTEN

Mit Ausnahme kompakter Campingbusse und kleinerer Kastenwagen gibt es in den meisten Wohnmobilen keinen Mangel an Stauraum. Im Gegenteil, würde man den gesamten zur Verfügung stehenden Platz in Oberschränken, Regalen, Bodenfächern und der Heckgarage bis in die letzte Ecke vollstopfen, wäre das Wohnmobil höchstwahrscheinlich hoffnungslos überladen.

Die eigentliche Herausforderung beim Zusammenstellen des Wohnmobilhausstands besteht daher in erste Linie darin, die erlaubte Zuladung nicht zu überschreiten, da die Nutzlast von Wohnmobilen begrenzt ist.

Eine erste Orientierung für die mögliche Zuladung findet sich in den Fahrzeugpapieren. In der Zulassungsbescheinigung (früher: Fahrzeugschein) finden Sie im Feld F.1 die Angabe der zulässigen Höchstmasse in Kilogramm; schwerer darf das Fahrzeug in keinem Fall sein. Eher theoretischer Natur ist die Angabe der Leermasse unter G. Aussagekräftiger ist da schon die „Masse in fahrbereitem

Zustand", die die Hersteller auf ihren Websites oder in Katalogen und Verkaufsprospekten angeben. Hierbei werden neben dem Gewicht des Grundfahrzeugs auch die Serienausstattung sowie ein zu 90 Prozent gefüllter Kraftstofftank und ein pauschales Fahrergewicht von 75 Kilogramm berücksichtigt.

Leider ist das noch nicht die ganze Wahrheit, denn zum einen gibt es bei der Angabe eine rechtlich zulässige Toleranz von +/– 5 Prozent, zum anderen sind noch keine Extras und Sonderausstattungen berücksichtigt. Ein Fahrzeug, für das der Hersteller in den technischen Daten eine Masse in fahrbereitem Zustand von 3 000 Kilogramm ausweist, darf real bis zu 3 150 Kilogramm wiegen. Im ungünstigsten Fall „fehlen" also 150 Kilogramm an Zuladekapazität. Zusätzlich wird die Zuladekapazität durch alle Extras und Anbauten reduziert, von Navigationssystem und Rückfahrkamera (ca. 6 kg) über Extrateppich in Fahrerhaus und Wohnraum (ca. 10 kg) bis hin zu Markise (ca. 30 kg) und LED-Fernsehgerät samt Satellitenanlage (ca. 40 kg).

In vielen Fällen ist das urlaubsfertige Wohnmobil daher schwerer als gedacht, und wer nicht aufpasst, hat schnell ein Gewichtsproblem. Vertrauen Sie also besser nicht auf die vagen Herstellerangaben, sondern wiegen Sie vor dem Urlaub das komplett mit dem Reisegepäck beladene Wohnmobil – am besten inklusive aller Mitreisenden sowie vollem Benzintank und gefülltem Frischwassertank.

Ermitteln Sie beim Wiegen nicht nur die Gesamtmasse, sondern fahren Sie auch die beiden Achsen separat auf die Waage, denn nicht nur die zulässige Gesamtmasse, sondern auch die Achslasten sind begrenzt. Gerade mit einer bis unter die Decke voll bepackten Heckgarage ist die Gefahr groß, die maximale Achslast der Hinterachse zu überschreiten. Die Angabe der zulässigen Achslast vorn/hinten steht in der Zulassungsbescheinigung Teil 1 unter den Ziffern 7.1/7.2.

Liegen die ermittelten Gewichte unter den Angaben im Fahrzeugschein, ist alles prima, und Sie können der Abfahrt ganz entspannt entgegensehen. Wird aber einer der maximal zulässigen Achslasten überschritten, ist Umpacken angesagt, um eine bessere Gewichtsverteilung zu erzielen. Fällt allerdings das Gesamtgewicht zu hoch aus, so kommen Sie nicht darum herum, noch einmal zu überdenken, worauf Sie im Urlaub verzichten und was Sie daher ausladen können. Eine Reihe von Gewichtsspartipps finden Sie im nächsten Abschnitt.

Übergewicht beim Wohnmobil ist kein Kavaliersdelikt. Wenn Sie sich hinter das Steuer eines überladenen Fahrzeugs setzen, gefährden Sie nicht nur Ihre eigene Sicherheit und die der mitreisenden Personen sowie anderer Verkehrsteilnehmer, sondern Sie riskieren im Fall eines Unfalls

1 In vielen Wohnmobilen bietet die Heckgarage den größten Stauraum.
2 Praktisch: Ein Schuhregal unter der Sitzgruppe.
3 Krimskrams, der sonst lose in den Schränken landen würde, lässt sich übersichtlich in Boxen und Kisten aufbewahren.
4 Stauraum kann man nie genug haben: Fächer im Fußboden schaffen ein zusätzliches Platzreservoir.
5 Mithilfe von Spanngurten und Verzurrösen lässt sich die Ladung zuverlässig sichern.
6 Die Heckgarage ist ein willkommener Stauraum für Campingstühle, Campingtisch und weitere sperrige Gegenstände.
7 Ausreichend Staufächer sorgen dafür, dass alles seinen festen Platz hat.

PACKLISTE WOHNMOBILHAUSHALT

Ein Wohnmobil ist ein kompletter Hausstand auf Rädern. Eine Packliste hilft Ihnen dabei, nichts Wichtiges zu Hause zu vergessen. Sie brauchen sich nicht den Kopf zu zerbrechen, was alles eingepackt werden muss, und können stattdessen einfach die Liste abhaken und trotzdem sicher sein, dass Sie alles an Bord haben, was Sie für einen angenehmen und stressfreien Urlaub benötigen.

Die folgende Packliste ist nicht in Stein gemeißelt und kann je nach Reiseziel und persönlichen Vorlieben variieren. Vergessen Sie aber nicht, dass der Platz im Wohnmobil begrenzt ist. Nehmen Sie daher nur das mit, was Sie wirklich brauchen.

KÜCHENAUSSTATTUNG

- → Campinggeschirr, Besteck, Tassen und Teller
- → Schüsseln, Töpfe und Pfannen
- → Messbecher
- → Knoblauchpresse
- → Pfannenwender
- → Suppenkelle
- → Messer, Sparschäler und Schneidebrett
- → Geschirrtrockentücher
- → Lappen/Schwamm, Spülbürste und Spülmittel
- → Gewürze und Konserven
- → Korkenzieher/Flaschenöffner
- → Kaffeemaschine oder Espressokocher

SCHLAFZIMMER

- → Decken
- → Kissen
- → Bettwäsche
- → Laken

REINIGUNG

- → Küchenrolle
- → (Falt-)Spülschüssel
- → Müllbeutel
- → Handfeger und Kehrblech
- → Akkustaubsauger
- → Putzmittel
- → Wäschenetz für Schmutzwäsche
- → (Reisehand-)Waschmittel
- → Wäscheleine und Wäscheklammern

BADEZIMMER

- → Handtücher
- → Waschzeug und Seife
- → Zahnbürste/-pasta
- → Duschgel, Shampoo und Conditioner
- → Deodorant
- → Cremes und Make-up
- → Tampons/Binden/Slipeinlagen
- → Haarbürste/Kamm
- → Rasierer
- → Kontaktlinsen und Reinigungszubehör
- → Toilettenpapier
- → Taschentücher
- → Ohrstöpsel

KLEIDERSCHRANK

- Unterwäsche und Socken
- bequeme Kleidung für den Tag
- warme Kleidung für kühle Abende
- Regenkleidung und Gummistiefel
- Sonnenbrille und -hut
- Sport- und Funktionsbekleidung
- Alltags- und Sport-/Wander-/Rad-Schuhe
- Sandalen, Badeschlappen

FREITZEITAKTIVITÄTEN

- Spielzeug für Kinder
- Bücher/Zeitschriften
- Sportausrüstung (z. B. Fahrräder, Angelausrüstung, SUP-Board + Paddel + Pumpe)
- Musikinstrumente

WOHNMOBILBASIS-AUSSTATTUNG

- 25 Meter CEE-Stromkabel (-trommel)
- Adapterkabel Schukostecker auf CEE
- Frischwasserschlauch und Schlauchadapter (¾ Zoll und ½ Zoll) und/oder Befüllkanister
- Abwasserschlauch
- Auffahrkeile
- Toilettenchemie
- kleiner Werkzeugkoffer
- Arbeitshandschuhe

CAMINGAUSRÜSTUNG

- Campingstühle
- Campingtisch
- Vorzelt
- Hängematte
- Lichterkette
- Grill (inklusive Kohle und Grillanzünder)

TIPP

- Ein fester Platz für jeden Gegenstand erleichtert nicht nur das Packen, sondern hilft auch dabei, Ordnung im Wohnmobil zu halten. Es erfordert zwar etwas Disziplin, aber wenn alles sofort nach Gebrauch wieder zurückgeräumt wird, hat das Chaos keine Chance.

SONSTIGES

- Ladegeräte/-kabel für Mobiltelefon, Tablet, Laptop und Digitalkamera
- Digitalkamera
- Feuerzeug oder Streichhölzer
- Taschen-/Stirnlampe
- Kriechöl („WD40"), Gewebeklebeband und Kabelbinder
- Regenschirm
- Nähset
- Notizblock und Stift
- Multitool/Taschenmesser
- bei Haustieren an Bord: Leine, Tierfutter, Körbchen, Maulkorb, Impfpass

CHECKLISTE CAMPER-GRUNDAUSSTATTUNG

→ **CEE-KABEL-TROMMEL (1)** Für den Anschluss des Wohnmobils an die Stromsäule auf dem Stell- oder Campingplatz wird eine Kabeltrommel benötigt. Standard in ganz Europa sind die dreipoligen blauen CEE-Anschlüsse. Die weiteren Vorgaben der Norm schreiben einen Kabelquerschnitt von mindestes 25 mm^2 sowie eine maximale Länge von 25 m vor. Die reicht aber erfahrungsgemäß auf den meisten Plätzen völlig aus.

1

→ **SCHUKO-AUF-CEE-ADAPTER (2)** Vorschriften und Normen hin oder her: Auf so manchem Campingplatz werden Sie nach wie vor ausschließlich klassische Schuko-Steckdosen vorfinden, wie man sie von zu Hause kennt. Daher schadet es nicht, als Ergänzung zur CEE-Kabeltrommel einen entsprechenden Adapter von Schukostecker auf CEE-Buchse griffbereit in der Heckgarage liegen zu haben.

2

→ **AUFFAHRKEILE (3)** Angenehmer Schlaf, ungehinderter Wasserablauf aus Spüle und Dusche und eine gleichmäßige Verteilung des Fetts in der Bratpfanne sind nur drei gute Gründe, warum das Wohnmobil möglichst gerade ausgerichtet stehen sollte. Klassisches Hilfsmittel, um das Fahrzeug auf unebenem Grund vor einer Schieflage zu bewahren, ist ein Paar von zwei Ausgleichskeilen, die es in unterschiedlichen Bauformen als Auffahr-, Stufen-, oder Rundkeile gibt. Lediglich, wer ein Wohnmobil mit Hubstützen sein Eigen nennt, kann darauf verzichten.

3

→ **FRISCHWASSERSCHLAUCH (4)** Anders als zu Hause kommt im Wohnmobil das Wasser zum Händewaschen, Kochen, Duschen und Spülen nicht aus der Leitung, sondern aus dem Frischwassertank. Der Einfüllstutzen, um Wasser aufzufüllen, ist an der Außenseite hinter einem abschließbaren Deckel zu erreichen. Da nicht alle Versorgungsstationen mit einem Schlauch ausgestattet sind (und es bei vorhandenen Schläuchen oft leider nicht gut um deren Hygiene bestellt ist), braucht es an Bord einen geeigneten Frischwasserschlauch, der lebensmittelecht und nach Trinkwasserverordnung zertifiziert sein sollte.

4

→ **WASSERADAPTER (5)** Schlauch in den Einfüllstutzen hängen und Wasserhahn aufdrehen: Wie so oft steckt auch beim Frischwasserzapfen der Teufel im Detail. Um den Schlauch mit den unterschiedlichsten Wasserhahngewinden verbinden zu können, braucht es daher eine gut sortierte Sammlung an Hahnstücken (½ Zoll, ¾ Zoll und 1 Zoll). Wer für alle Eventualitäten gerüstet sein möchte, nimmt zusätzlich einen sogenannten „Wasserdieb“ mit. Dieser universelle Adapter lässt sich mithilfe einer Schlauchschelle selbst an Wasserhähnen ohne Gewinde anbringen. Als Alternative für den Notfall und für kleinere Wassermengen eignet sich auch eine Gießkanne. Oder noch besser, da kleiner zu verpacken: ein Faltkanister mit Ausgießtülle.

5

CHECKLISTE CAMPER-GRUNDAUSSTATTUNG

→ **SANITÄRZUSATZ (6)** In den meisten Reisemobilen kommen Chemietoiletten zum Einsatz, bei denen die anfallenden Fäkalien in einem Tank gesammelt werden. Dem wird ein spezieller Sanitärzusatz beigefügt (erhältlich sowohl als Flüssigkeit wie auch als Tab), um die Entwicklung von Faulgasen zu reduzieren und die Zersetzung der Feststoffe zu beschleunigen. So bleibt die Geruchsbelästigung gering und das Ausgießen der Toilettenkassette wird vereinfacht. Aufgrund der beigemischten Chemie dürfen Kassettentoiletten grundsätzlich nur an entsprechenden Entsorgungsstationen auf Camping- oder Stellplätzen entleert werden.

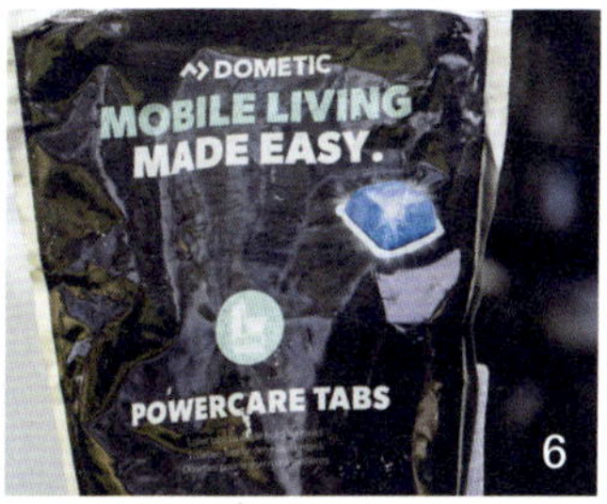

6

→ **GASFLASCHENADAPTER (7)** Andere Länder, andere Anschlüsse bei den Gasflaschen. Während in Österreich und Deutschland die gleichen Flaschen gebräuchlich und daher keine Probleme beim Nachschub zu erwarten sind, unterscheiden sich Schweizer Gasflaschen bei der Abdichtung zwischen Druckminderer und Gasflasche. Um unterwegs trotz fehlendem Standard – europaweit sind fünf verschiedene Anschlüsse bei Gasflaschenanschlüssen gebräuchlich – nicht ohne Gas dazustehen, gibt es zwei Lösungen: Mit einem Euro-Set lassen sich ausländische Gasflaschen an die deutschen Gasdruckregler anschließen, mit einem Euro-Füll-Set können deutsche Gasflaschen im Ausland neu befüllt werden.

7

→ **ABWASSERSCHLAUCH (8)** Ein Abwasserschlauch wird immer dann benötigt, wenn es an der Entsorgungsstation keinen Bodeneinlass zum Überfahren gibt, um das Grauwasser direkt abzulassen. Auch auf Komfort-Campingplätzen mit eigener Abwasserversorgung am Platz kommt er zum Einsatz.

8

→ **HANDFEGER UND KEHRBLECH (9)** Schnell hat man Sand und anderen groben Schmutz mit den Schuhen ins Wohnmobil getragen. Für kleine Reinigungsarbeiten hat sich das kompakte Saubermann-Gespann aus Handfeger und Kehrblech in der Praxis bewährt. Es nimmt kaum Platz weg, braucht keinen Strom und ist in jedem Drogeriemarkt für wenig Geld zu haben.

9

→ **PANZERTAPE UND KABELBINDER (10)** Ob abgebrochener Hebel oder undichter Schlauch: Oft sind es die kleinen Defekte, die die Freude am Urlaub trüben. Für schnelle Notfallreparaturen an Ort und Stelle dürfen daher Kabelbinder und eine Rolle Gewebeklebeband in keinem Campinggepäck fehlen.

10

TIPP

Fahrzeugwaagen gibt es zum Beispiel bei den Prüfstellen von TÜV, Dekra oder GTÜ, an Kieswerken, bei Baustoffhändlern oder an Wertstoff- und Recyclinghöfen. Manche Anbieter verlangen nichts, manche nehmen eine geringe Gebühr von 10 bis 20 Euro. Am besten vorher anfragen.

viel Ärger mit der Versicherung und bei einer Polizeikontrolle wird eine Strafe fällig. Derzeit 95 Euro beträgt das Bußgeld ab einer Gewichtsüberschreitung von über 20 Prozent, einen Punkt in Flensburg gibt es obendrein. Im Ausland fallen die Strafen in den meisten Fällen höher aus und es gibt null Toleranz bezüglich der Überladungsgrenze.

DIE WOHNMOBIL-DIÄT: SO LÄSST SICH DAS GEWICHT REDUZIEREN

Das Abspecken ist auch beim Wohnmobilgepäck kein leichtes Unterfangen. Wunder sollten Sie von den folgenden Punkten nicht erwarten. In der Summe und bei konsequenter Anwendung zeigen sie aber Wirkung und können dabei helfen, dass die 3,5-Tonnen-Grenze nicht gerissen wird:

- → Lassen Sie schwere Töpfe und Pfannen zu Hause und investieren Sie lieber in spezielles Campingkochgeschirr, zum Beispiel aus Edelstahl.
- → Tütensuppen wiegen deutlich weniger als Konserven.
- → Mit einem E-Book-Reader, der weniger Gewicht auf die Waage bringt als ein einzelnes Taschenbuch, können Sie eine ganze Bibliothek mit in den Urlaub nehmen.
- → Im Sommer kommt man in der Regel mit nur einer Gasflasche aus.
- → Eine große leere Stahlgasflasche wiegt etwa 13, eine leichte Alugasflasche nur etwa 5,5 Kilogramm – sie kostet mit etwa 120 Euro aber leider mehr als das Doppelte und lässt sich nicht an allen Verkaufsstellen tauschen.
- → Wer auf das Reserverad verzichtet und stattdessen für den Notfall ein Pannenkit mitnimmt, spart rund 25 Kilogramm Gewicht.
- → Für die Anreise und auf dem Campingplatz braucht man nicht zwingend einen vollen Wassertank. Es reicht die sogenannte Fahrtstellung mit etwa 20 Litern.

CHECKLISTE ABREISECHECK

Haus oder Wohnung vor der Abfahrt urlaubsfit machen: Ist der Herd ausgeschaltet? Haben wir alle Fenster geschlossen? Das beste Mittel gegen das große Grübeln, das nach dem Start beginnt, ist eine Abfahrts-Checkliste. Einfach vor dem Losfahren in Ruhe sämtliche wichtigen Punkte überprüfen und nacheinander abhaken. So haben Sie im Urlaub den Kopf frei für die schönen Dinge und auch einer entspannten Rückkehr steht nichts im Weg.

- → alle Fenster und Türen schließen
- → zum Schutz vor Einbrechern ggf. Zeitschaltuhr aktivieren, um Licht und Rollläden zu steuern und so Anwesenheit vorzutäuschen
- → elektrische Geräte ausschalten und Netzstecker ziehen, um den Stromverbrauch zu reduzieren und die Brandgefahr zu verringern
- → Tür der Spülmaschine nach der letzten Nutzung einen Spalt öffnen, um Schimmelbildung zu vermeiden
- → Heizung absenken (im Winter) oder ganz ausschalten (nur im Sommer)
- → Wasserhähne und Wasserhauptabsperrventil schließen, um Wasserschäden zu vermeiden
- → Müll rausbringen

WAS JETZT SONST NOCH ZU ERLEDIGEN IST

Nun, da die Reise kurz bevorsteht, sollten Sie noch einmal die Reiseunterlagen auf ihre Vollständigkeit hin prüfen. Haben Sie Ausweise, Krankenversicherungskarten, Führerschein, Fahrzeugpapiere und Bank- und Kreditkarten sowie die Impfausweise beisammen? Denken Sie außerdem daran, wichtige Rechnungen fristgerecht zu bezahlen, damit Sie bei der Rückkehr nicht einen Stapel Mahnungen vorfinden. Zwei Tage vor der Abfahrt ist ein guter Zeitpunkt, um die frischen Lebensmittel für die ersten Reisetage sowie den Proviant für die Fahrt einzukaufen.

Falls Sie keine Person aus der Nachbarschaft, dem Freundes- oder Angehörigenkreis darum bitten mögen, für die Dauer Ihrer Reise regelmäßig den Briefkasten zu leeren, damit dieser nicht überquillt, können Sie die Post bis zur Rückkehr einlagern lassen. Der Service ist für eine Dauer von bis zu drei Monaten möglich und kostet ab 11,90 Euro im Monat. Der Auftrag sollte spätestens fünf Werktage vor Beginn des Urlaubs bei der Post gestellt werden.

Haben Sie eine Tageszeitung abonniert, können Sie deren Bezug in der Regel für die Dauer des Urlaubs aussetzen oder die Zeitungen an Freunde oder Verwandte umleiten, vielleicht als kleines Dankeschön für Blumengießen und Haussitting, während Sie mit dem Wohnmobil unterwegs sind. Häufig ist auch die Spende an eine soziale Einrichtung möglich.

DIE LETZTEN SCHRITTE VOR DER ABFAHRT

Kurz vor dem Start zum ausgedehnten Roadtrip mit dem Wohnmobil wächst die Aufregung noch einmal. Eine letzte Übernachtung in den vertrauten Betten zu Hause, dann ist es endlich so weit. Die nächsten Tage und Wochen stehen im krassen Gegensatz zur übrigen Zeit des Jahres und statt täglicher Büroroutine und viel zu langer To-do-Listen wartet die ersehnte Freiheit. Alles kann, nichts muss. Sie können spontan dort bleiben, wo es Ihnen gefällt, und jeder neue Tag ist eine große Unbekannte.

Bevor das Abenteuer beginnen kann und Sie wirklich den Fahrtwind im Gesicht spüren, sind abschließend nur noch ein paar Kleinigkeiten zu erledigen. Immerhin liegt der Löwenanteil der Vorbereitungen nun hinter Ihnen. Wenn Sie den bisherigen Empfehlungen gefolgt sind, steht das Wohnmobil ja bis auf wenige Details reisefertig auf der Auffahrt und Sie brauchen am Abfahrtstag keine aufwendige „Räumerei" mehr zu befürchten.

Was Sie jetzt noch machen sollten, ist schnell erledigt: Beziehen Sie die Matratzen im Wohnmobil mit einem frischen Laken, und wenn Sie Dieseltank und Frischwassertank nicht bereits für den Gewichtscheck befüllt haben, sollten Sie das jetzt nachholen. Schließen Sie das Wohnmobil am Abend vor der Abfahrt wenn möglich an den Landstrom an, damit der Kühlschrank herunterkühlen kann.

Denken Sie außerdem daran, alle elektronischen Geräte, die Sie mit in den Urlaub nehmen wollen, von Smartphone über Laptop bis zur Digitalkamera, an der heimischen Steckdose vollständig aufzuladen. Aber vergessen Sie anschließend nicht, die Ladekabel und -geräte einzupacken.

Nach dem Frühstück am Morgen des Abreisetags brauchen Sie dann nur noch die verderblichen Lebensmittel vom Hauskühlschrank in den Wohnmobil-Kühlschrank umzuräumen und das Bettzeug vom Schlafzimmer ins Wohnmobil zu tragen.

Nun steht lediglich ein letzter Kontrollrundgang durch Haus oder Wohnung an, damit Sie sich im Urlaub keine Sorgen über Ihr Zuhause machen müssen. Nutzen Sie dafür die folgende Checkliste. Zum Schluss noch den Müll rausbringen und es kann losgehen!

INFO

Der Großteil der Wohnmobile von der Einsteiger- bis zur Mittelklasse gehört zur populären 3,5-Tonnen-Klasse. Das Fahrzeug zuzüglich Sonderausstattung, Zubehör, Mitfahrern und Gepäck darf im Fahrbetrieb also nicht mehr als 3 500 Kilogramm wiegen. Wer schwerere Reisemobile fahren will, braucht entweder den „alten" Führerschein der Klasse 3 oder einen EU-Führerschein der Klasse C1.

ENDLICH UNTERWEGS!

Vorhang auf zum großen Abenteuer: Nun sind Sie also endlich unterwegs. Das Reisen mit einem Wohnmobil hat viele Vorzüge, ist aber nicht immer einfach und natürlich gibt es einige Unterschiede zum Hotelurlaub.

Da sind zum einen die größeren Fahrzeugabmessungen im Vergleich zum Pkw und zum anderen die vielen unterschiedlichen Tätigkeiten, um die Sie sich im Wohnmobil selbst kümmern müssen, etwa das Entleeren des Abwassertanks oder das Auffüllen von Frischwasser. Aber keine Sorge, das ist alles halb so schlimm. Auf den nächsten Seiten finden Sie detaillierte Anleitungen und Hinweise zu den grundlegenden Erledigungen, mit denen Sie unterwegs konfrontiert werden, vom richtigen Verhalten bei der Ankunft an der Campingplatzschranke bis hin zum souveränen Ansteuern der Grauwasserrinne an der Entsorgungsstation, um den Abwassertank des Wohnmobils ordnungsgemäß zu entleeren.

Sie werden sehen, vieles ist leichter als gedacht. Schnell werden Sie den Bogen raushaben und können den Urlaub ganz entspannt und stressfrei genießen. Viel Spaß und gute Reise!

ANKUNFT AUF DEM CAMPINGPLATZ

Wenn Sie das erste Mal mit einem Wohnmobil verreisen, sind Sie mit dem Prozedere bei der Ankunft auf einem Stell- oder Campingplatz nicht vertraut und vielleicht etwas nervös, was genau Sie vor Ort erwartet. Wann ist die beste Anreisezeit, für welche Parzelle soll ich mich entscheiden und wie funktioniert das überhaupt mit Frisch-, Abwasser und Strom? Der erste Campingplatzbesuch bringt viele kleine oder größere Herausforderungen mit sich, die sich aber mit ein bisschen Vorbereitung ganz entspannt meistern lassen. Und schon nach wenigen Anreisen werden die notwendigen Schritte und Handgriffe zur Routine.

Unerwartete Komplikationen bei der Anreise umgehen Sie am besten durch eine Vorabrecherche im Internet. Viele Campingplätze bieten auf ihrer Webseite eine mehr oder weniger ausführliche Anfahrtsbeschreibung und geben auch entsprechende Hinweise, wenn eine bestimmte Anfahrtstrecke zum Beispiel aufgrund von besonders engen oder steilen Passagen problematisch ist. Auch ein Blick auf das Satellitenbild bei Google Maps schafft Klarheit, wo besonders enge Kurven oder andere Hindernisse für die Anfahrt mit einem Wohnmobil zu erwarten sind.

ANKUNFT UND CHECK-IN

Auf vielen Campingplätzen wird die Zufahrt zum Gelände durch eine Schranke

INFO

Die Bedienung eines Wohnmobils ist keine Raketenwissenschaft. Jeder erfahrene Camper hat einmal klein angefangen, und gerade wenn man noch nicht weiß, worauf genau es im Einzelnen ankommt, können Fehler passieren. Das ist völlig normal und überhaupt kein Beinbruch.

geregelt. So soll sichergestellt werden, dass nur angemeldete und zahlende Besucher auf den Platz gelangen können. Außerdem ist die Schranke vielerorts über die Mittagspause zwischen etwa 13 und 15 Uhr geschlossen, um störenden Verkehr zu unterbinden. Auch nachts bleibt die Schranke aus Sicherheitsgründen unten.

Am besten informieren Sie sich bereits im Vorfeld über die Öffnungszeiten der Rezeption, um nicht vor verschlossener Schranke zu stehen und im ungünstigen Fall mehrere Stunden warten zu müssen, bis Sie endlich auf den Platz fahren und ihre Parzelle beziehen können. Wenn sich bereits absehen lässt, dass Sie außerhalb der Öffnungszeiten (das kann je nach Platz und Saison auch schon nach 18 Uhr sein) anreisen werden, empfiehlt es sich, rechtzeitig die Rezeption zu kontaktieren und das Vorgehen zu besprechen. So haben einige Plätze zum Beispiel einen Schlüsselkasten oder Sie bekommen vorab den Zugangscode für die Schranke mitgeteilt.

Die genauen Abläufe bei der Anmeldung an der Rezeption können je nach Campingplatz und Reiseland sehr unterschiedlich sein. Am unkompliziertesten gestaltet sich der Check-in, wenn Sie bereits telefonisch oder per Internet eine bestimmte Parzelle gebucht haben. Ansonsten werden Sie die Mitarbeitenden darüber informieren, ob und welche Parzellen noch frei sind. In der Hauptsaison müssen Sie oft das nehmen, was verfügbar ist. Wenn weniger los ist, können

INFO

Keinesfalls sollten Sie das Wohnmobil für die Dauer der Anmeldung vor der Schranke abstellen. Üblicherweise gibt es für diesen Zweck eine separate, deutlich gekennzeichnete Wartespur oder spezielle Parkbuchten, damit die anreisenden Fahrzeuge die Zufahrt nicht blockieren.

TIPP

Damit Sie mit ihrem Wohnmobil während der Anmeldung nicht die Zufahrt zum Campingplatz blockieren, gibt es vielerorts eine separate Spur oder eine speziellen Parkbucht für anreisende Gäste.

Sie sich bei einem Spaziergang über den Platz umschauen und nach einem freien Plätzchen suchen, das Ihnen besonders gut zusagt. In anderen Fällen markieren die Mitarbeitenden der Rezeption auf einem Übersichtsplan des Campingplatzes die verfügbaren Plätze, aus denen Sie sich einen aussuchen, der Ihnen gefällt. Oft können Sie auch Wünsche äußern, zum Beispiel weil Sie Wert auf einen kurzen Weg zum Sanitärgebäude legen oder möglichst nahe am Kinderspielplatze stehen möchten. Auch wenn Sie einen schattigen beziehungsweise sonnigen Standplatz möchten oder einen Komfortplatz mit Frisch- und Abwasseranschluss direkt an der Parzelle bevorzugen, können die Mitarbeitenden weiterhelfen.

Ist der passende Stellplatz gefunden, stehen die Anmeldeformalitäten an. Entweder bekommen Sie dazu einen Anmeldebogen zum Selbstausfüllen über den Tresen geschoben oder Sie müssen ihre persönlichen Daten mündlich angeben. Mitunter wird auch ein Personalausweis oder Reisepass verlangt.

Anschließend wird häufig ein Geländeplan ausgehändigt, der die Lage der verschiedenen Einrichtungen wie Waschhäuser, Entsorgungsstation, Spielplätze und Kiosk zeigt und auf der Rückseite die wichtigsten Platzregeln nennt, darunter beispielsweise die Ruhezeiten, ob und in welchem Umfang Grillen gestattet ist sowie vieles mehr. Außerdem informieren die Mitarbeitenden über die Angebote auf dem Campingplatz und Sie erfahren alles, was Sie für einen reibungslosen Aufenthalt wissen müssen, etwa wenn spezielle Duschmünzen benötigt werden, bis wann am Vorabend die Brötchen für den nächsten Morgen vorbestellt werden müssen und wann die Zufahrtsschranke abends schließt. Auch bekommen Sie den Transponder oder Code für die Schranke ausgehändigt oder müssen das Kfz-Kennzeichen des Wohnmobils für die Videoerkennung hinterlegen.

Bei Kurzaufenthalten und wenn der Strom pauschal abgerechnet wird, können Sie die Übernachtung meist direkt bezahlen und am nächsten Tag einfach ohne Check-out abreisen. Bei längeren Aufenthalten oder wenn der Strom nach Verbrauch abgerechnet wird, ist die Bezahlung bei Abreise üblich. Versäumen Sie es bei dieser Gelegenheit nicht, nach den möglichen Zahlungsmethoden zu fragen, denn nichts ist ärgerlicher, als am Abfahrtstag erst einen Geldautomaten suchen zu müssen, weil die Zahlung per Bank- oder Kreditkarte nicht akzeptiert wird.

BEZUG DER CAMPINGPARZELLE

In der Regel bekommen Sie in der Rezeption einen Geländeplan ausgehändigt und den genauen Fahrweg zu Ihrer Parzelle erklärt. Oder aber ein Mitarbeiter oder eine Mitarbeiterin führt Sie dorthin, erklärt direkt vor Ort, wo die nächste Frischwasserzapfstelle zu finden ist, und schließt gegebenenfalls gleich die Tür des Stromkastens auf, damit das Wohnmobil an den Landstrom angeschlossen werden kann.

Falls der Frischwassertank Ihres Wohnmobils leer oder der Grauwassertank voll ist und Sie keinen Komfortplatz mit entsprechenden Anschlüssen direkt am Platz gebucht haben, sollten Sie vor dem Bezug Ihrer Parzelle erst einmal die zentrale Ver-/Entsorgungsstation ansteuern. Hier können Sie das Wohnmobil mit sauberem Frischwasser zum Kochen und Duschen versorgen und das Abwasser ablassen.

Halten Sie sich bei der Fahrt über den Campingplatz unbedingt an die Geschwindigkeitsbegrenzung oder fahren

Sie noch besser in Schrittgeschwindigkeit, um keine anderen Gäste zu gefährden und die Lärmbelästigung in Grenzen zu halten.

Achten Sie beim Einparken auf der Parzelle darauf, dass die Stau- und Entsorgungsklappen des Fahrzeugs zugänglich bleiben, denn es ist außerordentlich frustrierend, wenn Sie nach dem Einrichten feststellen müssen, dass sich der Fäkalientank der Chemietoilette nicht herausziehen lässt, weil die entsprechende Fahrzeugwand zu dicht an einer Hecke steht. Und wenn Ihnen der Fernsehkonsum auch im Urlaub wichtig ist, sollten Sie den Empfang der SAT-Anlage testen, bevor Sie das Wohnmobil gerade ausrichten. So können Sie bei Bedarf noch vor und zurück rangieren, bis kein Baum mehr im Weg ist.

Das Ausrichten des Fahrzeugs mithilfe von Auffahrkeilen, damit es gerade und sicher steht, zählt zu den häufigsten Routineaufgaben von Wohnmobilfahrern. Viele Campingplätze bieten zwar ebene, planierte Stellflächen an, aber gerade auf naturbelassenen Plätzen oder in den Bergen kommen Sie doch nicht darum herum. Legen Sie daher bei Bedarf die Ausgleichskeile abhängig von der Neigung des Geländes vor oder hinter die Räder des Wohnmobils, und fahren Sie vorsichtig auf die Auffahrkeile, bis das Wohnmobil gerade steht.

Als Nächstes ist die Stromversorgung an der Reihe. Mitunter müssen Sie allerdings warten, bis jemand vom Personal vorbeikommt, um den Stromkasten zu öffnen. Verlegen Sie das Kabel in jedem Fall möglichst im Randbereich der Parzelle und so, dass keine Stolperfallen entstehen.

Auf dem Typenschild der Kabeltrommel finden Sie einen Hinweis dazu, welche maximale Leistung im aufgerollten beziehungsweise abgewickelten Zustand angeschlossen werden darf. Wenn eine große Menge Strom durch das Kabel fließt, entsteht Hitze, die im aufgewickelten Zustand nur schwer abgeleitet werden kann. Um weitere Schäden oder im schlimmsten Fall sogar einen Brand zu verhindern, sind Kabeltrommeln daher mit einem Temperaturschalter ausgestattet, der den Stromfluss unterbricht, sobald die Temperatur über etwa 65 °C steigt. Um Probleme zu vermeiden und insbesondere, wenn Sie stärkere Verbraucher wie Induktionskochplatte, Wasserkocher oder Föhn betreiben, sollten Sie die Kabeltrommel daher immer stets komplett abwickeln.

Im letzten Schritt wird das Hauptventil an der Gasflasche aufgedreht, damit der Kocher an Bord einsatzbereit ist. Nun brauchen Sie nur noch die Markise auszukurbeln, die Campingmöbel aufzustellen und der Urlaub kann beginnen.

DEN CAMPINGPLATZ ERKUNDEN

Nachdem Sie sich auf Ihrer Parzelle eingerichtet haben, ist es an der Zeit, eine Runde zu drehen und sich bei einem Spaziergang einen Überblick über den Campingplatz zu verschaffen. Machen Sie sich mit den Einrichtungen und Annehmlichkeiten des Platzes vertraut, die Sie während des Aufenthalts nutzen werden. Zum Basiswissen gehören allem voran die Lage und der kürzeste Weg zum Sanitärgebäude mit den Toiletten und Duschmöglichkeiten. Häufig finden Sie dort in einem separaten, von außen zugänglichen Raum auch die Entsorgungsmöglichkeit für Chemietoiletten.

Gerade größere Plätze sind meist mit mehreren Sanitärgebäuden ausgestattet und es ist gut zu wissen, wo der nächstgelegene Sanitärtrakt liegt, falls das Hauptgebäude gerade wegen der tägli-

INFO

Angekommen auf der Parzelle ist ein freundliches Hallo in Richtung der Campingplatznachbarn grundsätzlich nie verkehrt. Es erleichtert den Kontakt, wenn es darum geht, sich gegenseitig mit Tipps und der ein oder anderen Hilfestellung zu unterstützen.

TIPP

Der Stromanschluss erfolgt auf den meisten Stellplätzen unkompliziert per Stromsäule mit Münzeinwurf. Wie so oft steckt der Teufel aber im Detail und es ist dringend angeraten, sich genau an die jeweilige Anleitung zu halten, damit aus dem gewünschten Anschluss tatsächlich Strom fließt, nachdem Sie das Geldstück eingeworfen haben.

chen Reinigungsarbeiten geschlossen ist und man ausweichen muss.

Üblicherweise befinden sich in der Nähe außerdem die Abwaschgelegenheiten für schmutziges Geschirr sowie Waschmaschinen und Trockner. Abgerundet wird der Erkundungsrundgang mit einem Blick auf die Aushänge am schwarzen Brett, um keine Aktivitäten oder Veranstaltungen auf dem Campingplatz zu verpassen und sich über Ausflugsziele und Sehenswürdigkeiten in der Umgebung zu informieren. Vergewissern Sie sich last but not least, wo die Recyclingstationen zum Entsorgen der Abfälle untergebracht sind (meist in der Nähe der Ausfahrt).

UNTERSCHIEDE BEI DER ANREISE BEACHTEN

Auf größeren Stellplätzen mit umfangreichem Serviceangebot gibt es häufig eine Rezeption, an der Sie sich analog zum Campingplatz anmelden können und erfahren, welche Parzellen noch zur Verfügung stehen. Im Gegensatz dazu sind klassische Wohnmobilstellplätze rund um die Uhr zugänglich und Sie können unabhängig von den Rezeptions- oder Schrankenöffnungszeiten anreisen.

Wenn also kein Hinweis in der Art „Bitte vor der Auffahrt auf den Platz anmelden" zu entdecken ist, fahren Sie bei der Ankunft einfach langsam auf das Gelände und stellen sich auf eine freie Parzelle. Achten Sie dabei aber auf die Ausrichtung der anderen Fahrzeuge und die Parkmarkierungen am Boden.

Die Art der Anmeldung und Bezahlung ist beinahe so vielfältig wie die Stellplatzlandschaft. Das Spektrum reicht vom einfachen Briefumschlag, in dem Sie die Übernachtungsgebühr deponieren, über Parkautomaten bis hin zu einem Platzwart, der am Abend oder Morgen vorbeischaut, um das Geld zu kassieren. Außerdem gibt es auch voll automatisierte Plätze, auf denen Sie bei der Einfahrt ein Ticket ziehen, mit dem die Stromanschlüsse sowie die Ver- und Entsorgung freigeschaltet werden, oder der Bezahlautomat spuckt eine Keycard aus, die den Zugang zum Sanitärgebäude gewährt.

Am besten halten Sie daher Ausschau nach einer Infotafel mit Hinweisen zur Anreise und zu den detaillierten Modalitäten des jeweiligen Platzes. Im Zweifel fragen Sie einfach einen der bereits anwesenden Camper. Oder Sie werfen einen Blick hinter die Windschutzscheibe des Stellplatznachbarn. Liegt dort ein gedrucktes Ticket, findet sich sicherlich irgendwo am Platz ein Parkschein- oder Bezahlautomat. Steckt dort dagegen ein handgeschriebener Zettel, so gibt es höchstwahrscheinlich eine Anmeldung oder es kommt jemand zum Kassieren vorbei.

DAS EINMALEINS DER VER- UND ENTSORGUNG

Die eigene Dusche und Toilette an Bord dabeizuhaben, ist eine der großen Stärken des Wohnmobils. Anders als zu Hause kommt das Wasser aber nicht ohne Weiteres aus dem Wasserhahn und das Abwasser und die Fäkalien landen nicht in der Kanalisation.

Im Wohnmobil werden die unterschiedlichen Wasserarten in entsprechenden Tanks gesammelt, die man tunlichst nicht verwechseln sollte:

- → Das Wasser aus dem Frischwassertank versorgt Waschbecken, Dusche und WC-Spülung.
- → Das Abwasser aus Spülbecken, Waschbecken und Dusche landet im Grauwassertank.

→ Fäkalien aus der Toilette samt Spülwasser werden in einem separaten Fäkalientank gesammelt (Schwarzwasser).

Das regelmäßige Auffüllen des Frischwassertanks sowie das fachgerechte Entleeren von Grau- und Schwarzwassertanks gehören daher zu den immer wiederkehrenden Aufgaben im Campingalltag, und zwar egal ob man mit einem Einsteigermodell oder dem größten, luxuriösesten Fahrzeug unterwegs ist, das der Markt zu bieten hat. Das Thema Entsorgung löst zwar nicht unbedingt Begeisterungsstürme aus, geht aber jeden an und ist auch kein Hexenwerk, wenn man weiß, wie es richtig gemacht wird.

Wie häufig die Kassettentoilette entsorgt werden muss, hängt in erster Linie von der Anzahl der mitreisenden Personen und der Witterung ab. Natürlich ist der Tank bei einer vierköpfigen Familie schneller voll als bei einer Zweierbesatzung und bei warmem Sommerwetter fängt es schneller an zu müffeln als bei kalten Außentemperaturen. Spätestens wenn die die Füllstandsanzeige des Fäkalientanks von Grün auf Rot springt, ist es aber an der Zeit für den Gang zu Entsorgungsstation.

Ver- und Entsorgungsstationen (kurz auch V/E-Station genannt) gehören zur Grundausstattung von Campingplätzen und den meisten Stellplätzen. Zusätzlich finden sich solche Anlagen auch an Autobahnraststätten oder Kläranlagen. Auf Campingplätzen gibt es häufig in einem separaten Eingang am Sanitärgebäude spezielle Ausgüsse für die Entsorgung des Fäkalientanks als Ergänzung zur zentralen Ver- und Entsorgungsanlage.

Die Entsorgung von Fäkalientank und Grauwasser ist häufig im Übernachtungspreis enthalten. Während man das Frischwasser auf den meisten Campingplätzen kostenlos zapfen kann, wird auf Stellplätzen in der Regel eine geringe Gebühr von 1 Euro für etwa 100 Liter fällig, die meist per Münzeinwurf an der Versor-

1 Frischwassersäule mit Münzeinwurf
2 Bodeneinlass für Grauwasser
3 Entsorgung Toilettenkassette

INFO

Kleines Wörterbuch für die Bezeichnung der Toilettenentsorgung
Deutsch: Chemie-WC/ Chemietoilette/ WC-Entsorgung
Französisch: Vidoir WC chimique/Vidoir
Englisch: Chemical toilet/Chemical disposal

INFO

Von der Sani-Station bis zum CamperClean-Automaten gibt es auf Stell- und Campingplätzen verschiedene Systeme zur Versorgung mit Frischwasser und Entsorgung von Grau- und Schwarzwasser. Der Umgang mit den Anlagen ist einfach, wenn man ein paar Grundlagen beherzigt.

gungssäule beglichen wird. Ein kleiner Vorrat an Münzgeld im Handschuhfach ist daher nie verkehrt. Auf manchen Plätzen wird die Wasserabgabe auch über spezielle Keycards abgerechnet, die Sie an Automaten oder der Rezeption erhalten. Wenn Sie einen Platz mit Ihrem Wohnmobil nur zum Ver- und Entsorgen ansteuern, ohne dort zu übernachten, verlangen die meisten Betreiber einen kleinen Obolus. Im Zweifel hilft hier freundliches Nachfragen, um Missverständnissen vorzubeugen.

Auf keinen Fall darf der Fäkalientank der Toilette einfach in den Gully gekippt werden, selbst dann nicht, wenn ausschließlich umweltfreundliche Zusätze verwendet werden. Grundsätzlich ist die Entleerung ausschließlich an entsprechend gekennzeichneten Entsorgungsstationen gestattet. Besondere Umsicht ist auf abgelegenen, naturnahen Campingplätzen mit eigener Biokläranlage angesagt. Erkundigen Sie sich beim jeweiligen Platzbetreiber, ob und wo Kassettentoiletten entleert werden dürfen. So vermeiden Sie unnötigen Ärger.

EINEN ÜBERBLICK ÜBER DIE TECHNIK VERSCHAFFEN

Prinzipiell ist die Ver- und Entsorgung recht einfach. Die Anlagen verfügen in der Regel über einen Frischwasserhahn sowie einen Gully, über Trichter oder Bodeneinlass fürs Abwasser und meist auch einen separaten Wasseranschluss zum Spülen der Toilettenkassette. Als weiteres Zubehör benötigen Sie einen Frischwasserschlauch oder alternativ eine Gießkanne für die Entnahme des Frischwassers und einen Abwasserschlauch, falls die Entsorgungsmöglichkeit nicht mit einer Bodenrinne ausgestattet ist, die Sie mit dem Wohnmobil überfahren können.

Das Spektrum der Ver- und Entsorgungsmöglichkeiten auf Stell- und Campingplätzen in Deutschland und Europa reicht vom einfachen Loch im Boden bis zum Hightechautomaten, der die Kassettentoilette vollautomatisch entleert, reinigt und zum Schluss wieder mit neuer Sanitärflüssigkeit befüllt.

Im Grunde genommen ist das Vorgehen immer gleich, aber es hat auch seine Tücken. Als Erstes sollten Sie sich beim Eintreffen an der Ver- und Entsorgungsstation einen Überblick verschaffen: Welches ist der Frischwasserhahn? Wo wird der Fäkalientank entleert und wo gereinigt? Gibt es ein Gitter im Boden, um das Grauwasser abzulassen, oder brauche ich einen Schlauch? Lesen Sie am besten aufmerksam die Bedienungsanleitung auf der jeweiligen Anlage, um sich Ärger zu ersparen und nicht ungewollt eine Schweinerei mit der braunen Brühe anzurichten.

Auf keinen Fall darf die Kassettentoilette am Frischwasserhahn gespült werden, um diesen nicht mit Keimen zu verunreinigen. Zur Vorbeugung gegen Missgeschicke gibt es bei den moderneren Anlagen eine räumliche Trennung zwischen der Frischwasserver- und der Fäkalienentsorgung. Im Zweifel sollte man hier lieber einmal öfter hinschauen, damit nicht versehentlich doch der falsche Wasserhahn für die Spülung erwischt wird.

Um Ihnen die Orientierung und das Handling zu erleichtern, finden Sie auf den folgenden Seiten eine Übersicht über die gebräuchlichsten Stationen.

SANI-STATION (1)

Die Sani-Station ist eine etwa 1,5 Meter hohe, kastenförmige Ver- und Entsorgungsstation. Auf der Frontseite befindet sich der Münzeinwurf (in der Regel werden 50-Cent- oder 1-Euro-Geldstücke akzeptiert), der Frischwasserhahn (¾-Zoll-Gewinde) und Tasten für die Auswahl der gewünschten Funktion (Frischwasser oder Entsorgung). Der Ausguss für den Fäkalientank der Toilette oder das Grauwasser ist auf der Rückseite der Säule geschützt hinter einem Jalousienvorhang untergebracht.

Nach dem Münzeinwurf wird die Betriebsbereitschaft durch eine grüne Lampe signalisiert und Sie können die entsprechende Taste für die Frischwasserversorgung oder die Abwasserentsorgung drücken:

Die Frischwasserauswahl schaltet den Wasserhahn auf der Vorderseite frei. Das Wasser läuft für die vom Betreiber festgelegte Dauer. In der Regel können zwischen 80 und 100 Liter entnommen werden. Bei Bedarf lässt sich die Wasserzufuhr jederzeit mit der roten Stopptaste abbrechen.

Betätigen Sie nach dem Münzeinwurf dagegen die Entsorgungstaste, so fährt der Rollladen auf der Rückseite in die Höhe und gibt den eigentlichen Ausguss frei. Der Fäkalientank der Chemietoilette lässt sich dort einfach ausgießen, für die Entleerung des Grauwassertanks wird aber ein Schlauch benötigt, eine Bodenrinne zum Überfahren gibt es nicht. Oberhalb des Ausgusses ist ein Wasserhahn zum Spülen des Toilettentanks angebracht. Bedient wird er mittels eines Tasters, der auf der linken Innenwandseite zu finden ist. Nach einer vom Betreiber festgelegten Zeitspanne (in der Regel drei Minuten) beginnt das Rolltor, sich automatisch zu senken.

EVA-STATION (2)

Die blaue EVA-Station mit weißem Dach ist modular aufgebaut, sodass sich jeder Stellplatzbetreiber die Ausstattung der Säule individuell entsprechend seiner Anforderung zusammenstellen kann. Die Bezahlung erfolgt wahlweise per Münzautomat oder Camping-Card.

Das Modul für die Frischwasserentnahme ist mit einem Schlauchanschluss mit ¾-Zoll-Gewinde ausgerüstet und die Wasserentnahme wird über den Doppeltaster Ein/Aus gestartet beziehungsweise beendet. Das Anschrauben des Frischwasserschlauchs erfordert etwas Fingerspitzengefühl, dafür verhindert das umliegende Trennblech wirkungsvoll eine direkte Berührung und versehentliche Spülung der WC-Kassette mit dem Frischwasserhahn.

Der Ausguss für den Fäkalientank befindet sich unter der Klappe am Boden neben der Säule. Der Spülwasserauslauf zur Reinigung der entleerten WC-Kassette ist für ein Optimum an Hygiene auf der gegenüberliegenden Seite des Frischwassermoduls angeordnet. Gestartet wird die Spülung mit einem elektrischen Drucktaster.

HOLIDAY CLEANY / HOLIDAY CLEAN (3, 4)

Die Holiday Cleany in Form einer sich nach oben hin verjüngenden Säule ist deutlich kompakter als die weiße Holiday-Clean-Anlage mit blauem Dach und Sockel. Trotz des unterschiedlichen Erscheinungsbildes ist die Funktionsweise bei beiden Varianten recht ähnlich.

Der Bodeneinlass für die Entsorgung von Kassettentoilette oder Grauwasser per Schlauch liegt unter einer Bodenklappe, die sich auch ohne Geldeinwurf öffnen lässt. Der Auslauf zum Spülen der Kassette wird über einen Drucktaster gestartet.

SCHRITT FÜR SCHRITT: ENTSORGUNG TOILETTE

Spätestens wenn die rote Lampe neben der Toilette leuchtet und auf eine volle Fäkalienkassette aufmerksam macht, lässt sich die wahrscheinlich unbeliebteste Tätigkeit beim Campen nicht weiter hinauszögern. Aber keine Sorge, es ist nur halb so wild. Unsere detaillierte Schritt-für-Schritt-Anleitung zeigt Ihnen, was zu tun ist und wie sich mögliche Missgeschicke vermeiden lassen. Denken Sie aber immer daran, dass die Entleerung der Kassettentoilette grundsätzlich nur an geeigneten Entsorgungsstellen erlaubt ist, und achten Sie darauf, den Fäkalientank nicht in den Grauwasserausguss zu entsorgen.

1 Toilette vorbereiten Die Füllstandsanzeige der Toilettenkassette finden Sie in der Regel direkt neben dem Spülknopf. Leuchtet die Lampe rot auf, so ist der Tank voll und muss unbedingt geleert werden. Stellen Sie vor der Entnahme der Kassette aus dem Versorgungsschacht sicher, das der Schieber in der Toilette geschlossen ist. Er trennt die Toilettenschüssel vom Fäkalientank, der sich bei geöffnetem Schieber nicht entnehmen lässt. Denken Sie, insbesondere beim Verreisen mit Kindern, daran, allen Mitreisenden Bescheid zu sagen, dass die Bordtoilette für den Moment nicht genutzt werden kann.

TIPP

Entsorgung der Kassettentoilette Am besten deponieren Sie ein Paar Handschuhe hinter der Versorgungsklappe, dann brauchen Sie nicht lange danach zu suchen, wenn das Entleeren des Toilettentanks ansteht.

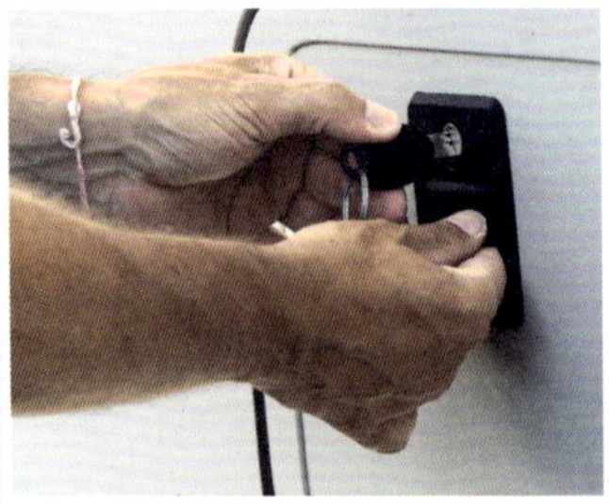

2 Versorgungsklappe von außen öffnen Eine spezielle Serviceklappe an der Außenwand des Wohnmobils ermöglicht den einfachen Zugriff von außen, sodass Sie die Fäkalienkassette nicht durch den Innenraum des Wohnmobils tragen müssen. Zum Öffnen der Klappe des Toilettenversorgungsschachts stecken Sie den Schlüssel in den Schließzylinder des Druckschlosses und machen damit eine Viertelumdrehung im Uhrzeigersinn. Nun können Sie den Schlüssel abziehen und beide Knöpfe an der Unterseite eindrücken, die Klappe vorsichtig nach oben schwenken und gegen die Bordwand lehnen. Hier wird sie zumindest in besser ausgestatteten Reisemobilen durch einen magnetischen Verschluss in Position gehalten.

3 Fäkalientank entnehmen und zur Entsorgungsstation transportieren Ziehen Sie nun den je nach Kassettentyp blauen oder orangefarbenen Haltebügel an der Unterkante des Fäkalientanks leicht nach oben, um die Arretierung zu lösen. Ziehen Sie die Toilettenkassetten anschließend dann am Griff mit beiden Händen vorsichtig heraus. Falls Ihr Wohnmobil mit einer SOG-Entlüftung ausgestattet ist, darf die Kassette zunächst nur ein kleines Stück herausgezogen werden, damit sich der Entlüftungsschlauch abziehen und der Anschluss mit einem Stopfen verschließen lässt. Sobald Sie die Kassette entnommen haben, können Sie diese zur Entsorgungsstation transportieren. Viele Modelle sind dazu mit Rollen und einem ausziehbaren Griff ausgestattet, sodass Sie sie die je nach Größe und Füllstand recht schwere Kassette bequem wie einen Rollkoffer hinter sich herziehen können.

4 Ausgussrüssel aufschrauben Schwenken Sie dann den Ausgussstutzen um 180° vom Fäkalientank weg, und schrauben Sie den Deckel ab. Legen Sie den Deckel unbedingt an einer sicheren Stelle ab, damit er nicht ins Ausgussbecken rutscht und auf Nimmerwiedersehen verschwindet.

5 Tank langsam entleeren Halten Sie den Fäkalientank nun vorn und hinten am Griff, und gießen Sie ihn vorsichtig langsam (!) aus. Drücken Sie dabei den Belüftungsknopf und halten Sie ihn gedrückt, damit der Tank vollständig entleert wird und es nicht spritzt. Der Knopf befindet sich hinten auf der Oberseite der Kassette und hat in der Regel die gleiche Farbe wie der Entriegelungsknopf und die Verschlusskappe.

6 Tank spülen Anschließend füllen Sie etwas Wasser in den Tank, schrauben die Kappe auf den Auslassrüssel und schwenken das Ganze ein paar Mal kräftig hin und her, um Rückstände zu entfernen. Kippen Sie den Tank wieder aus und wiederholen Sie den Spülvorgang, bis nur noch klares Wasser ausläuft.

7 Entsorgungsstation reinigen Schrauben Sie die Kappe ein letztes Mal auf den Auslassstutzen und sorgen Sie mithilfe von Spülung, Wasserschlauch und der bereitgestellten Klobürste dafür, dass auch der nächste Gast eine saubere Entsorgungsstation vorfindet.

8 Tank für die nächste Benutzung vorbereiten Füllen Sie abschließend neue Sanitärflüssigkeit und eine geringe Menge Wasser über den Schieber in den Tank. Nun können Sie den Schieber schließen, die Kassette wieder in den Versorgungsschacht des Wohnmobils einschieben, bis sie einrastet, und die Versorgungsklappe schließen.

SCHRITT FÜR SCHRITT: GRAUWASSER ENTSORGEN

Grauwasser über eine Bodenrinne entsorgen. Am komfortabelsten gelingt die Entsorgung des Grauwassertanks, wenn die Anlage einen überfahrbaren Bodeneinlass hat. Dessen Ausgestaltung und Form kann je nach Platz sehr unterschiedlich sein. Mal handelt es sich um eine Rinne oder einen viereckigen Trichter aus Edelstahl, mal um ein Gitter und manchmal um einen Gully. Die einzelnen Schritte des Grauwasserentsorgens ähneln sich aber im Prinzip.

1 Wasserauslass über Bodenrinne rangieren Parken Sie das Wohnmobil so, dass der Abwasserauslass möglichst zentral über dem Bodeneinlass zu liegen kommt. Bitten Sie wenn nötig Ihren Beifahrer, Ihre Beifahrerin oder einen anderen Camper um Hilfe, damit Sie das Wohnmobil exakt an die richtige Stelle rangieren können. Leider sind nicht alle Anlagen so konstruiert, dass der Ablauf am tiefsten Punkt gelegen ist. Falls Sie zu weit „danebenliegen“, kann das Grauwasser anschließend nicht richtig abfließen und bildet stattdessen eine unschöne Pfütze, die niemand möchte.

2 Wasserablass öffnen Sobald das Wohnmobil in der richtigen Position abgestellt ist, können Sie das Ablassventil für den Grauwassertank öffnen. Die genaue Funktionsweise hängt vom jeweiligen Fahrzeug ab. Mal erfolgt die Bedienung mit einem Schieber, mal mit einem Kugelhahn oder ganz komfortabel per elektrisch gesteuertem Ventil; manchmal ist aber auch ein Extraschlüssel für den Abwasserauslass notwendig. Nähere Informationen dazu finden Sie in der Bedienungsanleitung des Fahrzeugs oder im Bordbuch, das Ihnen der Vermieter ausgehändigt hat.

4 Wasserauslass schließen Nachdem das Abwasser vollständig ausgelaufen ist und kein Wasser mehr aus dem Rohr tropft, können Sie das Ablassventil wieder schließen.

3 Zeit während des Entleerens nutzen Je nach Füllstand und Größe des Tanks kann es bis zur vollständigen Entleerung eine ganze Weile dauern. Wenn die räumlichen Gegebenheiten es zulassen, können Sie die Zeit nutzen, um das Frischwasser aufzufüllen, oder Sie kümmern sich darum, die Toilettenkassette zu entleeren (siehe vorherige Seite).

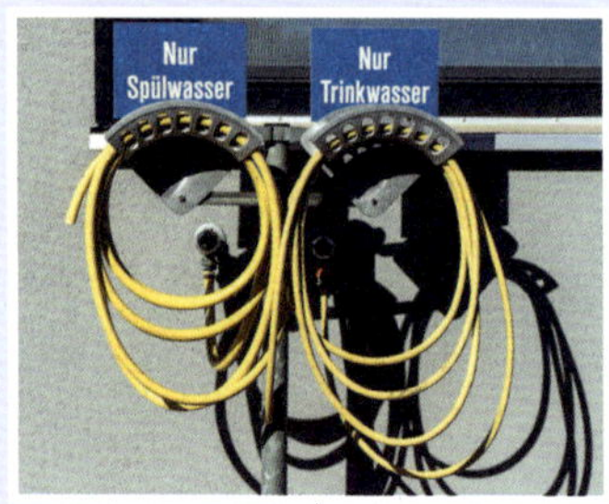

5 Bodeneinlass spülen Vergessen Sie zum Schluss nicht, den Bodeneinlass zu spülen. Falls es keine Spülung für die Bodenrinne gibt (den Knopf dafür finden Sie meist an der Versorgungssäule), finden Sie zusätzlich zum Schlauch für die Trinkwasserversorgung auch einen Spülschlauch, um die Ausgussrinne zu säubern.

Der Frischwasserhahn auf der linken Seite ist mit dem üblichen ¾-Zoll-Gewinde ausgestattet und kann nach Münzeinwurf auf der Stirnseite gestartet werden.

ST-SAN (5)

Die ST-San Ver- und Entsorgungsanlage misst 50 x 30 x 120 Zentimeter und ist komplett aus V2A-Edelstahl gefertigt. Der Gully für die Entsorgung von Toilettentank und Grauwasser befindet sich unter der Klappe am Boden. Der Hahn auf der rechten Seite unten ist für die Reinigung des Tanks gedacht, gestartet wird die Spülung durch einen Druck auf den großen Knopf auf der Frontseite der Säule – aber vorher nicht vergessen, den Deckel zu schließen! Der Frischwasserhahn (¾-Zoll-Gewinde) ist auf der rechten Seite oben zu finden, der dazugehörige Münzeinwurf auf der Rückseite der Versorgungssäule.

MODUSAN (6)

Die Ver- und Entsorgungsanlage von Modusan besteht aus mehreren Modulen für Strom- und Trinkwasserversorgung sowie Abwasserentsorgung, was zu einer guten räumlichen Trennung zwischen den beiden Bereichen führt und die Gefahr von Fehlbedienungen minimiert. Das etwa 90 Zentimeter hohe Frischwassermodul aus Edelstahl kann mit einem Münzautomaten bestückt werden und lässt sich mit einem Stromversorgungselement mit bis zu acht CEE-Steckdosen kombinieren. Achten Sie bei einer solchen Kombisäule darauf, dass der Wahlschalter auf der richtigen Position „Trinkwasser" beziehungsweise der gewünschten Steckdosennummer steht, bevor Sie das Geld einwerfen. Als Sonderausstattung ist eine „Kaffeetaste" möglich, mit der kleine Wassermengen ohne Bezahlung entnommen werden können.

Das Modul zur Abwasserentsorgung besteht aus einer 90 Zentimeter hohen Säule für die Entleerung der Toilettenkassette sowie einer Abwasserrinne, die für die direkte Entsorgung des Grauwassers mit dem Wohnmobil überfahren werden kann. Der in der Säule eingebaute Druckspüler mit Spiralschlauch ermöglicht die gemeinsame Spülung von Entleerungsschacht und entleertem Fäkalientank.

CAMPERCLEAN-AUTOMAT

Die vollautomatischen Entsorgungsstationen der Firma CamperClean sind auf einer stetig steigenden Anzahl an Camping- und Stellplätzen vertreten. Mitunter als einzige Entsorgungsstelle, häufiger aber als bequeme, allerdings auch kostenpflichtige Alternative zur unliebsamen Entsorgung des Fäkalientanks der Bordtoilette. Nach dem Geldeinwurf kann die Kassette eingeschoben werden, und der Automat beginnt damit, den Inhalt abzusaugen, die Kassette zu spülen und anschließend mit neuer Chemie wieder einsatzbereit zu machen. Der gesamte Vorgang dauert etwa drei Minuten und nachdem das kleine Rolltor hochgefahren ist, brauchen Sie die Kassette nur noch zu entnehmen und können diese ohne weitere Arbeit einfach in den Versorgungsschacht des Wohnmobils zurückschieben.

DIE 10 GOLDENEN REGELN VOR DER ABFAHRT

Wie idyllisch der Camping- oder Stellplatz auch ist: Früher oder später kommt die Zeit zur Ab- beziehungsweise Weiterreise. Dann gilt es, alles abfahrbereit zu machen und schnell ist es passiert, dass das Wohnmobil beim Losfahren über die

INFO

Eine gut einstudierte Abfahrtsroutine mit einigen grundlegenden Handgriffen ist der beste Schutz vor Komplikationen und bösen Überraschungen beim Verlassen der Campingparzelle.

vergessenen Auffahrkeile schießt, das Stromkabel abreißt oder die Dachluke im Fahrtwind klappert, weil sie nicht geschlossen wurde. Arbeiten Sie deshalb Punkt für Punkt alles Wichtige ab, bevor Sie wieder starten.

1. STROMKABEL ABSTECKEN

Trennen Sie als Erstes das Wohnmobil von der Landstromverbindung. Um den Stecker von der Stromsäule am Campingplatz abziehen zu können, reicht es, den Deckel anzuheben. Damit sich der CEE-Stecker aus der Einspeisesteckdose an der Fahrzeugwand ziehen lässt, lösen Sie zunächst die Arretierung. Dazu muss der kleine blaue Hebel auf der linken Seite gedrückt werden. Anschließend nicht vergessen, die Abdeckklappe mit leichtem Druck zu schließen und die Kabeltrommel umgehend am vorgesehenen Ort zu verstauen.

2. AUFFAHRKEILE ENTFERNEN

Plumps – da war doch noch was?! Wer die Auffahrkeile unter dem Fahrzeug vergisst, wird zwar spätestens beim Losfahren unsanft daran erinnert, riskiert im schlimmsten Fall aber, dass die Keile als gefährliches Geschoss über den Platz fliegen oder sich in den Radkästen verfangen und zu Beschädigungen am Fahrzeug führen. Daher unbedingt daran denken, vorsichtig von den Keilen zu rollen und diese danach gleich wegzuräumen. Ist das Wohnmobil mit Hubstützen zur Nivellierung ausgestattet, brauchen Sie sich um die Aufbewahrung keine Gedanken zu machen, dürfen es allerdings vor der Abfahrt nicht versäumen, die Stützen einzufahren.

3. SAT-ANTENNE IN FAHRSTELLUNG BRINGEN

Eine ausgefahrene Satellitenschüssel auf dem Wohnmobildach steigert die Fahrzeughöhe erheblich und bietet dem Wind eine ideale Angriffsfläche. Vor Reiseantritt muss die Antenne daher in Parkposition gebracht werden. Das gilt insbesondere für manuelle Anlagen. Bei modernen, vollautomatischen SAT-Anlagen sorgt in der Regel eine Sicherheitsschaltung für die richtige Position, sobald der Motor gestartet wird.

4. ROLLOS ÖFFNEN

Dass die Faltverdunkelungen für Front- und Seitenscheiben des Fahrerhauses vollständig geöffnet und je nach Fabrikat per Schnapp- oder Magnetverschluss arretiert werden müssen, bevor Sie losfahren, versteht sich von selbst. Für eine sichere Fahrt und freie Sicht sollten auch alle weiteren Verdunkelungen, Vorhänge und Rollos der Fenster im Wohnaufbau vollständig geöffnet und gesichert sein.

5. FENSTER UND DACHLUKEN SCHLIESSEN + VERRIEGELN

Eine offene Dachluke, die im Fahrtwind hoch und runter wippt, ist wohl der Klassiker schlechthin. Ein Fauxpas, der nicht nur Campingnovizen, sondern auch alten Hasen von Zeit zu Zeit unterläuft. Der Check von Dachluken und Dachfenstern vor der Abfahrt gehört daher zum absoluten Standard, denn wenn die Acrylglaskuppel unter der hohen Belastung abreißt, zieht das nicht nur eine teure Reparatur nach sich, sondern gefährdet womöglich den nachfolgenden Verkehr. Die gängigen Dachluken lassen sich entweder per Bügel oder per Handkurbel öffnen und schließen. Denken Sie außerdem daran, alle Ausstellfenster zu kontrollieren und gegebenenfalls zu schließen.

6. GAS ABDREHEN

Um die Brand- und Explosionsgefahr bei einem Unfall zu minimieren, muss bei klassischen Gasdruckreglern ohne Crashsensor während der Fahrt die Gasversorgung abgedreht werden. Dazu ist neben den einzelnen Absperrventilen für Herd, Kühlschrank und Heizung im Innenraum (häufig an der Küchenzeile zu finden, Hähne zum Schließen quer zur Gasleitung stellen) auch das Hauptabsperrventil an der Flüssiggasflasche selbst im Gaskasten zuzudrehen. Stellen Sie für einen durchgängigen Betrieb des Kühlschranks sicher, dass dort die Automatik-Betriebsart beziehungsweise der 12-V-Betrieb eingestellt ist, damit das Gerät während der Fahrt mit Energie versorgt wird.

7. LOSE GEGENSTÄNDE VERSTAUEN

Fliegende Untertassen haben in Wohnmobilen nichts zu suchen. Damit bei einem plötzlichen Bremsmanöver nichts durch das Fahrzeuginnere schießt, sind vor Fahrtantritt alle losen Gegenstände sicher in den verschließbaren Fächern, Schränken und Schubladen zu verstauen. Räumen Sie den Tisch an der Sitzgruppe sowie die Arbeitsplatte in der Küche leer, und verstauen Sie alle Kochutensilien, Töpfe, Teller, Gläser und so weiter in den Oberschränken und Schubladen. Klappen Sie außerdem die Herdabdeckung herunter und werfen Sie einen Blick in die Nasszelle: Sind auch Zahnputzbecher und Seifenspender in den Schrank geräumt?

8. SCHUBLADEN UND SCHRÄNKE VERRIEGELN

Es reicht nicht, die Schranktüren und -klappen sowie die Schubladen zu schließen. Sie müssen auch verriegelt sein, damit sie sich nicht während der Fahrt öffnen und Sachen herausfallen fallen können. Häufig kommen Druckschlösser (Push-Lock genannt) zum Einsatz, das heißt, nach dem Zuklappen der Schranktür muss der Knopf gedrückt werden, bis er hörbar einrastet. Erst dann ist das Möbel richtig verschlossen. Denken Sie an diesem Punkt außerdem daran, die Kühlschranktür zu arretieren sowie die Duschwand im Bad zu fixieren.

9. KONTROLLE ALLER ANBAUTEN

Wenn im Wohnraum alles abfahrbereit ist, geht es an die Kontrolle der Anbauten außen. Nachdem die Markise vollständig eingefahren ist, kann die Handkurbel in der Heckgarage verstaut werden. Sichern Sie bei dieser Gelegenheit zudem alle losen Gegenstände in der Heckgarage mit Spanngurten oder Zurrseilen. Fahren Sie zum Schluss die Trittstufe an der Aufbautür ein und überzeugen Sie sich bei einem abschließenden Rundgang ums Fahrzeug davon, dass alle Service- und Stauklappen richtig verschlossen und arretiert sind.

10. ABSCHLIESSENDER PLATZCHECK

Nichts ist ärgerlicher, als vergeblich nach dem Handtuch zu kramen und erkennen zu müssen: Das hängt wohl samt Wäscheleine noch auf dem letzten Campingplatz! Damit der Stellplatz sauber verlassen und nichts vergessen wird, ist daher vor der Abfahrt ein prüfender Rundumblick fällig. Zum Schluss noch eine freundliche Verabschiedung von den Campingnachbarn – dann kann die Reise weitergehen.

6

7

8

9

10

TROUBLESHOOTING

Wasserversorgung, Kühlschrank, Heizung, Toilette und Elektrik: Ein Wohnmobil ist ein komplexes System und schnell können selbst einfache technische Probleme die Urlaubsfreude trüben.

Ärger mit dem Wohnmobil gibt es immer wieder: Wenn der Kühlschrank nicht funktioniert, gibt es weder Milch fürs Frühstück noch Obst für zwischendurch und auch die Erfrischung durch ein Kaltgetränk fällt aus, wenn die Sonne auf die Markise brennt. Zum Glück ist nicht jede Störung ein Fall für den Kundendienst und manches lässt sich mit ein bisschen Know-how leicht selbst beheben. Klar ist aber auch: Bei schwerwiegenderen Problemen im Bereich Elektrik und Gas sollten Sie zur eigenen Sicherheit stets eine Servicewerkstatt aufsuchen. Also was tun, wenn …

… BEIM BEFÜLLEN DAS FRISCHWASSER AUS DEM TANK LÄUFT?

Wenn es beim Frischwasserzapfen unter dem Wohnmobil plätschert, ist gerade bei Anfängern der Schreck groß. Aber keine Sorge, statt eines Defekts ist häufig ein geöffnetes Ventil für die Wasserlache unter dem Wohnmobil verantwortlich und das kann geschlossen werden.

Ein Grund für den ungewollten Frischwasserabfluss kann der sogenannte Frostwächter sein. Dieses Sicherheitsventil öffnet sich, sobald die Temperatur unter 4 °C sinkt, damit sich der Boiler entleert und die Wasserinstallationen vor Frostschäden geschützt werden. Der Frostwächter lässt sich erst wieder schließen, wenn die Umgebungstemperatur auf über 7 °C gestiegen ist.

Eine weitere Fehlerquelle befindet sich am Frischwassertank selbst: Das große schwarze Drehventil hat neben der geöffneten und geschlossenen Position eine sogenannte Fahrstellung, bei der die Wassermenge aus Gewichtsgründen auf etwa 20 Liter beschränkt wird. Das überschüssige Wasser entweicht dann, lange bevor der Tank vollständig gefüllt ist, durch ein Überlaufventil.

… DIE STECKDOSEN TROTZ LANDSTROMANSCHLUSS TOT BLEIBEN?

Wenn trotz angeschlossenen Landstromkabels keine 230-V-Versorgung im Wohnmobil erfolgt und die Steckdosen stromlos bleiben, kann das viele Gründe haben. Prüfen Sie zunächst am zentralen Bedienpanel, ob die Kontrollleuchte für die externe Stromversorgung leuchtet.

Sollte das nicht der Fall sein, ist eventuell das Kabel falsch angeschlossen. Überprüfen Sie daher sorgfältig die Steckverbindungen zwischen dem Anschlusskabel und der Stromsäule am einen und der Einspeisesteckdose des Wohnmobils am anderen Ende. Der fahrzeugseitige

Stecker muss so eingesteckt sein, dass die Klappe darüber liegt. Falls Sie eine Kabeltrommel verwenden, können Sie bei der Gelegenheit auch prüfen, ob eventuell die Thermosicherung ausgelöst hat (roter Knopf).

Kontrollieren Sie als Nächstes die Sicherungen und den Fehlerstromschalter am Elektroblock des Wohnmobils. Hier sollten alle Hebel nach oben zeigen. Leuchtet die Kontrollleuchte weiterhin nicht, können Sie nun noch einen Blick auf den Sicherungskasten an der Stromsäule auf dem Campingplatz werfen, denn auch diese ist mit Sicherung und Fehlerstromschutzschalter ausgestattet. Eventuell müssen Sie dafür in der Rezeption Bescheid geben, wenn die Stromsäule nicht frei zugänglich ist.

… DER HERD NICHT RICHTIG FUNKTIONIERT?

Falls kein Gas aus der Kochstelle ausströmt, überprüfen Sie den Absperrhahn im Innenraum des Wohnmobils sowie das Hauptventil an der Gasflasche und ob diese überhaupt genügend Gas enthält. Wurde der Crashsensor im Gaskasten ausgelöst, müssen Sie je nach Modell und Hersteller den gelben oder grünen Resetknopf drücken beziehungsweise drücken und für einen Moment halten, um die Gasdruckregelanlage wieder einsatzbereit zu machen.

Sollte das Gas zwar ausströmen, aber kein Zündfunken zu hören sein, ist wahrscheinlich die Zündung defekt und Sie müssen ein Feuerzeug oder Streichholz zum Entzünden nutzen.

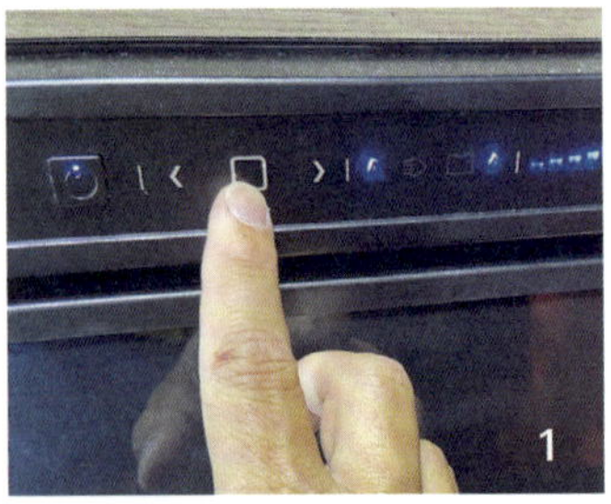

1

2

3

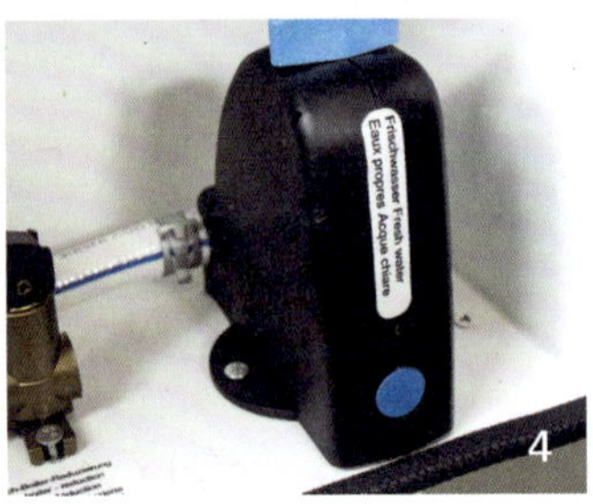

4

Wenn die Flamme beim Loslassen des Reglergriffs erlischt, war eventuell die Anheizzeit zu kurz. Wiederholen Sie den Vorgang und achten Sie darauf, den Drehknauf für 15 bis 20 Sekunden gedrückt zu halten. Geht die Flamme weiterhin aus, könnte auch die Zündsicherung defekt oder der Thermofühler falsch eingestellt sein und zu weit vom Brennerkranz entfernt liegen.

… DER KÜHLSCHRANK NICHT KÜHLT? (1)

Überprüfen Sie zunächst, in welcher Betriebsart der Kühlschrank sich befindet (Gas, 12 V, 230 V, Automatik). Den entsprechenden Wahlschalter finden Sie in der Regel oberhalb der Kühlschranktür. In der Automatikfunktion (A) schaltet sich der Kühlschrank erst etwa 10 Minuten nach dem Ausmachen des Motors ein.

Probieren Sie alternativ eine der anderen Energiequellen. Funktioniert der Kühlschrank bei 230-V-Landstromanschluss nicht richtig, so sollten Sie zunächst prüfen, ob das Stromkabel und die Stecker korrekt angeschlossen sind und die 230-V-Kontrollleuchte am zentralen Bedienpanel leuchtet. Kontrollieren Sie dann zusätzlich die Sicherung im 230-V-Sicherungskasten.

Gibt es dagegen Probleme bei 12-V-Betrieb, so ist zu überprüfen, ob die 12-V-Kontrollleuchte am Bedienpanel leuchtet und ob die entsprechende Sicherung im Elektroblock in Ordnung ist.

Für eine reibungslose Funktion im Gasbetrieb muss die Gaszufuhr gewährleistet sein. Kontrollieren unbedingt Sie, ob die Gasflasche korrekt angeschlossen ist, und stellen Sie sicher, dass sowohl das Hauptventil an der Flasche als auch der entsprechende Absperrhahn (Schneeflockensymbol) in der Küchenzeile geöffnet ist. Sind alle Hähne und Ventile geöffnet, könnte es sein, dass der Crashsensor ausgelöst wurde (siehe auch „… der Herd nicht richtig funktioniert?").

Bei aktuellen Kühlschrankmodellen wird der Fehler in Form eines Fehlercodes angezeigt. Für dessen Interpretation ist ein Blick in die jeweilige Bedienungsanleitung erforderlich und nach dem Beheben der Fehlerursache muss der Fehler manuell zurückgesetzt werden, bevor der Kühlschrank wieder in Betrieb gehen kann.

… DIE HEIZUNG NICHT ZÜNDET? (2)

Auch bei einem Ausfall der Heizung empfiehlt es sich, systematisch vorzugehen und zu checken, ob eine Versorgung mit Gas gewährleistet ist: Enthält die Flasche ausreichend Gas? Sind das Hauptventil an der Flasche und die roten Absperrhähne in der Küchenzeile des Wohnmobils geöffnet? Sind die Schläuche im Gaskasten nicht geknickt? Muss der Crashsensor zurückgesetzt werden (siehe „… der Herd nicht richtig funktioniert?")?

Falls das Wohnmobil eine Kombiheizung hat, die auch einen Elektrobetrieb ermöglicht, prüfen Sie, welche Energiequelle im Bedienpanel gewählt ist (Gas, Elektro oder Hybrid) und stellen Sie sicher, dass das Wohnmobil korrekt an den Landstrom angeschlossen wurde.

Die weitverbreiteten Truma-Heizungen zeigen einen Fehlercode an. Informationen zur Bedeutung der jeweiligen Ziffern- und Buchstabenkombination liefert das Handbuch, aber nicht etwa das für die Heizung, sondern die separate Bedienungsanleitung für das Bedienteil (oder online unter: https://www.truma.com/de/de/faq/fehlercode-auswertung).

… KEIN WASSER IM FAHRZEUG FLIESST? (3, 4)

Lauschen Sie als Erstes, ob ein Summen der Frischwasserpumpe zu vernehmen ist, sobald Sie den Wasserhahn öffnen. Falls ja, überprüfen Sie, ob der Frischwassertank überhaupt (ausreichend) Wasser enthält, und füllen Sie gegebenenfalls Wasser nach. War der Tank komplett leer, müssen alle Wasserhähne (Küche und Bad) gleichzeitig geöffnet werden. Achtung: Bei zu geringem Wasserstand kann die Wasserpumpe heiß laufen und im schlimmsten Fall zerstört werden.

Ist ausreichend Wasser vorhanden, können Sie einen anderen Wasserhahn ausprobieren. Wenn zwar der Wasserhahn in der Küchenzeile funktioniert, aber der im Bad trocken bleibt (oder umgekehrt), dann ist mit hoher Wahrscheinlichkeit der Mikroschalter des entsprechenden Wasserhahns defekt und muss ausgetauscht werden. Sollten Sie kein Geräusch der Frischwasserpumpe beim Betätigen der Wasserhähne hören, vergewissern Sie sich zunächst, dass der Hauptschalter für die Bordstromversorgung sowie der für die Pumpen am zentralen Bedienpanel eingeschaltet sind, und prüfen Sie anschließend, ob eventuell die Sicherung für die Pumpe am Elektroblock durchgebrannt ist.

… DIE LAMPE DUNKEL BLEIBT? (5, 6)

Als Innenbeleuchtung kommen in aktuellen Wohnmobilen fast ausschließlich LEDs zum Einsatz, die sich durch extrem lange Lebensdauer auszeichnen. Ein Defekt ist zwar unwahrscheinlich, aber wenn er auftritt, muss die gesamte Lampe getauscht werden.

Wahrscheinlicher ist aber eine fehlerhafte Stromversorgung. Kontrollieren Sie als Erstes, ob der Hauptschalter an der Instrumententafel eingeschaltet ist. Angesichts der zahlreichen Lichtquellen vom Lesespot am Bett über die Deckenleuchten bis hin zur stimmungsvollen indirekten Beleuchtung der Wände ist es oft gar nicht so einfach, den richtigen Lichtschalter zu finden. Probieren Sie daher alternativ, die Lampen über das zentrale Bedienpanel ein- und auszuschalten.

Bleibt es weiterhin dunkel, prüfen Sie als Nächstes den Ladezustand der Aufbaubatterie und dann die Flachsicherungen des Bordnetzes (häufig z. B. unter dem Beifahrersitz zu finden). Sind die okay, lohnt es sich, zusätzlich den FI-Schalter zu kontrollieren. Der ist zwar in erster Linie dazu da, lebensgefährliche Stromschläge bei 230-V-Landstrom-Anschluss zu verhindern, legt beim Auslösen aber häufig auch das 12-V-Bordnetz lahm.

… DIE TRITTSTUFE NICHT EINFÄHRT?

Kein Strom, weil die Bordbatterie leer oder die Sicherung durchgebrannt ist, ein defekter Motor, oder aber Schmutz (im Winter auch: Eis) blockiert die Trittstufe: Es gibt zahlreiche Gründe dafür, dass die Einstiegshilfe nicht wie gewohnt auf Knopfdruck einfährt. Um trotzdem weiterfahren zu können, können Sie die Stufe im Notbetrieb mechanisch bewegen. Dazu müssen die Sicherungssplinte von den beiden Schrauben unter der Treppe abgezogen und die Motorführung muss ausgehängt werden. Nun lässt sich die Stufe von Hand einschieben.

Erheblich verringern kann man das Risiko einer Fehlfunktion durch regelmäßiges Säubern der Trittstufe mit Handfeger oder einem feuchten Tuch. Denken Sie außerdem daran, die beweglichen Teile

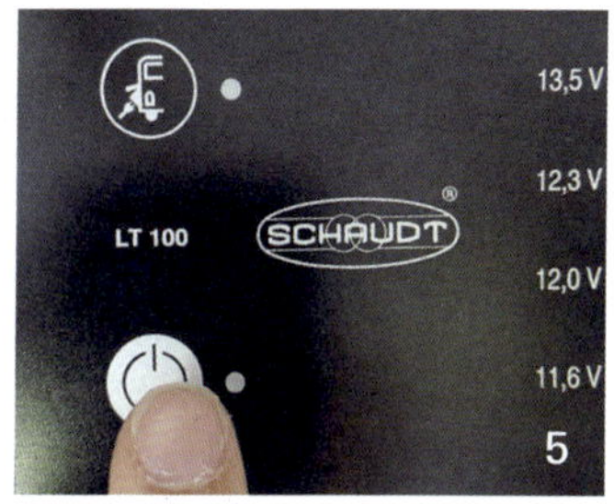

5

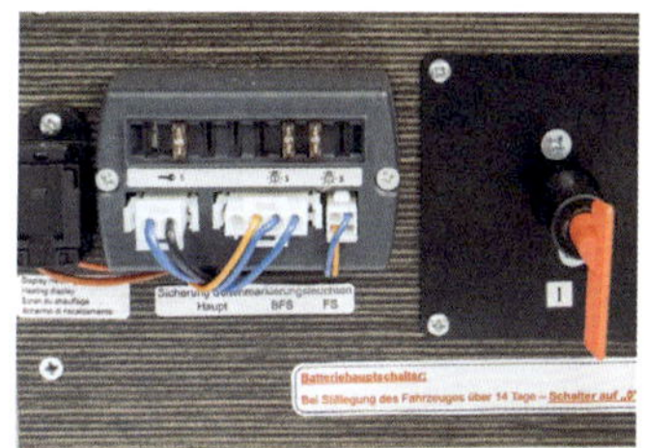
6

INFO

Die Versorgung mit Wasser, Strom und Gas ist grundlegend für ungetrübte Reisefreuden. Bei einer Störung helfen manchmal schon ein paar einfache Handgriffe.

TIPP

Führen Sie ein Überbrückungskabel im Wohnmobil mit und vergewissern Sie sich, dass Sie den richtigen Umgang damit kennen. So erleichtern Sie es auch anderen, Ihnen Starthilfe zu geben.

der Mechanik immer mal wieder mit Silikonspray (zieht weniger Dreck an als Öl oder Fett) zu behandeln.

... DIE SAT-ANLAGE NICHT MEHR EINFÄHRT?

Starten Sie als Erstes den Motor, um die automatische Sicherheitsabschaltung zu aktivieren, damit die SAT-Anlage automatisch einfährt. Zeigt das keinen Erfolg, sollten Sie die Stromverbindung zur SAT-Anlage komplett unterbrechen, um sie zurückzusetzen. Ziehen Sie dazu zunächst den CEE-Stecker vom Fahrzeug ab, um das 230-V-Netz zu trennen. Betätigen Sie dann den Batterietrennschalter am Elektroblock, um auch das 12-V-Bordnetz abzuschalten. Warten Sie einen kurzen Moment, schalten Sie nun die Bordspannung wieder an und stecken Sie auch das Landstromkabel wieder ein. Warten Sie 2 bis 3 Minuten und versuchen Sie, die SAT-Anlage über die Fernbedienung einzufahren.

Lässt sich die SAT-Anlage noch immer nicht in die Fahrposition bringen, bleibt als letzte Möglichkeit nur, den Gelenkarm mit dem Parabolspiegel abzuschrauben und für den Transport in der Heckgarage des Wohnmobils zu sichern, um das Problem von einer Fachwerkstatt untersuchen und beheben zu lassen.

... MAN SICH FESTGEFAHREN HAT?

Schwere Wohnmobile mit Frontantrieb und durchweichte Campingwiesen nach längeren Regentagen sind keine gute Kombination. Wenn die Vorderräder beim Versuch, die Parzelle zu verlassen, durchdrehen, gilt es, Ruhe zu bewahren. Auf keinen Fall zu viel Gas geben, damit sich die Antriebsräder nicht noch tiefer in den Schlamm eingraben.

Entlasten Sie die Hinterachse, indem Sie die schweren Gegenstände aus der Heckgarage ausräumen und die E-Bikes vom Heckträger nehmen. Probieren Sie dann, sehr vorsichtig und nur mit wenig Gas anzufahren. Für ein Maximum an Kontrolle ist es ratsam, die elektronischen Hilfsmittel wie ESP (Stabilitätsprogramm) und ASR (Antriebsschlupfregelung) zu deaktivieren. Falls die Reifen erneut durchdrehen, sofort runter vom Gas und eventuell im zweiten Gang probieren. Versuchen Sie, das Wohnmobil durch leichtes Vorwärtsfahren und Wieder-zurückrollen-Lassen frei zu schaukeln.

Hilfreich sind spezielle Anfahr- oder Traktionshilfen aus dem Campingfachhandel. Alternativ können Sie die Fußmatten aus dem Fahrerhaus vor die Reifen legen oder Schneeketten aufziehen, damit die Antriebsräder mehr Grip bekommen.

Als letzte Möglichkeit bleibt nur Abschleppen. Mit etwas Glück kann Ihnen der Platzbesitzer mit seinem 4x4 oder ein freundlicher Bauer aus der Umgebung mit seinem Traktor aus der Patsche helfen und Sie brauchen nicht den Abschleppdienst zu rufen.

... WENN DAS WOHNMOBIL NICHT ANSPRINGT?

Wenn das Wohnmobil nicht anspringt, ist häufig die Starterbatterie das Problem. Aber wie war das noch mal mit der Starthilfe? Wenn Sie keinen Starthilfe-Booster an Bord haben, benötigen Sie die Hilfe eines Stellplatznachbarn.

Steht das Helferfahrzeug bereit, so stellen Sie sicher, dass in beiden Fahrzeugen kein Gang eingelegt und die Handbremse angezogen ist, und schalten Sie alle elektrischen Verbraucher wie Beleuchtung, Lüftung, Radio und so weiter ab.

Verbinden Sie dann das eine Ende des roten Überbrückungskabels mit dem

CHECKLISTE VERHALTEN BEI EINEM UNFALL

Die meisten Schäden mit einem Wohnmobil ereignen sich beim Rangieren, denn aufgrund der ungewohnten Fahrzeugabmessungen und des größeren Wendekreises fährt sich ein Wohnmobil einfach anders als der im Alltag gewohnte Pkw. Unfälle mit anderen Verkehrsteilnehmern sind zwar eher selten, gänzlich ausschließen kann man sie aber leider nicht. Besser also, Sie sind gut auf den Ernstfall vorbereitet und wissen, worauf es am Unfallort ankommt und wie man sich richtig verhält, um einen schlimmeren Schaden zu verhindern und Ärger mit der Versicherung zu vermeiden.

→ **Sichern Sie als Erstes** die Unfallstelle, um Folgeunfälle des nachfolgenden Verkehrs zu vermeiden. Schalten Sie dazu die Warnblinkanlage des Wohnmobils ein, ziehen Sie sich eine Warnweste an und stellen Sie das Warndreieck gut sichtbar und mit ausreichend Abstand zur Unfallstelle auf.

→ **Stellen Sie fest,** ob es Verletzte gibt, rufen Sie gegebenenfalls den Rettungsdienst unter der Notrufnummer 112 und leisten Sie Erste Hilfe.

→ **Informieren** Sie die Polizei vor Ort und bewahren Sie den Unfallbericht der Polizei sorgfältig auf.

→ **Tauschen Sie die Kontaktdaten** mit den beteiligten Fahrern aus, notieren Sie die Kennzeichen der Fahrzeuge, machen Sie Fotos von der Unfallstelle und den beschädigten Fahrzeugen aus mehreren Perspektiven (auch ein Video kann später helfen), und fertigen Sie eine Unfallskizze sowie ein Unfallprotokoll an.

→ **Vermeiden Sie** in jedem Fall ein voreiliges Schuldeingeständnis.

→ **Verlassen Sie** die Unfallstelle erst, wenn alle erforderlichen Maßnahmen ergriffen wurden.

→ **Informieren Sie** Ihre Versicherung binnen sieben Tagen über den Unfall.

→ **Schon kleinere Reparaturen** an einem Wohnmobil können teuer werden. Suchen Sie sich daher einen Anwalt und beauftragen Sie einen Gutachter. Wenn Sie keine Schuld am Unfall trifft, muss die Versicherung des Unfallgegners sowohl das Honorar für den Anwalt als auch die Kosten für das Gutachten übernehmen.

Pluspol der Batterie im liegen gebliebenen Fahrzeug und das andere Ende mit dem Pluspol der Batterie im Helferfahrzeug. In Fahrzeugen wie dem als Wohnmobilbasis weitverbreiteten Fiat Ducato, bei dem die Batterie nicht im Motorraum untergebracht ist, finden Sie dort in der Regel einen rot markierten Pluskontakt.

Verbinden Sie das schwarze Überbrückungskabel mit dem Minuspol des Spenderfahrzeugs und dem Massepunkt des Pannenfahrzeugs (oder, falls der nicht vorhanden ist, mit einem unlackierten Metallteil des Motors, der möglichst weit von der Batterie entfernt ist). Auf keinen Fall direkt an den Minuspol der Batterie klemmen, da es sonst zu Funkenbildung kommen kann.

Bitten Sie nun Ihren freundlichen Helfer, den Motor seines Wohnmobils zu starten und etwas laufen zu lassen, damit sich die Batterie des liegen gebliebenen Wohnmobils aufladen kann.

Versuchen Sie dann, Ihr Wohnmobil zu starten, und lassen Sie die Motoren beider Fahrzeuge noch einige Minuten laufen, bevor Sie die Kabel trennen. Sollte Ihr Wohnmobil nicht anspringen, so überprüfen Sie die Kabelverbindungen und lassen Sie es vor dem nächsten Startversuch noch etwas länger laden.

Getrennt werden die Überbrückungskabel in umgekehrter Reihenfolge und anschließend sollte nach Möglichkeit erst einmal eine größere Strecke zurückgelegt werden, damit die Lichtmaschine die Starterbatterie während der Fahrt wieder vollständig auflädt und es nicht gleich beim nächsten Anlassversuch wieder Probleme gibt.

DIE TOP 10 DER KOSTENLOSEN STELLPLÄTZE

Alles wird teurer, auch die Übernachtungsgebühren für Wohnmobilisten. Dabei ist die Preissteigerung nicht immer durch eine Verbesserung des Angebots oder die allgemeine Inflation zu erklären, und so manchem Betreiber scheint der Campingboom ein willkommener Anlass für eine saftige Erhöhung der Gebühren zu sein. Es gibt aber auch andere Beispiele.

Gerade kleinere Gemeinden abseits des touristischen Radars bieten kostenlose Stellplätze, um Reisemobilisten anzulocken. Luxus wie auf einem Campingplatz darf man dort naturgemäß nicht erwarten, oftmals sind aber zumindest Stromsäulen vorhanden und manchmal sogar eine Ver- und Entsorgungsstation. Strom und Frischwasser gibt es natürlich nicht geschenkt, aber die Übernachtung selbst ist kostenlos. Hier zehn Empfehlungen für Gratis-Stellplatzperlen.

1

Reisemobilstellplatz Eider an der Badestelle Wollersum

Infrastruktur gibt es zwar keine, dafür aber viel Grün, frische Luft und einen weiten Blick über die Eider. Kühe und Schafe sind die einzigen Begleiter und wer nach Ruhe, Natur und einer idyllischen Umgebung sucht, um dem Trubel des Alltags zu entfliehen, ist auf dem einfachen Parkplatz hinter dem Deich genau richtig. Die Landschaft lädt zu ausgedehnten Spaziergängen und Radtouren ein und am Abend kann man auf einer der Sitzgelegenheiten Platz nehmen und beim Anblick des Sonnenuntergangs die Seele baumeln lassen. Im Sommer bietet ein Badesteg die Möglichkeit, eine erfrischende Abkühlung im kühlen Wasser der Eider zu genießen, und sogar eine allerdings nur kalte Dusche steht zur Verfügung.

AUSSTATTUNG: –
ANZAHL DER PLÄTZE: 6
BETRIEBSZEIT: ganzjährig
ADRESSE: Wollersumer Straße, 25774 Lunden

www.echt-dithmarschen.de/unterkuenfte-gastgeber/camping-wohnmobile/

2

Wohnmobilstellplatz am Weltvogelpark Walsrode

Der ruhige Stellplatz im hinteren Teil des Parkplatzes am Weltvogelpark Walsrode bietet eine angenehme Atmosphäre unter schattenspendenden Bäumen. Der Stellplatz verfügt über Frischwasser- und Stromanschlüsse, die gegen Münzen zugänglich sind. Das Gelände ist leicht abschüssig, daher sind Ausgleichskeile zu empfehlen, um das Wohnmobil waagerecht ausrichten zu können. Der Stellplatz liegt nicht nur optimal für den Besuch des großen Weltvogelparks, sondern eignet sich aufgrund der Nähe zur Autobahn A7 (nur etwa 10 Minuten von der Ausfahrt 47, Bad Fallingbostel entfernt) auch sehr gut als Zwischenstation auf der Reise in den Norden.

AUSSTATTUNG:
ANZAHL DER PLÄTZE: 20
BETRIEBSZEIT: ganzjährig (im Winter keine V+E)

ADRESSE: Am Vogelpark, 29699 Walsrode
www.weltvogelpark.de

3

Museumshof Rahden

Anderen Gemeinden unbedingt zur Nachahmung empfohlen: Der im Sommer 2021 direkt neben dem Museumshof Rahden neu eröffnete Stellplatz ist ein Paradebeispiel dafür, wie es richtig gemacht wird. Von der vorbildlich angelegten Ver- und Entsorgungsstation könnte sich so mancher kostenpflichtige Stellplatz eine Scheibe abschneiden und bei der Gestaltung wurde besonders Augenmerk auf besten Campingkomfort geachtet. Die Wohnmobile stehen auf Rasengittersteinen und neben jeder Parzelle lädt eine Grasfläche zum Aufstellen der Campingstühle ein. Sogar dass hohe Bäume den SAT-Empfang für den abendlichen Fernsehkonsum beeinträchtigen, hat die Gemeinde bedacht und stellt den Gästen einen TV-Anschluss pro Platz zum Nulltarif zur Verfügung. Entsprechende Kabel sind gegen Pfand im Museum erhältlich.

AUSSTATTUNG:

ANZAHL DER PLÄTZE: 8
BETRIEBSZEIT: ganzjährig

ADRESSE: Museumshof 1–2, 32369 Rahden
www.rahden.de

4

Stellplatz Lippstadt

Obwohl der Wohnmobilstellplatz auf dem separaten Teil eines Parkplatzes am Lippeufer keinen Schönheitspreis gewinnt, bietet er alles, was Wohnmobilisten brauchen und empfiehlt sich damit als Ausgangspunkt für den Stadtbesuch und die Erkundung der Region. Die sehenswerte Innenstadt von Lippstadt ist bequem zu Fuß erreichbar und die malerische Flusslandschaft lädt zu erholsamen Spaziergängen und Radtouren entlang der Lippe ein. Paddler, die die Natur vom Wasser aus erkunden möchten, finden zudem einen Kanueinstieg nur 200 Meter entfernt. Aufgrund seiner großen Beliebtheit ist der Stellplatz häufig gut belegt und es empfiehlt sich eine möglichst frühzeitige Anreise, um einen Platz bekommen.

AUSSTATTUNG:

ANZAHL DER PLÄTZE: 11
BETRIEBSZEIT: ganzjährig (in der Wintersaison wird ab Mitte Dezember das Wasser abgestellt)

ADRESSE: Bückeburger Straße 9, 59555 Lippstadt
www.lippstadt.de

5

Wiesenpark Oschersleben

Der ruhiger Stellplatz am Rand eines Parkplatzes befindet sich unmittelbar neben dem Erholungsgebiet Wiesenpark, das entlang der Bode mit schön angelegten Spazierwegen und einem kostenfrei zugänglichen Tiergehege eine Vielzahl von Freizeitmöglichkeiten bietet. Während der Sommermonate lädt auch die Waldschänke zur Einkehr in angenehmer Atmosphäre ein. Die Innenstadt von Oschersleben mit weiteren gastronomischen Angeboten und Einkaufsmöglichkeiten ist fußläufig in etwa einer Viertelstunde zu erreichen. Stromanschlüsse und Frischwasser stehen gegen Entgelt zur Verfügung, die Entleerung von Grauwassers und Chemie-Toilette ist kostenfrei möglich.

AUSSTATTUNG:

ANZAHL DER PLÄTZE: 8

BETRIEBSZEIT: ganzjährig

ADRESSE: Schützenplatz, 39387 Oschersleben (Bode)

www.oschersleben.de

6

Stellplatz am Schlosspark Ohrdruf

Herzlich willkommen am kostenlosen Stellplatz in Ohrdruf! Dieser ruhig gelegene und gut ausgestattete Stellplatz bietet einen herrlichen Blick auf das vorbildlich restaurierte Schloss Ehrenstein und den dazugehörigen Barockgarten. Der Schotterbelag gewährleistet eine solide Unterlage und die parzellierten Stellflächen sorgen für ausreichend Platz und Privatsphäre zwischen den Fahrzeugen. Vom Stellplatz ist es nur ein Katzensprung bis auf den schönen Marktplatz von Ohrdruf. Die charmante Kleinstadt hat eine reiche Geschichte und ist eng mit dem berühmten Komponisten Johann Sebastian Bach verbunden, der hier einen wesentlichen Teil seiner Kindheit verbrachte.

AUSSTATTUNG:

ANZAHL DER PLÄTZE: 8

BETRIEBSZEIT: ganzjährig

ADRESSE: Krügelsteinstr. 1, 99885 Ohrdruf

www.ohrdruf.de/tourismus/wohnmobilstellplatz/?L=0

7

Römerpark Limeseum

Hier gibt es nichts zu meckern. Der ruhige Stellplatz mit Blick ins Grüne am Limeseum und Römerpark Ruffenhofen ist nicht nur für archäologisch Interessierte einen Besuch wert. Das moderne Museum mit frei zugänglichem Außengelände informiert anschaulich über Limes, römische Grenze, Kastell und die Lebensweise der Römer. Bei hochsommerlichen Temperaturen lockt gleich um die Ecke ein idyllischer Badeweiher und direkt am Museum beginnen mehrere schöne Wanderwege, um die Umgebung zu erkunden. Obwohl nur vier Stromanschlüsse vorhanden sind (Münzeinwurf), finden deutlich mehr Wohnmobile Platz. Der Stellplatz selbst ist kostenlos, es steht aber eine Spendenbox bereit, mit der man seine Wertschätzung zeigen und zur Unterhaltung des Platzes beitragen kann.

AUSSTATTUNG:

ANZAHL DER PLÄTZE: 4
BETRIEBSZEIT: ganzjährig

ADRESSE: Römerpark Ruffenhofen 1, 91749 Wittelshofen
www.limeseum.de

8

Stellplatz an der Feuerwache in Amberg

Der Wohnmobilstellplatz gegenüber der Feuerwache in Amberg liegt direkt am Ufer der Vils und in unmittelbarer Nachbarschaft zum ehemaligen Landesgartenschaugelände, das heute als Naherholungsgebiet dient. Er ist ein idealer Ausgangspunkt für eigene Erkundungstouren. Von hier aus können Sie die charmante Altstadt von Amberg mit ihren malerischen Gassen und historischen Gebäuden bequem zu Fuß erreichen. Dort lädt eine Vielzahl an Geschäften zum Bummeln und Einkaufen von lokalen Spezialitäten, Kunsthandwerk oder Souvenirs ein. Beachten Sie jedoch, dass die maximale Aufenthaltsdauer auf drei Tage begrenzt ist.

AUSSTATTUNG:

ANZAHL DER PLÄTZE: 16
BETRIEBSZEIT: ganzjährig

ADRESSE: Schießstätteweg 13, 92224 Amberg
https://tourismus.amberg.de

9

Stellplatz Herrnhut

Der neu angelegte, gepflegte Stellplatz bietet ausreichend Stellfläche für bis zu fünf Reisemobile und befindet sich in ruhiger Lage am Rand des Parkplatzes am Waldbad, einem Freibad im beschaulichen Herrnhut. Am Parkplatz steht auch eine öffentliche Toilette zur Verfügung und auf dem angrenzenden Grünstreifen bieten die beiden je einen Tisch und zwei Bänke umfassenden Sitzgruppen die Gelegenheit, an der frischen Luft zu entspannen und mit den anderen Wohnmobilisten ins Gespräch zu kommen. Getrübt wird die Freude lediglich durch die mit 1 Euro für zwei Stunden Strom ungewöhnlich happigen Nebenkosten.

AUSSTATTUNG:
(WC)
ANZAHL DER PLÄTZE: 5

BETRIEBSZEIT: ganzjährig
ADRESSE: Uttendörferweg 1, 02747 Herrnhut

10

Caravanstellplatz „Am Friedenshain" in Löbau

Auf dem Parkplatz „Am Friedenshain" hat die Stadt Löbau drei Stellplätze für Reisende mit dem Wohnmobil in landschaftlich idyllischer Lage direkt am Fuß des Löbauer Bergs mit dem gusseisernen König-Friedrich-August-Turm ausgewiesen. Der Ausflug auf den Hausberg der Stadt wird gekrönt von einem weiten Ausblick über das Oberlausitzer Bergland. Den Schlüssel für den Stromkasten können Sie bei Bedarf während der Öffnungszeiten von April bis Oktober im Herrmannbad abholen. Es liegt etwa zehn Minuten zu Fuß entfernt in der Vorwerkstraße 5. Ein zweiter kostenloser Platz mit fünf Stellflächen, aber ohne weitere Service-Infrastruktur, findet sich am ehemaligen Landesgartenschaugelände in der Brunnenstraße.

AUSSTATTUNG:
ANZAHL DER PLÄTZE: 3
BETRIEBSZEIT: ganzjährig

ADRESSE: Beethovenstraße, 02708 Löbau
www.loebau.de/freizeit-und-tourismus/unterkünfte/caravan-stellplatz/

REISEN IN DEUTSCHLAND

TEMPOLIMITS

- Wohnmobile < 3,5 t: innerorts 50 km/h, außerorts 100 km/h, Autobahn: – empfohlene Richtgeschwindigkeit 130 km/h
- Wohnmobile < 7,5 t: innerorts 50 km/h, außerorts 80 km/h, Autobahn/Schnellstraßen: 100 km/h

NOTRUFNUMMERN

- 110 für Polizei
- 112 für Feuerwehr und Rettungsdienst
- 116117 Ärztlicher Bereitschaftsdienst

DAS MUSS MIT

Warnweste, Warndreieck, Verbandskasten

FAHREN IM WINTER

Situative Winterreifenpflicht (Alpine-Symbol mit Bergpiktogramm und Schneeflocke) bei Eis- und Schnee(matsch)glätte und Mindest-Profiltiefe von 1,6 mm (empfohlen: 4 mm)

UMWELTZONEN

Bundesweit 56 Umweltzonen, in 55 davon sind nur Fahrzeuge mit grüner Plakette zugelassen. Ausgenommen sind Fahrzeuge mit H-Kennzeichen.

MAUT

Wohnmobile sind in Deutschland nicht mautpflichtig.

ÜBERNACHTEN

Campingplätze ab etwa 30 €, gutes Angebot an Stellplätzen, dort, wo Parken nicht ausdrücklich durch die StVO oder Verkehrszeichen verboten ist, ist das einmalige Übernachten zur Wiederherstellung der Fahrtüchtigkeit erlaubt. Ein campingähnlicher Betrieb ist aber ebenso wie Parkplätze mit Verbotsschildern und Naturschutzgebiete ein absolutes No-Go.

REISEN IN ÖSTERREICH

TEMPOLIMITS

- Wohnmobile < 3,5 t: innerorts 50 km/h, außerorts 100 km/h, Autobahn: 130 km/h
- Wohnmobile < 7,5 t: innerorts 50 km/h, außerorts 70 km/h, Autobahn/Schnellstraßen: 80 km/h

NOTRUFNUMMERN

- 112 für Polizei, Feuerwehr, Notarzt, Krankenwagen

DAS MUSS MIT

Warnweste, Warndreieck, Verbandskasten

FAHREN IM WINTER

Situative Winterausrüstungspflicht vom 1.November bis 15. April: < 3,5 t Winterreifenpflicht (oder Allwetterreifen mit M+S Kennung) bei winterlichen Straßenverhältnissen, alternativ Schneeketten bei geschlossener Schnee oder Eisdecke, Schneekettenpflicht auf ausgewiesenen Straßen (rundes blaues Schild mit Schneekettensymbol), Fahrzeuge > 3,5 t generelle Winterreifenpflicht

UMWELTZONEN

Pkw und Wohnmobile sind von den Umweltzonen in Wien, Niederösterreich-Ost, Burgenland, Steiermark, Oberösterreich, und Tirol nicht betroffen.

MAUT

- <3,5 Tonnen: Vignettenpflicht auf Autobahnen und Schnellstraßen (als Klebevignette für die Windschutzscheibe, erhältlich in Tankstellen und Autobahnraststätten oder digital, Gültigkeitsdauert zehn Tage (ca. 10 €), zwei Monate (ca. 30 €) oder Kalenderjahr (ca. 100 €), zusätzlich Maut auf diversen Tunneln, Pass- und Panoramastraßen
- Reisemobile über 3,5 t benötigen Go-Maut-Box und entrichten wie LKW. www.asifinag.at

ÜBERNACHTEN

Campingplätze etwa 30 bis 50 €, gutes Angebot an Stellplätzen, Frei stehen ist nur in wenigen Bundesländern erlaubt (www.oesterreich.gv.at/themen/freizeit_und_strassenverkehr/ampen.html)

REISEN IN DER SCHWEIZ

TEMPOLIMITS

- Wohnmobile < 3,5 t: innerorts: 50 km/h, außerorts 80 km/h, Autostraßen 100 km/h, Autobahnen 120 km/h
- Wohnmobile > 3,5 t: innerorts: 50 km/h, außerorts 80 km/h, Autostraßen 100 km/h, Autobahnen 100 km/h

NOTRUFNUMMER

- 112 für Polizei, Feuerwehr, Notarzt, Krankenwagen

DAS MUSS MIT

Warndreieck

FAHREN IM WINTER

In der Schweiz gibt es keine generelle Winterreifenpflicht.

UMWELTZONEN

Bei erhöhter Luftverschmutzung ist für die Umweltzone in Genf die Umweltplakette „Stick´AIR" verpflichtend und es gilt ein allgemeines Tempolimit von 80 km/h.

MAUT

- < 3,5 Tonnen: Vignette (ca. 40 €),
- > 3, 5 Tonnen: Schwerkehrsabgabe (Zahlung am Grenzübergang), abhängig vom Gesamtgewicht

ÜBERNACHTEN

Campingplätze ab etwa 50 €, wachsendes Angebot an Stellplätzen, freies Übernachten im Camper außerhalb von offiziellen Campingplätzen nicht grundsätzlich verboten, aber meist kantonal und oft sogar auf Gemeindeebene geregelt (www.tcs.ch/de/camping-reisen/camping-insider/ratgeber/reisevorbereitung/wild-campen-in-der-schweiz.php

SONSTIGES

- ganzjährig Lichtpflicht tagsüber
- an manchen Camping- und Stellplätzen gibt es statt CEE-Anschlüssen einen Typ-J-Stecker mit drei Kontaktstiften, in der Regel bekommt man vor Ort einen passenden Adapter zum Anschluss eines Schukosteckers.

ADRESSEN FÜR WOHNMOBILBEDARF

ONLINE-FACHHANDEL FÜR CAMPINGBEDARF

In jeder Region gibt es Händler, die oftmals mit gutem Service beratend zur Seite stehen. Die folgenden großen Onlineshops sind hilfreich, um sich einen Überblick zu verschaffen und zu stöbern.

Camping Wagner
Das Sortiment umfasst neben der Campinggrundausstattung auch Zubehör für Fahrzeugtechnik, Elektrotechnik, Wasser- und Sanitärausrüstung sowie Ersatzteile: www.campingwagner.de

Camping-Profi
Großhändler für Camping- und Freizeitartikel mit umfangreichem Zubehör- und Ersatzteilsortiment. Kein Verkauf an Endverbraucher. Über die Suchfunktion lässt sich ein Partner-Campingfachhandel vor Ort finden: www.camping-profi.de

Intercaravaning
Fachhandelskette für Wohnmobile und Wohnwagen mit umfangreichem Onlineshop für Campingzubehör und Outdoorartikel: www.intercaravaning.de

Frankana Freiko
Großhandelsunternehmen für Camping- und Freizeitzubehör mit Onlineshop auch für Endverbraucher: www.frankana.de

Freizeitwelt
Onlineshop für Outdoor-, Camping- und Caravaningausrüstung: www.freizeitwelt.de

Fritz Berger
Campingfachhändler mit über 50-jähriger Tradition. Neben dem Onlineshop gibt es im gesamten Bundesgebiet über 70 Filialen vor Ort: www.fritz-berger.de

Reimo
Anbieter von Camping- und Reisemobilzubehör sowie Komponenten für den Selbstausbau von Wohnmobilen: www.reimo.de

Camping-Freizeitwelt
Der österreichischen Onlineshop bietet eine breite Auswahl an Campingausrüstung, Wohnwagen- und Wohnmobilzubehör, Outdoor-Equipment, Campingmöbeln, Grillgeräten, Zelten und vielem mehr: www.camping-freizeitwelt.at

Bantam-Camping
Die Bantam Camping AG betreibt in der Schweiz drei große Verkaufsausstellungen mit einem Sortiment von über 15 000 Freizeitartikeln: https://shop.bantam.ch

VERKEHRSSCHILDER IN BEZUG AUF...

... DAS GEWICHT

Einige Straßen oder Brücken sind nicht für besonders schwere Fahrzeuge geeignet, und um Schäden zu vermeiden, ist die Durchfahrt für bestimmte Gewichtsklassen verboten.

Verbot für Kraftfahrzeuge über 3,5 t
Das Lkw-Durchfahrtsverbot betrifft alle Fahrzeuge mit einer zulässigen Gesamtmasse von über 3,5 Tonnen und verbietet daher auch Wohnmobilen über 3,5 Tonnen die Einfahrt.

Tatsächliche Masse
Dieses Verkehrszeichen gibt das konkrete Gewicht an, welches das Fahrzeug nicht überschreiten darf. Ist das Wohnmobil schwerer als angegeben, darf die Straße nicht befahren werden.

... DIE FAHRZEUGABMESSUNGEN

Notieren Sie am besten die genauen Abmessungen Ihres Fahrzeugs auf einem gut sichtbaren Aufkleber am Armaturenbrett neben dem Lenkrad. Obacht: Vergessen Sie Anbauteile wie die Solarzellen auf dem Dach oder eine seitlich montierte Markise nicht!

Tatsächliche Höhe
Dieses Schild untersagt die Durchfahrt für alle Fahrzeuge, die einschließlich Zuladung höher sind als angegeben.

Tatsächliche Breite
Dieses Schild untersagt die Durchfahrt für alle Fahrzeuge, die einschließlich Außenspiegel und Ladung breiter sind als angegeben.

... ÜBERHOLVERBOT

Überholverbot für Kraftfahrzeuge über 3,5 Tonnen
Das Lkw-Überholverbot gilt auch für größere Wohnmobile mit einer zulässigen Gesamtmasse über 3,5 Tonnen.

... DAS PARKEN

Parken
Auf so gekennzeichneten Parkplätzen dürfen grundsätzlich auch Reisemobile parken.

Parken auf Gehwegen
Das Verkehrszeichen „Parken auf Gehwegen" ist eine der seltenen Abweichungen von der 3,5-Tonnen-Grenze. Hier dürfen nur Reisemobile parken, deren zulässiges Gesamtgewicht 2,8 Tonnen nicht überschreitet. Schwerere Reisemobile dagegen dürfen hier nicht abgestellt werden, da der Unterbau der meisten Bürgersteige nicht für so hohe Belastungen ausgelegt ist.

... SONSTIGE VERKEHRSZEICHEN

Seitenwind
Dieses Verkehrszeichen richtet sich zwar nicht explizit an Wohnmobilfahrer, ist aufgrund der großen Fahrzeughöhe aber dennoch relevant. Insbesondere Alkovenmobile mit hohen Aufbauten sind extrem anfällig für Seitenwind. Wird vor einer Brücke mit diesem Schild vor Seitenwind gewarnt, so ist erhöhte Aufmerksamkeit gefragt. Meist folgt dem Verkehrszeichen in kurzem Abstand ein Windsack, sodass Sie die aktuelle Windstärke und Windrichtung besser einschätzen können. Verringern Sie gegebenenfalls das Tempo und seien Sie darauf vorbereitet, Gegenlenkbewegungen ausführen zu müssen.

REGISTER – SCHÖNER REISEN / REISEHIGHLIGHTS

A

Albstadt 125
Aletschgletscher Rhonetal 183
Alpine Circle Bündner Alpen 194
Altenstein, Schloss 82
Areuse-Schlucht Jura 177
Aschau i. Chiemgau 137
Ascona 186

B

Bad Gleichenberg 163
Bad Liebenstein 82
Bad Oeynhausen, Kurbad 59
Bad Salzungen 82
Bad Sooden-Allendorf 65
Bad Tabarz, Großer Inselberg 83
Bad Wörishofen, Heilbad 129
Bellelay, Maison de la Tête de Moine 178
Bellinzona 188
– Montebello 188
– Sasso Corbaro 188
– Tre Castelli Castelgrande 188
Blaubeuren 123
Bludenz 142
Brandenburg an der Havel 34
Brandnertal 144
Breitachklamm Allgäu 130
Bremm, Moselschleife 106
Brissago-Insel 186
Brocken 69, 70
Brunsbüttel 16

C, D

Cevio 189
Creux du Van jura 176
Deutsche Alleenstraße 30
Deutsche Alpenstraße 130
Deutsche Fachwerkstraße 63
Deutsche Fährstraße 18
Deutsches Eck Koblenz 107
Diga di Vorgono Staumauer 189
Dortmundzeche Germania 52
Dufourspitze Rhonetal 180
Duisburg-Nord Landschaftspark 51

E

Eggstätt-Hemhofer Seenplatte 137
Eisenach 64
Eisenstadt 168
Essen, Baldeneysee 53
Externsteine 58

F

Faaker See 154, 157
Filisur 195
– Landwasserviadukt 195
Foroglio Bergdorf 189
Fröndenberg 53
Furkapass 183
Further Drachenstich 116

G

Gartenstadt Marga 93
Geeste, Internationaler Naturpark Bourtanger Moor-Bargerveen 39
Gerlitzen Alpe 157
Glasparadies Joska 119
Gletscherweg Morteratsch 195
Gletscherwelt Diavolezza 194
Göltzschtalbrücke 86
Gorges de l'Areuse 177
Goslar 70
Gotthardmassiv 183
Grand Tour of Switzerland 196
Graz, Schlossberg 162
Greiz 88
Großer Alpsee, Allgäu 130
Großer Arber 119
Großes Walsertal 144
Großglockner 148
Großglockner-Hochalpenstraße 150
Großvenediger 148
Grotto 190

H

Hann. Münden 65
Hanstein 64
Haren 41
Harzer Schmalspurbahn 68
Hermannsdenkmal 58

I, J

Ivenacker Eichen 29
Julius-Mosen-Turm 89
Jungfernsprung-Wasserfall 152

K

Kaiser-Franz-Josefs-Höhe 152
Kamp, Kloster 47
Kampenwand Chiemgau 134
Käsehaus Montafon 144
Kempten 131
Kevelaer 47
Kiel 17
Kitzingen 113
Klein Westerland Badebucht 19
Klingenthal Vogtlandarena 89
Krimmler Wasserfälle 150

L

Lac Souterrain de Saint-Léonard 182
Lago Maggiore 186
Laichingen Tiefenhöhle 124
Lai da Vons 192
Lausitz Landmarke Rostiger Nagel 95
Lausitzer Braunkohlerevier 94
Lavertezzo 189
Leukerbad Therme 184
Locarno 186
Lötschental 182
Luganer See 186
Lüneburg 23
Lüneburger Heide, Wilseder Berg 22
Lünersee 144

M, N

Maas-Schwalm-Nette Internationaler Naturpark 47
Marienmünster Abtei 59
Mattertal 181
Meppen 40
Morcote 189
Moselschieferstraße 108
Môtiers, Maison de L'Absinthe 177
Müritz
– Kranichrast 29
– Müritz-Nationalpark 28
NABU-Naturschutzstation Niederrhein 45
Nationalpark Bayerischer Wald 116
Nationalpark Hohe Tauern 148
Nationalpark Neusiedler See-Seewinkel 169
Naturbadesee Alvierbad 146
Naturpark Beverin 192
Naturpark Dobratsch 154, 156
Naturpark Parc Ela 195
Naturparkzentrum Nagelfluhkette 131
Neuchâtel 177
Neuenburg 177
Neustrelitz 28

O, P, Q

Oberjochpass Allgäu 130
Ochsenfurt 113
Olbersdorfer See 101
Ossiacher See 154
Ottobeuren 129
– Benediktinerabtei 131
Papenburg 41
– Meyer-Werft 41
Piz Platta 195

Plattensee 166
Quedlinburg 71

R
Rachelsee 118
Raggaschlucht 148, 151
Rappbodetalsperre 71
Rathenow 34
Rendsburg 16
– Eisenbahnhochbrücke 18
– Eiserne Lady 16
Rheinschlucht 194
Rhön
– Schwarzes Moor 76
– Sternenpark 75
– Wasserkuppe 76
Rosenheim 137

S
Sardona Tektonikarena 192
Schneverdingen Pietzmoor 24
Schwäbische Alb Karstlandschaft 122
Seefestspiele Mörbisch 168
Selketalbahn 69
Senftenberg 93
Senftenberger See 94
Silvretta-Hochalpenstraße 145
Sion (Sitten) 181
Sommerach 112
Sonnenkopf 145
Steiermark Rundtour Bundesstraße 66 164
Steinbruch St. Margarethen 168
Syrau, Drachenhöhle 89

T
Talsperre Pöhl 88
Tourbillon, Schloss 181
Traben-Trarbach 106

U, V
Uracher Wasserfall 125
Val de Travers 175
Vallemaggia 189
Verzascatal 189
Via-mala-Schlucht 194
Villach 156
Vogtländisches Meer 88
Volkach 112
– Mainschleife 112
– Wallfahrtskirche „Maria im Weingarten" 112

W, Z
Wallfahrtskirche Madonna del Sasso 188
Wallfahrtskirche St. Vinzenz in Heiligenblut 151
Wanfried 64
Waren 28
– Müritzeum 28
Westhavelland Sternenpark 34
Würzburg 112
Zittau 100
– Schmalspurbahn 101

RADTOUREN (AUSWAHL)

Albtäler-Radweg Schwäbische Alb 126
Elsterradweg Vogtland 86
Glockner Radweg R8 152
Kammweg Thüringer Wald 80
Kirschblütenradweg 167
Lake-Bike Villach 154
Lucullus-Tour Steiermark 161
MainRadweg Franken 111
Milseburgradweg Rhön 74
Moselsteig 104
Neusiedler See-Radweg 167
RevierRoute „Haldenglück" 54
Rhönexpress Bahnradweg 74
Riedbergpass Allgäu 130
Ruhrgebiet radrevier.ruhr 51
Ruhrtalradweg 51
Sagenradweg Vogtland 86
Tauernradweg 150
Ulstertalradweg Rhön 74
Vogtland-Ferienlandroute 86
Werratal-Radweg 62
Windradweg 167

WANDERROUTEN (AUSWAHL)

Alperschälli Bündner Alpen 192
Arlbergregion 143
Baldeney-Steig 53
Calmont-Klettersteig Moseltal 106
Goetheweg 72
Hochrhönstraße 78
Illmitzer Sandeck Neusiedler See 170
Lötschentaler Höhenweg 182
Mainschleifentour Volkach 114
Monte Carasso Tessin 190
P6 Heldrastein Werratal 66
Panoramaweg Naturpark Dobratsch 157
Point-Alpha-Weg Rhön 78
Rachelsee Bayerischer Wald 119
Rheinschlucht Bündner Alpen 194
Themenweg Klangraum.Stein Walsertal 144
Wanderweg Böser Tritt 144
Wanderroute Chemin des 14 Contours Jura 176
Wandertouren Internationalen Naturpark Bourtanger Moor-Bargerveen 39
Wandergebiet Sonntag-Stein 144
Wasser.Wander.Welt Maas-Schwalm-Nette 47
Wasserwanderweg Blaibacher See 120
Wege zum Wein in Franken 111
Wein-Erlebnis-Weg Bad Loipersdorf 164
Weinweg Steiermark 161
Weitwanderweg Moselsteig 104
Werra-Burgen-Steig 62
Winterwanderweg Sonnenkopf 145

KUNST, KULTUR UND GESCHICHTE (AUSWAHL)

Archäologischer Park Cambodunum Kempten 131
Archäologischer Park Xanten 46
Archäologisches Landesmuseum Brandenburg 35
Bergwerk Rammelsberg 70
Burg Eltz Moseltal 105
Burg Forchtenstein 168
Burg Hohenzollern 124
Burg Riegersburg 162
Carinthischer Sommer 154
Colonia Ulpia Traiana 46
Damast- und Frottiermuseum 100
Deutsche Raumfahrtausstellung 89
Deutsches Bergbaumuseum 52
Deutsches Drachenmuseum 118
Deutsches Schieferbergwerk 108
Fränkisches Freilandmuseum 76
Freilichtmuseum Kiekeberg 22
Freilichtmuseum Molfsee 15
Haus Schminke Löbau 101
Internationales Mühlenmuseum 22
Kartäusermuseum Tückelhausen 113
Kettenschmiedemuseum 53
Kirchenburgmuseum Mönchsondheim 110
Knauf Museum Iphofen 110
Kristallmuseum Bramberg 151
Kunsthalle Bielefeld 57
Kunsthistorische Museum Neuenburg 177
Lötschentaler Museum 184
Moormuseum Emsland 40
Museum Marta Herford 59
Museum Mönchhof 169
Nationaal Fietsmuseum Velorama,

Nimwegen 45
Niederrheinisches Freilichtmuseum 45
Oberlausitzer Weberstube 99
Optik Industrie Museum 33
Otto-Lilienthal-Centrum Stölln 34
Point Alpha Gedenkstätte Rhön 77
Quedlinburger Domschatz 71
Residenz Neustrelitz 28
Residenz Würzburg 112
Römerweinschiff Stella Noviomagi 107
Sächsisches Industriemuseum Energiefabrik Knappenrode 95
Schaubergwerk „Schwarzes Loch" 99
Schaubergwerke „Terra Mystica" und „Terra Montana" 155
Schloss Clemenswerth 40
Schloss Ehrenstein 82
Schloss Esterhazy 168
Schloss Fasanerie Eichenzell 77
Schloss Grandson 176
Schloss Herrenchiemsee, Neues 136
Schloss Mirow 29
Schloss Moyland 45, 46
Schloss Ohrdruf 82
Schloss Ribbeck 35
Steinzeitdorf Albersdorf 15
Stockalperschloss Brig 182
Zeche Zollverein Essen 52

ACTION UND SPASS

Alpsee-Coaster Immenstadt 132
Baumkronenpfad Stavenhagen 29
Baumwipfelpfad Nationalpark Bayerischer Wald 118
Baumwipfelpfad & Baumschwebebahn Bad Harzburg 70
Bergmannsrutsche Bad Bleiberg 155
Bimmelbahn Gebirgsexpress Oybin 98
Birdwatching-Safari Neusiedler See 169
Blautopfbähnle Albstadt 123
Carasc, Hängebrücke 190
Dithmarschen Steinzeitpark 16
Hängebrücke Punt da Suransuns 195
Hängebrücke TitanRT 71
Heide Park Resort Soltau 23
High-Tech-Drache „Tradinno" 116
Natur-Whirlpool Maibachl Villach 158
Riesenrutsche Schlossbergstollen 162
Sommerrodelbahn Inselberg 83
Sommerrodelbahn Klingenthal 91
Tiger & Turtle – Magic Mountain 51
Walderlebnispfad Bad Blankenburg 81
Wunderland Kalkar 48
Zotter Erlebniswelt 163

REGISTER – PLANEN UND RICHTIG VORBEREITEN

A

Abblendlicht einstellen 211, 218
Abfahrt, letzte Schritte vor der 237
Abfahrts-Checkliste 236
Abgasuntersuchung (AU) 212
Abschaltsicherung, Gasherd 213
Abwasser 242
Abwasserschlauch 235
Achslasten 231
Alkoholika, Freimenge über die Grenze 227
Anbauten kontrollieren 213, 251
Anfahr- oder Traktionshilfen 256
Ankunft auf dem Campingplatz 238
Anspringen, Probleme beim 256
Apps 218, 222
– für Stellplätze 223
– installieren 222
ASR (Antriebsschlupfregelung) 256
Auffahrkeile 234
– entfernen 250
Auslandskrankenversicherung 217
Ausstattung, weitere 209
Auswärtiges Amt 226
Autobahn, bei Routenplanung 205

B

Bank informieren 215
Bargeld 215
Bedienpanel 221, 254
–, zentrales 212
Blinker prüfen 211
Bordtechnik
– Funktionscheck 209, 212
Bremsen prüfen 210
Bremsflüssigkeit 211
Bremslicht prüfen 211
Briefkasten leeren 237
Budgetplanung 206

C

CamperClean-Automat 249
Campingausstattung 228
Campingkochgeschirr 236
Campingmöbel 228
Campingparzelle, Bezug der 240
Campingplatz 203
– Ankunft 238, 242
– buchen 206
– Check vor Abfahrt 251
– erkunden 241
– Geländeplan 240
– Platz aussuchen 240
– Preislisten 206
– Rezeption 239
– verlassen 249
– Zahlungsmethoden 240
CEE-Außenanschlussdose 213
CEE-Kabel-Trommel 234
Check-in auf dem Campingplatz 238

D

Dachstauschränke 229
Dekra-Prüfstelle 212
Dichtigkeitsprüfungen 209
Dokumente, digitale Kopien 217

E

Einreisebestimmungen 214, 215
Einstiegshilfe, Probleme mit 255
Eintrittskosten berücksichtigen 206
Entsorgung 242, 243
– Technik 244
Erkrankung auf Reisen 227
ESP (Stabilitätsprogramm) 256
Europäische Krankenversicherungskarte 217
EVA-Sanitär-Station 245

F

Fährgebühren 206
Fährpassagen buchen 206
Fahrtstellung 236
Fahrzeug
– Art und Ausstattung 202
– mieten 207
Fahrzeugpapiere 230
Fahrzeugschein siehe Zulassungsbescheinigung
Fahrzeugzubehör kontrollieren 213
Fäkalientank 243
– entsorgen 243
Fenster und Dachluken schließen und verriegeln 250
Ferienzeiten, Reisen während der 208
Fernlicht prüfen 211
Festgefahren, Was tun 256
FI-Schalter 255
Flüssigkeiten auffüllen 211
Freimengen Alkoholika, Tabakwaren 227
Freizeitaktivitäten, Kosten berücksichtigen 206
Freizeit-Tourenführer 225
Fremdwährungsgebühr 215
Frischwasseranlage
– auffüllen 243

– reinigen 213
Frischwasserschlauch 234
Frischwassertank 242
– Probleme 252
Frontantrieb 256
Frostwächter 252
Frühling, beste Ziele im 201
Führerschein 214
–, internationaler 214
Füllstand der Gasflasche prüfen 221
Füllstände 211
– kontrollieren 211
Funktionen, sicherheitsrelevante 209
Funktionscheck 209, 210, 211
– der Bordtechnik 212

G
Gas abdrehen 251
Gaschecker 221
Gasflasche 236
– austauschen 222
– Füllstand prüfen 221
– Hauptprobleme 253
Gasflaschenadapter 235
Gasherd, Abschaltsicherung 213
Gaskasten 213, 221
Gasprüfung 212
Gasversorgung 213
Gegenstände richtig verstauen 251
Geräte, elektronische 237
Geschirr 236
– sichern 230
Geschwindigkeit, maximale siehe Höchstgeschwindigkeit
Gesundheitsvorsorge 216
Gewicht im Wohnmobil reduzieren 236
Girocard 215
Google Maps 203
Grauwasser entsorgen 243, 248
Grauwassertank 242
Grenzkontrollen 214
Grundausstattung 234
Grüne Karte 214
GTÜ-Prüfstelle 212

H
Hallenstellplatz 207
Halteverbote 219
Handfeger 235
Hauptuntersuchung (HU) 212
Haussitting 237
Heckgarage 231
Heizung, Probleme 254
Herbst, beste Ziele im 201
Herd prüfen 222
– Probleme 253
Höchstgeschwindigkeiten 218, 264, 265
Höchstmasse, zulässige 230
Holiday Cleany / Holiday Clean (Sanitär-Anlage) 245
Hunde auf Reisen 203

I, J
Impfpass 216
Impfungen 216
Inspektionen 209, 212
Jahreszeiten, Verreisen nach 201

K
Kabelbinder 235
Kabeltrommel 228, 253
Kartenzahlung 215
Kassettentoilette 243
Kfz-Haftpflicht 214
Kinder auf Reisen 203, 214
Kleidung 228
Kochen 222
Körperpflege 228
Kraftstoff 206, 221
Krankenkasse 217
Krankenversicherung im Ausland 217
Kreditkarte 215
– Auslandseinsatz 215
– Verlust 216
Küchenausstattung 229
Kühlerflüssigkeit prüfen 211
Kühlschrank 237
– Probleme 254

L
Ladung kennzeichnen 219
Ladungssicherung 230
Lampe, Probleme 211, 255
Landkarte, digitale 203, 204
Landstromkabel 212
Lebensmittel, Freimengen 227
Lebensmittelbevorratung 230
LED 255
Lichtanlage prüfen 211
Lichtpflicht 218
Luftdruck 210

M
Mautgebühren 203, 206
Medikamente 227
Mietfahrzeug 207
Mietkosten 208
– Zusatzkosten 208
Modusan (Sanität-Anlage) 249
Motorenöl prüfen 211

N
Navigation 224
Notfallnummern 226
Notrufnummer 257
Nutzlast 230

O, P
Ölwechsel 211
Packliste 217
Pannenhilfe 224
Pannenkit 210, 236
Panzertape 235
Papiere 211, 217
Parken 219
Parkverbote 219
Personalausweis 214
Planung siehe Reiseplanung 200
Post einlagern lassen 237
Probleme, technische 252

R
Radmuttern prüfen 210
Reifen 211
– Alter 210
– Kontrolle 210
– Profiltiefe 210
Reinigung 210
Reinigungsmittel 212
Reiseapotheke 227
Reisedokumente 214
Reiseführer 203
Reisekasse 215
Reisepass 214
Reiseplanung, To-Dos 200, 224
– zwölf bis sechs Monate vor Abreise 200 ff.
– sechs bis einen Monat vor Abreise 214 ff.
– ein Monat bis zwei Wochen vor Abreise 218 ff.
– zwei Wochen bis einen Tag vor Abreise 228 ff.
Reiseunterlagen 228, 236
Reiseziel, Auswahl 202
Reparaturen vor Abreise 209
Reserverad 236
Restaurant 206
Rollos öffnen 250
Routenplanung 202, 224, 228

S
Sani-Station (Sanitär-Anlage) 244
Sanitärzusätze 208, 235
SAT-Anlage
– in Fahrstellung bringen 250
– Probleme 256

Scheckheft-Service 211
Scheibenwaschanlage, Wischwasser 211
Schlechtwetterziele 202
Schubladen und Schränke verriegeln 251
Schuko-auf-CEE-Adapter 234
Schutzimpfungen siehe Impfungen
Sehenswürdigkeiten, Besuch planen 203, 226
Servicepauschale 208
Sicherheitscheck 210, 211
Sicherungskasten 254
Skiurlaub 202
Sommer, beste Ziele im 201
Sondermaut 205
Standlicht prüfen 211
Starterbatterie, Probleme 256
Stauraum 230
Steckdosen, tote 252
Stellplatz-Apps 223
Stellplätze
– , kostenlose 258
– , private 223
Stellplatzführer 223
Straßenkarte 203
Streaming-Service 223
Stromkabel abstecken 250
Stromversorgung 212, 228, 241
–, externe 212
–, fehlerhafte 255
– Probleme 252
ST-San (Sanitär-Anlage) 249

T

Tabakwaren, Freimengen 227
Tank, Frischwasser läuft ab 252
Tanken 220
Tankstellen finden 224
Thermosicherung 253
Tickets vorbuchen 226
Toilette, öffentliche 225
Toter Winkel 220
Tourenführer 203, 225
Trittstufe, Probleme 255
Trockenraum 202
Truma-Heizungen 254
TÜV-Plakette 212
TÜV-Prüfstelle 210, 212

U

Überbrückungskabel 256
Übernachtungskosten 206
Übernachtungsplätze 203
Übersetzer Apps 225
Umweltplakette 220
Umweltzonen 220
Unfall, Verhalten bei 257

V

Ver- und Entsorgungsstationen (V/E-Station) 243
Verkehrssicherheit 210
Verkehrsvorschriften recherchieren 218, 266
Verkehrszeichen 218, 266
Versicherung, Selbstbeteiligung 208
Versicherungspolice 208
Vorfahrt 219

W

Warnschilder 218
Wasseradapter 234
Wasseranlage 212, 213, 255
Wasserpumpe 212, 213
Wassertank 236, 242
Werkstätten 209, 210
Winter, beste Ziele im 201
Wischwasser für die Scheibenwaschanlage 211
Wohnmobil
– beladen 228
– mieten 207, 208
Wohnmobilstellplätze 207
Wohnmobilvermieter, gewerbliche 208

Z

Zahlungsmittel 214, 215
Zuladekapazität 231
Zuladung im Blick behalten 230
Zulassungsbescheinigung 230
Zündsicherung prüfen 254
Zusatzversicherungen 209

BILDER INNENTEIL:
Michael Hennemann (sämtliche Fotos, bis auf nachfolgend genannte); Henrike Barg/Kiel-Marketing e.V. (S. 15); Michael Roos (S. 17 rechts) Hamburgführer (S. 17 links); Jennifer Neumann (S. 30 oben); Lüneburger Heide GmbH (S. 23 oben rechts); Werlte Tourismus (S. 42 unten); Lingen Wirtchaft + Tourismus GmbH (S. 43 rechts oben); Womopark Geeste GmbH S. 43 oben links); Emsland Tourismus GmbH (S. 43 unten rechts); Stadt Bad Sooden-Allendorf Tourismus und Kur-AöR (S. 66 oben links); Michael Roos (S. 17 rechts); Steinzeitpark Dithmarschen Albersdorf (S. 16); Wunderland Kalkar (S. 48 oben); Matthias Rhomberg (S. 147 oben); Trixi Ferienpark Zittauer Gebirge – Philipp Herfort (S. 102 rechts unten); Rennsteiggarten Oberhof gemeinnütziger GmbH (S. 84 rechts unten); **Gettyimages:** Rakdee (Icon Stecker, S. 11 ff.); Compucow (Icon Entsorgung, S. 11 ff); Tong-Sur (Icon Dusche und Toilette, S. 11 ff); KathyKonkle (Icon Waschmaschine, S. 11 ff); Enis Aksoy (Icon Hund, S. 233); appleuzr (Icon Wohnmobil (S. 12 ff); -VICTOR- (Icon Bäume und Burg, S. 11 ff); LueratSatichob (Icon Wanderer, S. 11 ff); Lisa5201 (S. 12); pop-job (Deutschlandkarte, S. 14 ff; Schweizkarte, S. 174 ff., Österreichkarte, S. 142 ff); young iD (Icon Flagge, S. 200 ff); Gary Ombler (S. 227); Caravan Images (S. 172 und S. 233 mitte); Edwin Tan (S. 232 oben); Onfokus (S. 233 rechts); Halfpoint Images (S. 233 links); Mystockimages (S. 232 links); Justus de Cuveland (S. 24 unten); Westend61 (S. 30 unten); Elena Popova (S. 60 rechts oben); Leon Neal/Staff (S. 72 rechts oben); Westend 61 (S. 146 rechts oben); Martin Siepmann (S. 147 rechts unten); AscentXmedia (S. 140); Daniel Gonzalez (S. 198); image BROKER/Walter G. Allgoewer (S. 132 rechts unten); Saro17 (S. 170 unten); Jiyoung Hwang (S. 196 rechts unten); David Ziegler (S. 72 rechts unten); **AdobeStock:** A.N.Foto (S. 91 rechts unten); Martin Schlecht (S. 126 oben rechts); Chris (S. 158 oben rechts); Rechitan Sorin (S. 152 rechts unten); industrieblick (S. 102 oben rechts); Franziska Brueckmann (S. 147, mitte rechts); Michelle List (S. 132 oben rechts); Fulcanelli (S. 190 unten rechts); Dominik Kindermann (S. 120 unten rechts)

Die Stiftung Warentest wurde 1964 auf Beschluss des Deutschen Bundestages gegründet, um dem Verbraucher durch vergleichende Tests von Waren und Dienstleistungen eine unabhängige und objektive Unterstützung zu bieten.

Michael Hennemann ist ein echter Wohnmobilfreak: Jedes Jahr reist er rund 25 000 Kilometer mit seinem eigenen Camper. Unterwegs kommt er auf mehr als 100 Übernachtungen pro Jahr. Er ist erfolgreicher Outdoor-Autor und schreibt Wander- und Kanuführer. Gemeinsam mit seiner Familie lebt er in Schleswig-Holstein. Im Buchprogramm der Stiftung Warentest ist von ihm ebenfalls das Buch „Das große Wohnmobil-Handbuch" erschienen.

Stiftung Warentest
Lützowplatz 11-13
10785 Berlin
Telefon 0 30/26 31-0
Fax 0 30/26 31-25 25
www.test.de
email@stiftung-warentest.de

USt-IdNr.: DE136725570

Vorstand: Hubertus Primus
Weitere Mitglieder der Geschäftsleitung:
Dr. Holger Brackemann, Julia Bönisch, Daniel Gläser

Programmleitung: Niclas Dewitz

Autor: Michael Hennemann
Projektleitung: Eva Gößwein, Veronika Schuster, Johannes Tretau
Lektorat: Marion Voigt, Zirndorf; Pia Voigt
Mitarbeit: Merit Niemeitz
Korrektorat: Christian von Raumer, Berlin
Titelentwurf: Christian Königsmann
Design, Grafik, Satz: Annett Hansen, Berlin
Kartograph: Sebastian Steude, Bergen
Bildredaktion: Meret Niemeitz, Annett Hansen, Berlin
Bildnachweis Titel: AdobeStock, Getty Images, Michael Hennemann
Fotos: Michael Hennenmann (wenn nicht anders im Bildnachweis S. 271 angegeben)
Produktion: Christian Königsmann
Verlagsherstellung: Rita Brosius (Ltg.), Romy Alig, Susanne Beeh
Litho: tiff.any, Berlin
Druck: Westermann Druck Zwickau GmbH

ISBN: 978-3-7471-0670-9

Wir haben für dieses Buch 100 % Recyclingpapier und mineralölfreie Druckfarben verwendet. Stiftung Warentest druckt ausschließlich in Deutschland, weil hier hohe Umweltstandards gelten und kurze Transportwege für geringe CO_2-Emissionen sorgen. Auch die Weiterverarbeitung erfolgt ausschließlich in Deutschland.